Günter Becker
Soziale, moralische und demokratische Kompetenzen fördern

Günter Becker

Soziale, moralische und demokratische Kompetenzen fördern

Ein Überblick über schulische Förderkonzepte

Beltz Verlag · Weinheim und Basel

Dr. *Günter Becker* war wissenschaftlicher Mitarbeiter in den
Projekten »Grundlagen einer kompetenzorientierten Didaktik.
Zur Förderung sozialer und soziomoralischer Kompetenzen in
der Schule« und »Kompendium zur schulischen Förderung
sozialer, moralischer und demokratischer Kompetenzen« am
Max-Planck-Institut für Bildungsforschung, Berlin. Arbeitsschwerpunkte: Forschung zur moralischen Entwicklung, Sozial-,
Moral- und Demokratieerziehung in der Schule, Sozialisationsforschung.

Das dieser Veröffentlichung zugrunde liegende Vorhaben wurde
mit Mitteln des Bundesministeriums für Bildung und Forschung
gefördert. Die Verantwortung für den Inhalt der Veröffentlichung
liegt beim Autor.

© 2008 Beltz Verlag · Weinheim und Basel
www.beltz.de
Satz: Johanna Kröber, Berlin
Druck: Druck Partner Rübelmann, Hemsbach
Umschlaggestaltung: glas ag, Seeheim-Jugenheim
Printed in Germany

ISBN 978-3-407-32092-6

Inhaltsverzeichnis

Vorwort

Die vorliegende Abhandlung ist zum einen das Ergebnis des vom Bundesministerium für Bildung und Forschung (BMBF) geförderten Projekts »Grundlagen einer
kompetenzorientierten Didaktik: Zur Förderung sozialer und soziomoralischer
Kompetenzen in der Schule«. Dieses Projekt startete im September 2002 und hatte
eine Laufzeit bis März 2004. Das BMBF-Projekt hatte drei grundlegende Ziele:
- die Systematisierung und Bewertung von entwicklungspsychologischen und sozialisationstheoretischen Ansätzen zur Entwicklung sozialer und moralischer
  Kompetenzen
- die Systematisierung und Bewertung von Methoden (Strategien) und von durch
  die Verbindung der Strategien entstandenen, integrativen Ansätzen (Programmen) zur schulischen Förderung dieser Kompetenzen
- die Klärung der Frage der angemessenen Vermittlung einzelner Strategien und
  Programme an die Lehrer.

Im Rahmen des Projekts wurde ein Workshop mit Experten aus den entsprechenden
Bereichen durchgeführt, der die Grundlagen für die Projektarbeit bildete.

Die Abhandlung steht zudem im Kontext des von der Bund-Länder-Kommission
für Bildungsplanung und Forschungsförderung (BLK) geförderten Programms
»Demokratie lernen & leben«; das BMBF-Projekt war auch eine Reaktion auf
»Weiße Flecken« in diesem BLK-Programm. Der BLK-Modellversuch startete im
April 2002 und hatte eine Laufzeit von fünf Jahren. Das Programm umfasste ca.
170 Schulen in 13 Bundesländern, und zwar Schulen aller Schulstufen; neben allgemeinbildenden waren auch berufsbildende Schulen beteiligt. Ein zentrales Ziel
war die Förderung von Kompetenzen, die für das Leben in der Demokratie erforderlich sind, wie die Fähigkeit zur Perspektivenübernahme, Konflikt- und Kooperationsfähigkeit, moralische Urteilsfähigkeit, Fähigkeiten der Partizipation und Zivilcourage. Ein weiteres zentrales Ziel war die Entwicklung einer demokratischen
Schulkultur. Das BLK-Programm richtete sich vor allem auf die Verhinderung, die
Prävention demokratiegefährdender Einstellungen und Verhaltensweisen, wie z.B.
Rechtsextremismus und Politikverdrossenheit.

Das breit angelegte Konzept der Demokratiebefähigung verlangte die Entwicklung eines differenzierten Systems von Strategien zur Förderung entsprechender
Fähigkeiten. Wichtige neuere Methoden der Demokratieerziehung bildeten die
Grundlage des BLK-Modellversuchs. Dabei wurden vier Grundbausteine (»Module«) unterschieden: »Unterricht« (z.B. »verständnisintensives«, d.h. an Verständnis-
prozessen orientiertes Lernen), »Lernen in Projekten«, »Schule als Demokratie«
(z.B. Partizipation in der Schule) und »Schule in der Demokratie« (z.B. »Service-
Learning«, d.h. Lernen durch soziale Dienste im Gemeinwesen, wobei die Erfahrungen im Unterricht reflektiert werden).

Orientiert vor allem an den Ergebnissen des BMBF-Projekts und des BLK-Programms wurde der Abschlussbericht des BMBF-Projekts, wiederum mit finanzieller Unterstützung des BMBF, zum Kompendium ausgebaut (Projekt »Kompendium zur schulischen Förderung sozialer, moralischer und demokratischer Kompetenzen«). Dieses Projekt hatte eine Laufzeit von Juni 2005 bis Februar 2006.

In der vorliegenden Abhandlung werden wichtige Ergebnisse des Projekts »Grundlagen einer kompetenzorientierten Didaktik« berichtet und Antworten zu den aufgeführten drei grundlegenden Fragen dieses Projekts gegeben. Ergebnisse des BLK-Programms »Demokratie lernen & leben« werden herangezogen. Der Text stellt eine stark überarbeitete Fassung des im zweiten BMBF-Projekt erstellten Kompendiums dar.

Herzlich bedanken möchte ich mich bei Wolfgang Edelstein, der die Erstellung des Manuskripts kritisch begleitet und dieses sehr konstruktiv kommentiert hat. Herzlich möchte ich mich auch bei den Mitgliedern der AG Soziomoral, die aus dem Projekt »Grundlagen einer kompetenzorientierten Didaktik« hervorgegangen ist, für viele Anregungen bedanken – Wolfgang Althof, Heinz Schirp und Toni Stadelmann. Wertvolle Vorarbeiten zum ersten der beiden BMBF-Projekte leisteten Eva Eckermann und Peter Schuster. Ilka Seide hat tatkräftig an diesem ersten Projekt mitgearbeitet, sie war auch Mitverfasserin des Abschlussberichts. Wolfgang Lempert hat das Buchmanuskript in äußerst hilfreicher Weise kritisch kommentiert. Johanna Kröber wirkte sehr kompetent und konstruktiv an der Fertigstellung des Manuskripts mit. Besonders dankbar bin ich meinem langjährigen Arbeitskollegen Siegfried Reuss, der mich in der ersten Phase der Projektarbeit – bis kurz vor seinem allzu frühen Tod 2005 – immer wieder durch Kritik und Ratschläge unterstützt hat.

Berlin, im Januar 2008   *Günter Becker*

Einleitung

Die Kultusministerkonferenz (KMK) koordiniert in Deutschland die bildungspolitischen Aktivitäten der Bundesländer und trifft verbindliche Festlegungen. In einem Beschluss der KMK werden die Aufgaben der Schule wie folgt bestimmt (KMK 2005, S. 7):

> »Die Kultusministerkonferenz hat bereits mit Beschluss vom 25.5.1973 gemeinsam allgemeine Bildungsziele der Schule definiert, die unverändert aktuell sind. In der Zielsetzung für Unterricht und Erziehung zeigt sich in den Landesverfassungen, Gesetzen, Rechts- und Verwaltungsvorschriften einschließlich der Bildungspläne bei zum Teil unterschiedlichen Formulierungen eine weitgehende Übereinstimmung. Die Schule soll
>
> - Wissen, Fertigkeiten und Fähigkeiten (im Sinne von Kompetenzen) vermitteln,
> - zu selbstständigem kritischem Urteil, eigenverantwortlichem Handeln und schöpferischer Tätigkeit befähigen,
> - zu Freiheit und Demokratie erziehen,
> - zu Toleranz, Achtung vor der Würde des anderen Menschen und Respekt vor anderen Überzeugungen erziehen,
> - friedliche Gesinnung im Geiste der Völkerverständigung wecken, ethische Normen sowie kulturelle und religiöse Werte verständlich machen,
> - die Bereitschaft zu sozialem Handeln und politischer Verantwortlichkeit wecken,
> - zur Wahrnehmung von Rechten und Pflichten in der Gesellschaft befähigen,
> - über Bedingungen der Arbeitswelt informieren.«

Neben der Vermittlung leistungsbezogener Fähigkeiten (»Unterrichtsauftrag«) ist die Persönlichkeitsbildung (»Erziehungsauftrag«) zentrale Aufgabe der Schule. Dabei sind auf zwischenmenschliche Interaktionen bezogene Wertorientierungen (wie etwa Achtung vor der Würde des anderen Menschen) und Fähigkeiten der zwischenmenschlichen Interaktion (wie etwa Befähigung zur Wahrnehmung von Rechten und Pflichten in der Gesellschaft) wichtige Aspekte des Erziehungsauftrags. Hinsichtlich des Unterrichtsauftrags und des Erziehungsauftrags geht es jeweils um die Förderung von Wertorientierungen und Fähigkeiten sowie um die Prävention von Verhaltensdefiziten.

Die KMK hat im Jahre 2004 mit Blick auf die allgemeinbildenden Schulen Standards, d.h. normative Vorgaben für die Lehrerausbildung beschlossen, die auch Aspekte des Erziehungsauftrags enthalten. Als Fähigkeitsbereiche der Lehrer gelten »Unterrichten«, »Erziehen«, »Beurteilen« und »Innovieren«. Hinsichtlich des Fähigkeitsbereichs »Erziehung« sollen Lehrer zum Beispiel »pädagogische, soziologi sche und psychologische Theorien der Entwicklung und der Sozialisation von Kindern und Jugendlichen« kennen, wissen, »wie man wertbewusste Haltungen und selbstbestimmtes Urteilen und Handeln von Schülerinnen und Schülern fördert« und »Risiken und Gefährdungen des Kindes- und Jugendalters sowie Präventions- und Interventionsmöglichkeiten« kennen (Sekretariat der Ständigen Konferenz der Kultusminister der Länder in der Bundesrepublik Deutschland 2004, S. 9f.).

Für die Erfüllung des Erziehungsauftrags der Schule, d.h. auch für die Förderung zwischenmenschlicher Wertorientierungen und Fähigkeiten und die Prävention von Verhaltensdefiziten im zwischenmenschlichen Bereich, ist die Situation in den letzten Jahren (seit der Jahrtausendwende) allerdings nicht sehr günstig; vielmehr wird einseitig der Unterrichtsauftrag akzentuiert. Das Schwergewicht der Bemühungen liegt derzeit auf den Leistungen in den »Kernfächern« Mathematik, Naturwissenschaften, Deutsch und Fremdsprachen, also auf den mathematischen, naturwissenschaftlichen und sprachlichen Fähigkeiten. Schulpolitikern, Schulverwaltungsbeamten, Lehrern, Schülern und Eltern geht es vorwiegend um die Verbesserung der Leistungen in diesen Fächern. Dies hängt vor allem mit den für Deutschland enttäuschenden Ergebnissen internationaler Schulleistungsstudien zusammen, etwa den Ergebnissen der im Jahre 2000 durchgeführten Studie »Programme for International Student Assessment« (PISA 2000).

Die vorliegende Arbeit soll eine Übersicht über wichtige Ansätze zur schulischen Förderung zwischenmenschlicher Fähigkeiten und Wertorientierungen geben. Grundlage ist dabei eine kompetenzorientierte Perspektive, wobei zwischen sozialen, moralischen und demokratischen Kompetenzen als Bereichen von Kompetenzen der zwischenmenschlichen Interaktion differenziert wird. Der Überblick bezieht sich auf die Grundschule (Primarstufe), Sekundarstufe I und Sekundarstufe II. Darin werden die theoretischen Grundlagen der verschiedenen Förderungsansätze, ihre Strukturen sowie erforderliche didaktisch-methodische Kompetenzen der Lehrer skizziert. Literatur und Internetadressen, die für die praktische Umsetzung eines Ansatzes hilfreich sein können, werden angegeben. Zudem sollen Beschränkungen der dargestellten Ansätze aufgezeigt werden. Darüber hinaus wird eine Differenzierung und Spezifizierung der Kompetenzen der zwischenmenschlichen Interaktion vorgenommen.

Die Überblicksarbeit soll für Lehramts-, Pädagogik- und Psychologiestudium, Studienseminar, Lehrertätigkeit, Lehreraus- und Lehrerfortbildung sowie Schulentwicklung geeignet sein. Sie ist vor allem an Lehramtsstudierende, engagierte Lehrer, Akteure der Lehreraus- und Lehrerfortbildung, Curriculumfachleute, Akteure der Schulentwicklung, Erziehungswissenschaftler und Schulpsychologen adressiert.

Im Folgenden werden die Grundzüge einer kompetenzorientierten didaktischen Perspektive umrissen (a) und die spezifischen Ziele der Überblicksarbeit benannt (b).

a) Grundzüge einer kompetenzorientierten didaktischen Perspektive

Das Handeln im Alltag vollzieht sich in unterschiedlichen Lebensbereichen, etwa in Familie, Kindergarten, Gleichaltrigengruppe, Schule und Beruf. In jedem Lebensbereich lässt sich zwischen gegenstandsbezogenem Handeln und personenbezogenem (nämlich auf die eigene Person, das Selbst bezogenem sowie auf die zwischenmenschliche Interaktion bezogenem) Handeln differenzieren. In jedem Bereich kann man als Handlungsvoraussetzungen gegenstandsbezogene und personenbezogene Formen von Sachwissen, Wertorientierungen, Handlungsfertigkeiten und Kompetenzen unterscheiden. Erfolgreiches Handeln setzt jeweils verschiedene Formen von Sachwissen (d.h. spezifische kognitive Dispositionen), Wertorientierungen (d.h. spezifische emotionale, affektive Dispositionen), Handlungsfertigkeiten (d.h. spezifische handlungsstrukturierende, psychomotorische Dispositionen) und Kompetenzen voraus. Kompetenzen wiederum stellen kognitive, kommunikative, emotionale und handlungsstrukturierende Fähigkeiten zur Lösung von Problemen, nämlich von kognitiven, kommunikativen, emotionalen Problemen und Handlungsproblemen, dar. Sie erlauben die Bewältigung neuer, wechselnder Aufgaben und schließen das Vermögen ein, angemessen und effektiv über die eigenen psychischen Ressourcen (Sachwissen, Wertorientierungen, Handlungsfertigkeiten) zu verfügen, diese gezielt einzusetzen und zu kombinieren.

Allgemeinbildenden und berufsbildenden Schulen kommt die Aufgabe der Vermittlung von Sachwissen, Wertorientierungen, Fertigkeiten und Kompetenzen durch geplante, rationale Prozesse der Bildung zu. Schulen haben vor allem die gesellschaftlich definierten Aufgaben des Unterrichtens und des Erziehens zu erfüllen. Unterricht zielt auf gegenstandsbezogene Aspekte der Persönlichkeit, auf fachbezogene und fächerübergreifende Leistungen (Unterrichtsauftrag der Schule), Erziehung zielt auf Persönlichkeitsaspekte, die die zwischenmenschliche Interaktion betreffen (Erziehungsauftrag der Schule). Die einzelne Schule soll Kindern und Jugendlichen Wissen über die Inhalte der Unterrichtsfächer, fachbezogene Fertigkeiten und Kompetenzen (z.B. Urteilskompetenz in einem Fach) sowie, als fächerübergreifende Kompetenzen, methodisch-instrumentelle Kompetenzen (z.B. Lernen des Lernens, d.h. lernen, wie man richtig lernt) vermitteln. Sie hat aber auch Wissen, Wertorientierungen, Fertigkeiten und Kompetenzen auszubilden, die es erlauben, den Anforderungen der zwischenmenschlichen Interaktion gerecht zu werden. Speziell die Förderung von Kompetenzen, die auf die zwischenmenschliche Interaktion bezogen sind, ist heute als eine zentrale Aufgabe der Schulen zu betrachten. Diese Förderung erfolgt dabei nicht nur durch ein spezielles Schulfach (wie z.B. Ethik oder Politische Bildung), sondern auch durch fächerübergreifenden Unterricht sowie durch das Schulleben.

Hinsichtlich der Kompetenzen der zwischenmenschlichen Interaktion – auch als zwischenmenschliche Kompetenzen, Interaktionskompetenzen oder interpersonale Kompetenzen bezeichenbar – wird in der vorliegenden Abhandlung zwischen drei Kompetenzbereichen unterschieden, nämlich zwischen den Bereichen sozialer, moralischer und politischer Kompetenz.

Soziale Kompetenz umfasst insbesondere folgende Fähigkeiten: Personen, Beziehungen und Gruppen angemessen wahrnehmen, sich mit anderen über unterschiedliche

Situationseinschätzungen verständigen, die eigenen Gefühle regulieren, selbstsicher handeln, soziale Interessenkonflikte lösen, Kontakte herstellen und aufrechterhalten und erfolgreich kooperieren. Soziale Kompetenzen sind im Verhältnis zu fernstehenden Personen, in Beziehungen (d.h. im Verhältnis zu nahestehenden Personen) und in Gruppen für die Verwirklichung von Eigeninteressen sowie für die Herstellung und Aufrechtrechterhaltung sozialer Interaktionen erforderlich.

Moralische Kompetenz hingegen umfasst vor allem Fähigkeiten, sich im Denken und Reden, in den Gefühlen und im Handeln am Wohlergehen anderer zu orientieren sowie bei sozialen Interessenkonflikten und moralischen Normkonflikten Kriterien der Gerechtigkeit Rechnung zu tragen. Moralische Kompetenzen beziehen sich wie soziale Kompetenzen auf das Handeln gegenüber fernstehenden Personen, in Beziehungen und in Gruppen.

Fähigkeiten des Bereichs *politischer* Kompetenz ermöglichen es, politische Prozesse differenziert zu beurteilen, die eigene Meinung öffentlich zu vertreten, Motivationen für politisches Handeln aufzubauen und sich für das Gemeinwesen zu engagieren. Sie erlauben es zudem, unter den Bedingungen einer globalisierten Welt effektiv zu handeln. In einer demokratischen Gesellschaft sind politische Kompetenzen vor allem demokratische Kompetenzen. Durch demokratische Kompetenzen können Individuen einen aktiven Beitrag zur Aufrechterhaltung und zur Veränderung der Institutionen und Strukturen eines demokratischen Gemeinwesens leisten. (Die Begriffe »politische Kompetenz« und »demokratische Kompetenz« werden in der vorliegenden Arbeit als Synonyme verwendet.)

Vier Fähigkeitsdimensionen kann man mit Blick auf die drei Kompetenzbereiche jeweils unterscheiden, nämlich kognitive, kommunikative, emotionale und handlungsstrukturierende Fähigkeiten; die Kompetenzen in den drei Bereichen ermöglichen die Lösung von kognitiven, emotionalen und kommunikativen Problemen sowie von Handlungsproblemen.

Der Differenzierung zwischen den drei Kompetenzbereichen entspricht soziales, moralisches und politisches (demokratisches) Lernen in der Schule bzw. der schulische Erwerb der entsprechenden Kompetenzen. Lernen kann intendiert (also beabsichtigt, gewollt) und nicht-intendiert erfolgen. Bei intendierten Lernprozessen kann von Sozial-, Moral- und Demokratieerziehung gesprochen werden. (Die Begriffe »Demokratieerziehung«, »Politische Erziehung«, »Demokratische Bildung« und »Politische Bildung« werden in der Arbeit als Synonyme verwendet.) Nicht-intendierte Lernprozesse sind vor allem Prozesse sozialer, moralischer und politischer Sozialisation, sofern in diesen Lernprozessen der Einfluss der gesellschaftlichen Umwelt zum Ausdruck kommt. Die Sozial-, Moral- und Demokratieerziehung umfasst neben der Förderung entsprechender Kompetenzen auch die Vermittlung von Sachwissen, Wertorientierungen und Fertigkeiten. Die Förderung von Kompetenzen der zwischenmenschlichen Interaktion geht über die Vermittlung von Sachwissen, Wertorientierungen und Fertigkeiten hinaus und setzt diese zugleich voraus. Sozialisationsprozesse beziehen sich ebenfalls auf diese vier Formen psychischer Dispositionen.

Warum sind Kompetenzen insgesamt heute wichtig? Die heutige Bedeutung von Kompetenzen hängt mit gesellschaftlichen Veränderungen zusammen, vor allem mit dem schnellen Veralten inhaltlichen Wissens, der unzureichenden Anwendung des in der Schule erworbenen Wissens im Alltag sowie dem Zerfall traditioneller Werte.

In der Schulpädagogik und in der Pädagogik insgesamt ist gegenwärtig die Position einer kompetenzorientierten Didaktik verbreitet. Von dieser Position aus hat die Schule vor allem die Aufgabe der Vermittlung grundlegender Fähigkeiten der Lösung von Problemen (d.h. von Kompetenzen) und nicht bloß die Aufgabe, Sachwissen, Wertorientierungen und Fertigkeiten zu vermitteln. Der Begriff der Kompetenz wird häufig zusätzlich gekennzeichnet als Befähigung zum situationsgerechten Handeln, zur erfolgreichen Lebensführung in wirtschaftlicher und persönlicher Hinsicht (als »Handlungskompetenz«). Die Diskussionen orientieren sich dabei vor allem am Kompetenzbegriff von Weinert, demzufolge kognitive, emotionale und volitionale (willensbezogene) Bedingungen für erfolgreiches Handeln zu berücksichtigen sind. In der Schulpädagogik wird die Bedeutung von Kompetenzen mit Blick auf fachbezogene Fähigkeiten der Schüler, fächerübergreifende Fähigkeiten der Schüler, Standards für die Lehrerbildung und Standards für Schulqualität betont. Dabei wird auch auf die Relevanz von Kompetenzen der zwischenmenschlichen Interaktion und auf die Notwendigkeit ihrer Förderung hingewiesen. Besonders die Ergebnisse der Studie »PISA 2000« haben eine breite Diskussion um Kompetenzen angestoßen.

Warum sind soziale, moralische und demokratische Kompetenzen wichtig bzw. warum ist die Förderung dieser Kompetenzen erforderlich? Moralische Kompetenzen tragen zu einem friedlichen und humanen Zusammenleben bei. Soziale Kompetenzen sind Voraussetzung für die situationsbezogene Anwendung und die Entwicklung moralischer Kompetenzen; sie sind aber auch für eine erfolgreiche Lebensführung des Einzelnen wichtig. Demokratische Kompetenzen ermöglichen die Stabilisierung und Weiterentwicklung demokratischer Strukturen. Die Bemühungen der Erziehungsinstanzen um die Förderung der drei Kompetenzbereiche scheitern nicht selten: Viele Kinder und Jugendliche zeigen selbstschädigende Verhaltensweisen (wie z.B. starke soziale Ängste und Depressionen) oder Verhaltensweisen, die andere schädigen (wie z.B. häufige Gewalt und Delinquenz). Erstere Formen von Problemverhalten werden in der Psychologie als »internalisierende Störungen«, letztere als »externalisierende Störungen« bezeichnet. Internalisierende Störungen sind unangemessene Verhaltensmuster in Situationen, die vorrangig das Wohlergehen der eigenen Person betreffen. Externalisierende Störungen stellen unangemessene Verhaltensmuster in Situationen dar, die Fragen des Wohlergehens anderer Personen beinhalten. Bei den externalisierenden Verhaltensweisen unterscheiden sich Phänomene wie Rechtsextremismus und Fremdenfeindlichkeit von anderen Phänomenen dadurch, dass sie defizitäres, problematisches Verhalten im Bereich des Politischen darstellen. Zwischen der Differenzierung beider Formen von Verhaltensstörungen und der Differenzierung der Bereiche sozialer, moralischer und demokratischer Kompetenz gibt es somit einen engen Zusammenhang.

Warum ist die Förderung sozialer, moralischer und demokratischer Kompetenzen speziell durch die Schule erforderlich? Wichtige Gründe für eine schulische Förderung dieser drei Kompetenzbereiche sind unzureichende Erziehungsleistungen der Eltern (z.B. erwerben viele Kinder in ihrer Familie aggressive Verhaltensmuster), negativer Einfluss anderer außerschulischer Sozialisations- bzw. Erziehungsinstanzen (z.B. der Medien), Bedeutung der drei Kompetenzbereiche für die Lebensbewältigung der Schüler und für die Gesellschaft sowie positiver Einfluss sozialer, moralischer und demokratischer Kompetenzen auf Schulleistungen.

Welche Möglichkeiten der schulischen Förderung dieser drei Kompetenzbereiche gibt es und wie unterscheiden sich erzieherische Ansätze von Unterrichtsmethoden (verstanden als Methoden zur Realisierung des Unterrichtsauftrags der Schulen)? Meyer hat wichtige Unterrichtsmethoden in einer Abbildung zusammengefasst (Abb. 0.1).

Jones, Ryan und Bohlin (1999, S. 23f.) haben häufig angewendete Methoden der »Charaktererziehung« in einer Tabelle zusammengestellt (Tab. 0.1). Diese ist Bestandteil eines Fragebogens, der Lehrerbildnern aus den USA vorgelegt wurde, um die Verbreitung einzelner Strategien zu ermitteln. »Life Skills Education« (als Training sozialer und selbstbezogener Fähigkeiten), »Service-Learning«, »Citizenship Training/-Civics«, »Fürsorgliche Gemeinschaft« und »Streitschlichtung/Peer-Mediation« sind Förderungsmethoden, die erst in den letzten zwei oder drei Jahrzehnten entstanden, während die anderen Methoden früher entwickelt wurden. In den USA bezieht sich der Begriff der Charaktererziehung nicht länger – wie dort lange Zeit üblich – auf einen bestimmten moralpädagogischen Ansatz (nämlich »Tugenderziehung«), sondern wird zur Kennzeichnung einer großen Bandbreite moralerzieherischer Anstrengungen verwendet. Selbst Methoden zur Förderung der sozialen Entwicklung (etwa »Streitschlichtung/Peer-Mediation« und »Life Skills Education«) sowie Methoden zur Förderung der demokratischen Entwicklung (etwa »Citizenship Training/Civics« und »Service-Learning«) werden darunter subsumiert, nicht zuletzt weil damit auch moralische Fähigkeiten ausgebildet werden können.

Darüber hinaus gibt es integrativ angelegte Ansätze (Programme), in denen verschiedene der in Tabelle 0.1 aufgeführten Strategien (z.B. »Werteklärung/Werteerkennung«, »Fürsorgliche Gemeinschaft«) als Bausteine dienen. Bereits in den 70er-Jahren entwickelte Kohlberg mit dem Ansatz einer »Gerechten Schulgemeinschaft« (Just-Community-School) ein solches Programm. Im Rahmen dieses Ansatzes wird das gesamte schulische Leben unter dem Gesichtspunkt der Förderung der Moralentwicklung organisiert: Vor allem durch die Verankerung partizipativer Entscheidungsprozeduren in der Schule soll den Schülern ein System moralischer Wertorientierungen vermittelt, die Entwicklung moralischer Urteilsfähigkeit stimuliert und ein Gefüge moralischer Handlungsdispositionen ausgebildet werden. Die Schüler wirken, etwa in Form von Vollversammlungen, an der Regelung der Schulangelegenheiten mit; sie erstellen beispielsweise die in der Schule geltenden moralrelevanten Regeln und sind für deren Einhaltung verantwortlich. Zugleich werden hier Dilemmadiskussionen durchgeführt.

Abb. 0.1: Unterrichtsmethoden (H. Meyer 2004, S. 77)

a. *Werteklärung/Werteerkennung*
- Werte sind in hohem Maße individuell, der Lehrer handelt als neutraler Moderator
- Einsatz herausfordernder Übungen zur Wahrnehmung der eigenen Werte

b. *Moralisches Urteilen/Kognitive Entwicklung*
- Die Bildung des Charakters wird als überwiegend rationaler Prozess betrachtet
- Einsatz hypothetischer moralischer Dilemmata, um Schüler anzuregen, höhere Stufen moralischer Kognition zu erreichen

c. *Tugenderziehung*
- Erwerb von wertebezogenen Verhaltensmustern (Tugenden) durch Übung positiven Verhaltens
- setzt auf Lerninhalte, insbesondere aus Literatur und Geschichte, damit Schüler Wissen über die Moraltradition ihrer Kultur erwerben

d. *Life Skills Education*
- betont die Entwicklung positiver sozialer Einstellungen und lebenspraktischer Fertigkeiten
- verwandte Themen umfassen persönliche Entscheidungsfindung, Selbstachtung, Kommunikation und Arbeitsfertigkeiten

e. *Service-Learning*
- Weniger »Buchwissen«, sondern handlungsbezogene Erfahrungen sollen den Unterricht für Schüler relevanter machen
- Integriert Gelegenheiten zum Dienst an der Gemeinschaft in das Curriculum

f. *Citizenship Training/Civics*
- Schwerpunkt ist die Vermittlung bürgerschaftlicher Werte, auf denen die amerikanische Gesellschaft gegründet ist
- Ziel ist es, zukünftige Staatsbürger heranzubilden; oft im Rahmen des Gemeinschaftskunde- oder Geschichtsunterrichts

g. *Fürsorgliche Gemeinschaft*
- Schwerpunkt ist die Pflege fürsorglicher Beziehungen in der Klasse
- Formen des Lernens in Gruppen, um Fähigkeiten zur Zusammenarbeit und Empathie zu fördern

h. *Gesundheitserziehung/Prävention von Drogenkonsum, Teenager-Schwangerschaften und Gewalt*
- Schwerpunkt ist die Vermeidung ungesunden und unsozialen Verhaltens
- Charakterentwicklung ist im Allgemeinen ein implizites Ziel; programmorientierter Ansatz zur Bekämpfung sozialer Probleme in der Adoleszenz

i. *Streitschlichtung/Peer-Mediation*
- Ziel ist es, Schülern zu helfen, Fähigkeiten zur konstruktiven Konfliktlösung zu entwickeln
- Schüler werden geschult, um bei Konflikten unter Mitschülern vermitteln zu können

j. *Ethik/Moralphilosophie*
- expliziter Unterricht in Ethik/Philosophie, zumeist als eigenständiger Kurs oder Unterrichtseinheit
- Studium bedeutender Denker im Bereich der Moralphilosophie

k. *Religionsunterricht*
- Charakterbildung geschieht im Kontext einer Glaubenstradition
- es wird vorausgesetzt, dass Moral eine transzendente, übernatürliche Grundlage hat; wird oft kombiniert mit einer Ethik des Dienstes am Anderen

l. *Keines davon/andere Themen*

Tab. 0.1: *Strategien der Charaktererziehung (nach Jones/Ryan/Bohlin 1999, S. 23f.)*

Die in Abbildung 0.1 dargestellten Unterrichtsmethoden zielen auf die Erfüllung des Unterrichtsauftrags, wobei allerdings manche Methoden – wie man beim Vergleich der Abbildung mit Tabelle 0.1 sieht – auch im Erziehungskontext bedeutsam sind, etwa Gesprächsformen und Projektarbeit. Nicht zufällig ist auch vom »erziehenden Unterricht« die Rede.

Einige Autoren – vor allem im Umfeld der PISA-Studie – plädieren dafür, den Kompetenzbegriff auf kognitive Leistungsdispositionen einzuengen. Ich fasse den Begriff breiter und verstehe darunter auch kommunikative, emotions- und handlungsbezogene Dispositionen. Damit unterscheide ich mich zugleich von Autoren, die den Kompetenzbegriff sehr breit fassen: Oft wird zwischen Kompetenzen, Sachwissen, Werteorientierungen und Fertigkeiten überhaupt nicht unterschieden; letztere drei Aspekte werden als Kompetenzen bezeichnet. Das Verhältnis der Begriffe »Kompetenz« und »Fähigkeit« wird in dieser Arbeit wie folgt bestimmt: Kompetenzen sind Fähigkeiten zur Lösung von Problemen, Fähigkeiten hingegen beinhalten neben Kompetenzen auch Sachwissen und Fertigkeiten. Der Begriff »Fähigkeiten« wird somit als Oberbegriff für Kompetenzen, Sachwissen und Fertigkeiten verstanden. Das Verhältnis der Begriffe »Werte« und »Tugenden« kann wie folgt bestimmt werden: Werte sind Orientierungsmaßstäbe für Urteilen und Handeln; sie werden erfasst, beurteilt, kommuniziert, anerkannt und im Handeln verwirklicht. Durch Normen (Verhaltensvorschriften) werden Werte gesellschaftlich durchgesetzt. Durch Tugenden werden Werte beim Individuum realisiert. Tugenden sind an Werten orientierte Handlungsmuster, sie stellen einen Habitus dar und nicht bloß eine Haltung. »Qualifikationen« umfassen Sachwissen und Fertigkeiten, verkörpern im Unterschied zu Kompetenzen allerdings Fähigkeiten zur Bewältigung von Anforderungen, die sich am Berufsmarkt orientieren.

Den Begriff »Erziehung« verwenden heute viele Autoren, um den Erziehungsauftrag der Schule zu kennzeichnen (Erziehung im engeren Sinne). Erziehung meint dann alle Bemühungen der Vermittlung von auf religiös-weltanschauliche Fragen, das Selbst und das menschliche Zusammenleben bezogenen Formen von Sachwissen, Werteorientierungen, Fertigkeiten und Kompetenzen. Dieser Erziehungsbegriff liegt häufig auch den Schulgesetzen der Bundesländer zugrunde. Ich fasse den Erziehungsbegriff hingegen – dem traditionellen Begriffsverständnis folgend – weit und erfasse damit auch die schulische Aufgabe der Vermittlung berufsorientierter und kultureller Fähigkeiten (Erziehung im weiteren Sinne). Bei Erziehung im engen Sinne verwende ich den Begriff »wertebezogene Erziehung« – ich benutze diesen Begriff, weil die Begriffe »Werteerziehung« und »Wertebildung« häufig nur in einem moralischen Sinne verstanden werden. Bei vielen Autoren wie auch in den Schulgesetzen der Bundesländer findet man einen engen Bildungsbegriff (Bildung im Sinne von Unterrichten, Vermitteln von Wissen oder auch Bildung in Form abfragbarer Wissensbestände). Mit »Bildung« werden allerdings oft auch lebenslange Prozesse der selbsttätigen Auseinandersetzung mit Bildungsgütern bezeichnet. Der Bildungsbegriff wird in der vorliegenden Arbeit wie der Erziehungsbegriff in einem weiten Sinne gebraucht: »Bildung« umfasst wie »Erziehung« die Umsetzung des

Erziehungsauftrags sowie die Umsetzung des Unterrichtsauftrags. Der Begriff akzentuiert jedoch Prozesse der selbsttätigen, lebenslangen Auseinandersetzung mit Lerninhalten.

Die Begriffe »Unterricht«, »Lernen«, »Entwicklung« und »Sozialisation«, die ebenfalls uneinheitlich verwendet werden, fasse ich hingegen eng: Unterricht ist organisierte Erziehung bzw. Bildung mit Blick auf fachbezogene und fächerübergreifende Schulleistungen (insbesondere berufsorientierte und kulturelle Fähigkeiten). Erziehungsprozesse und Bildungsprozesse stellen intendierte, auf Schulleistungen sowie auf Werte bezogene Einflussnahmen auf Lern- und Entwicklungsprozesse dar; »Lernen« meint dabei kurzfristige, »Entwicklung« langfristige individuelle Veränderungen. Diese beiden Begriffe sind im Unterschied zum Erziehungs- und Bildungsbegriff sowie dem Begriff des Unterrichts gegenüber dem Kriterium der Intentionalität indifferent. »Erziehung«, »Bildung« und »Unterricht« grenze ich ab von nicht-intendierten Einflussnahmen auf Lern- und Entwicklungsprozesse, insbesondere von Sozialisationsprozessen. Der Begriff »Sozialisation« bezeichnet Formen nicht-intendierter Einflussnahme der gesellschaftlichen Umwelt auf Lern- und Entwicklungsprozesse.

Die Begriffsbestimmungen lassen sich wie folgt zusammenfassen:
- Lernen: kurzfristige Veränderungen
- Entwicklung: langfristige Veränderungen
- Sozialisation: nicht-intendierte, durch die gesellschaftliche Umwelt beeinflusste Lern- und Entwicklungsprozesse
- Erziehung/Bildung: intendierte Lern- und Entwicklungsprozesse
- Unterricht: leistungsbezogene Erziehung/Bildung
- wertebezogene Erziehung: vor allem soziale, moralische und demokratische Erziehung/Bildung

b) Spezifische Ziele des Überblicks

Der Ansatz einer kompetenzorientierten Didaktik hat in den letzten Jahren zu einer Klärung und Systematisierung von Bildungszielen beigetragen: Zentrale Kompetenzen der zwischenmenschlichen Interaktion wurden benannt, wie etwa Konflikt-, Beziehungs- und Kooperationsfähigkeit. Zu Recht wurde das Kriterium der Handlungsorientierung bei der Kompetenzbestimmung in den Vordergrund gerückt. Der kompetenzorientierte Ansatz ermöglicht auch die Bestimmung von Niveaus der individuellen Entwicklung und die differenzierte Messung der Entwicklungsprozesse.

Da ein wachsender Anteil von zwischenmenschlichem Problemverhalten bei Schülern festzustellen ist, hat sich in den letzten drei Jahrzehnten bei Schulen, Politik und Öffentlichkeit die Nachfrage nach schulischen Angeboten zur Förderung sozialer, moralischer und demokratischer Kompetenzen verstärkt. Aufgrund der relativ großen Nachfrage wurden neue Strategien und Programme zur Kompetenzförderung formuliert; zugleich entstanden Überblicksarbeiten über die Förderungsansätze.

Bemühungen um die schulische Förderung sozialer, moralischer und demokratischer Kompetenzen sind heute in Deutschland allerdings mit drei grundlegenden Problemen konfrontiert, auf die diese Abhandlung antwortet:

- Verschiedene Autoren stellen den Ansatz einer kompetenzorientierten Didaktik bzw. den Kompetenzbegriff grundlegend infrage. Sie beklagen, dass der Kompetenzbegriff mittlerweile zu einem Modebegriff geworden sei. Dieser wird zudem von den Vertretern einer kompetenzorientierten Didaktik unterschiedlich weit verwendet. Darüber hinaus werden die Begriffe »soziale Kompetenz«, »moralische Kompetenz« und »demokratische Kompetenz« uneinheitlich benutzt: Der Begriff der sozialen Kompetenz wird in der wissenschaftlichen Diskussion häufig sehr weit gefasst und auch durch Aspekte moralischer und demokratischer Kompetenz bestimmt (vgl. etwa die in der erziehungswissenschaftlichen Diskussion in Deutschland verbreitete Differenzierung von »Fach«-, »Methoden«-, »Selbst«- und »Sozialkompetenz«). Manche Autoren bestimmen hingegen den Begriff der demokratischen Kompetenz sehr weit. Entsprechend wird nicht zwischen den drei Formen der Erziehung unterschieden.
- Zudem ist das Angebot an schulischen Förderungsmöglichkeiten hierzulande eher begrenzt: Es wurden relativ wenige neue Ansätze entwickelt. Auch sind viele der vorliegenden Ansätze, besonders ausländische Ansätze, nicht bekannt. Da ein breites Angebot an Förderungsansätzen fehlt, muss ein solches Angebot zunächst geschaffen werden.
- Auf Veränderung der schulischen Praxis gerichtete Reformanstrengungen gibt es bisher nur in unzureichendem Maße. Durchaus bekannte, bereits andernorts erprobte und bewährte Ansätze wurden nicht umgesetzt. Entsprechende Beschränkungen bestehen vor allem in der Sekundarstufe I. Die für praxisorientierte Anstrengungen erforderlichen Reformen der Lehreraus- und Lehrerfortbildung sind bis heute weitgehend unterblieben.

Die drei Beschränkungen – problematische theoretisch-konzeptuelle Arbeiten zu Förderungszielen, unzureichende Entwicklung neuer Förderungsansätze bzw. mangelhafte Rezeption vorliegender Förderungsansätze sowie unbefriedigende Förderungspraxis bzw. unzureichende Lehrerbildung – hängen vor allem mit dem gegenwärtigen Fokus auf internationale Schulleistungsstudien zusammen, die sich weitgehend auf Lesekompetenz, mathematische und naturwissenschaftliche Kompetenzen beziehen. Durch die für Deutschland enttäuschenden Ergebnisse dieser Studien sind hierzulande seit der Jahrtausendwende die Bemühungen um schulische Sozial-, Moral- und Demokratieerziehung in den Hintergrund geraten. Zurzeit betrachten viele Autoren den Erziehungsauftrag bzw. die Förderung sozialer, moralischer und demokratischer Kompetenzen als für die Schule nicht besonders wichtig. Sie weisen hauptsächlich den Eltern eine erzieherische Funktion zu und sehen die Schule mit dieser Aufgabe überlastet. Die Schule müsse sich weitgehend auf die Aufgabe des Unterrichtens beschränken.

Auf die drei angeführten Beschränkungen der Diskussion um die schulische Förderung sozialer, moralischer und demokratischer Kompetenzen haben einige Autoren geantwortet. Auch die vorliegende Arbeit antwortet darauf: Darin werden konzeptuelle Klärungen hinsichtlich der zu fördernden Kompetenzen vorgenommen. Weiterhin wird über wichtige, Erfolg versprechende Strategien und Programme zur sozialen, moralischen und demokratischen Erziehung in der Schule informiert. Ein weiteres Ziel der Arbeit ist es, dazu beizutragen, praktische Reformanstrengungen in den Schulen bzw. Lehrerfortbildung anzustoßen.

In der vorliegenden Arbeit werden folgende Aspekte akzentuiert:
- Formulierung einer überschaubaren Struktur von Kompetenzen der zwischenmenschlichen Interaktion
- Verknüpfung der drei Erziehungsbereiche
- Sichtung und Bewertung neuerer internationaler Förderungsansätze (insbesondere aus angelsächsischen Ländern)
- Betonung von Förderungsansätzen aus der an Piaget orientierten strukturgenetisch-konstruktivistischen Tradition
- Formulierung der Umrisse eines integrativ angelegten Programms für die Lehrerbildung

Diese Punkte werden hier nur in knapper Form erläutert; sie werden in Abschnitt 2.3 ausgeführt. Den Punkten entsprechen Grenzen vorliegender Förderungsansätze, Überblicksarbeiten und Förderungsbemühungen.

Formulierung einer überschaubaren Struktur von Kompetenzen der
zwischenmenschlichen Interaktion
Bisher fehlt eine differenziert angelegte, zugleich aber überschaubare Systematisierung von Kompetenzen der zwischenmenschlichen Interaktion. Diese Systematisierung ist Voraussetzung für die Einordnung und Bewertung der Förderungsansätze. Hier soll – jedoch nur in den Grundzügen – eine überschaubare Systematisierung vorgenommen werden. Es wird zwischen Sachwissen, Werteorientierungen, Fertigkeiten und Kompetenzen sowie zwischen dem Bereich sozialer, moralischer und politischer Kompetenz differenziert. Bei der heute verbreiteten sehr weiten Fassung des Begriffs der sozialen Kompetenz bleibt unberücksichtigt, dass sich soziale Kompetenzen (z.B. Perspektivenübernahme) auch für die Durchsetzung eigener Interessen auf Kosten der Interessen anderer Personen, also für die Verwirklichung unmoralischer Handlungsziele nutzen lassen (vgl. Machiavellismus). Hochentwickelte soziale Kompetenzen können somit unter moralischen Gesichtspunkten fragwürdig sein. Auch können ausgeprägte moralische Kompetenzen mit gering ausgebildeten sozialen Kompetenzen einhergehen. Zugleich erscheint die Abgrenzung sozialer und moralischer Kompetenzen von demokratischen Kompetenzen geboten, denn soziale und moralische Fähigkeiten sind für demokratische Kompetenzen zwar notwendige, jedoch nicht hinreichende Voraussetzungen. Beispielsweise

ermöglicht moralische Urteilsfähigkeit allein noch keine differenzierte Bewertung politischer Prozesse; dafür ist nicht zuletzt auch politische Urteilsfähigkeit erforderlich. Um die verschiedenen Funktionen zwischenmenschlicher Kompetenzen zu unterscheiden, erscheint die Differenzierung zwischen den drei Kompetenzbereichen sinnvoll (vgl. Kap. 3).

Verknüpfung der drei Erziehungsbereiche
Die Ansätze und Überblicksarbeiten zur sozialen und moralischen Erziehung beziehen sich für gewöhnlich nur auf einen der beiden Bereiche. In der Abhandlung soll hingegen das Verhältnis dieser beiden Bereiche zueinander systematisch behandelt werden. Zugleich soll eine Verknüpfung der beiden Erziehungsbereiche mit der Demokratieerziehung hergestellt werden, eine Aufgabe, die bislang ebenfalls vernachlässigt wurde. In diesem Überblickswerk wird folglich das Verhältnis aller drei Erziehungsbereiche beleuchtet (vgl. die Kap. 5 bis 11).

Sichtung und Bewertung neuerer internationaler Förderungsansätze (insbesondere aus angelsächsischen Ländern)
Neuere internationale Förderungsangebote wurden hierzulande eher selten rezipiert. In den letzten Jahren entstand insbesondere in den USA eine Vielzahl von Ansätzen zur Kompetenzförderung und auch zur Prävention von Verhaltensproblemen, bei der Kompetenzförderung mittlerweile eine zentrale Rolle spielt. Im vorliegenden Überblickswerk bilden neuere internationale Förderungsansätze, insbesondere aus den angelsächsischen Ländern, einen Schwerpunkt (vgl. die Kap. 5 bis 11).

Betonung von Förderungsansätzen aus der an Piaget orientierten
strukturgenetisch-konstruktivistischen Tradition
Hinsichtlich der Sozial-, Moral- und Demokratieerziehung in der Schule dominieren in Deutschland heute noch immer lerntheoretische Positionen, die den Einfluss der sozialen Umwelt akzentuieren. Vielversprechend für die Anwendung in der Schule erscheinen in der Tradition von Piaget stehende strukturgenetisch-konstruktivistische Positionen. Solche Förderungsansätze (z.B. Kohlbergs Ansatz zur Diskussion moralischer Dilemmata sowie sein Konzept der Gerechten Schulgemeinschaft) weisen verschiedene Vorzüge gegenüber lerntheoretischen Förderungsansätzen auf: Sie machen auf qualitative Unterschiede in der Entwicklung des Urteilens (auf die Genese von »Urteilsstrukturen«, »Urteilsstufen«) sowie auf die Bedeutung der kognitiven Eigenaktivität des Einzelnen – von einsichtigem, »konstruktivem« Lernen – für die Entwicklungsprozesse aufmerksam. Insofern sind diese Positionen strukturgenetisch und konstruktivistisch. Ein Ziel dieser Arbeit ist es, solche didaktischen Ansätze zur Geltung zu bringen; sie werden jeweils am Anfang eines Kapitels bzw. Abschnitts dargestellt. Sie sollten indessen mit didaktischen Ansätzen aus anderen Theorietraditionen (z.B. mit lerntheoretischen Positionen) verbunden werden, insbesondere um die Förderung sowohl kognitiver als auch nichtkognitiver Entwicklungsprozesse zu ermöglichen (vgl. die Kap. 5 bis 11).

Formulierung der Umrisse eines integrativ angelegten Programms für die Lehrerbildung

Die Systematisierung sozialer, moralischer und demokratischer Kompetenzen, die Verknüpfung der drei Erziehungsbereiche, die Rezeption neuerer internationaler Förderungsansätze und die Darstellung strukturgenetisch-konstruktivistischer Ansätze der Piaget-Tradition soll nicht zuletzt Zwecken der Lehrerfortbildung dienen. Ansätze zur sozialen und moralischen Erziehung wurden bisher in Deutschland eher selten in die schulische Praxis umgesetzt, sodass es auch kaum Bemühungen um Lehrerfortbildung für diese beiden Erziehungsbereiche gibt. In der vorliegenden Arbeit geht es darum, Grundzüge eines Programms für die Lehrerbildung zu entwickeln. Dabei soll insbesondere ein Konzept zur Ausbildung von »Multiplikatoren« (d.h. von Lehrern, die Lehrer ausbilden) skizziert werden. Die Multiplikatorenausbildung erstreckt sich auf alle drei Erziehungsbereiche. (vgl. Kap. 12).

Im internationalen Bereich gibt es eine Vielzahl von Förderungsanstrengungen, allerdings nur wenige überschaubaren Systematisierungen zwischenmenschlicher Kompetenzen, kaum Verknüpfung der drei Erziehungsbereiche sowie nur wenige an der Tradition Piagets orientierte strukturgenetisch-konstruktivistische Förderungsansätze. Es gibt dort auch kaum integrativ angelegte Programme für die Lehrerbildung.

Das Übersichtswerk erfordert die Klärung verschiedener grundlegender Fragen:
- In welchem Rahmen findet die Diskussion um Strategien und Programme zur schulischen Förderung sozialer, moralischer und demokratischer Kompetenzen statt? Warum ist wertebezogene Erziehung gerade heute wichtig? (Kap. 1)
- Wie haben sich die Bemühungen um die schulische Förderung sozialer, moralischer und demokratischer Kompetenzen in den letzten Jahrzehnten entwickelt? Welche sinnvollen Entwicklungstendenzen und welche grundlegenden Beschränkungen weisen die derzeitigen Förderungsbemühungen in Deutschland und im internationalen Bereich auf? Wie hat das BMBF-Projekt »Grundlagen einer kompetenzorientierten Didaktik« auf die Beschränkungen geantwortet? (Kap. 2)
- Wie könnte ein überschaubare Systematisierung sozialer, moralischer und demokratischer Kompetenzen aussehen? Wie verläuft die Kompetenzentwicklung in den Grundzügen? Was sind jeweils förderliche Entwicklungsfaktoren und Kriterien einer sozialen, moralischen und demokratischen Schule? (Kap. 3)
- Welche Wirkungen haben Unterrichtsmethoden auf die Entwicklung sozialer, moralischer und demokratischer Kompetenzen? (Kap. 4)
- Welche Strategien zur schulischen Sozialerziehung haben sich als effektiv erwiesen bzw. erscheinen Erfolg versprechend? (Kap. 5)
- Welche Programme zur schulischen Sozialerziehung haben sich als wirksam gezeigt bzw. sind Erfolg versprechend? (Kap. 6)
- Welche Strategien zur schulischen Moralerziehung sind wirksam? (Kap. 7)

- Welche effektiven integrativen Ansätze zur schulischen Moralerziehung gibt es? (Kap. 8)
- Welche Strategien zur schulischen Demokratieerziehung sind wirksam? (Kap. 9)
- Welche integrativen Ansätze zur schulischen Demokratieerziehung sind effektiv? (Kap. 10)
- Was sind die Ergebnisse der hier vorgenommenen Analyse von schulischen Förderungsstrategien und -programmen? (Kap. 11)
- Was sind wichtige Voraussetzungen für die Verankerung der Förderungsansätze in den Schulen? Wie vor allem können die verschiedenen didaktischen Ansätze im Rahmen der Lehrerfortbildung erfolgreich vermittelt werden? (Kap. 12)

Diese Übersichtsarbeit soll besonders auch für Ganztagsschulen hilfreich sein. Ganztagsschulen erfüllen nicht nur familienpolitische Aufgaben (z.B. Betreuungsleistungen für die Kinder berufstätiger Eltern), sozialpolitische Aufgaben (z.B. gezielte Förderung schulischer Leistungen von Kindern aus sozial schwächeren Familien) und gesundheitspolitische Aufgaben (z.B. breites Sportangebot). Sie sind auch besser als Halbtagsschulen geeignet, die für das Leben unter den heutigen gesellschaftlichen Bedingungen erforderlichen sozialen, moralischen und demokratischen Kompetenzen zu fördern: Zum einen ist der zeitliche Rahmen für entsprechende Lernanregungen in der Ganztagsschule größer als in der Halbtagsschule. Zum anderen dürfte ihr eine Modellfunktion für die Entwicklung des deutschen Schulsystems insgesamt zukommen. Die Gesichtspunkte der Förderung in den drei Bereichen sozialer, moralischer und demokratischer Kompetenz sind zwar Bestandteile einer für alle Schulen erforderlich gewordenen Veränderung der pädagogischen Praxis; die Ganztagsschule kann diese Förderung jedoch erweitern, indem sie einen relativ breiten Spielraum für die Erprobung vielfältiger Ansätze und für die Verknüpfung dieser Ansätze bietet. Für die entsprechenden erzieherischen Bemühungen in der Ganztagsschule will diese Abhandlung eine wichtige Informationsquelle und Orientierungshilfe sein.

Sinnvoll sind neben einer Übersichtsarbeit über vorliegende schulische Förderungsansätze auch die Bedürfnisse und Voraussetzungen der Lehrer berücksichtigende, lehrergerechte Hefte (Handreichungen) und Bücher zu einzelnen Förderungsansätzen sowie ein Lehrerhandbuch, das wichtige Förderungsansätze praxisnah zusammenstellt. Es geht um Instrumente und Materialien, die die Bedürfnisse und Voraussetzungen der Lehrer unmittelbar berücksichtigen. Die Lektüre eines lehrergerechten Hefts sollte bereits die Anwendung eines Ansatzes ermöglichen. Auch Bücher zu einzelnen Förderungsansätzen sind erforderlich; diese können breiter als die Hefte über einen Ansatz informieren. Das praxisnahe Lehrerhandbuch sollte wichtige Strategien und Programme ebenfalls in einer Weise präsentieren, dass sie von Lehrern in den Schulen angewendet werden können. Mit diesen unterschiedlichen Formen von Veröffentlichungen kann insbesondere bei Lehrern und Schulleitern Interesse an der Umsetzung vorliegender Förderungsansätze geweckt werden.

1. Der Kontext der Diskussion um die schulische Förderung sozialer, moralischer und demokratischer Kompetenzen Literatur

Trotz der beschriebenen Dominanz des Unterrichtsauftrags gibt es auf der Ebene von Bildungspolitik, Erziehungswissenschaft und Unterrichtsmethodik verschiedene Anknüpfungspunkte für die schulische Förderung sozialer, moralischer und demokratischer Kompetenzen. Im Folgenden soll erläutert werden, auf welchem Hintergrund im deutschen und auch im internationalen Bereich die Diskussion um die schulische Förderung der drei Kompetenzbereiche heute geführt wird. Den Hintergrund der deutschen Diskussion bilden vor allem die Ergebnisse der Schulleistungsstudien (1.1), die rechtliche Verankerung des Erziehungsauftrags der Schulen (1.2), die starke Verbreitung von Problemen der Schüler im zwischenmenschlichen Verhalten (1.3), verschiedene auf Unterrichts- und Schulentwicklung zielende bildungspolitische Aktivitäten (1.4), die erziehungswissenschaftliche Debatte über eine »gute«, »zukunftsfähige« Schule (1.5) sowie die im Rahmen der Unterrichtsmethodik geführte Debatte über Ansätze zur Realisierung des Unterrichtsauftrags der Schulen (1.6). Im Kapitel wird dargelegt, warum wertebezogene Erziehung gerade heute wichtig ist.

1.1 Schulleistungsstudien und die Akzentuierung des Unterrichtsauftrags der Schulen

In Studien wie »Third International Mathematics and Science Study« (TIMSS), »Programme for International Student Assessment 2000« (PISA 2000) und »Internationale Grundschul-Lese-Untersuchung« (IGLU) wurde festgestellt, dass die deutschen Schulen ihre gesellschaftliche Funktion der Qualifikation des Nachwuchses nicht hinreichend erfüllen. In TIMSS und PISA 2000 standen mathematische und naturwissenschaftliche Kompetenzen, in PISA 2000 zusätzlich noch sprachliche Kompetenzen (vor allem die Lesefähigkeit) im Zentrum. Die TIMSS-Studie, die 1995 und 1996 durchgeführt wurde, zeigte enttäuschende Leistungen in Mathematik und Naturwissenschaften bei Schülern der 7. und 8. Klasse sowie im Abschlussjahr der gymnasialen Oberstufe und im letzten Jahr der beruflichen Erstausbildung. In PISA 2000, in der im Jahr 2000 ca. 180.000 Schüler aus 32 Staaten im Alter von 15 Jahren untersucht wurden, befanden sich die deutschen Schüler in allen erfassten Kompetenzbereichen lediglich im unteren Mittelfeld. Auch zeigte sich in der Studie, dass in kaum einem anderen Land die Leistungen so sehr von der sozialen Herkunft abhängen. PISA 2003 und PISA 2006 ergaben etwas positivere Ergebnisse, bei allerdings nach wie vor starker Abhängigkeit von den Strukturen sozialer Ungleichheit. Bei der 2001 durchgeführten IGLU-Studie lag Deutschland lediglich im Mittelfeld, verbesserte sich aber im Jahr 2006.

Vor allem als Reaktion auf die Ergebnisse von TIMSS und PISA 2000 beschloss die KMK verschiedene Maßnahmen zur Qualitätssicherung (vgl. Avenarius et al. 2003, S. 258ff.). Sieben Handlungsfelder werden unterschieden:

- Verbesserung der Sprachkompetenz bereits im vorschulischen Bereich
- bessere Verzahnung von vorschulischem Bereich und Grundschule
- Verbesserung der Grundschulbildung sowie Verbesserung von Lesekompetenz, mathematischer und naturwissenschaftlicher Kompetenz
- Ausbau von Ganztagsangeboten
- wirksame Förderung von bildungsbenachteiligten Kindern, insbesondere von Kindern mit Migrationshintergrund
- konsequente Weiterentwicklung und Sicherung der Qualität von Unterricht und Schule auf Grundlage verbindlicher Standards und ergebnisorientierter Evaluation
- Verbesserung der Professionalität der Lehrertätigkeit.

Auf den angeführten Handlungsfeldern gibt es mittlerweile einige Fortschritte. Im Mittelpunkt der Aktivitäten standen die Evaluation von Leistungen der Schüler und des Schulsystems sowie die Formulierung von Standards (vgl. Avenarius et al. 2003).

Die Bildungsadministration zielt gegenwärtig vor allem auf »Bildungsmonitoring«, d.h. auf die Dauerbeobachtung, die regelmäßige Erfassung des Ist-Zustands des Bildungssystems. Bildungsmonitoring hat in fast allen Industrienationen Tradition, Deutschland stellt hier eine Ausnahme dar.

Voraussetzung für Bildungsmonitoring sind Standards, also konkrete Zielvereinbarungen. Deshalb wurden hierzulande »nationale Bildungsstandards« entwickelt. Durch nationale Bildungsstandards werden für die allgemeinbildenden Schulen unabhängig vom Schultyp basale fachspezifische Kompetenzanforderungen an die Schüler verschiedener Jahrgänge formuliert. Sie »legen fest, welche Kompetenzen die Schülerinnen und Schüler bis zu einer bestimmten Jahrgangsstufe an wesentlichen Inhalten erworben haben sollen« (Kultusministerkonferenz 2005, S. 9). In der Diskussion um nationale Bildungsstandards für die einzelnen Unterrichtsfächer der allgemeinbildenden Schulen wird festgehalten, dass im Unterschied zu den herkömmlichen Lehrplänen nicht auf »Listen von Lehrstoffen und Lerninhalten« zurückgegriffen werden kann, um die Ziele schulischer Bildung zu konkretisieren, sondern auf die »grundlegenden Handlungsanforderungen« in einem Lernbereich, die zu bewältigen sind (Klieme et al. 2003, S. 21f.). Die Erwartungen an die Schüler sollen so konkret formuliert sein, dass sie in Aufgabenstellungen umgesetzt werden können. Die administrative Steuerung von Bildung ist statt am »Input« am »Output« orientiert, statt auf die Inhalte des Lehrens der Lehrer auf die Lernergebnisse der Schüler bezogen. Bestimmungen schulfachspezifischer Kompetenzen bzw. Kompetenzniveaus dienen als Minimalstandards (Mindeststandards) für schulische

Bildung. Nationale Bildungsstandards sind allerdings nur für die Fächer Mathematik, Chemie, Physik, Biologie, Deutsch und erste Fremdsprache geplant (KMK 2005, S. 12ff.). Betont wird, dass die Überprüfung der Wirksamkeit schulischen Lernens anhand dieser Mindeststandards erforderlich ist. Die Bildungsstandards ergänzen die Lehrpläne indes nur, sie ersetzen sie nicht (vgl. Artelt/Riecke-Baulecke 2004; KMK 2004, S. 16).

2006 beschloss die KMK eine Gesamtstrategie zum Bildungsmonitoring. Danach soll dessen jeweiliger Zustand durch folgende Instrumente erfasst werden:

- internationale Schulleistungsstudien (regelmäßige Teilnahme an PISA, TIMSS und IGLU)
- zentrale Überprüfung des Erreichens der nationalen Bildungsstandards in einem Vergleich der Bundesländer
- Vergleichsarbeiten in Anbindung oder Anlehnung an die nationalen Bildungsstandards zur landesweiten Überprüfung der Leistungsfähigkeit einzelner Schulen
- gemeinsame Bildungsberichterstattung von Bund und Ländern (»Nationaler Bildungsbericht«).

Die KMK erstellte dabei auch eine detaillierte Zeitplanung für das Bildungsmonitoring (vgl. KMK 2006).

1.2 Die rechtliche Verankerung des Erziehungsauftrags der Schulen

Aus soziologischer Sicht erfüllen die allgemeinbildenden und berufsbildenden Schulen insbesondere einen Beitrag zur materiellen Reproduktion, kulturellen Reproduktion und sozialen Integration der Gesellschaft sowie zur Legitimation des politischen Systems, d.h. sie haben den Schülern Fähigkeiten zu vermitteln, die der Reproduktion des ökonomischen Systems, der kulturellen Deutungsmuster, der Strukturen sozialer Integration und des politischen Systems dienen (vgl. Fend 2006; Habermas 1981; Lempert 2004). Die Schulen müssen also »Beschäftigungs«-, »Kultur«- und »Sozialfähigkeit« ausbilden helfen (vgl. Edelstein 2001). Auch tragen sie zur Reproduktion der Sozialstruktur, also zur Erhaltung der bestehenden sozialen Gliederung einer Gesellschaft, etwa nach Bildung, Einkommen und Macht, bei (vgl. Fend 2006). Darüber hinaus haben sie die Innovationsfähigkeit der Gesellschaft sicherzustellen (vgl. z.B. Edelstein/de Haan et al. 2003). Schulische Bildung dient somit nicht nur individuellen Interessen (z.B. Ermöglichung der Mündigkeit des Einzelnen). Schule hat sowohl die Ansprüche des Individuums an die Gesellschaft als auch die Ansprüche der Gesellschaft an das Individuum zu realisieren.

Die Schüler sollen durch die Inhalte der einzelnen Schulfächer berufsorientierte Fähigkeiten (Qualifikationen) und kulturelle Fähigkeiten sowie auch entsprechende Kompetenzen erwerben. Eine zentrale Aufgabe der Schulen ist also der Unterricht;

dieser dient der materiellen und kulturellen Reproduktion der Gesellschaft. (Unterrichtsauftrag der Schule: Qualifizierungsfunktion bzw. Enkulturationsfunktion).

Die allgemeinbildenden und berufsbildenden Schulen sind aber auch Orte der Erziehung. Zum Erziehungsauftrag gehört zum einen die Vermittlung von religiös-weltanschaulichen Werteorientierungen und Fähigkeiten. Die Schulen sollen zudem die Entwicklung von auf das Selbst bezogene Werteorientierungen und Fähigkeiten fördern, zwischenmenschliche Werteorientierungen und Fähigkeiten vermitteln sowie zur Aufrechterhaltung und Veränderung des politischen Systems beitragen. (Erziehungsauftrag der Schule: Funktion der sozialen Integration der Gesellschaft sowie der Reproduktion und Legitimation des politischen Systems).

Die in der Einleitung zitierte Stellungnahme der KMK zu den Aufgaben der Schule bringt einen Konsens der Bundesländer hinsichtlich der wertebezogenen Erziehung zum Ausdruck. Entsprechend den Landesverfassungen und den Schulgesetzen der Bundesländer sollen Kinder und Jugendliche zu selbstkritischem, selbstsicherem, kooperativem, friedlichem, moralisch verantwortungsvollem, partizipatorischem und tolerantem Handeln erzogen werden. Die Vermittlung dieser und anderer Formen von Verhaltensweisen bzw. entsprechender Wissensbestände, Werteorientierungen, Fertigkeiten und Kompetenzen ist in Rahmenrichtlinien – auch Lehrpläne, Curricula, Rahmenpläne, Bildungspläne genannt – als wichtige Aufgabe verankert. Jedoch gibt es unterschiedliche Akzentuierungen in den einzelnen Bundesländern. In Bayern beispielsweise wird der Artikel 131 der Landesverfassung in der Weise pädagogisch konkretisiert, dass sieben Gruppen von »obersten Bildungszielen« aufgeführt werden, nämlich Aufgeschlossensein für alles Gute, Wahre und Schöne, Ehrfurcht vor Gott/Achtung vor religiöser Überzeugung, Achtung vor der Würde des Menschen, Bekenntnis zum Geist der Demokratie, Liebe zur bayerischen Heimat und zum deutschen Volk, Bekenntnis zum Geist der Völkerverständigung sowie Verantwortungsbewusstsein für Natur und Umwelt. Unter dem Stichwort »Achtung vor der Würde des Menschen« werden für die Schulen folgende obersten Bildungsziele aufgeführt (Staatsinstitut für Schulqualität und Bildungsforschung 2003, S. 17ff.):

Der junge Mensch soll
- versuchen, sich selbst zu erkennen;
- sich selbst gegenüber aufrichtig sein;
- Selbstvertrauen gewinnen;
- erfahren, dass es glücklich machen kann, Schwierigkeiten zu meistern und etwas zu leisten;
- Selbstkontrolle und Selbstbeherrschung üben;
- lernen, Schuld einzugestehen und anzunehmen;
- zu eigenen Überzeugungen gelangen und zu einer Sinngebung seines Lebens finden;
- zu seinen Gewissensentscheidungen stehen;
- den Anforderungen anderer gerecht werden, aber auch nach ihrer Berechtigung fragen und sie gegebenenfalls abweisen
- eigene Wünsche, Ansprüche, Rechte gegen Angriffe verteidigen, aber auch auf sie verzichten können;

- über die eigene Rolle in verschiedenen Sozialbeziehungen und die damit verbundenen Anforderungen nachdenken.

Der junge Mensch soll
- Würde und Wert eines jeden Individuums achten;
- versuchen, andere zu verstehen, ihnen ohne Vorurteile zu begegnen und sich selbst ihnen verständlich zu machen;
- wagen, anderen zu vertrauen;
- lernen, mit eigenen Unzulänglichkeiten und denen anderer zurechtzukommen;
- fähig werden, soziale Bindungen auf Dauer einzugehen;
- lernen, ein verlässlicher Partner seiner Mitmenschen zu werden und in diesem Sinne sorgfältig, pünktlich und taktvoll zu sein;
- eine positive Einstellung zu Arbeit und Beruf gewinnen und die nötigen Arbeitstugenden entwickeln;
- einsehen, dass Arbeitsverhalten Auswirkungen auf das Leben aller hat und dass deshalb der Einzelne im Rahmen seiner Arbeit mitverantwortlich ist.

Der junge Mensch soll bereit sein,
- die Wahrheit zu sagen, auch wenn dies negative Folgen hat;
- sein Reden und Handeln in Einklang zu bringen;
- Kritik anzunehmen und zu verarbeiten;
- zu helfen und selbst Hilfe anzunehmen;
- sich freiwillig in den Dienst gemeinsamer Ziele zu stellen;
- sich aktiv an der Lösung von Konflikten zu beteiligen und Kompromisse zu suchen;
- darauf zu verzichten, über andere zu verfügen, sie zu bevormunden oder zu manipulieren;
- sich für ein menschenwürdiges Leben anderer einzusetzen;
- im Hinblick auf die Lebensbedingungen künftiger Generationen verantwortlich handeln.

Unter dem Stichwort »Bekenntnis zum Geist der Demokratie« werden für die Schulen folgende obersten Bildungsziele genannt:

Der junge Mensch soll erkennen,
- dass der Bestand der Demokratie wesentlich von Grundwerten wie Freiheit, Gleichheit und Solidarität abhängt;
- dass für eine freiheitliche Demokratie das Prinzip der Rechtsstaatlichkeit eine unverzichtbare Bedingung ist;
- dass die freiheitliche Demokratie nur dann bestehen kann, wenn jeder Einzelne ein loyales Verhältnis zu ihr hat und sich für den Schutz ihrer Institutionen und die Erhaltung ihrer Grundwerte einsetzt;
- dass sich aus den Grundwerten für den Einzelnen Rechte und Pflichten ergeben, die weitgehend in einem Spannungsverhältnis zueinander stehen, und dass sich daraus Interessenkonflikte zwischen Einzelnen wie auch zwischen Gruppen ergeben können;
- dass man sich, wenn nötig, mit anderen zur Wahrung und zur Durchsetzung der Menschenrechte verbünden muss.

Er soll lernen,
- mit anderen vorurteilsfrei, solidarisch und vertrauensvoll zusammenzuarbeiten;
- bei gegensätzlichen Interessen, Wünschen und Zielen nach einem Ausgleich zu suchen und kompromissbereit zu sein;
- Konflikte unter Wahrung der Rechte und in Achtung der Würde anderer auszutragen;

- politische und soziale Sachverhalte oder Standpunkte rational zu beurteilen und sich dazu über die betroffenen Menschen und Gruppen, ihre Bedürfnisse und Interessen gewissenhaft zu informieren;
- politische und soziale Entscheidungen rational und mit einer klaren Orientierung an den davon berührten Werten zu treffen;
- von seinen politischen und sozialen Rechten Gebrauch zu machen, aber auch seine politischen und sozialen Pflichten wahrzunehmen;
- alle Möglichkeiten zu demokratischer Meinungsbildung zu nutzen, seine eigene Meinung zur Geltung zu bringen und legitime Mehrheitsentscheidungen zu respektieren;
- trotz Anerkennung des Mehrheitsprinzips auch die Überzeugung von Minderheiten zu tolerieren und auf ihre Bedürfnisse Rücksicht zu nehmen.

Die sehr differenzierte Bestimmung grundlegender Bildungsziele durch das Staatsinstitut umfasst neben den auf das Selbst bezogenen Werteorientierungen und Fähigkeiten sowie sozialen, moralischen und demokratischen Werteorientierungen auch zentrale soziale, moralische und demokratische Fähigkeiten.

Der Erziehungsauftrag der Schule wird herkömmlicherweise vor allem durch die Vermittlung von Inhalten der Schulfächer eingelöst sowie durch konventionelle Lehrmethoden, wie etwa »fragend-entwickelndes«, d.h. durch Lehrerfragen dominiertes Unterrichtsgespräch und Lektüre. Die Förderung von auf das Selbst bezogenen, sozialen, moralischen und politischen Wissensbeständen, Werteorientierungen, Fertigkeiten und Kompetenzen war zunächst eine Aufgabe aller Fächer (ein »Unterrichtsprinzip«, eine »Querschnittsaufgabe«); insbesondere Fächer wie Religion, Deutsch und Geschichte sollten – als »gesinnungsbildende Fächer« – dazu beitragen. In den 1960er-Jahren wurde dann unter verschiedenen Bezeichnungen »Politische Bildung« in allen »alten Bundesländern« als eigenes Fach in der Sekundarstufe I und II eingeführt (vgl. neben »Politische Bildung« etwa »Sozialkunde«, »Gemeinschaftskunde«, »Gesellschaftskunde«, »Politik«, »Politikwissenschaft«, »Sozialwissenschaften«), um vor allem die gezielte Förderung politischen Wissens, politischer Werteorientierungen, Fertigkeiten und Kompetenzen zu ermöglichen (vgl. Gagel 1994; Sander 2003). Ende der 1970er-, Anfang der 1980er-Jahre wurde Ethik/Philosophie – ebenfalls unter unterschiedlichen Bezeichnungen, wie »Werte und Normen«, »Ethik« – als eigenes Schulfach in allen »alten Bundesländern« in der Sekundarstufe I und II eingerichtet, um in religionsneutraler Form vor allem die Entwicklung von auf das Selbst bezogenen, moralischen und sozialen Fähigkeiten und Werteorientierungen zu gewährleisten und damit auch eine Alternative für den Religionsunterricht zu schaffen, der mit zunehmender Säkularisierung an Einfluss verloren hatte. Anfang der 1990er-Jahre wurde das Schulfach Ethik/Philosophie in den »neuen Bundesländern« eingerichtet. In einigen Bundesländern findet Ethikunterricht mittlerweile auch in den Grundschulen statt (vgl. Brüning 2006). Politische Bildung ist in der Grundschule Bestandteil des Sachunterrichts, der zusätzlich naturwissenschaftliche Bildung beinhaltet.

»Lebensgestaltung-Ethik-Religionskunde« (LER) in Brandenburg und »Praktische Philosophie« in Nordrhein-Westfalen stellen Beispiele für neuere, innovative

Bemühungen dar, das Schulfach Ethik/Philosophie in der Sekundarstufe I zu verankern. Neben religiösen Fragen werden im Rahmen von LER persönliche (die eigene Identität betreffende Probleme), soziale und moralische Probleme thematisiert:

> »›Lebensgestaltung‹ signalisiert, dass sich Kinder und Jugendliche in diesem Fach mit Fragen der Gestaltung sozialer Beziehungen und der Lösung von Konflikten, mit Freundschaft, Liebe und Zusammenleben, mit Identitätsfindung und Lebenszielen, Selbsterkenntnis und Selbstveränderung, mit der Gestaltung von Gegenwart und Zukunft, mit der Bewältigung von Leid, Sterben und Tod beschäftigen. ›Ethik‹ meint vor allem den Wertaspekt der sozialen und persönlichen Probleme, die mit der Dimension ›Lebensgestaltung‹ angesprochen werden. In ›moralischen Diskussionen‹ über die Implikationen persönlicher oder typischer sozialer Probleme soll aus dem Blickwinkel persönlicher Erfahrung gelernt werden, Perspektiven zu wechseln, moralische Urteile zu treffen und zu begründen und beabsichtigte wie unbeabsichtigte Konsequenzen abzuwägen« (Edelstein et al. 2001, S. 66)

Praktische Philosophie in NRW zielt ebenfalls auf die Klärung persönlicher (auf das Selbst bezogener), sozialer und moralischer Fragen sowie von Glaubensfragen. Dabei werden einzelne Themen, wie etwa eigene Identität, Sterben und Tod, soziale Beziehungen und Fragen der Gerechtigkeit, jeweils aus dem Blickwinkel persönlicher Erfahrungen, gesellschaftlicher Wertvorstellungen und weltanschaulicher Traditionen erörtert (vgl. Ministerium für Schule und Weiterbildung des Landes Nordrhein-Westfalen 1997; Schirp 2000).

Beide Konzeptionen des Fachs unterscheiden sich also von einem Ansatz schulischer Werteerziehung, der die Auseinandersetzung mit den Positionen philosophischer Ethik (besonders mit den philosophischen Klassikern) in den Mittelpunkt stellt. Auch geht es nicht vorrangig um die Vermittlung von Werten und Tugenden; der Unterricht zielt vielmehr auf eine kritische Reflexion vorgefundener, partikularistischer Werte und Tugenden. Als pädagogische Methoden haben Diskussionen selbsterlebter und hypothetischer Dilemmata in beiden werteerzieherischen Konzepten einen wichtigen Platz. Zudem ist jeweils die Idee leitend, dass persönliche, soziale und moralische Probleme auch politische Aspekte beinhalten.

Die heutigen Förderungsbemühungen hinsichtlich sozialer, moralischer und demokratischer Kompetenzen können sich also auf den rechtlich verankerten Erziehungsauftrag der Schulen stützen.

1.3 Zwischenmenschliches Problemverhalten der Schüler

Die gegenwärtige Diskussion über die schulische Förderung zwischenmenschlicher Kompetenzen ist nicht zuletzt eine Reaktion auf zum Teil gravierende Defizite deutscher Schüler bei diesen Kompetenzen. Den ermittelten Mängeln der Schüler im Bereich etwa der mathematischen und naturwissenschaftlichen Kompetenzen sowie der Lesekompetenz stehen Mängel bei den zwischenmenschlichen Kompetenzen gegenüber. Es zeigt sich, dass die Schulen auch ihren Erziehungsauftrag gegenwärtig nicht hinreichend einlösen.

Vor allem nach dem Amoklauf eines Erfurter Schülers im Jahre 2002, der 16 Personen (vorwiegend Lehrer) tötete, wurden Defizite der sozialen, moralischen und politischen Erziehung in der Schule intensiv diskutiert. Die Ereignisse von Erfurt hatten eine ähnlich aufrüttelnde Wirkung wie die Ergebnisse von PISA 2000; die Wirkung war aber lange nicht so nachhaltig.

Auch empirische Belege der Pädagogik, der Psychologie und der Soziologie für das beobachtete Ausmaß problematischen Verhaltens bei deutschen Schülern gibt es zur Genüge. Ein hohes Maß an Angst und Depression, ein beträchtliches Ausmaß physischer, verbaler und psychischer Aggression, Vandalismus und delinquentem Verhalten sowie eine geringe Bereitschaft, Hilfe zu leisten, wurden in den letzten Jahren in verschiedenen Studien festgestellt (vgl. z.B. Beelmann/Raab 2007; Essau 2003; Ihle/Esser 2002; Malti 2002; Petermann/Niebank/Scheithauer 2004; Ravens-Sieberer et al. 2007; Schubarth 2000). Epidemiologische Studien zeigen, dass ca. 20 Prozent der Schüler an internalisierenden und externalisierenden Verhaltensstörungen leiden. Dieser Anteil entspricht weitgehend dem Anteil von internalisierenden und externalisierenden Verhaltensstörungen bei Erwachsenen. Dabei treten Angststörungen und starke Aggressivität bei den Schülern am häufigsten auf. So fand die BELLA-Studie des Robert-Koch-Instituts in Berlin, dass ca. 10 Prozent der Schüler starke Ängste, ca. 8 Prozent Störungen des Sozialverhaltens bzw. starke Aggressivität, ca. 5 Prozent Depressionen und ca. 2 Prozent Aufmerksamkeitsstörungen (ADS bzw. ADHS) aufweisen (vgl. Ravens-Sieberer et al. 2007). Hinsichtlich Aggressionen wurde festgestellt, dass »prototypische« Formen der Aggression, nämlich physische und verbale Aggression, stärker bei männlichen Personen, »unprototypische« Aggressionsformen (z.B. Schwächung des sozialen Status eines Individuums durch Gerüchte und Lästern) dagegen stärker bei weiblichen Personen auftreten, wenngleich die Geschlechtsunterschiede eher gering sind (vgl. Scheithauer 2003).

Zugleich machen Politikverdrossenheit und rechtsextremistische Einstellungen Defizite in den demokratischen Kompetenzen deutlich (vgl. Bromba/Edelstein 2001; Bundesministerium des Innern 2006; Deutsche Shell 2006; Krettenauer 2001; Oesterreich 2002). Unter Erwachsenen sind in Deutschland verschiedene Formen »gruppenbezogener Menschenfeindlichkeit« (Heitmeyer), nämlich Fremdenfeindlichkeit, Rassismus, Antisemitismus, Islamphobie, Sexismus, Homophobie, Abwertung von Obdachlosen, Abwehr von Behinderten und Betonung von Etabliertenvorrechten, verbreitet, die es vor allem durch schulische Präventionsmaßnahmen zu verhindern gilt (vgl. Heitmeyer 2006). Schwierig zu beantworten ist allerdings die Frage, ob das Ausmaß von Problemverhalten bei den Schülern (z.B. der Anteil von Gewalt an den Schulen) in den letzten Jahrzehnten zugenommen hat. Voreiligen Behauptungen dahingehend ist vor allem entgegen zu halten, dass solide Vergleichsdaten fehlen und wohl auch die Sensibilität gegenüber problematischem Verhalten insgesamt zugenommen hat.

Hinsichtlich der mittlerweile gut erforschten Gewalt an Schulen ist nach Ansicht vieler Autoren in den letzten Jahren eine leichte Zunahme festzustellen. Zugleich ist eine größere Brutalität und eine zunehmende Bewaffnung zu verzeichnen. Gewaltprobleme treten heute insbesondere an Sonder- und Hauptschulen in sozialen Brennpunkten auf (vgl. Hurrelmann/Bründel 2007; Schubarth 2000, S. 73ff.).

Für die Verbreitung der Verhaltensprobleme lässt sich eine Vielzahl gesellschaftlicher Bedingungen anführen. Prozesse der sich beschleunigenden Individualisierung dürften eine zentrale Ursache sein. Traditionelle soziale Schichten und Milieus mit ihren klaren Rollenvorgaben und Deutungsmustern erodieren zusehends. Damit wachsen die Freiheitsgrade für die Gestaltung des eigenen Lebens; das Individuum muss seine Identität nun vorrangig selbst definieren und eigene Werteorientierungen, Denk- und Handlungsmuster entwickeln. Prozesse der Individualisierung führen zu Unsicherheiten und Ohnmachtserfahrungen, auf die Kinder und Jugendliche in aggressiver, depressiver oder hedonistischer Weise reagieren können (vgl. Heitmeyer et al. 1996).

Zudem sind Faktoren des Elternhauses, etwa gestörte Kommunikation in der Familie, wichtige soziale Ursachen. Die Gleichaltrigengruppe übt einen Einfluss aus. Aber auch die Schule selbst trägt zu problematischem Verhalten bei. Vor allem ist sie für viele Schüler ein Ort der Demütigung, etwa für schwächere Schüler durch das System permanenter Leistungskontrolle und -bewertung. Diese Demütigungen führen häufig zu Widerständen gegen schulisches Lernen insgesamt (vgl. Holzkamp 1993). Zusätzlich schwindet durch die gegenwärtig düsteren Perspektiven auf dem Arbeitsmarkt die Motivation für ein weitgehend als fremdbestimmt wahrgenommenes schulisches Lernen (vgl. Edelstein 2001).

Coie und Kollegen identifizieren in der nebenstehenden Aufstellung neben sozialen auch psychische und biologische Erklärungsfaktoren für Verhaltsprobleme bzw. Psychopathologien.

Schulische Erziehung kann insbesondere an den Defiziten in den kognitiven, sozialen und emotionalen Fähigkeiten ansetzen sowie an Schulproblemen und an Problemen unter Gleichaltrigen, um Verhaltensproblemen vorzubeugen. Andererseits zeigt die Zusammenstellung der Erklärungsfaktoren, dass der schulischen wertebezogenen Erziehung Grenzen gesetzt sind. Deshalb müssen sich Bemühungen um Kompetenzförderung, Prävention und Intervention auf verschiedene Ebenen erstrecken.

Einige allgemeine Risikofaktoren (nach Coie et al. 1993, S. 1022)

Familiäre Situation

- niedriger sozioökonomischer Status
- Familienkonflikte
- psychische Erkrankung in der Familie
- große Zahl von Familienmitgliedern
- schwache Bindung an die Eltern
- zerrüttete Familie
- gestörte Kommunikation

Emotionale Probleme

- Kindesmissbrauch
- Apathie oder emotionale Abstumpfung
- emotionale Unreife
- belastende Lebensereignisse
- geringes Selbstwertgefühl
- emotionale Instabilität

Schulische Probleme

- Schulversagen
- Schulische Demoralisierung

Lebensumfeld

- Zerfall der Umfelds, des Wohnviertels
- Diskriminierung aufgrund von Rasse
- Arbeitslosigkeit
- extreme Armut

Konstitutionelle Faktoren

- Perinatale Komplikationen
- eingeschränkte Wahrnehmungsfähigkeit
- körperliche Behinderungen
- neurochemisches Ungleichgewicht

Gestörtes Kommunikationsverhalten

- Ablehnung durch Gleichaltrige
- Entfremdung und Isolation

Entwicklungsverzögerung

- geringe Intelligenz
- geringe soziale Kompetenzen
- Aufmerksamkeitsdefizit
- Leseschwäche
- geringe Arbeitsbereitschaft/-fähigkeit

1.4 Bildungspolitische Aktivitäten zwischen Unterrichts- und Erziehungsauftrag

Angesichts des Problemverhaltens der Schüler hat die Bildungspolitik in den letzten Jahren verschiedene Maßnahmen zur Realisierung des Erziehungsauftrags geplant und – wenn auch nur ansatzweise – praktisch umgesetzt. Neben den Fächern, in denen wertebezogene Erziehung im Mittelpunkt steht, gibt es Handreichungen der Kultusministerien und Landesinstitute vor allem zu sozialem Lernen, Gewaltprävention, partizipatorischem Lernen, Menschenrechtserziehung, interkulturellem Lernen und Prävention von Rechtsextremismus. Auch gibt es jeweils einen Beschluss der KMK zu Gewaltprävention (KMK 2002), zu Menschenrechtserziehung (KMK 2000a) und zu interkulturellem Lernen (KMK 1996).

Aber auch von der in den letzten Jahren intensiv geführten Debatte um Schulleistungen hat die Diskussion um die schulische Förderung sozialer, moralischer und demokratischer Kompetenzen profitiert; die heutige Diskussion um die schulische Förderung dieser Kompetenzen hat Impulse durch die enttäuschenden Ergebnisse der internationalen Schulleistungsstudien (z.B. PISA, TIMSS, IGLU) erhalten. Deren Ergebnisse führten zu einer breit angelegten Grundsatzkritik an deutschen Schulen und rückten lange Zeit existierende Schulprobleme ins öffentliche Bewusstsein. Die Schulleistungsstudien machen deutlich, dass es um die Zukunftsfähigkeit des deutschen Bildungssystems gegenwärtig eher schlecht bestellt ist. Ihnen kommt in der gegenwärtigen Schuldiskussion eine ähnliche Funktion zu wie in den späten 1950er- und frühen 1960er-Jahren Georg Pichts Warnung vor einer Bildungskatastrophe sowie dem Sputnik-Schock.

Zudem haben die Schulleistungsstudien zu einer verstärkten Sensibilität für Probleme im zwischenmenschlichen Verhalten der Schüler beigetragen. Diese Probleme kommen dabei insbesondere in ihren negativen Wirkungen auf die Schulleistungen in den Blick. Viele Schulen erkunden, als Reaktion auf die Ergebnisse der Schulleistungsstudien, neue Unterrichtsmethoden, um das Lernen attraktiver zu gestalten. Unterrichtsmethoden, die Formen sozialer Kooperation und Schülerpartizipation beinhalten, gewinnen zunehmende Bedeutung. Leistungsbezogene Förderungskonzepte sind in den Augen vieler Autoren nicht nur fachlich zu bestimmen – sie dürfen die Persönlichkeitsbildung nicht aus den Augen verlieren. PISA 2000 hat zur Intensivierung der Diskussion um Unterrichtsqualität, Schulqualität und Schulentwicklung beigetragen, wobei Gesichtspunkte einer sozialen, moralischen und demokratischen Gestaltung der Schule zunehmend betont werden (vgl. Schirp 2005).

Auch enthalten die Reaktionen der Bundesländer und der KMK auf die Ergebnisse der Schulleistungsstudien wertebezogene Aspekte. Manche Maßnahmen der Bildungspolitik dienen nicht dem an Schulleistungen orientierten Bildungsmonitoring, sondern der Unterrichts- und Schulentwicklung, wobei wertebezogene Aspekte relevant sind:

- Zwischenmenschliche Kompetenzen sind mittlerweile in den Lehrplänen aller Fächer aufgeführt, häufig unter dem Stichwort »Sozialkompetenzen«.
- In den von einigen Bundesländern formulierten Ansätzen zu einer kompetenzorientierten Bewertung des Arbeits- und Sozialverhaltens (Stichwort »Kopfnoten«) sind zwischenmenschliche Kompetenzen zentral. Zum Beispiel werden in Nordrhein-Westfalen als »Kompetenzbereiche des Arbeitsverhaltens« Zuverlässigkeit und Sorgfalt, Selbstständigkeit sowie Leistungsbereitschaft genannt, als »Kompetenzbereiche des Sozialverhaltens« werden Konfliktverhalten, Kooperationsfähigkeit und Verantwortungsbereitschaft angeführt.
- Wertebezogene Erziehung ist ein wichtiger Bestandteil der von allen Ländern definierten Standards für guten Unterricht und eine gute Schule. Beispielsweise wurden in Berlin Standards für Schulqualität entwickelt (vgl. Tab. 1.1). Die Qualitätsrahmen der anderen Bundesländer haben eine ähnliche Struktur oder benennen ähnliche Dimensionen und Kriterien.

1 Ergebnisse der Schule	2 Lehr- und Lernprozesse	3 Schul-kultur	4 Schul-Management	5 Lehrerpro-fessionalität u. Personal-entwicklung	6 Ziele und Strategien d. Qualitäts-entwicklung
1.1 Personale Kompetenzen	2.1 Schulinternes Curriculum	3.1 Soziales Kli-ma in der Schule und den Klassen	4.1 Schullei-tungshandeln und Schul-gemeinschaft	5.1 Zielgerichtete Personalent-wicklung	6.1 Schul-programm
1.2. Fachkompe-tenzen	2.2 Unterrichts-gestaltung/ Lehrerhan-deln im Unter-richt	3.2 Gestaltung der Schule als Lebens-raum	4.2 Schullei-tungshandeln u. Qualitäts-management	5.2 Arbeits- und Kommunika-tionskultur im Kollegium	6.2 Schulinterne Evaluation
1.3 Sozial- und Methoden-kompetenzen	2.3 Leistungsan-forderungen u. Leistungs-bewertungen	3.3 Beteiligung d. Schüler u. Schülerinnen und d. Eltern	4.3 Verwaltungs- und Res-sourcenma-nagement	5.3 Personalein-satz der Be-schäftigten	6.3 Maßnahmen zum schul-übergreifen-den Ver-gleich
1.4 Schulab-schlüsse/ weiterer Bil-dungsweg	2.4 Schülerunter-stützung und -förderung im Lernprozess	3.4 Kooperation mit gesell-schaftlichen Partnern	4.4 Unterrichts-organisation		6.4 Dokumenta-tion und Um-setzungspla-nung
1.5 Schulzufrie-denheit und Schulimage	2.5 Schülerbera-tung und -betreuung				

16 Qualitätsmerkmale (unterlegte Felder) werden in der ersten Phase der Schulinspektion evaluiert

Tab. 1.1: Handlungsrahmen Schulqualität in Berlin – 6 Qualitätsbereiche und 25 Qualitäts-merkmale guter Schulen (Senatsverwaltung für Bildung, Jugend und Sport 2005, S. 3)

Allerdings zeigt sich auf verschiedenen Ebenen, dass heute der Fokus der bildungs-politischen Aktivitäten weitgehend nur auf Schulleistungen, auf dem Unterrichts-auftrag der Schule liegt:

- Nationale Bildungsstandards sind wie bereits erwähnt nur für die Fächer Ma-thematik, Chemie, Physik, Biologie, Deutsch und erste Fremdsprache geplant. Für die Fächer Ethik und Politische Bildung wurden lediglich von Fachorganisa-tionen Kompetenzbestimmungen vorgelegt – im Rahmen von Grundsatzpapie-ren und Entwürfen für Lehrpläne.

- Die vorliegenden Standards für Unterrichts- und Schulqualität vernachlässigen wichtige wertebezogene Aspekte.
- Bisher wird hauptsächlich die Forschung zu schulleistungsbezogenen, insbesondere zu mathematischen und naturwissenschaftlichen Kompetenzen sowie zur Lesekompetenz, von der Bildungsverwaltung finanziell unterstützt.

Notwendig wäre eine konsequente Erweiterung der bildungspolitischen Aktivitäten um Aspekte des Erziehungsauftrags der Schule.

1.5 Die erziehungswissenschaftliche Debatte über eine gute, zukunftsfähige Schule

Die deutlich gewordenen Leistungsdefizite und Verhaltensprobleme deutscher Schüler führten in den letzten drei Jahrzehnten in verschiedenen Disziplinen der Erziehungswissenschaft – insbesondere in der Schul-, Berufs- und Wirtschaftspädagogik und in der Allgemeinen Pädagogik – zu einer Intensivierung der Debatte über Schulqualität (über eine »gute Schule«) sowie über ein verbessertes Schulsystem, das den Anforderungen der Zukunft gerecht wird (über eine »zukunftsfähige Schule«) (vgl. Edelstein/de Haan et al. 2003; Lempert 2004; Meyer 1997). Fragen einer guten, zukunftsfähigen schulischen Bildung werden heute nicht nur in Schule (z.B. von Lehrern, Schulreformern), Öffentlichkeit (z.B. in den Medien) und Politik (z.B. von Bildungspolitikern) intensiv diskutiert – auch viele Erziehungswissenschaftler beteiligen sich an dieser Diskussion. Dabei sind in der Erziehungswissenschaft verschiedene Konzepte einer guten, zukunftsfähigen Schule formuliert worden (vgl. z.B. Edelstein/de Haan et al. 2003; Forum Bildung 2002). Die erziehungswissenschaftliche Debatte bezieht sich sowohl auf soziologische Annahmen über die Herausforderungen, Risiken und Chancen der gegenwärtigen gesellschaftlichen Situation als auch auf pädagogische Annahmen über die heute und in Zukunft erforderlichen Fähigkeiten der Schüler und Lehrer, sinnvolle Inhalte schulischen Lernens sowie effektive Strategien zur Förderung dieser Fähigkeiten bzw. zur Vermittlung der Inhalte.

Dass in den letzten drei Jahrzehnten in Deutschland die schulische Förderung zwischenmenschlicher Kompetenzen von vielen als wichtig betrachtet wird, hängt auch mit theoretischen Entwicklungen zusammen. Diese bestimmen dabei die Vorstellungen über die Einlösbarkeit bzw. die Einlösung des entsprechenden Erziehungsauftrags; sie stecken den Rahmen für die didaktischen Positionen zur Förderung des zwischenmenschlichen Verhaltens ab. Es ist nicht nur eine Intensivierung, sondern auch eine Weiterentwicklung der Debatte um ein verbessertes Schulsystem festzustellen. Ansätze zur Schulreform wurden von Erziehungswissenschaftlern bekanntlich schon weit früher formuliert – vor allem in den 1960er- und 1970er-Jahren. Insbesondere in der Tradition der Reformpädagogik stehende Wissenschaftler formulierten in dieser Zeit Konzepte einer humanen Schule, und vom Staat wurde eine Bildungsreform in Gang gebracht (vgl. Meyer 1997). Heute werden neue, weiterführende Akzente gesetzt. Die gegenwärtigen erziehungswissenschaftlichen Diskussionen zu Schulreformen geben die Richtung bei den Bemühungen vor, Probleme im zwischenmenschlichen Verhalten deutscher Schüler mithilfe pädagogischer Ansätze zu verhindern bzw. zu überwinden, d.h. sie beeinflussen die Formulierung der Ziele sowie die Entwicklung und Auswahl von Inhalten, Strategien und Programmen wertebezogener Erziehung; auch lässt sich zeigen, dass die Konzepte von Bildung breit angelegt sind und zwischenmenschliche Kompetenzen umfassen. Deshalb sollen im Folgenden wichtige Unterschiede zur früheren, in den 60er- und 70er-Jahren geführten Reformdiskussion kurz beschrieben werden.

Die Erziehungswissenschaftler knüpfen heute im Unterschied zu den 60er- und 70er-Jahren an Ergebnisse der Zukunftsforschung an. Eine wichtige Rolle kommt dabei dem vom BMBF geförderten Projekt »Bildungs-Delphi« zu. Hier wurde Mitte der 90er-Jahre eine große Zahl von Bildungsexperten zu den Konsequenzen der Wissensgesellschaft für die zukünftige Gestaltung von Bildungsprozessen befragt, und zwar für die Gestaltung von Bildungsprozessen bis zum Jahre 2020 (vgl. Delphi-Befragung 1998).

Die Erziehungswissenschaftler knüpfen auch an neuere soziologische Ansätze an. Die Reformdiskussion der 60er- und 70er-Jahre war vorwiegend von systemtheoretisch-funktionalistischer und (neo)marxistischer Gesellschaftstheorie beeinflusst. Inzwischen haben Soziologen grundlegend veränderte gesellschaftliche Verhältnisse registriert. Von diesen neueren soziologischen Positionen ausgehend bestimmen sie die Herausforderungen, Risiken und Chancen der gesellschaftlichen Veränderungen für die Schule und entwerfen – als Antwort auf die identifizierten Problemlagen und die positiven Entwicklungstrends – die Grundzüge einer modernen Didaktik. Prozesse des gesellschaftlichen Wandels hätten zu neuen Herausforderungen und Risiken für die Schulen geführt, die nur durch die Modifikation der Erziehungsziele, -inhalte und -methoden bewältigt werden könnten. Unterschiedlich sind in der gegenwärtigen Diskussion allerdings die soziologischen Bezugstheorien der Erziehungswissenschaftler und somit ihre Bestimmungen der veränderten Bedingungen des Aufwachsens von Kindern und Jugendlichen.

Verschiedene Autoren stützen sich auf Individualisierungstheorien, wobei sie sich vor allem an der Theorie von U. Beck (vgl. U. Beck 1986; 2007) orientieren. Sie weisen auf gesellschaftliche Prozesse der Individualisierung hin, die sich in den letzten drei oder vier Jahrzehnten verstärkt haben. Für Jugendliche bedeuten die Individualisierungsprozesse vor allem eine frühere emotionale Ablösung vom Elternhaus, eine größere Verantwortung für die eigene Schul- bzw. Berufslaufbahn sowie größere Autonomie im Bereich des Konsums, bei Fragen der Religion und auch im politischen Bereich (vgl. Palentien/Hurrelmann 2003, S. 3ff.).

Nach Ansicht anderer Autoren sind Individualisierungstheorien ungeeignet dafür, die Veränderungen in den sozialisationsrelevanten gesellschaftlichen Bedingungen hinreichend differenziert zu beschreiben und zu erklären. Sie verweisen auf weitere Aspekte des gesellschaftlichen Wandels, wobei sie sich in ihren Schwer-

punktsetzungen unterscheiden, d.h. sie wählen aus dem reichen Angebot an soziologischen Gegenwartsdiagnosen einzelne aus. In der Soziologie werden zusätzliche
Aspekte des gesellschaftlichen Wandels benannt: So kündigt sich der Übergang in
eine Wissens- und Dienstleistungsgesellschaft an, in der die industrielle Produktion
ihre vormals zentrale Stellung verliert. Darüber hinaus gewinnen die Medien eine
zentrale Bedeutung. Auch werden Prozesse ökonomischer Globalisierung beschrieben (vgl. z.B. das weltweite Agieren der Konzerne und Banken). Die ökonomische
Globalisierung geht einher mit politischer Globalisierung, d.h. mit dem Schwinden
nationaler Entscheidungsmacht und der Entstehung einer großen Zahl »supranatio-
naler« Institutionen, wie etwa der UNO und der Europäischen Union. Mit der ökonomischen und politischen Globalisierung verbunden ist eine zunehmende Vermi-
schung der Kulturen in einem Land (vgl. z.B. das Konzept der multikulturellen Gesellschaft). Edelstein fasst diese unterschiedlichen Diagnosen wie folgt zusammen:

> »Wissensgesellschaft mit der nur scheinbar paradoxen Eigenschaft der Destabi-
> lisierung vorhandener Informationsstrukturen, schnellen Veraltens und endloser
> Erneuerung und Expansion von Information und Wissen; Mediengesellschaft
> mit ihrer Eigenschaft der Distanzvernichtung und Bedürfnismanipulation; Glo-
> balisierung als Ablösung der industriellen Arbeitsgesellschaft; die interkulturelle
> Gesellschaft als Verlust einer traditionshomogenen ethnisch-kulturellen Einheit
> der Lebenswelt und schließlich die Entterritorialisierung der Politik als Zeichen
> der Globalisierung der politischen Strukturen, Probleme und Regelungssysteme.
> Alles in allem handelt es sich um radikale Veränderungen gegenüber dem tradi-
> tionellen, mehr oder weniger stabilen oder doch zumindest in der Nahentwick-
> lung voraussagbaren, vergleichsweise konkreten und umschriebenen, von Beruf
> und Arbeit geprägten Gesellschaftssysteme der jüngeren Vergangenheit mit
> weitreichenden Konsequenzen für die Individuen, die sich in dieser neuen Welt
> erhalten, orientieren, stabilisieren und bewähren müssen« (Edelstein 2001, S. 4).

Manche Autoren betonen den ökologischen Wandel und die Gefahren der techni-
sierten Welt für die natürlichen Lebensgrundlagen (vgl. de Haan 2004). Zudem wird
auf Strukturen der Zivilgesellschaft (Bürgergesellschaft) hingewiesen, die aktive
politische Beteiligung der Individuen voraussetzen (vgl. Beutel/Fauser 2007). Auch
Fragen der Zunahme »prekärer Arbeit« und Formen der »Geschlechterrevolution«
werden diskutiert.

Die soziologischen Bezugstheorien unterscheiden sich heute also voneinander.
Eine größere Übereinstimmung zeichnet sich in der Bestimmung der grundlegenden
unterrichtlichen Ziele, Inhalte und Methoden der Schule, d.h. in den Antworten auf
die drei grundlegenden Fragen der Didaktik ab. Dies drückt sich zum Beispiel auch
in den von den Bundesländern formulierten Standards für Schulqualität aus. Die
Antworten auf die didaktischen Grundfragen sind anscheinend weitgehend unabhängig von den soziologischen Positionen. Im Unterschied zu den 1960er- und

1970er-Jahren werden im Hinblick auf die allgemeinbildenden und berufsbildenden Schulen insbesondere folgende Gesichtspunkte betont:

- Schulische Bildung sollte nicht nur fachbezogene Fähigkeiten vermitteln, auch verschiedene fächerübergreifende Fähigkeiten wären wichtige Bildungsziele. Beide Fähigkeiten seien dabei als Kompetenzen zu bestimmen. (Ziele: Qualität hinsichtlich des Individuums/des Schülers)
- Eine stärkere Berücksichtigung lebensweltrelevanter und zukunftsrelevanter Inhalte im Unterricht sei erforderlich. (Inhalte/Themen: Qualität von Unterricht in der Klasse)
- Die pädagogischen Methoden sollten, anstatt wie bisher vorrangig an den Fachwissenschaften ausgerichtet zu sein, stärker entwicklungspsychologisch und lernpsychologisch fundiert werden. (Methoden: Qualität von Unterricht in der Klasse)
- Das Schulklima sollte bei den Erziehungsbemühungen differenziert berücksichtigt werden. (Qualität der Schule als Organisation)
- Die Öffnung der Schule gegenüber anderen Schulen, den Eltern und dem Gemeinwesen sollte betrieben werden. (Qualität der Schule als Organisation)
- Die einzelne Schule sollte bei Schulreformen Freiräume haben, also auch als eigenständige Kraft wirken können. Die Qualität der verschiedenen Bildungseinrichtungen sei zu sichern und zu verbessern, wobei Schulprogrammen und Schulevaluationen eine wichtige Rolle zukommt. (Qualität der Schule als Organisation)
- Notwendig sei eine stärkere Professionalität von Lehrern und Schulleitern. (Personalentwicklung)

Diese Entwicklungen beinhalten eine veränderte Sicht auf Kriterien für eine »gute Schule«: eine »gute Schule« fördert individuelle Kompetenzen, orientiert sich im Unterricht an den Bedürfnissen der Schüler, verwendet neben traditionellen auch innovative Unterrichtsmethoden, bemüht sich um ein gutes Schulklima, öffnet sich gegenüber externen Partnern, zielt auf Qualitätsentwicklung und legt Wert auf Lehrerfortbildung. In den 60er- und 70er-Jahren war eine Beschränkung auf leistungsbezogene Fähigkeiten bzw. auf inhaltliche Aspekte von Fähigkeiten des zwischenmenschlichen Zusammenlebens festzustellen, und die Bestimmungen waren selten prozessorientiert. In dieser Zeit war vor allem die aus dem angelsächsischen Raum stammende lernzielorientierte Didaktik einflussreich, wobei hinsichtlich der Lernziele kognitive (schulleistungsbezogene), affektive und psychomotorische Lernziele unterschieden wurden (vgl. Meyer 1978).

Schulische Erziehung als Förderung von Kompetenzen

Mit den zukünftigen Herausforderungen und den veränderten gesellschaftlichen Bedingungen verändern sich die in den Lebensbereichen erforderlichen Fähigkeiten. Die Schüler sind also auf gesellschaftliche Entwicklungstendenzen wie Individualisierung, Wissensgesellschaft, Mediengesellschaft, Globalisierung, Multikultu-

ralität, ökologischer Wandel, Zivilgesellschaft, Formen prekärer Arbeit und Geschlechterrevolution vorzubereiten. Schulische Bildung meint insbesondere das Beherrschen der in den Lehrplänen einzelner Fächer definierten fachspezifischen Bil-
dungsinhalte. Es lässt sich heute jedoch feststellen, dass insbesondere durch das
schnelle Veralten inhaltlichen Wissens fächerübergreifende Fähigkeiten, wie etwa
Fähigkeiten lebenslangen Lernens und Fähigkeiten im Umgang mit der Informationstechnologie, immer wichtiger werden. Ein »statisches Vorratsmodell« des Lernens sollte folglich durch ein »dynamisches Bildungserneuerungsmodell« ersetzt
werden (Weinert 1997, S. 12).

Dabei werden sowohl die fächerübergreifenden Fähigkeiten als auch die fachspezifischen Fähigkeiten gegenwärtig von vielen Erziehungswissenschaftlern als
»Kompetenzen« verstanden; kompetenzorientierte Konzepte von Erziehung (Bildung, Unterricht) prägen die pädagogische Diskussion. Beispielsweise gilt das
»Lernen des Lernens«, d.h. die Fähigkeit, Wissen selbstständig zu erwerben, als
wichtig, um in der Wissensgesellschaft bestehen zu können, »Medienkompetenz«
wird als Voraussetzung erfolgreichen Handelns in der Mediengesellschaft betrachtet. Die individualisierte Gesellschaft erfordere »Sozialkompetenz«, die Zivilgesellschaft »Demokratiekompetenz«. »Interkulturelle Kompetenz« wird als Voraussetzung von Handlungsfähigkeit in einer durch Prozesse der Globalisierung gekenn-
zeichneten Realität sowie einer »multikulturellen Gesellschaft« interpretiert, »Gestaltungskompetenz« als Voraussetzung einer dem Prinzip der Nachhaltigkeit ver-
pflichteten Gesellschaft betrachtet. Zu klären ist dabei, inwieweit für die Lebensbewältigung heute neue Kompetenzen erforderlich sind und inwieweit bereits vorhandene, ausgebildete Kompetenzen größeres Gewicht gewinnen. Häufig wird auch
eine Abgrenzung des Begriffs der Kompetenz vom Begriff der Qualifikation bzw.
eine Kritik am Qualifikationsbegriff vorgenommen.

Fächerübergreifende und fachspezifische Kompetenzen sollten in der Weise
vermittelt werden, dass sie in der Lebenswelt der Schüler Gebrauchswert haben,
d.h. ihre Handlungen im Alltag strukturieren können. Das kompetenzbezogene
Konzept von Erziehung und Bildung stützt sich insbesondere auf die pragmatische
Tradition in der angelsächsischen Pädagogik (vgl. z.B. Dewey 1984).

Die erziehungswissenschaftliche Diskussion um Kompetenzen der Schüler konzentrierte sich bisher auf Fachkompetenzen (a) und auf fächerübergreifende Kompetenzen (b).

a) Fachkompetenzen

Hinsichtlich fachspezifischer Fähigkeiten ist heute anstatt von »Erziehungszielen«,
»Bildungszielen« und »Lernzielen« oft von »Kompetenzen« und »Kompetenzstandards« die Rede. In Lehrplänen operationalisierte konkrete, wissensbezogene Er-
ziehungs-, Bildungs- und Lernziele werden zunehmend durch formale, handlungsbezogene Kompetenzstandards (Kompetenzniveaus) ersetzt. Aus Lehrplänen, welche die Inhalte, Methoden und Lernzielkontrollen genau festlegen, wurden ab den
1990er-Jahren »kompetenzorientierte Rahmenpläne und Prüfungsanforderungen«

(vgl. Klieme et al. 2003, S. 44ff.). In der Diskussion um nationale Bildungsstandards zeigt sich diese Kompetenzorientierung am deutlichsten. Voraussetzung für Bildungsstandards ist dabei die Formulierung von Kompetenzmodellen bzw. Kompetenzstufen.

b) Fächerübergreifende Kompetenzen
Gleichermaßen werden fächerübergreifende Fähigkeiten als Kompetenzen definiert. »Fächerübergreifende Kompetenzen« (»überfachliche Kompetenzen«) ermöglichen den Schülern jeweils erst den Zugang zu den unterschiedlichen schulfachspezifischen Wissensbereichen. Sie erlauben es, in unterschiedlichen Bereichen schulischen Lernens neue Aufgaben und Probleme zu bewältigen (vgl. Baumert 2002; Klieme/Artelt/Stanat 2001; Maag Merki 2005; Weinert 2001). Diese Kompetenzen sind deshalb ebenfalls in Bestimmungen von »Schlüsselkompetenzen« (»Basiskompetenzen«, »Kernkompetenzen«) enthalten: Schlüsselkompetenzen sind die fächerübergreifenden Fähigkeiten insofern, als sie fundamentale Voraussetzungen für eine erfolgreiche Bewältigung der Anforderungen in Alltagsleben, Beruf und politischer Öffentlichkeit darstellen (vgl. European Commission 2004, S. 6).

Vor allem drei Differenzierungen von fächerübergreifenden Kompetenzen bestimmen gegenwärtig die deutsche Diskussion um eine gute, zukunftsfähige Schule: die Unterscheidung von Fach-, Methoden-, Selbst- und Sozialkompetenz, das Konzept der OECD sowie der Ansatz des »Forum Bildung«. Dabei sind die Differenzierung von Fach-, Methoden-, Sozial- und Selbstkompetenz und das Konzept der OECD am einflussreichsten.

Die Unterscheidung von Fach-, Methoden-, Selbst- und Sozialkompetenz hat sich besonders in der Berufs- und Wirtschaftspädagogik durchgesetzt (vgl. z.B. Bader/Müller 2002). Auch findet man sie in vielen Lehrplänen für die allgemeinbildenden Schulen. Sie geht insbesondere auf Heinrich Roth zurück (H. Roth 1971). Fachkompetenz (auch Sachkompetenz genannt) meint fachspezifische Fähigkeiten. Methodenkompetenz beinhaltet die Fähigkeit, sich fachbezogene Fähigkeiten angemessen zu erarbeiten und situationsgerecht anzuwenden. Selbstkompetenz (auch personale Kompetenz genannt) umfasst die Fähigkeit, sich eigene Ziele zu setzen, sein Leben sinnvoll zu gestalten und die eigenen Ziele und Handlungen kritisch zu hinterfragen. Unter Sozialkompetenz wird das Vermögen verstanden, im Umgang mit anderen effektiv zu handeln. Die vier Kompetenzbereiche werden häufig unter dem Begriff »Handlungskompetenz« zusammengefasst. Klipperts »erweitertem Lernbegriff« beispielsweise liegt die Differenzierung zwischen diesen vier Bereichen zugrunde (vgl. Tab. 1.2).

Sach- und Methodenkompetenz

- Informationen beschaffen, bearbeiten und beurteilen (z.B. Nutzen von Nachschlagewerken, Bücherei und PC, Sachtexte markieren und exzerpieren, Notizen machen, Spickzettel erstellen, Interviews führen etc.)
- Die eigene Lernarbeit planvoll gestalten und dokumentieren (z.B. Karteien anlegen, Mappen führen, Übersichten erstellen, Literaturverzeichnis und Gliederung entwickeln, Ober- und Unterbegriffe finden, Protokoll schreiben, Arbeitsplan erstellen, Arbeitsziele setzen, sich die Zeit einteilen etc.)
- Wissen effektiv aufnehmen, vernetzen, behalten und anwenden (den eigenen Lerntyp klären und beachten, Mnemotechniken einüben, Lernhilfen wie Marker und Haftzettel nutzen, Lern- und Entspannungstechniken einsetzen, Wissen wiedergeben und/oder gezielt anwenden etc.)
- Lernergebnisse anschaulich und adressatengerecht aufbereiten (Visualisieren, Mindmap erstellen, Handout anfertigen, Hausheft übersichtlich gestalten, etc.)
- Problemlösungsstrategien kennen und anwenden (Problem analysieren, Fragestellungen eingrenzen, alternative Antworten/Lösungen suchen, Entscheidung treffen, ggf. Lösungsvariante umsetzen etc.)

Soziale Kompetenz

- Kommunikationsfähigkeit (z.B. aktiv Zuhören, Gesprächsregeln kennen und beachten, Redewendungen berücksichtigen, stringent argumentieren, überzeugend vortragen, Rhetorik-Regeln beachten, Gespräche eröffnen, Gespräche leiten etc.)
- Teamfähigkeit (z.B. Regeln der Zusammenarbeit einhalten, Funktionen innerhalb der Gruppe übernehmen, alle aktiv einbinden, Brainstorming zulassen, Konflikte beilegen, kooperativ präsentieren, Teamfähigkeit bewerten etc.)

Selbstkompetenz

- Lernmotivation und Lernwille (sich Ziele setzen, Eigeninitiative ergreifen, Verantwortung übernehmen, andere ermutigen, aktiv mitmachen, Ausdauer zeigen etc.)
- Sich selbst einschätzen können (eigene Stärken und Schwächen erkennen, Fähigkeit zur Selbst- und Fremdkritik, Feedback geben, Probleme offen ansprechen etc.)
- Offenheit und Empathie (selbstbewusst an Aufgaben herangehen, sich in andere hineinversetzen, Offenheit gegenüber Neuem, Frustrationstoleranz, Kreativität etc.)

Tab. 1.2: Dimensionen der Lernkompetenz (Klippert 2004, S. 89)

Auch das Kompetenzkonzept der OECD (DeSeCo) wird hierzulande rezipiert (vgl. z.B. Edelstein/de Haan et al. 2003). Die OECD besitzt bekanntlich einen weltweiten Einfluss; einflussreich ist insbesondere die Sektion »Bildung«. Das INES-Programm der OECD bestimmt statistische Indikatoren für Bildung im internationalen Vergleich. Diese Indikatoren sind seit einiger Zeit in den regelmäßig herausgegebenen OECD-Berichten »Bildung auf einem Blick« (»Education at a glance«) enthalten. Die Definition von Indikatoren wurde zu einem System von Bildungsstandards und deren Messung ausgebaut. Im Rahmen der OECD hat sich eine interdisziplinäre Expertengruppe um eine umfassende Bestimmung von Schlüsselkompetenzen bemüht (»Definition and Selection of Compentencies«; DeSeCo) (vgl. OECD 2002; 2005). Das Konzept von DeSeCo enthält neben fächerübergreifenden auch fachspezifische Kompetenzen. Neun Schlüsselkompetenzen werden unterschieden, die zu drei Gruppen zusammengefasst werden (vgl. Tab. 1.3). Drei Kompetenzen richten sich auf die Symbolsysteme einer Kultur und erlauben den souveränen Umgang mit Mitteln der Kommunikation und Formen des Wissens. Enthalten sind darin mathematische Kompetenzen, Lesekompetenz, fremdsprachliche Kompetenzen, Grundverständnis der Naturwissenschaften und souveräner Umgang mit der Informationstechnologie (»Interaktiver Gebrauch von Werkzeugen«). Drei Kompetenzen sichern die Autonomie des Individuums in sozialen Kontexten (»Autonomes Handeln«). Weitere drei weitere Kompetenzen gewährleisten erfolgreiches Handeln in sozialen Gruppen (»Handeln in sozial heterogenen Gruppen«), wobei Beziehungs-, Kooperations- und Konfliktfähigkeit aufgeführt werden.

Kritisches Denken und ganzheitlicher/integrierter Ansatz	**Autonomes Handeln** • Fähigkeit zur Verteidigung und Behauptung eigener Rechte, Interessen, Grenzen und Bedürfnisse • Fähigkeit zur Entwicklung und Durchführung von Lebensplänen und persönlichen Projekten • Fähigkeit zum Handeln in größeren Zusammenhängen • **Interaktiver Gebrauch von Werkzeugen** • Fähigkeit zum interaktiven Gebrauch von Sprache, Symbolen und Text • Fähigkeit zum interaktiven Gebrauch von Wissen und Information • Fähigkeit zum interaktiven Gebrauch von (neuen) Technologien **Handeln in sozial heterogenen Gruppen** • Fähigkeit, Beziehungen zu knüpfen • Fähigkeit zur Zusammenarbeit • Fähigkeit, Konflikte zu bewältigen und zu lösen

Tab. 1.3: Schlüsselkompetenzen für eine erfolgreiche Lebensführung und eine gut funktionierende Gesellschaft (nach OECD 2002, S. 12)

Jede Kompetenz wird im Konzept von DeSeCo aus einer Kombination von Sachwissen, kognitiven und praktischen Fertigkeiten, Werteorientierungen, Emotionen und Motivationen gebildet. Die normative Basis für die Auswahl der Kompetenzen umfasst Menschenrechte, demokratische Werte und das Ziel der nachhaltigen Entwicklung (vgl. OECD 2002, S. 10).

Im Rahmen des »Forum Bildung«, das auf Initiative des BMBF und der Kultusminister der Bundesländer vor allem unter dem Eindruck der PISA-Studie 2000 entstand, stellte eine Expertengruppe die folgenden Gruppen von Schlüsselkompetenzen auf (vgl. Forum Bildung 2002, Bd. 2, S. 55; Bd. 3, S. 11ff.):

• »Methodisch-instrumentelle Schlüsselkompetenzen« insbesondere in den Bereichen Mathematik, Naturwissenschaft, Medien, Sprache (z.B. mathematisch-statistische Kompetenz, Medienkompetenz, muttersprachliche Kompetenz, Fremdsprachenkompetenz)

- »Verknüpfung von intelligentem Wissen mit der Fähigkeit zu dessen Anwendung«
- »Lernkompetenzen« (Lernen des Lernens)
- »soziale Kompetenzen«
- »Werteorientierungen«

Der Ansatz des Forum Bildung ist weitgehend am Konzept der OECD (DeSeCo) orientiert; wie DeSeCo enthält er fachspezifische Kompetenzen. Zusätzlich wird das Lernen des Lernens angeführt. Die ersten drei Gruppen von Schlüsselkompetenzen des Forum Bildung entsprechen im Wesentlichen der von Klippert aufgeführten Methodenkompetenz bzw. der von der OECD angeführten Gruppe »Interaktiver Gebrauch von Werkzeugen«, die Gruppe »Werteorientierungen« entspricht am ehesten den Selbstkompetenzen bzw. der Gruppe »Autonomes Handeln« und die Gruppe »soziale Kompetenzen« der Sozialkompetenz bei Klippert bzw. der Gruppe »Handeln in sozial heterogenen Gruppen«. Insgesamt fehlen bei den drei Ansätzen zu Schlüsselkompetenzen bzw. fächerübergreifenden Kompetenzen moralische und demokratische Kompetenzen.

Es besteht heute weitgehende Einigkeit hinsichtlich der großen Bedeutung bestimmter Schlüsselkompetenzen, wohl auch aufgrund des derzeit starken Einflusses des Kompetenzkonzepts der OECD. Dazu gehören mathematische Kompetenzen, Medienkompetenz bzw. Fähigkeiten im Umgang mit der Informationstechnologie (z.B. mit dem Computer), die Beherrschung der Kulturtechniken Lesen und Schreiben bzw. der Muttersprache, fremdsprachliche Kompetenzen, Methodenkompetenz, die Kompetenz, Wissen selbstständig zu erwerben, Selbstkompetenzen sowie soziale Kompetenzen (vgl. auch Baumert 2002, S. 108ff.; Edelstein/de Haan et al. 2003; Klieme/Artelt/Stanat 2001; Maag Merki 2005; Weinert 1997). Die letzten vier gelten als fächerübergreifende Kompetenzen.

Berücksichtigung lebensweltrelevanter und zukunftsrelevanter Themen

Viele Schüler sind der Ansicht, dass die Themen des Unterrichts, die Unterrichtsinhalte wenig mit ihrer Lebens- und Erfahrungswelt zu tun haben. Die Schule mit ihren wissenschaftsorientierten Curricula und Formen permanenter Leistungsbewertung steht im Widerspruch zu ihren Bedürfnissen und Erwartungen, wie etwa einer Nutzung des erworbenen Wissens für die eigene Zukunft (vgl. Edelstein/de Haan et al. 2003; Meyer 1997). Gerade angesichts ungünstiger Arbeitsmarktperspektiven gilt es, so viele Erziehungswissenschaftler, die Motivation zum schulischen Lernen durch Sinnerfahrungen der Schüler zu sichern, wofür die Lebensweltrelevanz der Unterrichtsinhalte eine wichtige Voraussetzung ist. Vor allem folgende themenbezogene Kriterien bzw. didaktische Prinzipien für pädagogische Ansätze werden genannt:

- Die Ansätze müssen für die Schüler interessant sein und es ihnen ermöglichen, ihre Interessen und Erfahrungen in den Prozess der Erkenntnisgewinnung einzubringen.

- Die Ansätze müssen mit den strukturellen Bedingungen einer Schule vereinbar sein. Sie sind an die lokalen Bedingungen anzupassen.
- Sie sollten so angelegt sein, dass Schüler, aber auch Lehrer, ihre Effekte gut wahrnehmen können. Die Schüler müssen in der Lage sein festzustellen, dass sie nach einer Lernphase etwas können, was sie zuvor nicht konnten. Den Lehrern sollten vor allem Instrumente zur Verfügung gestellt werden, mit denen sie ermitteln können, ob die Schüler erworbene Kompetenzen auf verschiedene Situationen anwenden.

Die Notwendigkeit der Zukunftsrelevanz der Unterrichtsinhalte ergibt sich vor allem aus dem rapiden ökologischen Wandel. Die Schule müsse einen Beitrag dazu zu leisten, dass die natürlichen Grundlagen für das menschliche Leben auch in einer hochtechnisierten Welt gesichert werden. Die ökologische Krise hat mittlerweile die Curriculumplaner erreicht.

Entwicklungspsychologisch und lernpsychologisch fundierte Didaktik

Veränderte Zielsetzungen und Themen bzw. didaktische Prinzipien bringen auch veränderte Unterrichtsmethoden mit sich. Der Unterricht soll sich stärker als bisher, so die Empfehlung, am Entwicklungsstand der Schüler orientieren, den altersbezogenen Unterschieden im Kompetenzniveau gerecht werden. Schulischer Unterricht habe zudem den in einer Altersklasse vorzufindenden individuellen Differenzen in den Fähigkeiten, Lernstilen und Kommunikationsformen besser Rechnung zu tragen, denn der Lehrer sei heute in der Klasse mit höchst unterschiedlichen Lernvoraussetzungen der Schüler konfrontiert. Somit ist sowohl eine entwicklungspsychologisch als auch eine lernpsychologisch fundierte Didaktik erforderlich, um die heutigen Erziehungsziele (insbesondere in Bezug auf Kompetenzen) zu erreichen. Dabei dienen vor allem sozialkonstruktivistische Entwicklungs- und Lerntheorien als theoretische Grundlage (vgl. Hasselhorn/Gold 2006). Der traditionelle methodische Ansatz schulischen Lernens und Lehrens, der Frontalunterricht (nach wie vor der methodische Zugang mit der größten Verbreitung), sollte um alternative Formen ergänzt werden. Allerdings weisen viele Autoren auch auf die Grenzen handlungs- und erfahrungsorientierter Methoden hin, die in den 60er- und 70er-Jahren von verschiedenen Pädagogen propagiert wurden.

Weinert entwickelt einen Lern- und Lehrbegriff, der traditionelle und moderne Strategien umfasst. Lernen wird von ihm hauptsächlich als aktives, prozessorientiertes (fehlergesteuertes) und kooperatives Lernen bestimmt, Lehren insbesondere als situiertes, projektbezogenes und überfachliches Lehren. Kinder und Jugendliche seien Subjekte des Lernens, und Lernen sei auch ein sozialer Prozess. Diese Lern- und Lehrformen sind Voraussetzungen für den Erwerb fachspezifischer und fächerübergreifender Kompetenzen.

Lernen ist nicht nur,	sondern auch
• passiv	• aktiv
• rezeptiv	• konstruktiv
• ergebnisorientiert	• prozessorientiert
• individuell	• kooperativ
• kollektiv	• Kleingruppen-orientiert
• extrinsisch motiviert	• intrinsisch motiviert
• lehrergeleitet	• schülergeleitet
Lehren ist nicht nur,	**sondern auch**
• systematisch	• situiert
• stoffbezogen	• projektbezogen
• fachlich	• überfachlich
• lehrmethodenzentriert	• offen
• lehrerdominant	• schülerdominant

(aus Weinert 1997, S. 13)

Der 45-Minuten-Takt sollte deshalb auch durch individualisierte Lernrhythmen ersetzt und die Leistungsbewertung nicht an der Normalverteilung, sondern am individuellen Leistungsstand der Schüler orientiert werden.

Zunehmend werden auch die neurobiologischen Grundlagen des Lernens betont. Die Unterrichtsmethoden sollten mit den Erkenntnissen der heute stark rezipierten Neurobiologie übereinstimmen (vgl. Schirp 2007).

Gefordert wird insgesamt also ein größeres Methodenrepertoire der Lehrer. Neuerdings wurden, gestützt auch auf Ergebnisse der Unterrichtsforschung, differenzierte Bestimmungen von Merkmalen eines guten Unterrichts vorgenommen (vgl. z.B. Helmke 2003; Meyer 2004).

Schulklima

Die Grenzen der Bildungswirksamkeit von allein auf die Klasse bezogener Lehr- und Lernmethoden sowie auch von sozialen Interaktionen in der Klasse (des Klassenklimas) werden festgehalten. Auf die Bedeutung des Schullebens (Schulklima, Schulkultur) wird verstärkt hingewiesen. Die Gestaltung des Schullebens rückt als wichtige pädagogische Aufgabe ins Blickfeld (vgl. Bönsch 2006).

Öffnung der Schule

Die einzelne Schule müsse sich gegenüber anderen Schulen, dem Elternhaus und gegenüber der Gemeinde stärker öffnen (vgl. Schirp 1996). Durch ihre Öffnung solle sie den Schülern Zugang zu wichtigen gesellschaftlichen, ökonomischen und politischen Bereichen verschaffen (z.B. Durchführung von Service-Learning). Die Verknüpfung der verschiedenen Erziehungsinstanzen bzw. der Erfahrungsaustausch sei also erforderlich. Folglich wird auf die Notwendigkeit einer frühzeitigen Förderung der Entwicklung der Schüler hingewiesen.

Schulautonomie und Qualitätssicherung

Während in den 60er- und 70er-Jahren Schulreformen hauptsächlich durch den Staat, d.h. »von oben« her, vollzogen wurden, wird heute die »Autonomie der Schulen«, ihre Selbstständigkeit bei den erforderlichen Reformprozessen betont. Den Schulen sollte ein relativ großer Gestaltungsspielraum insbesondere bei der Wahl pädagogischer Konzepte und bei der Auswahl ihres Personals eingeräumt werden, um auf die spezifischen regionalen Problemlagen angemessen reagieren und die Bedürfnisse der Lehrenden und Lernenden hinreichend berücksichtigen zu können (»teilautonome Schule«). Die zentralen Träger einer Reform hätten die Akteure der Schule selbst zu sein. Insgesamt wird die Neugestaltung des Verhältnisses von Schulen und Schulverwaltung propagiert. Die einzelnen Schulen benötigten deshalb auch ein eigenes Profil – in einem »Schulprogramm« werden die zentralen Ziele einer Schule (»Leitbild«) und wichtige Schritte zur Zielerreichung festgehalten. Schulreformen sollten sich als Entwicklung einzelner Schulen, als »Schulentwicklung« vollziehen (vgl. Rolff 2007).

Generell wird auf die Sicherung und Verbesserung der Schulqualität Wert gelegt. Den einzelnen Schulen wird – im Sinne des Konzepts der teilautonomen Schule – Verantwortung für die Sicherung und Verbesserung der Schulqualität zugeschrieben. Schulen hätten ihre Arbeit selbst zu evaluieren (»interne Evaluation«). Die größere Selbstständigkeit der Schulen bedeutet aber nicht Beliebigkeit: Nationale Bildungsstandards und Kerncurricula legen fest, was für alle verbindlich ist. Zentrale Überprüfungen der Lernergebnisse (»Lernstandserhebungen«) und Überprüfungen der Qualität schulischer Arbeit durch Evaluationsteams (»externe Evaluation«, »Schulinspektionen«) gelten als unerlässliche Voraussetzung von Schulentwicklung. Auch wird mit Blick auf externe Evaluation zwischen ergebnisorientierter (»summativer«) und prozessorientierter (»formativer«) Evaluation unterschieden. Insgesamt gilt als wichtig, dass Schulentwicklung nicht gegen die Akteure der Schule, sondern nur mit ihnen geleistet werden kann.

Große Bedeutung wird dem Handeln der Schulleitung zugeschrieben. Das Schulmanagement sei für die Veränderung von Schulen sehr wichtig.

Professionalität von Lehrern und Schulleitern

Schulreformen setzen entsprechende Fähigkeiten der Lehrer voraus. Diese werden heute an der Universität und in Studienseminaren nicht hinreichend vermittelt. Stärker als in den 60er- und 70er-Jahren wird auf die Notwendigkeit der Professionalisierung des Lehrerberufs hingewiesen. Im Rahmen des universitären Lehrerstudiums spielen Fachdidaktik, Schulpraktika, Pädagogik, Entwicklungspsychologie, Pädagogische Psychologie, Soziologie und Philosophie nur eine eher geringe Rolle; es dominieren die Anforderungen der Fachwissenschaften. Nicht selten leiden Lehrer deshalb am »Praxisschock«. Betont wird hinsichtlich der Lehrerausbildung an der Universität die Notwendigkeit pädagogischen Könnens, vor allem um die Schüler auf ihrem eigenen Lernweg kompetent beraten zu können (vgl. Klippert 2004; Lempert 2004; Terhart 2002). Auch eine Verstärkung der Lehrerfortbildung wird gefordert (vgl. de Haan/Edelstein 2003). Zugleich wird auf die Professionalität der Schulleiter und auf deren Fortbildung Wert gelegt.

Nicht nur Fähigkeiten der Schüler, sondern auch Fähigkeiten der Lehrer werden heute als Kompetenzen bestimmt. In den von Erziehungswissenschaftlern und der Bildungsverwaltung formulierten Standards für die Lehrerbildung sind verschiedene Kompetenzen aufgeführt, unter anderem auch soziale Kompetenzen. Die beiden grundlegenden Aufträge der Schule, nämlich Unterrichts- und Erziehungsauftrag, sind neben Beurteilen von Leistungen der Schüler und schulbezogenes Innovieren (Reformieren) Bestandteil der entwickelten Standards für die Lehrerbildung (vgl. Sekretariat der Ständigen Konferenz der Kultusminister der Länder in der Bundesrepublik Deutschland 2004).

In den von den Bildungsverwaltungen der einzelnen Bundesländer formulierten Standards für Schulqualität finden sich alle sieben skizzierten Aspekte der erziehungswissenschaftlichen Diskussion um eine gute, zukunftsfähige Schule (vgl. auch Tab. 1.1). Daraus ergeben sich entsprechende Entwicklungsaufgaben für die einzelnen Schulen, nämlich Kompetenzentwicklung, Unterrichtsentwicklung, Organisationsentwicklung und Personalentwicklung (vgl. auch Rolff 2007).

Die erziehungswissenschaftliche Diskussion um eine kompetenzorientierte Didaktik weist hinsichtlich schulleistungsbezogener Fähigkeiten einige theoretische Probleme auf:

- Der Kompetenzbegriff wird uneinheitlich bzw. in unklarer Weise verwandt. Fast alles wird mittlerweile zur Kompetenz erklärt, eine Abgrenzung der Kompetenzen von Wissen, Werteorientierungen und Fertigkeiten wird nicht vorgenommen.
- Vor allem bezüglich der fächerübergreifenden Kompetenzen ist eine uneinheitliche bzw. unzureichende Differenzierung von Kompetenzbereichen festzustellen. Die Differenzierungen der Kompetenzbereiche wirken zum Teil beliebig.
- Hauptsächlich bezüglich der fächerübergreifenden Kompetenzen ist die interne Strukturierung eines Kompetenzbereichs unzureichend. Häufig findet man nur globale Konzepte.
- Bestimmungen von Kompetenzniveaus fehlen oder sind fragwürdig.

Problematisch sind in der erziehungswissenschaftlichen Diskussion auch die theoretischen Positionen zur schulischen Förderung sozialer, moralischer und demokratischer Kompetenzen. Die Erziehungswissenschaftler lassen sich für gewöhnlich nicht differenziert auf vorliegende schulische Förderungsstrategien und -programme ein; oft ist die Diskussion durch bloße Zielsetzungen und Forderungen gekennzeichnet. Auch werden die Begriffe »soziale Kompetenz«, »moralische Kompetenz« und »demokratische Kompetenz« von den Autoren für gewöhnlich unpräzise verwendet. Sie dienen nicht selten nur zur Kritik an der Vernachlässigung des Erziehungsauftrags der Schulen. Beklagt wird deshalb häufig, dass die Bestimmungen von Sozial-, Moral- oder Demokratiekompetenz beliebig sind und kaum mehr als sprachliche Hülsen darstellen, in denen verschiedene Inhalte enthalten sind.

Baumert (2002) hat die Unterrichtsfächer der allgemeinbildenden Schulen nach vorrangig geförderten Fähigkeiten (Kanonisches Orientierungswissen) gruppiert und zugleich einzelne fächerübergreifende Kompetenzen/Schlüsselkompetenzen (»Basale Sprach- und Selbstregulationskompetenzen«) aufgeführt (Tab. 1.4).

Modi der Weltbegegnung (Kanonisches Orientierungswissen)	Basale Sprach- und Selbstregulationskompetenzen (Kulturwerkzeuge)				
	Beherrschung der Verkehrssprache	Mathematisierungskompetenz	Fremdsprachliche Kompetenz	IT-Kompetenz	Selbstregulation des Wissenserwerbs
Kognitiv-instrumentelle Modellierung der Welt Mathematik Naturwissenschaften					
Aesthetisch-expressive Begegnung und Gestaltung Sprache/Literatur Musik/Malerei/Bild.Kunst Physische Expressionen					
Normativ-evaluative Auseinandersetzung mit Wirtschaft und Gesellschaft Geschichte Ökonomie Politik/Gesellschaft Recht					
Probleme konstitutiver Rationalität Religion Philosophie					

Tab. 1.4: *Grundstruktur der Allgemeinbildung und des Kanons (Baumert 2002, S. 113)*

Baumerts Differenzierung der fachspezifischen Rationalitätsformen und der fächerübergreifenden Kompetenzen ist in verschiedener Hinsicht problematisch: Die einzelnen Schulfächer können nicht lediglich durch eine bestimmte Rationalitätsform charakterisiert werden. Beispielsweise können Sozialwissenschaft und Geschichte nicht allein durch normativ-evaluative (moralische) Rationalitätsstandards gekennzeichnet werden. Fragwürdig ist es, Sprache und Literatur unter »ästhetisch-expressive Begegnung und Gestaltung« zu fassen, denn hier stehen sprachliche Fähigkeiten im Vordergrund. Des Weiteren zeigt sich die Schwierigkeit einer Trennung von fachspezifischen Rationalitätstypen (fachspezifischen Kompetenzen) und fächerübergreifenden Kompetenzen. Möglicherweise sind Beherrschung der Verkehrssprache, fremdsprachliche Kompetenz und Mathematisierungskompetenz aufgrund ihrer starken Fachgebundenheit nicht als fächerübergreifende Kompetenzen zu betrachten. Zudem orientiert sich Baumert bei fächerübergreifenden Kompetenzen nur an der OECD-Kategorie »Interaktiver Gebrauch von Werkzeugen«; soziale, moralische und demokratische Kompetenzen lassen sich (etwa im Sinne der OECD und auch des Forum Bildung) als zusätzliche fächerübergreifende Kompetenzen verstehen. In Baumerts Vernachlässigung zwischenmenschlicher Kompetenzen drückt sich aus, dass schulische Angebote für diese Kompetenzen nur eine geringe Bedeutung in den Stundentafeln haben – ebenso wie ästhetisch-expressive Kompetenzen (vgl. Avenarius et al. 2003, S. 94ff.).

Insgesamt können die Unterrichtsfächer der allgemeinbildenden Schulen unter dem Gesichtspunkt der vorrangig geförderten Fähigkeiten (Kompetenzen) gruppiert werden: Manche Fächer fördern kognitiv-instrumentelle Fähigkeiten (vor allem Mathematik und die naturwissenschaftlichen Fächer Chemie, Physik und Biologie), einige fördern sprachliche Fähigkeiten (vor allem Deutsch, Fremdsprachen), andere ästhetisch-expressive Fähigkeiten (vor allem Musik, Bildende Kunst und Sport), manche soziale, moralische und demokratische Fähigkeiten (vor allem Ethik, Politische Bildung und Geschichte) und wieder andere religiös-weltanschauliche Fähigkeiten (vor allem Religion).

Jenseits schulfachspezifischer Kompetenzen können in allgemeinbildenden Schulen verschiedene leistungsbezogene fächerübergreifende Kompetenzen gefördert werden; insbesondere mathematisches Grundverständnis, Medienkompetenzen bzw. Fähigkeiten im Umgang mit der Informationstechnologie, Beherrschen der Muttersprache (Lesen, Schreiben), fremdsprachliche Kompetenzen, methodische Kompetenzen und Lernkompetenzen (Lernen des Lernens) sind sinnvolle Förderungsziele. Nicht-leistungsbezogene fächerübergreifende Kompetenzen sind vor allem soziale, moralische und demokratische Kompetenzen sowie Selbstkompetenzen (wie etwa Zielstrebigkeit, Konzentrationsfähigkeit, Sorgfalt, Ausdauer). Diese Bestimmung von fächerübergreifenden Kompetenzen scheint (mit Einschränkungen) auch auf Erziehungsprozesse in berufsbildenden Schulen sowie auf die Sonder-, Erwachsenen- und Sozialpädagogik anwendbar zu sein.

Für die Differenzierung schulischer Fächer, fachspezifischer Kompetenzen bzw. fächerübergreifender Kompetenzen und Schlüsselkompetenzen erscheint mir Gardners Theorie der Intelligenz hilfreich (vgl. Gardner 2002; 2006). Gardner unterscheidet mittlerweile neun Formen der Intelligenz (des Lernens): logische, naturbezogene, sprachliche, musikalische, räumliche, körperliche, interpersonale, personale und existentielle Intelligenz. Zugleich unterscheidet er Domänen, in denen diese Intelligenzformen verknüpft sind (z.B. Mathematik, Naturwissenschaften, Sprachen, Musik, Bildende Kunst, Sport, Gesellschaftswissenschaften, Religion). Mit den Domänen korrespondieren die meisten Schulfächer.

Abbildung 1.1 enthält eine Zusammenstellung von Aspekten des Unterrichts- und des Erziehungsauftrags der Schulen – orientiert vor allem am Modell von Ditton zur Schulqualität (vgl. Ditton 2002). Die skizzierten sieben Aspekte der Diskussion um eine gute, zukunftsfähige Schule sind in dem Modell integriert.

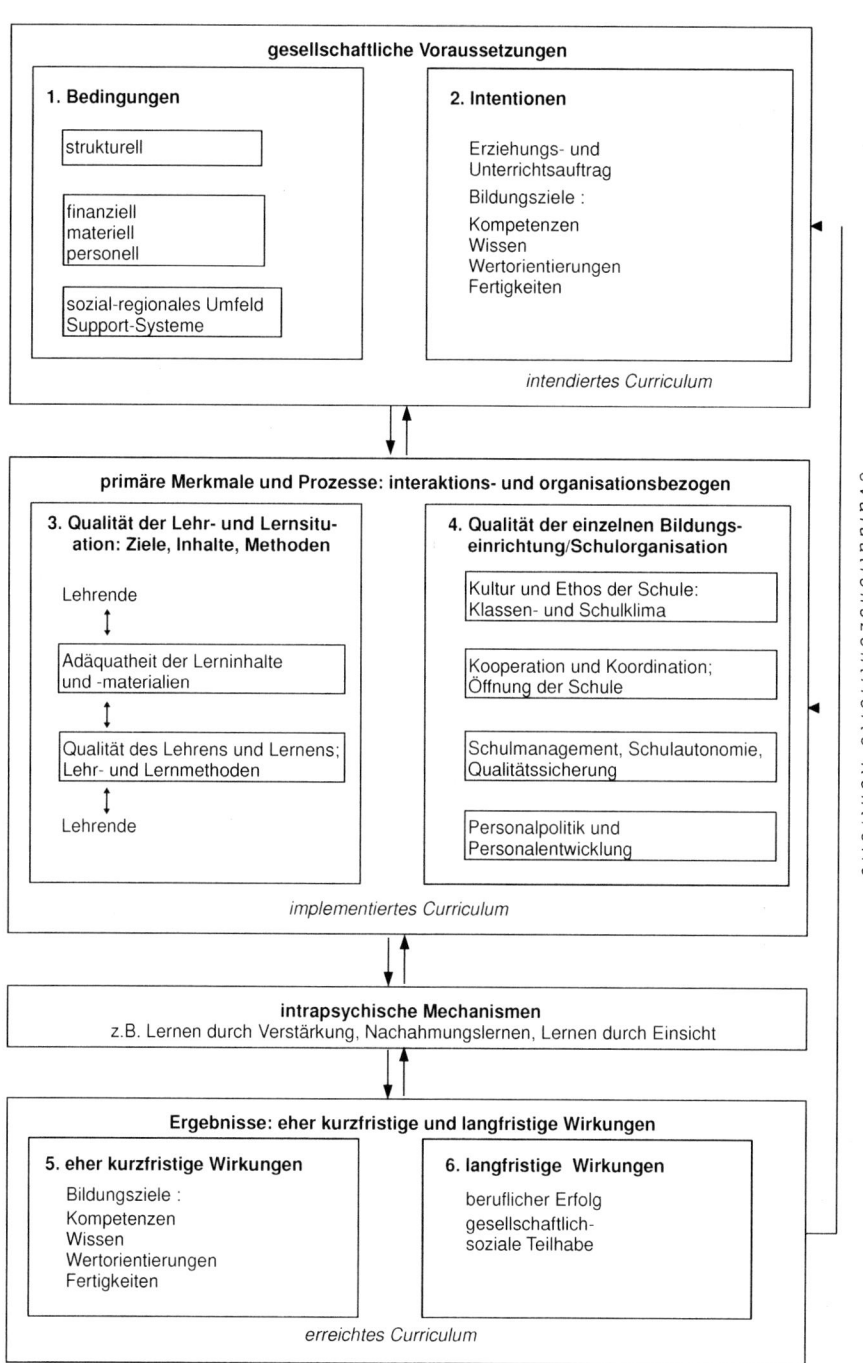

Abb. 1.1: Modell der Schulqualität (modifiziert nach Ditton 2002)

Einige Erziehungswissenschaftler gehen davon aus, dass der Erziehungsauftrag der Schule wichtig ist bzw. in Zukunft noch wichtiger wird – etwa durch das Schwinden familialer Erziehungsleistungen und die zukünftige Bedeutung zwischenmenschlicher Kompetenzen im Alltag (vgl. z.B. Schirp 2003). PISA, TIMSS und IGLU einerseits sowie Situationen schockierender Gewalt von Schülern und Forschungsbefunde zum problematischen zwischenmenschlichen Verhalten der Schüler andererseits stehen für einen Dualismus in der Schuldebatte (vgl. von Hentig 2001). Intensiv erörtert wird, ob eine stärkere Leistungsorientierung oder eine stärkere Orientierung am zwischenmenschlichen Verhalten der Schüler sinnvoll ist. Dabei macht gerade die gegenwärtige Debatte um Schulreformen deutlich, dass für eine Steigerung fachlicher Leistungen auch die Verbesserung sozialer, moralischer und demokratischer Fähigkeiten und Werteorientierungen hilfreich ist. Die intensiven Bemühungen um die Steigerung der Schulleistungen werden wohl kaum erfolgreich sein bei starken sozialen, moralischen und demokratischen Defiziten der Schüler.

1.6 Bedeutung kooperativ-partizipativer Unterrichtsmethoden im Bereich der Unterrichtsdidaktik und der Unterrichtsmethodik

Unterrichtsmethoden dienen der Erfüllung des Unterrichtsauftrags der Schulen, also der Förderung von fachbezogenen Schulleistungen und von leistungsbezogenen fächerübergreifenden Fähigkeiten. Auf dem Feld der Unterrichtsdidaktik und der Unterrichtsmethodik, d.h. der Didaktik und Methodik nicht-werteerzieherischer Fächer, gibt es in den letzten drei Jahrzehnten Tendenzen, die eine Stärkung kooperativ-partizipatorischer Unterrichtsmethoden beinhalten. In der Literatur stößt der nach wie vor in den Schulen dominierende Frontalunterricht, der durch lehrergelenkte Interaktionen geprägt ist, vielerorts auf Kritik (vgl. Gudjons 2007). Die Notwendigkeit des Einsatzes von Methoden wird betont, welche Formen der Kooperation und der Partizipation der Schüler ins Zentrum rücken. Beklagt wird die seltene Anwendung dieser methodischen Alternativen.

Es gibt mittlerweile mehrere Übersichtsarbeiten über Unterrichtsmethoden und verschiedene Versuche ihrer Systematisierung (vgl. z.B. G. Brenner/K. Brenner 2005; Meyer 1987; Peterßen 1999). In Anlehnung an Meyer können mit Blick auf Unterrichtsmethoden sechs Ebenen unterschieden werden: »Sozialformen« (Frontalunterricht, Gruppenunterricht, Partnerarbeit, Einzelarbeit/Stillarbeit), »Inszenierungstechniken« (z.B. eine Frage stellen, Antworten, Zuhören, einen Impuls geben, ein Lob aussprechen), »Handlungsmuster« (z.B. Lehrervortrag, Schülervortrag, Textarbeit, Schülergespräch), »Unterrichtsschritte« (z.B. Unterrichtseinstieg, Erarbeitungsphase, Auswertungsphase), »Raumstrukturen« und »methodische Großformen« (vor allem Lehrgang, Freiarbeit, Projekt). Sozialformen regeln die Formen der Kooperation. Inszenierungstechniken sind die kleinsten Handlungseinheiten, die von Lehrern und Schülern benutzt werden. Handlungsmuster setzen sich aus Inszenierungstechniken und Sozialformen zusammen. Unterrichtschritte erlauben die zeitliche Strukturierung von Unterricht. Raumstrukturen beinhalten das räumliche Arrangement. Methodische Großformen integrieren diese verschiedenen Ebenen und konstituieren eine Unterrichtseinheit. Festzustellen ist, dass heute viele Autoren Formen von Erkundungen, Beteiligungsritualen und Projektarbeit empfehlen.

Es wurden auch Kriterien für guten Unterricht entwickelt, wobei Methodenvielfalt ein Kriterium neben anderen ist. Meyer (2004) formuliert – gestützt auf die Ergebnisse empirischer Forschungen – zehn Merkmale guten Unterrichts:

- klare Strukturierung des Unterrichts (z.B. Zielklarheit, Absprache von Regeln)
- hoher Anteil echter Lernzeit (z.B. durch gutes Zeitmanagement)
- inhaltliche Klarheit (z.B. durch Verständlichkeit der Aufgabenstellung)
- transparente Leistungserwartungen (z.B. durch an Bildungsstandards orientierte Lernangebote)
- Methodenvielfalt
- lernförderliches Klima (z.B. durch gegenseitigen Respekt)
- sinnstiftendes Kommunizieren (z.B. durch Planungsbeteiligung)
- individuelles Fördern (z.B. durch Freiräume)
- intelligentes Üben (z.B. durch Bewusstmachung von Lernstrategien)
- vorbereitete Umgebung (z.B. durch eine funktionsbezogene Einrichtung).

Wie man sieht, enthalten einige Kriterien wertebezogene Aspekte. Helmke (2003) gelangt zu ähnlichen Kriterien für guten Unterricht.

Mittlerweile gibt es einige Studien zur Wirkung von Unterrichtsmethoden auf leistungsbezogene Fähigkeiten. Ihre erzieherische Wirkung wurde jedoch nur selten untersucht (vgl. Meyer 2004).

In der heutigen Unterrichtsdidaktik sind alle sieben Aspekte der Diskussion um eine gute, zukunftsfähige Schule relevant. Hinsichtlich der Realisierung des Unterrichtsauftrags fehlt aber ein überzeugendes einheitsstiftendes Konzept von Unterrichtsmethoden. Der soziale Kontext der Unterrichtsprozesse bleibt weitgehend unterbestimmt.

1.7 Der Diskussionskontext auf internationaler Ebene

Auf internationaler Ebene ist in den letzten drei Jahrzehnten – wie in Deutschland – eine intensive Debatte um eine gute, zukunftsfähige Schule in Gang gekommen. Die in Abschnitt 1.5 aufgeführten sieben Grundsätze sind auch auf internationaler Ebene bedeutsam. Die Debatte wurde wiederum durch Probleme in den Schulleistungen (Analphabetismus, Schulabbrecher) und Probleme im zwischenmenschlichen Verhalten (z.B. Gewalt) angestoßen. Die internationalen Diskussionen sind in Deutschland bisher kaum rezipiert worden.

Die internationale erziehungswissenschaftliche Diskussion wird hauptsächlich durch die Aktivitäten von vier Einrichtungen bestimmt: Europäische Union (EU), OECD, Vereinte Nationen (UNO) und Weltgesundheitsorganisation (WHO). Den

Positionen der Einrichtungen liegt eine kompetenzorientierte Position zugrunde. Benannt werden hier jeweils zukünftige Herausforderungen für die schulische Bildung. Die Konzepte dieser Institutionen bestimmen vor allem indirekt die deutsche Diskussion um die schulische Förderung sozialer, moralischer und demokratischer Kompetenzen.

Die Bildungsdiskussion in Europa wird vor allem durch das Programm der Europäischen Union »Education and Training 2010« bestimmt. Durch dieses Programm sollen hinsichtlich der allgemeinen und beruflichen Bildung in Europa bis zum Jahr 2010 drei übergeordnete Ziele erreicht werden:
a) die Erhöhung der Qualität und Wirksamkeit der Bildungssysteme in der EU;
b) der leichtere Zugang zur allgemeinen und beruflichen Bildung für alle sowie
c) die Öffnung der Systeme der allgemeinen und beruflichen Bildung gegenüber anderen Regionen der Welt.

Das Arbeitsprogramm fußt auf dem gemeinsamen Grundverständnis der Mitgliedsstaaten, dass Europa sein Wachstumspotenzial dadurch steigern kann, dass es verstärkt auf Wissen und Innovation setzt (Lissabon-Strategie). »Education and Training 2010« bezieht sich auf alle Ebenen und Dimensionen von Bildung und Ausbildung sowie auf formales (in Bildungsinstitutionen erfolgendes, gezieltes) Lernen und nicht-formales Lernen. Es soll deutlich machen, wo die Mitgliedsländer in ihren bildungspolitischen Entwicklungen stehen und ist eine Grundlage für Reformprozesse. Neben den drei genannten grundlegenden Zielen werden 13 Teilziele und 42 Kernthemen festgehalten; sie betreffen das breite Spektrum der allgemeinen und beruflichen Bildung. Wichtig im Rahmen der EU ist auch das Sokrates-Programm, das Bildungsaktivitäten in Europa fördert. Dieses Programm lief insgesamt über sieben Jahre (2000–2006), ein Nachfolgeprogramm begann 2007. 25 EU-Staaten nehmen derzeit daran teil, außerdem Island, Liechtenstein, Norwegen, Bulgarien, Rumänien und die Türkei.

Zudem wurden im Rahmen der EU, im Rahmen von Europäischer Kommission und Eurydice, Systematisierungen von Schlüsselkompetenzen vorgenommen. Eine von der Europäischen Kommission eingesetzte Arbeitsgruppe unterscheidet acht Kompetenzbereiche: Mathematik/Naturwissenschaft/Technologie, Informationstechnologie, Muttersprache, Fremdsprache, künstlerischer Ausdruck, Lernen des Lernens, Innovation und interpersonal-demokratischer Bereich (European Commission 2004).

Die Europäische Kommission hat auch einen »Europäischen Qualifikationsrahmen« vorgelegt (Kommission der Europäischen Gemeinschaften 2005). Der Qualifikationsrahmen verbindet Kompetenzen mit Schlüsselkompetenzen. Zugleich werden in Bezug auf Kompetenzen und Schlüsselkompetenzen Kompetenzstufen unterschieden. Acht Stufen sind im Qualifikationsrahmen im Hinblick auf Kompetenzen, Kenntnisse (Sachwissen) und Fertigkeiten jeweils aufgeführt. Allerdings wird der Bereich sozialer Kompetenz nur durch kommunikative Kompetenzen gekennzeichnet.

Das bereits dargestellte Kompetenzkonzept der OECD (DeSeCo) sowie die PISA-Studien übten starken Einfluss aus. Die Diskussion um Schulqualität und Schulentwicklung wurden dadurch entscheidend weiterentwickelt.

Ähnlich bedeutsam wie die OECD ist die UNO bzw. die UNESCO – die für Fragen der Bildung, Wissenschaft und Kultur zuständige Sonderorganisation der UNO. Sie leistet unter anderem einen Beitrag zur Zusammenarbeit der Völker in Fragen der Bildung. Mit dem Programm »Bildung für alle« beispielsweise möchte die UNESCO das Ziel einer Grundschulbildung für alle Kinder erreichen. Fast 200 Schulen in Deutschland sind zurzeit UNESCO-Projektschulen, die sich zur Erziehung zu internationaler Verständigung und Zusammenarbeit verpflichten. 1993 verabschiedete die UNESCO ein Weltaktionsprogramm für die Erziehung zu Menschenrechten und Demokratie, und kurz danach rief die UNO die Jahre 1995 bis 2004 zur Dekade für Menschenrechtsbildung aus. Von 2005 bis 2014 läuft ein Weltprogramm für Menschenrechtsbildung.

Die Weltgesundheitsorganisation (WHO) identifizierte verschiedene Life Skills (Lebenskompetenzen), die als Fähigkeiten der Bewältigung von Herausforderungen des Alltagslebens verstanden werden (World Health Organization 1997). Als lebenskompetent gilt, wer kritisch und kreativ denkt, erfolgreich Probleme löst, durchdachte Entscheidungen trifft, sich selbst kennt und mag, Gefühle und Stress gut bewältigt, effektiv kommuniziert, fähig ist, Beziehungen einzugehen und aufrecht zu erhalten, sowie Empathie zeigt. Das Konzept der WHO zu Life Skills bildete die Grundlage einer Vielzahl von schulischen Präventionsprogrammen, etwa zu Substanzmissbrauch, Essstörungen, Suizid und Gewalt.

Relevant im internationalen Bereich ist auch der Ansatz einer »Positiven Psychologie«. Dieser Ansatz entwickelte ein differenziertes Konzept nicht-leistungsbezogener Fähigkeiten. Beispielsweise unterscheidet Seligman zwischen Weisheit, Transzendenz, Mut, Regulation von Emotionen, Humanität und Gerechtigkeit (vgl. Seligman 2003).

Der Ansatz »Positive Youth Development« wurde entwickelt, um eine differenzierte Beschreibung von Stärken der Jugendlichen zu ermöglichen. Besonders einflussreich waren die Positionen von Benson, Damon, Lerner und Pittman (vgl. Benson et al. 2006).

In vielen Ländern gibt es ähnliche Strategien der Schulentwicklung (d.h. der Unterrichts-, Organisations- und Personalentwicklung) wie in Deutschland. Erweiterte Selbstständigkeit der einzelnen Schule, Schulprogramm, interne Evaluation, schulübergreifende Leistungstests und Schulinspektionen gelten international als zentrale Elemente der Qualitätssicherung (vgl. Burkard/Eikenbusch 2002).

Das »Internationale Netzwerk Innovativer Schulsysteme« (INIS), das von der Bertelsmann-Stiftung getragen wird, will den internationalen Erfahrungsaustausch ausbauen. Vor allem geht es um die Stärkung der Innovationskraft der Schulsysteme und um die Verbreitung beispielhafter Lösungen. Ein gemeinsames Qualitätsverständnis wurde im Rahmen von INIS entwickelt, das sich weitgehend mit dem in den Qualitätsrahmen der Bundesländer zum Ausdruck kommenden Verständnis deckt.

Die skizzierten internationalen Entwicklungen dürften vor allem in Zukunft für die deutsche Diskussion um die schulische Förderung sozialer, moralischer und demokratischer Kompetenzen bedeutsam sein. Die internationale Diskussion weist allerdings ähnliche Probleme wie die deutsche Diskussion auf (z.B. fragwürdiger Kompetenzbegriff).

1.8 Grenzen der Diskussion um individuelle Kompetenzen und Kompetenzförderung

Kompetenzorientierte Didaktiken stellen wichtige didaktische Ansätze dar. Sie berücksichtigen neben der Kompetenzorientierung auch die anderen aufgeführten sechs Grundsätze der Diskussion um eine gute, zukunftsfähige Schule. Die Bedeutung zentraler sozialer, moralischer und demokratischer Kompetenzen wird aufgezeigt, und diese Kompetenzen werden in einen breiten kompetenztheoretischen Rahmen gestellt. Wie dargelegt weisen allerdings die bildungspolitischen Aktivitäten, die Diskussionen in der Erziehungswissenschaft und die Bemühungen um die Realisierung des Unterrichtsauftrags auf deutscher und internationaler Ebene verschiedene Probleme auf. Darüber hinaus ist grundsätzliche Kritik am Kompetenzkonzept zu üben:

- Bei den Kompetenzbestimmungen werden biologische Faktoren (z.B. genetische Dispositionen) und Persönlichkeitsmerkmale (z.B. schwieriges Temperament) für gewöhnlich vernachlässigt. Beide spielen eine wichtige Rolle für das Handeln (vgl. G. Roth 2007).
- Die Bedeutung von Intuitionen wird im Rahmen von Kompetenztheorie im Allgemeinen nicht berücksichtigt (vgl. Gigerenzer 2007; Haidt 2002). Haidt lenkt hinsichtlich der moralischen Kompetenzen den Blick auf die lange Zeit von der Forschung vernachlässigten Handlungsentscheidungen und wirft dabei die wichtige Frage auf, ob die Urteilsprozesse die Handlungsentscheidungen tatsächlich bestimmen, wie viele Autoren annehmen. Er arbeitet die Rolle von Intuitionen bei Entscheidungsprozessen heraus. Handlungsentscheidungen sind, so zeigt Haidt, häufig durch unbewusste, automatische Prozesse verursacht, stellen also Intuitionen dar. Urteilsprozesse dienen deshalb oft nur der Rechtfertigung von bereits getroffenen Entscheidungen. Das Urteilen gleicht dann eher der Verteidigung eines Klienten vor Gericht (durch den Rechtsanwalt) als der Wahrheitsfindung. Manchmal laufen unbewusste und bewusste Prozesse der Informationsverarbeitung parallel ab und führen zu unterschiedlichen Ergebnissen. Indem viele Autoren annehmen, dass Urteilsprozesse immer der Handlungsentscheidung bzw. der Bewertung von Handlungen oder Personen vorausgehen, erklären sie eher seltene Ereignisse zum Regelfall.

- Kompetenztheorien binden ihre Analyse im Allgemeinen an die Perspektive der Personen, betonen die Notwendigkeit eines »phänomenalistischen« Standpunkts. Damit wird der Möglichkeit von Selbsttäuschungen nicht Rechnung getragen. Die Psychoanalyse hingegen geht davon aus, dass Personen von Beginn ihrer Entwicklung an Konflikte mit anderen Personen zu bewältigen suchen, indem sie verbotene Impulse und Affekte (d.h. konfliktreiche Inhalte) unterdrücken und aus dem Bewusstsein verbannen. Diese unbewusst gewordenen Inhalte können dann unwillentlich das Handeln leiten. Durch verschiedene psychische Mechanismen (»Abwehrmechanismen«), die unbewusst operieren, werden verbotene Impulse und Affekte aus dem Bewusstsein verbannt, unbewusst gehalten und zugleich auch mit dem Selbstbild verträglich gemacht. Sie werden zum Beispiel anderen Personen zugeschrieben (»Projektion«), als moralische Motive umgedeutet (»Rationalisierung«), oder durch Ausbildung entgegengesetzter Tendenzen, wie etwa moralische Vorbildlichkeit, unkenntlich gemacht (»Reaktionsbildung«). Gerade vor dem Hintergrund neuerer Forschungen erscheint die Differenzierung einer psychodynamisch unbewussten, einer vorbewussten und einer bewussten Ebene erforderlich. Die Forschung zu Kognitionen arbeitet verstärkt die Bedeutung von außerhalb des Bewusstseins ablaufenden Prozessen heraus, und klinisch-psychologische Erfahrungen machen die Eigengesetzlichkeiten unwillkürlicher, unbewusster Prozesse deutlich (etwa von Mechanismen klassischer Konditionierung oder von »automatischen Gedanken«, die im Rahmen der kognitiven Verhaltenstherapie thematisiert werden). Alle diese Vorgänge sind dem Bewusstsein jedoch ohne große innere Widerstände zugänglich, d.h. sie stellen vorbewusste Prozesse dar. Hinzu kommen unbewusste psychodynamische Vorgänge, auf die die Psychoanalyse aufmerksam macht; deren Bewusstmachung setzt die Überwindung starker innerer Widerstände voraus.
- Der Kompetenzbegriff ist – aus sozialwissenschaftlicher Sicht betrachtet – mit Herrschaftsansprüchen verknüpft. Kompetenztheorien postulieren das autonome Subjekt, das eher eine Fiktion darstellt und sich auf einen privilegierten Lebenskontext beschränkt (vgl. auch Reichenbach 1999; 2007). Die Frage der sozialen Kontextspezifität wäre eine Analyse wert. Forscher, die der Mittel- oder Oberschicht angehören und meistens auch aus diesen Schichten stammen, dürften dazu neigen, die moralischen Autonomie-Ideale ihres eigenen Lebenskontextes in unreflektierter Weise zum normativen Bezugspunkt der Entwicklung zu machen. Möglicherweise artikuliert sich beim Gerechtigkeitsurteil in der Unterschicht ein universalistisches Moralbewusstsein in anderer Weise als in der Formulierung von Menschenrechten oder von (abstrakten) Moralprinzipien und -verfahren. Hier könnte ein »Unrechtsbewusstsein« verbreitet sein, das zugleich stark situationsgebunden ist.

Die aufgeführten Aspekte der Kritik am Kompetenzkonzept wären auch bei der Kompetenzförderung zu berücksichtigen.

Gerhard Roth entwirft ein Modell der Persönlichkeit, das der biologischen, psychischen und sozialen Determination Rechung trägt. Er unterscheidet vier Ebenen: vegetativ-affektive Ebene, die Ebene der emotionalen Konditionierung, kognitiv-kommunikatives Ich, individuell-soziales Ich (vgl. G. Roth 2007, S. 91).

Allerdings berücksichtigen Modelle der Determination die autonomen Handlungspotenziale der Individuen nicht hinreichend, auf die vor allem Kompetenzmodelle Bezug nehmen.

Hauptsächlich vier Gründe sprechen dafür, dass die Bemühungen um die schulische Förderung sozialer, moralischer und demokratischer Kompetenzen in den nächsten Jahren in Deutschland wieder an Bedeutung gewinnen. Erstens dürfte die Diskussion um die Ganztagsschule zur verstärkten Einsicht in die Bedeutung des sozialen, moralischen und demokratischen Lernens in der Schule führen. Von den geplanten bis zu 10.000 Ganztagsschulen könnten viele innovativ gestaltet werden. Zweitens wurden in den letzten Jahren insbesondere im internationalen Bereich (etwa von Europarat, EU/Eurydice und der OECD) Kompetenzkonzepte entwickelt, die auch soziale, moralische und demokratische Kompetenzen berücksichtigen; auf diesen konzeptuellen Grundlagen sollen in wenigen Jahren zudem ländervergleichende Analysen bzw. Evaluationen in den Schulen durchgeführt werden. Drittens ist der Problemdruck durch den hohen Anteil von Störungen im zwischenmenschlichen Verhalten derzeit hoch. Viertens zeigen aktuelle jugendsoziologische Studien, dass Jugendliche heute Werten wie Kooperation, Hilfsbereitschaft und Partizipation einen hohen Stellenwert zuschreiben. Entsprechende Förderungsanstrengungen dürften bei ihnen also auf großes Interesse stoßen.

2. Die Diskussion um die schulische Förderung sozialer, moralischer und demokratischer Kompetenzen

Die in den Abschnitten 1.5 und 1.7 beschriebene erziehungswissenschaftliche Diskussion um eine gute, zukunftsfähige Schule hat soziale, moralische und demokratische Kompetenzen im Zusammenhang mit anderen Kompetenzen (etwa Fähigkeit zur Selbstregulation des Lernens, Medienkompetenz) betrachtet und die Einflüsse gesellschaftlicher Entwicklungsprozesse aufgezeigt. Die dabei entwickelten sieben Grundsätze stellen auch für die schulische Sozial-, Moral- und Demokratieerziehung sinnvolle Gesichtspunkte dar, doch sind diese Grundsätze in der erziehungswissenschaftlichen Diskussion im allgemeinen relativ abstrakt gefasst – auf vorliegende Ansätze zur wertebezogenen Erziehung gehen die Diskussionsteilnehmer für gewöhnlich nicht differenziert ein. Eine differenzierte Bezugnahme auf Förderungsansätze ist aber notwendig, um aufzeigen zu können, wie Fortschritte bei der Kompetenzentwicklung erreichbar sind. Im vorliegenden Kapitel werden Entwicklungstendenzen im Feld wertebezogener schulischer Erziehung beleuchtet. Die sieben Grundsätze haben, wie gezeigt werden soll, die Diskussion um die schulische Sozial-, Moral- und Demokratieerziehung beeinflusst. Für diese Diskussion sind die Grundsätze sinnvoll, allerdings ist eine kritische Analyse der Literatur zur schulischen Förderung der drei Kompetenzbereiche erforderlich. Ich zeige zentrale Defizite dieser Literatur auf und formuliere eine eigene Grundposition.

Die in verschiedenen Studien bei deutschen Schülern ermittelten Kompetenzdefizite und Verhaltensprobleme werfen die Frage nach der Angemessenheit der derzeitigen Erziehungsbemühungen der Schulen bezüglich der drei Kompetenzbereiche auf. Folgende Fragen stellen sich vor allem: Reicht eine Ausweitung des herkömmlichen Unterrichts aus (etwa eine Erweiterung der Inhalte »gesinnungsbildender Schulfächer«)? Oder muss der Unterricht hinsichtlich seiner Ziele, Inhalte und Methoden grundlegend umgestaltet werden? Was können neu eingerichtete Unterrichtsfächer wie »Lebensgestaltung-Ethik-Religionskunde« und »Praktische Philosophie« bewirken? Ist auch eine Reform des institutionellen Rahmens der Schulen erforderlich, z.B. eine stärkere Demokratisierung des Schulalltags? Müssen sich die Schulen gegenüber dem Gemeinwesen stärker öffnen? Inwieweit ist auch die Veränderung gesellschaftlicher Strukturen erforderlich, von denen die Schule abhängt? Viele Autoren verweisen auf die in den Schulgesetzen und Lehrplänen verankerten wertebezogenen Erziehungsziele und stellen ihnen die schulischen Realitäten gegenüber, in denen diese Ziele häufig verfehlt werden. Die Schulen müssten im Hinblick auf die Förderung von Fähigkeiten der zwischenmenschlichen Interaktion Reformen nicht zuletzt deshalb durchführen, weil ihnen angesichts gewandelter Sozialisationsverhältnisse (z.B. Bedeutungsverlust der Familie, starker, oft negativer Einfluss der Medien) heute eine größere Aufgabe als früher zuwächst. Abschnitt 2.1

zeichnet die Geschichte der deutschen und internationalen Bemühungen um die schulische Sozial-, Moral- und Demokratieerziehung in knapper Form nach. In Abschnitt 2.2 werden sinnvolle Trends in der aktuellen deutschen Diskussion zur schulischen Sozial-, Moral- und Demokratieerziehung herausgearbeitet, in Abschnitt 2.3 werden einige Punkte der Kritik an dieser Diskussion vorgebracht. In Abschnitt 2.4 wird die internationale Diskussion kritisch beleuchtet. Abschnitt 2.5 umreißt die Arbeitsschwerpunkte im BMBF-Projekt »Grundlagen einer kompetenzorientierten Didaktik«, mit dem auf die festgehaltenen Defizite reagiert wurde.

2.1 Kurze Geschichte der schulischen Sozial-, Moral- und Demokratieerziehung

Die Geschichte der schulischen Sozial-, Moral- und Demokratieerziehung ist Teil der Geschichte schulischen Lehrens insgesamt; ähnliche Entwicklungen sind festzustellen: Zunächst dominierten jeweils Lehrmethoden, bei denen die Lehrkraft die Aktivitäten der Schüler zu steuern sucht und die Formen passiven, nachvollziehenden Lernens beinhalten (»Darstellender Unterricht«). Lehrervortrag, fragendentwickelndes Unterrichtsgespräch, Bestrafen und Belohnen sowie Vormachen des Lehrers waren die zentralen methodischen Strategien. In den 1970er-Jahren gewannen Formen problembezogenen Lehrens Einfluss, bei denen einsichtiges Lernen einen zentralen Stellenwert hat (»Problemorientierter Unterricht«). Ab den 1980er-Jahren fanden dann Formen handlungsbezogenen Lehrens Resonanz (»Handlungsorientierter Unterricht«) (vgl. Terhart 2005). Zunächst ist vorrangig eine Orientierung an Sachwissen, Werteorientierungen und Fertigkeiten, dann (in den 70er-Jahren) eine stärkere Berücksichtigung kognitiver Kompetenzen, anschließend (ab den 80er-Jahren) zusätzlich eine Orientierung an kommunikativen, emotionalen und handlungsstrukturierende Kompetenzen festzustellen. Während zunächst nichtkonstruktivistische Ansätze vorherrschten, dominierten ab den 70er-Jahren konstruktivistische Ansätze.

Diese Entwicklungen hängen insbesondere mit dem Einfluss unterschiedlicher Lern- und Entwicklungstheorien zusammen: Anfangs dominierten traditionelle lerntheoretische Positionen, dann kognitivistisch-konstruktivistische Positionen und schließlich handlungstheoretische Positionen (vgl. Hasselhorn/Gold 2006; Petermann/Niebank/Scheithauer 2004).

Traditionelle lerntheoretische Positionen akzentuieren Formen des Bestrafens und Belohnens (Lernen durch Bekräftigung) sowie des Vormachens (Lernen durch Nachahmung).

Eine einflussreiche kognitivistisch-konstruktivistische Position entwickelten Kohlberg und Selman. Ihre Position soll etwas genauer dargestellt werden, da sie für den eigenen Standpunkt bedeutsam ist. Kohlberg (vgl. Kohlberg 1984; 1995; 2000; auch Garz 1996) und Selman (vgl. Selman 1984; 2003) formulierten ihren Standpunkt zunächst insbesondere im Rückgriff auf Piaget. Piaget begründete einen

Ansatz zur Entwicklung logisch-kausalen Denkens sowie sozialen und moralischen Denkens. Im Anschluss an Piagets Theorie moralischen Denkens formulierte Kohlberg Ende der 1950er-Jahre eine Theorie der Entwicklung moralischen Urteilens. Selman legte im Anschluss an Piagets Analyse sozialen Denkens und Kohlbergs Analyse moralischen Denkens in den 1970er-Jahren eine differenzierte Theorie der Entwicklung sozialer Kognitionen (insbesondere der Perspektivenübernahme) vor. Die Position von Kohlberg und Selman kann man durch die vier folgenden, auf Piagets Theorie zurückgehenden entwicklungspsychologischen Grundannahmen kennzeichnen, aus denen jeweils auch bestimmte pädagogische Folgerungen gezogen wurden:

- Denkprozesse (Kognitionen, Urteilsprozesse) beeinflussen maßgeblich die Handlungsmotive, die Gefühle und das Handeln. Zentraler Ansatzpunkt der pädagogischen Einflussnahme ist somit das Denken. (Kognitivismus)
- Die Entwicklung des Denkens lässt sich als Entwicklung grundlegender Organisationsmuster (Strukturen, Stufen) verstehen, die aufeinander aufbauen und ein zunehmend größeres Problemlösungspotenzial enthalten. Das zentrale Ziel der Erziehung ist somit die Förderung der Stufenentwicklung, d.h. das Voranschreiten zur nächsten Stufe des Denkens. (Genetischer Strukturalismus)
- Die gleichen Sequenzen von Stufen (Strukturen) treten bei allen Problembereichen und in allen sozialen Einheiten (z.B. in verschiedenen Schichten, Kulturen) auf. Die Förderung kann folglich unabhängig von Problembereichen und sozialen Einheiten erfolgen. (Kontextübergreifende Geltung)
- Notwendige Bedingung für die Entwicklung der Stufen des Denkens sind kognitive Konflikte, die eine Person auf einer bestimmten Stufe wahrnimmt und durch einsichtiges, »konstruktives« Lernen zu bewältigen sucht. Ein wichtiges Mittel der Erziehung ist deshalb die Diskussion von Interessenkonflikten bzw. moralischen Normkonflikten (von Dilemmata), die kognitive Konflikte erzeugen können. Dabei muss sich die Dilemmadiskussion am jeweiligen Entwicklungsstand der Person, an ihrer Stufe des Denkens orientieren. (Konstruktivismus)

Kohlberg unterscheidet sechs Stufen des Gerechtigkeitsurteils: Auf Stufe 1 beziehen sich Personen auf die Erwartungen von Autoritäten, wobei sie den Status der Autoritäten durch äußere Attribute (etwa Körpergröße) definieren. Auch sind Strafen durch Autoritäten ein wichtiger Maßstab für das richtige Handeln; Strafen werden dabei als automatische Konsequenzen von Normverletzungen interpretiert. Die Notwendigkeit der Konformität mit als uneingeschränkt gültig verstandenen moralischen Regeln wird ebenfalls betont. Auf Stufe 2 ist Kritik an Autoritätspersonen und Regeln möglich: Die eigenen Bedürfnisse und Präferenzen – beziehungsweise in den von der Kohlberg-Gruppe vorgelegten Geschichten die Bedürfnisse und Präferenzen des Protagonisten – werden nun zum Maßstab für die Beurteilung von Handlungen und Normen. Der Sinn für Gerechtigkeit bleibt deshalb egoistisch-instrumentalistisch verengt (z.B. »eine Hand wäscht die andere«). Für Stufe 3 ist die Orientierung an gemeinsamen Interessen und Erwartungen in zwischenmenschlichen Beziehungen sowie die Bezugnahme auf Bedingungen für die Aufrechterhaltung tragfähiger Beziehungen charakteristisch. Erwartungen etwa an einen »guten Freund« oder einen »guten Ehemann« werden formuliert; soziale Beziehungen werden als durch gegenseitige Hilfe, Verlässlichkeit und Vertrauen geprägt verstanden. Somit kann nun die ausschließliche Orientierung an den eigenen Bedürfnissen und Präferenzen als »egoistisch« erkannt werden. Stufe 4 ist gekennzeichnet durch die Bezugnahme auf die Erwartungen und Funktionsbedingungen größerer sozialer Einheiten, sozialer Systeme (wie die Gesellschaft oder das Schulsystem). Insbesondere die Notwendigkeit der Beachtung geltender Gesetzesvorschriften wird betont. Dadurch ist nun eine Lösung von Konflikten zwischen den Erwartungen in verschiedenen zwischenmenschlichen Beziehungen möglich. Auf Stufe 5 werden vor allem unveräußerliche, universell gültige Rechte (Menschenrechte) ins Spiel gebracht (zum Beispiel das Menschenrecht auf Leben). Sie dienen als allgemein zustimmungsfähiger Maßstab für die Prüfung der Gültigkeit von bestehenden Gesetzen oder der Legitimität eines sozialen Systems. Stufe 6 schließlich ist gekennzeichnet durch den Rückgriff auf abstrakte, universell gültige moralische Prinzipien (z.B. das insbesondere von Kant formulierte Prinzip der Achtung der Würde einer Person) und auf formale moralische Verfahren (z.B. Kohlbergs Verfahren einer »idealen wechselseitigen Rollenübernahme«). Moralische Prinzipien und Verfahren erlauben eine Begründung der Verbindlichkeit von Menschenrechten.

Selman gelangt auf der Grundlage eigener Forschungen zu fünf Stufen der Entwicklung der Perspektivenübernahme. Die Person ist zunächst in einer egozentrischen Perspektive befangen, d.h. sie kann zwischen den verschiedenen Standpunkten von Personen noch nicht differenzieren (Stufe 0). Auf der nächsten Stufe ist sie zur Perspektivendifferenzierung in der Lage (Stufe 1). Dann vermag sie zu erkennen, dass auch der andere ihren Standpunkt übernehmen kann und ein bestimmtes Bild von ihr hat. Die Person kann also unterschiedliche Perspektiven koordinieren (Stufe 2). Auf der folgenden Stufe werden einzelne Individuen mit ihren unterschiedlichen Perspektiven als Teil zwischenmenschlicher Beziehungen verstanden, d.h. es wird eine »Beziehungsperspektive« eingenommen (Stufe 3). Anschließend können gesellschaftliche Voraussetzungen dieser Beziehungen verstanden werden; eine »Systemperspektive« (»Gesellschaftsperspektive«) wird möglich (Stufe 4).

Kohlbergs Stufen moralischen Urteilens, Selmans Stufen der Perspektivenübernahme und Piagets Stufen logisch-kausalen Denkens stellen, so Kohlberg und Selman, in qualitativer Hinsicht parallele, isomorphe Strukturen dar. Zugleich gehen Kohlberg und Selman von einer »horizontalen Sequenz der Entwicklung« aus: Den Moralstufen (Stufen des Gerechtigkeitsurteils) liegen unterschiedlich ausgebildete Fähigkeiten zur Differenzierung und Koordinierung von Perspektiven zugrunde. Die Stufen der Perspektivenübernahme (der Kern von Selmans Theorie sozialer Kompetenz) sind »notwendige, aber nicht hinreichende Bedingungen« für die Entwicklung der Stufen des Gerechtigkeitsurteils. Auch sind Piagets Stufen des logisch-kausalen Denkens »notwendige, aber nicht hinreichende Bedingungen« für die Entwicklung der Stufen der Perspektivenübernahme. Somit werde zum Beispiel zunächst eine Stufe konkreter Operationen erworben, dann eine Stufe 2 der Perspektivenübernahme und schließlich eine Stufe 2 des Gerechtigkeitsurteils. Ziel der Moralerziehung in diesem Rahmen ist also gleichermaßen auch die Förderung logisch-kausalen Denkens und der Perspektivenübernahme.

Die entwicklungspsychologischen Theorien von Kohlberg und Selman gewannen in den 1970er-Jahren Dominanz gegenüber konkurrierenden entwicklungspsychologischen Theorien (etwa traditionellen lerntheoretischen Ansätzen). Auf der Grundlage ihrer theoretischen Position formulierten Kohlberg Ende der 1960er-Jahre und Selman Anfang der 70er-Jahre ihren pädagogischen Ansatz und entwickelten dabei die Methode der Dilemmadiskussion. Auch die pädagogische Position Kohlbergs stieß auf große Resonanz. So wurden in Deutschland in einigen Schulen Diskussionen moralischer Dilemmata durchgeführt (z.B. in Schulen in NRW).

Die in der Arbeit vorgenommene Differenzierung der drei Kompetenz- bzw. Erziehungsbereiche stützt sich insbesondere auf den strukturgenetisch-konstruktivistischen Ansatz Kohlbergs. Kohlberg unterscheidet zwischen sozialer Kognition und moralischer Urteilsbildung (vgl. z.B. Kohlberg 1995, S. 7; Selman 1984, S. 267f.). Er setzt zudem die moralische Urteilskompetenz ins Verhältnis zum Bereich demokratischer Kompetenz, wobei er von einem engen Zusammenhang beider Kompetenzbereiche ausgeht. Moralerziehung und Demokratieerziehung bedeuteten weitgehend dasselbe und deshalb müsse Moralerziehung im Zentrum der politischen Bildung stehen (vgl. Kohlberg 1975). Im BLK-Programm »Demokratie lernen & leben« wurde im Sinne des strukturgenetisch-konstruktivistischen Ansatzes von Kohlberg ebenfalls zwischen sozialen, moralischen und demokratischen Kompetenzen unterschieden: In ihrem BLK-Gutachten differenzieren Edelstein und Fauser zwischen »assoziierten« (sozialen und moralischen) und »direkten« Indikatoren demokratischer Handlungskompetenz (Edelstein/Fauser 2001).

Ab den 80er-Jahren gewannen dann handlungstheoretische Konzepte an Einfluss. Verschiedene Autoren tragen Kritik an einer einseitigen Orientierung an Kognitionen vor (vgl. Terhart 2005).

Die Geschichte der schulischen Sozialerziehung wurde in Deutschland lange Zeit durch traditionelle lerntheoretische Ansätze geprägt – als Erziehungsmittel standen Lehrervortrag, fragend-entwickelndes Unterrichtsgespräch, Bekräftigung und Vorbildfunktion des Lehrers im Mittelpunkt. Die traditionellen lerntheoretischen Ansätze wurden dann in den 70er-Jahren kognitivistisch weiterentwickelt (vgl. z.B. Theorien der sozialen Informationsverarbeitung), und strukturgenetisch-konstruktivistische Ansätze der Piaget-Tradition gewannen an Bedeutung; kognitive Kompetenzen rückten dadurch ins Blickfeld. Beginnend mit den 80er-Jahren wurde Sozialerziehung auch als Förderung kommunikativer, emotionaler und handlungsstrukturierender Kompetenzen verstanden.

Die Geschichte der Sozialerziehung im internationalen Bereich wurde ebenfalls lange Zeit durch traditionelle lerntheoretische Ansätze geprägt, bevor kognitivistische und handlungstheoretische Perspektiven an Einfluss gewannen.

Die Geschichte der schulischen Moralerziehung in Deutschland bestimmten zunächst Ansätze der Charaktererziehung, die sich auf Wissen, Werteorientierungen und Fertigkeiten beziehen. Wie hinsichtlich der Sozialerziehung waren Lehrervortrag, fragend-entwickelndes Unterrichtsgespräch, Bekräftigung und Vorbildfunktion des Lehrers bedeutsam. In den 70er-Jahren fanden stärker kognitivistische bzw. strukturgenetisch-konstruktivistische Ansätze der Piaget-Tradition – nämlich Werteklärung bzw. Dilemmadiskussion – Resonanz. Ab den 80er-Jahren ist auch eine Orientierung an kommunikativen, emotionalen und handlungsstrukturierenden Kompetenzen festzustellen.

Im internationalen Bereich verlief die Entwicklung der schulischen Moralerziehung ähnlich. In den USA bezeichnet der Begriff »Moral Education« oft an Kohlberg orientierte, strukturgenetisch-konstruktivistische Positionen, der Begriff »Character Education« meistens lerntheoretische bzw. handlungstheoretische Ansätze. Hier gewannen in den letzten Jahren integrative Ansätze an Bedeutung (vgl. Althof/Berkowitz 2006, S. 496ff.).

Im Bereich der schulischen politischen Bildung herrschten in Deutschland zunächst traditionelle Unterrichtsmethoden vor, wobei es eine große Zahl von Ansätzen gab. Mit Sander (2003) kann man drei Typen von Ansätzen unterscheiden: Politische Bildung als »Herrschaftslegitimation«, als »Mission« (Versuch der Besserung der Gesellschaft, der Herstellung von Emanzipation) sowie als Förderung »demokratischer Mündigkeit«. Anfangs dominierten lerntheoretische Ansätze, ab den 70er-Jahren waren Formen der Förderung von Urteilskompetenzen vorherrschend. Ab den 90er-Jahren verstanden verschiedene Autoren politische Bildung als »Demokratie-Lernen« und grenzten Demokratie-Lernen von »Politik-Lernen«, das von der Politikdidaktik betont wird, ab (vgl. z.B. Breit/Schiele 2002; Edelstein/Fauser 2001; Himmelmann 2005). Die von der Politikdidaktik bestimmte Praxis der politischen Bildung in der Schule nahmen sie als zu eng wahr; diese konzentriere sich zu stark auf die Förderung politischer Urteilskompetenz. Nicht-kognitive politische Kompetenzen rückten deshalb ins Blickfeld. Es gab in der Bundesrepublik verschiedene Initiativen, die die Akzente auf nicht-kognitive politische Kompetenzen (insbesondere auf politische Handlungskompetenzen) legten. Zugleich suchten einige Autoren demokratieerzieherische Strategien mit sozial- und moralerzieherischen Strategien zu verknüpfen. Somit konkurrieren gegenwärtig stärker kognitive und stärker handlungsbezogene Formen der politischen Bildung miteinander. An die Stelle des Streits um eine »konservative« oder eine »linke« politische Bildung, der die 1970er-Jahre prägte, trat die Kontroverse um eine kognitive oder eine handlungsbezogene politische Bildung (vgl. Sander 2003; 2005). Auch gibt es unterschiedliche Einschätzungen des Stellenwerts der Sozial- und Moralerziehung.

Ab den 1990er-Jahren kam es zu einem Boom in der Literatur zu Kommunitarismus, Bürgergesellschaft, Zivilgesellschaft und bürgerschaftlichem Engagement. Parallel dazu boomte auch die Literatur zu Demokratieerziehung. Es wurden verschiedene Konzepte und Projekte entwickelt: In Deutschland entstanden – voneinander unabhängig – unter anderem Himmelmanns Konzept des »Demokratie-

Lernens« (vgl. Himmelmann 2005; 2006) und die Projekte »Demokratisch Handeln« (vgl. Beutel/Fauser 2001) sowie »Demokratie lernen & leben« (vgl. Edelstein/Fauser 2001). Den Konzepten und Projekten fehlte zunächst aber noch der internationale Anschluss, der sich in den letzten Jahren besonders durch die Erklärung des Jahres 2005 zum »European Year of Citizenship through Education« durch den Europarat ergeben hat.

In den USA bezeichnet der Begriff »Civic Education« im allgemeinen an Wissensvermittlung orientierte Positionen, der Begriff »Citizenship Education« hingegen handlungsorientierte Ansätze (vgl. Althof/Berkowitz 2006). In den letzten Jahren entstanden hier verschiedene integrative Ansätze. Strategien der Wissensvermittlung in der Klasse und Service-Learning sind die dominierenden demokratieerzieherischen Methoden in den USA (vgl. Althof/Berkowitz 2006, S. 503f.). Das 1987 gegründete Center for Civic Education veröffentlichte 1991 ein »Framework for Citizenship«; 1994 folgten die »National Standards for Civics and Government«. England führte 1990 das nationale Curriculum »Education for Citizenship« ein, das zunächst noch nicht verpflichtend war. 1998 erschien der für die dortige politische Bildung bedeutsame Crick-Report, und 1999 wurde dann ein verpflichtendes Curriculum für Citizenship Education entwickelt. Ab 2002 wurde Citizenship Education von der 1. Klasse (Key Stage 1/2) an bis hin zur 10. Klasse (Key Stage 3/4) eingeführt. In vielen anderen Ländern (z.B. Frankreich, Schweiz, Österreich, Spanien, Australien, Neuseeland, Hongkong) wurden ebenfalls Initiativen ergriffen, Demokratieerziehung in den jeweiligen Schulen zu verankern. Auf internationaler Ebene sind zudem an Demokratieerziehung orientierte Strategiekonzepte des Europarats, der EU und der OECD bedeutsam. Auch wurden international ausgerichtete Organisationen und Netzwerke, wie etwa CIVITAS, Politeia, Civnet, Civiced, Res Publica und DARE, gegründet (vgl. Himmelmann 2006, S. 156).

Der Trend hin zu nicht-kognitiven Kompetenzen bzw. zu einer handlungsorientierten Position zeigt sich auch in der strukturgenetisch-konstruktivistischen Tradition Piagets. Wichtige Weiterentwicklungen der Positionen von Selman und Kohlberg führten jeweils zu einem breiteren Begriff sozialer bzw. moralischer Kompetenz. Im Rahmen der Ansätze von Kohlberg und Selman wird heute nicht nur ein breiter, handlungsbezogener Kompetenzbegriff vertreten, sondern auch – vor allem in Adalbjarnardottirs Programm schulischer Sozialerziehung und Kohlbergs moralpädagogischem Ansatz einer Just-Community-School – ein integratives Konzept von Förderungsstrategien. Zugleich wird die Lebensweltrelevanz der Unterrichtsinhalte betont (z.B. durch die Verwendung alltagsnaher oder selbsterlebter Dilemmata). Die Ansätze erfüllen also wichtige Postulate der heutigen pädagogischen und praxisbezogenen Diskussion.

Im Rahmen seines Ansatzes zur Analyse sozialer Kompetenzen hat Selman den Kompetenzbegriff bald über die Urteilsbildung hinaus erweitert – die kognitivistische Annahme eines engen Zusammenhangs von Urteilen (z.B. Perspektivenübernahme, Freundschaftsverständnis) und Handeln erwies sich als fragwürdig. Selman benennt ab Anfang der 80er-Jahre verschiedene Aspekte sozialer Kompetenz und rückt dabei den Zusammenhang von Perspektivenübernahme und sozialem Handeln ins Blickfeld. Er formuliert ein Modell »interpersonaler Verhandlungsstrategien« (vgl. Tab. 3.2) sowie ein Modell von Strategien zur Herstellung von Intimität (vgl. Tab. 3.3). Hinsichtlich der Verhandlungsstrategien integriert Selman funktionelle und strukturelle Gesichtspunkte sozialen Handelns und berücksichtigt damit auch Aspekte der Theorie der sozialen Informationsverarbeitung. In funktioneller Hinsicht unterscheidet er die Dimensionen »Definition des Problems«, »Entwicklung alternativer Handlungsstrategien«, »Auswahl einer Strategie« und »Evaluation des Ergebnisses« als Schritte der Problemlösung. In struktureller Hinsicht differenziert er zwischen vier Ebenen des Handelns: das »impulsive«, das »unilaterale«, das »reziproke« und das »kollaborative« Handeln.

Einige Jahre vor Selman hatte bereits Keller in Zusammenarbeit mit Reuss (vgl. Keller 1984; Keller/Reuss 1984) ein strukturgenetisch-konstruktivistisches und zugleich handlungstheoretisches Modell verschiedener sozialer Fähigkeiten formuliert. Keller betont im Unterschied zu Selman und im Anschluss vor allem an Habermas auch die Bedeutung kommunikativer Fähigkeiten. Zudem wählt sie im Gegensatz zu Selman den Zusammenhang von sozialer und moralischer Entwicklung als Schwerpunkt der Forschung.

Adalbjarnardottir (vgl. Adalbjarnardottir 1993; 2001) bemühte sich innerhalb des Selman-Ansatzes um die schulische Förderung der Entwicklung interpersonaler Verhandlungsstrategien, die von diesem Ansatz ursprünglich nur im klinischen Kontext vorgenommen wurde. Ihre Position beinhaltet auch ein breites Konzept von Förderungsstrategien sowie die Diskussion alltagsbezogener Dilemmata (vgl. den Abschnitt 5.1).

Kohlberg entwickelte Ende der 70er-Jahre ebenfalls ein Handlungsmodell; auch für Kohlberg erwies sich die kognitivistische Annahme eines engen Zusammenhangs von Urteilen und Handeln als fragwürdig. Verstärkt rückte er Fähigkeiten ins Blickfeld, die für moralisches Handeln – neben dem moralischen Urteilen – notwendige Voraussetzungen sind (vgl. Kohlberg 1984). Eine moralische Persönlichkeit definiert er jetzt zum Beispiel auch durch die Fähigkeit, den moralischen Gehalt von Situationen sensibel wahrzunehmen, die eigenen Handlungsziele an als verbindlich betrachteten moralischen Werten zu orientieren und die geplante Handlung unter Aufbietung von Willensstärke durchzuführen. Er formuliert ein Verlaufsmodell moralischen Handelns (vgl. Abb. 3.3).

Kohlberg legte seinen breiteren Begriff moralischer Kompetenzen dem von ihm Ende der 70er-Jahre entwickelten moralpädagogischen Reformprogramm einer Just-Community-School (»Gerechten Schulgemeinschaft«) zugrunde. Dabei kamen er und seine Mitarbeiter an der Harvard Universität wie Selman und Mitarbeiter zu der Erkenntnis, dass die Methode der Dilemmadiskussion als ausschließliche Strategie der Moralerziehung in der Schule nicht ausreicht. Sie erkannten, dass für die nachhaltige Entwicklung moralischen Urteilens und moralischen Handelns auch die Interaktionen in der Klasse und in der Schule eine entscheidende Rolle spielen; diese gelte es unter pädagogischen Gesichtspunkten zu gestalten. Das Reformpro-

gramm der Gerechten Schulgemeinschaft beinhaltet deshalb eine Vielzahl moralpädagogischer Strategien – im Unterricht (z.B. Dilemmadiskussionen), im Klassenzimmer (z.B. Klassenrat) und außerhalb des Klassenzimmers (z.B. demokratische
Beratung über schulische Angelegenheiten) praktizierte. Insbesondere die gemeinsame Beratung über schulische Angelegenheiten erschien jetzt relevant. Der Ge-
rechtigkeits- und Gemeinschaftssinn der Schüler soll durch die Institutionalisierung
demokratischer Prinzipien (wie etwa Vollversammlungen, gleiches Stimmrecht,
Gewaltenteilung) in der Schule gefördert werden (vgl. die Abschnitte 8.1 und 8.2).

Auch Lerntheorien betonten in den letzten Jahren die Bedeutung von Kognitionen und Handlungen (vgl. Hasselhorn/Gold 2006; Klauer/Leutner 2007; Peter-
mann/Niebank/Scheithauer 2004).

Die Demokratieerziehung erlebte in den letzten drei Jahrzehnten nicht nur auf
nationaler, sondern auch auf internationaler Ebene einen Aufschwung. Was sind die
Gründe dafür? Zum einen lassen sich längerfristig bedeutsame Gründe anführen,
die es erforderlich erscheinen lassen, zukünftig bestimmte, bereits bisher betonte
demokratische Kompetenzen der Schüler stärker als bisher zu fördern und zugleich
andere demokratische Kompetenzen zu fördern. Vor allem auf den rasanten gesellschaftlichen Wandel ist hinzuweisen. Im Rahmen des Projekts des Europarates »E-
ducation for Democratic Citizenship« werden beispielsweise folgende gesellschaftliche Entwicklungstendenzen hervorgehoben (nach Kerr/Losito 2004, S. 9f.):

- Zunehmende ethnische Konflikte und Nationalismus,
- Zunehmende globale Bedrohungen und Unsicherheit,
- Entwicklung neuer Informations- und Kommunikationstechnologien und das
  Konzept lebenslangen Lernens,
- Umweltprobleme,
- Bevölkerungsbewegungen innerhalb nationaler Grenzen und über diese hinweg,
- Auftreten neuer Formen zuvor unterdrückter kollektiver Identitäten,
- Forderungen nach stärkerer persönlicher Autonomie und neuen Formen sozialer
  Gerechtigkeit,
- Schwächung von sozialem Zusammenhalt und Solidarität,
- Auftreten neuer Gemeinschafts- und Protestformen,
- Misstrauen gegenüber traditionellen politischen Institutionen, Regierungsformen
  sowie politischen und gesellschaftlichen Führern,
- Zunahme der politischen, wirtschaftlichen und kulturellen Verknüpfungen und
  der wechselseitiger Abhängigkeit auf regionaler bis internationaler Ebene.

Diese Trends führen zu neuen Unsicherheiten und sozialen Instabilitäten, denen ein
Gegengewicht in Form der Demokratieerziehung entgegengesetzt werden soll.

Ein anderer, aktuellerer Grund für die heutige Bedeutung der Demokratieerziehung ist der entstandene Zwang, das demokratische System aus sich heraus zu legi-
timieren, d.h. ohne Bezug auf ein konkurrierendes System nach dem Zusammen-
bruch des Kommunismus. Das Jahr 1989 löste zwar eine Welle der Demokratisierung aus; für die westlichen Länder brachte dies allerdings die neuartige Belastung

einer »Legitimation ohne Gegner« mit sich. Himmelmann stellt fest: »Fortan war es nicht mehr so einfach möglich, die eigene Legitimation aus dem Dreiklang von Freiheit, Demokratie und Wohlstand zu ziehen und auf das Gegnersystem mit Unfreiheit, Diktatur und Armutsstagnation zu verweisen. Nicht nur die neuen Demokratien mussten sich nach neuen Mustern der Legitimation umsehen, sondern auch die Demokratien der westlichen Industriestaaten. Sie standen ab 1990 unter dem neuartigen Druck der gegnerfreien Selbstlegitimation« (Himmelmann 2006, S. 155).

Die von Kerr und Losito angeführten gesellschaftlichen Entwicklungstendenzen machen zum Teil auch die in den letzten drei Jahrzehnten wachsende Bedeutung schulischer Sozial- und Moralerziehung verständlich. Sie beeinflussten darüber hinaus die Reflexionen über wertebezogene Erziehung und die entsprechende Forschung.

2.2 Sinnvolle Trends in der heutigen deutschen Diskussion

Die in den Abschnitten 1.5 und 1.7 aufgeführten Grundsätze der erziehungswissenschaftlichen Diskussion um eine gute, zukunftsfähige Schule findet man auch in der aktuellen deutschen Literatur zur schulischen Förderung sozialer, moralischer und demokratischer Fähigkeiten und Werteorientierungen. Insgesamt zeichnen sich heute in dieser Literatur vor allem die folgenden sinnvollen Trends ab:

- Die Ziele der Förderung werden als Kompetenzen bestimmt (a).
- Die Lebensweltrelevanz und Zukunftsrelevanz der Inhalte des Lernens werden betont (b).
- Die didaktischen Methoden sind im Allgemeinen entwicklungsabhängig und differentiell angelegt (c).
- Auf die Bedeutung des Schullebens wird hingewiesen (d).
- Die Notwendigkeit der Öffnung der Schule für externe Partnern wird herausgestellt (e).
- Schulautonomie und Qualitätssicherung besitzen einen wichtigen Stellenwert (f).
- Auf die Professionalität von Lehrern und Schulleitern wird Wert gelegt (g).

a) Kompetenzförderung

Die schulische Förderung bestimmen viele Autoren mittlerweile als Kompetenzförderung (vgl. etwa auch die zunehmende Bedeutung von Kompetenzstandards im Rahmen der Demokratieerziehung). Die Ansätze zur Kompetenzförderung zielen auf mehrere Aspekte der Kompetenz; neben kognitiven werden auch kommunikative, emotionale und handlungsstrukturierende Fähigkeiten betont.

Ansätze zur Kompetenzförderung und Präventionsansätze werden zunehmend verzahnt. Die heutigen Ansätze zur schulischen Prävention von Problemverhalten wie Depressionen, starke Ängste, Gewalt und Rechtsextremismus, beinhalten Strategien zur Förderung von Kompetenzen. Bei den Präventionsbemühungen wurde mittlerweile die Beschränkung auf ein spezifisches Problemverhalten überwunden, zugleich wurde die Bedeutung von Kompetenzförderung erkannt. Dies hängt vornehmlich damit zusammen, dass Defizite in den individuellen Kompetenzen als »Risikofaktoren« für Problemverhalten, d.h. als Faktoren, die die Wahrscheinlichkeit des Auftretens einer Störung erhöhen, verstanden werden. Kompetenzen erscheinen zugleich als Mechanismen des Schutzes vor der negativen Wirkung physisch-biologischer, psychischer und sozialer Risikofaktoren (als »Schutzfaktoren«). Schutzfaktoren verringern die Wahrscheinlichkeit des Auftretens von Problemverhalten. Durch die Verzahnung von Prävention und Kompetenzförderung werden auch Präventionsansätze bei der Sichtung und Bewertung von Ansätzen zur Kompetenzförderung relevant. Andererseits zielen verschiedene Ansätze zur Kompetenzförderung auch auf die Prävention von Verhaltensproblemen.

Ein wichtiger Aspekt der Diskussion ist die Frage, inwiefern an die Schulen bestimmte Anforderungen hinsichtlich der sozialen, moralischen und demokratischen Kompetenzen ihrer Schüler zu stellen wären. Es könnten allgemeine »Benchmarks« (Kompetenzstandards) formuliert werden, die Schulen zu erreichen hätten. Dies würde den Druck auf die Schulen erhöhen, Förderungsansätze anzuwenden. Allerdings bestehen in verschiedenen Schulen (zum Beispiel aufgrund unterschiedlicher Einzugsgebiete) bei den Kompetenzen der Schüler sehr unterschiedliche Ausgangspositionen. Es wäre deshalb unfair, Schulen allein im Hinblick auf die Erreichung festgesetzter Kompetenzstandards zu bewerten. Ein Ausweg aus diesem Problem besteht darin, dass einzelne Schulen sich nur mit solchen vergleichen, die ähnliche Ausgangsbedingungen haben wie sie selbst.

b) Lebensweltrelevante und zukunftsrelevante Inhalte des Lernens
Viele Autoren betonen, dass die Inhalte und -materialien der Sozial-, Moral- und Demokratieerziehung lebensweltrelevant sein sollten. Sie sind vor allem aus der Alltagswelt der Schüler zu entnehmen und haben sich an deren Bedürfnissen zu orientieren. Damit könne man die Schüler am ehesten erreichen. Auch seien zukunftsrelevante Inhalte im Unterricht zu behandeln; die Inhalte sollten zukunftsbezogene Lernfelder umfassen. Vor allem Fragen globaler Gerechtigkeit gelten als wichtig.

c) Berücksichtigung individueller Einflussfaktoren
Der Entwicklungsstand der Schüler und individuelle Differenzen in den Lernstilen werden im Rahmen der Sozial-, Moral- und Demokratieerziehung zunehmend in Rechnung gestellt. Die didaktischen Methoden werden also stärker entwicklungspsychologisch und lernpsychologisch fundiert. Dies gilt als wichtige Voraussetzung für den Erfolg der Förderungsbemühungen. Auch die Bedeutung der sozialen Faktoren im Unterricht und des Klassenklimas wird betont. Beachtet werden auch neurodidaktische Positionen.

d) Bedeutung des Schullebens

Bei der Förderung einer oder mehrerer zwischenmenschlicher Fähigkeiten werden neben dem Individuum, dem Unterricht und dem Klassenklima häufig auch Aspekte des Schullebens ins Blickfeld gerückt. Aspekte der Mitgestaltung der Schule haben dabei besonderes Gewicht.

e) Öffnung der Schule

Die sozialen Ursachen für Verhaltensprobleme sind vielgestaltig. Eine überzeugende praktische Antwort auf Verhaltensprobleme setzt insbesondere eine differenzierte Klärung ihrer sozialen Ursachen voraus. Viele Förderungsansätze orientieren sich heute an sozialökologischen Modellen, vor allem am entwicklungspsychologischen Modell Bronfenbrenners. Die Grenzen einer nur schulischen Förderung von Fähigkeiten und Werteorientierungen werden erkannt; nicht nur die Schule (vgl.»Heimlicher Lehrplan der Schule«), sondern auch andere Instanzen (wie etwa Elternhaus, Gleichaltrige und Gemeinwesen/Gesellschaft) beeinflussen die Persönlichkeitsentwicklung. Erzielte positive Effekte schulischer Förderungsmethoden und -programme sind deshalb häufig nicht stabil. Folglich wird auch die Notwendigkeit frühzeitiger Förderung betont.

f) Schulautonomie und Qualitätssicherung

Viele Autoren, die sich mit der Sozial-, Moral- und Demokratieerziehung beschäftigen, weisen auf die Bedeutung von Schulautonomie hin. Die Schulen haben ihre spezifischen Reformideen selbst zu entwickeln. Den einzelnen Schulen sollte beispielsweise bei der Auswahl von Förderungsansätzen Autonomie eingeräumt werden. Dadurch können sie auch besser für die entsprechenden erzieherischen Bemühungen gewonnen werden. Es wird häufig festgehalten, dass man den Schulen keine einheitliche »Gesamtdidaktik« anbieten kann, da sie unterschiedliche Bedürfnisse und Probleme haben. Man sollte ihnen vielmehr ein Repertoire didaktischer Strategien vorlegen und sie entscheiden lassen, was sie für sich selbst als wichtig erachteten, d.h. ihnen Autonomie und Verantwortung einräumen. Darüber hinaus wird auf die Notwendigkeit der Qualitätssicherung hingewiesen. Die Schule sollte die Wirkung erzieherischer Maßnahmen selbst evaluieren. Zugleich sei aber auch eine externe Evaluation der Maßnahmen erforderlich. Auch auf die Relevanz des Schulmanagements bei Schulentwicklungsprozessen wird hingewiesen.

g) Professionalität von Lehrern und Schulleitern

Die Intensivierung der Lehrerfortbildung sei erforderlich – nicht nur um die Lehrkräfte hinsichtlich effektiver Förderungsansätze fortzubilden, sondern auch um ihre zwischenmenschlichen Fähigkeiten (wie zum Beispiel ihre Kooperationsfähigkeit) zu fördern. Damit die Lehrer den Schülern spezifische Fähigkeiten mithilfe bestimmter pädagogischer Methoden vermitteln können, sei es wichtig, dass sie selbst entsprechende Fähigkeiten besitzen. Lehrerkollegien sollten im Rahmen einer Fortbildung dazu angeregt werden, eigene zwischenmenschliche Fähigkeiten auszubilden, zu konsolidieren und anzuwenden. Lehrertrainings, die in den 90er-Jahren verstärkt durchgeführt wurden (vgl. z.B. das »Konstanzer Trainingsmodell« und das »Münchner Lehrertraining«), zielen auf die Förderung von Fähigkeiten der Lehrer. Sie wären in Projekten zur Entwicklung von Fähigkeiten der Schüler zu berücksichtigen. Auch die Professionalität der Schulleiter sei sicherzustellen.

Die meisten Wissenschaftler, die sich in Deutschland speziell mit Fragen der schulischen Sozial-, Moral- und Demokratieerziehung befassen, betonen also die Notwendigkeit einer Kompetenzorientierung. Auch die anderen Grundsätze der heutigen pädagogischen Diskussion um eine gute, zukunftsfähige Schule (nämlich Lebensweltrelevanz und Zukunftsrelevanz der Inhalte, entwicklungspsychologisch und lernpsychologisch fundierte Didaktik, Schulleben, Öffnung der Schule, Schulautonomie/Qualitätssicherung, Professionalisierung des Lehrerberufs) werden auf die drei Erziehungsbereiche angewendet. Beispielsweise stellt Edelstein mit Blick auf die Moralerziehung fest: »Anders als die ethiktheoretische Auseinandersetzung über die »richtige« ethische Theorie muss die Diskussion über moralische Erziehung Plausibilität, Erfolgswahrscheinlichkeit und Angemessenheit ihrer Formen vor dem Hintergrund und im Kontext von Systembedingungen abschätzen, die in verstärktem Maße anomisch sind und individuelle Anomie als psychische Disposition erzeugen. Sie muss überdies die Bedingungen berücksichtigen, die für erfolgreiches Handeln in der Schule allgemein gelten: Entwicklungsabhängigkeit, differentielle Akzeptanz, curriculare Sinnhaftigkeit, Professionalität des Lehrerhandelns und lokale Autonomie der Institution« (Edelstein/Oser/Schuster 2001, S. 27).

Gegenüber den zwei vorhergehenden Jahrzehnten ist in Deutschland seit den 80er-Jahren eine Verbreiterung des Angebots an Ansätzen zur schulischen Sozial-, Moral- und Demokratieerziehung festzustellen. Hier stehen gegenwärtig verschiedene Strategien und Programme zur Verfügung. Bei der deutschen Literatur zu schulischen Ansätzen der Förderung sozialer, moralischer und demokratischer Fähigkeiten und Werteorientierungen lassen sich vier Gruppen unterscheiden:

- Literatur zu einer bestimmten Förderungsstrategie (z.B. zu Mediation, Diskussion moralischer Dilemmata) bzw. Literatur zur Förderung einer bestimmten Fähigkeit (z.B. zu Förderung von Kooperationsfähigkeit, moralischer Urteilsfähigkeit);
- Literatur zu Programmen der Förderung;
- Literatur zu Präventions- bzw. Therapieprogrammen;
- Literatur zu einem Erziehungsbereich (d.h. Überblicke über Sozialerziehung, Moralerziehung oder Demokratieerziehung/Politische Bildung; Überblicke über Kompetenzförderung bzw. Prävention).

Verschiedene Strategien und Programme zur Förderung von Fähigkeiten und Werteorientierungen wurden entwickelt. Präventionsansätze hingegen sollen vor allem das Auftreten von Problemverhalten verhindern, wobei es etwa Programme zur Prävention von Ängsten, Depressionen, Drogenkonsum, Gewalt und Rechtsextremismus gibt. Die heutigen Präventionsansätze beinhalten dabei auch Ansätze zur Förderung von Fähigkeiten und Werteorientierungen. Präventionsansätze kann man neben den Persönlichkeitsaspekten auch nach den Zielgruppen differenzieren; unterschieden wird von vielen Autoren zwischen »universeller«, »selektiver« und »indikativer« Prävention. Universelle Prävention umfasst Bemühungen, der Entstehung einer Störung vorzubeugen, wobei sich diese Bemühungen auf alle Personen richten. Selektive Prävention zielt auf Personen mit Risikofaktoren; die Wahrscheinlichkeit des Auftretens einer Störung bei diesem Personenkreis soll verringert werden. Indikative Prävention beinhaltet Maßnahmen, eine bereits (in geringer Ausprägung) eingetretene Störung zu korrigieren, um weitere Folgen dieser Störung für das Individuum zu vermeiden. Die Grenzen zwischen selektiven und indikativen Präventionsansätzen einerseits und Therapieansätzen andererseits sind fließend. Die vor allem früher vorgenommene Differenzierung zwischen »primärer«, »sekundärer« und »tertiärer« Prävention zielt auf ähnliche Aspekte. Ansätze zu selektiver und indikativer Prävention sowie Therapieansätze werden in dieser Arbeit ausgeklammert, da sie sich nicht an alle Schüler richten und somit von den Lehrkräften in der Klasse nicht angewendet werden können.

Bezüglich Förderungsstrategien gibt es insbesondere Übersichten über Rollenspiele, Mediation, kooperatives Lernen, Projektunterricht, Diskussion moralischer Dilemmata, Werteklärung, Formen politischer Kommunikation, Partizipation, Training der Zivilcourage und Service-Learning. Zudem enthalten einige Arbeiten unterschiedliche Methoden zur Förderung einzelner Fähigkeiten (z.B. Methoden zur Entwicklung von Konfliktfähigkeit, Kooperationsfähigkeit, moralischer Urteilsfähigkeit, politischer Urteilsfähigkeit oder Partizipationsfähigkeit).

Verschiedene Förderungsprogramme wurden formuliert. Dabei standen Programme zur Förderung von »Lebenskompetenzen« (Life Skills) im Zentrum. Die Bundeszentrale für gesundheitliche Aufklärung (2005) nennt 25 deutsche »Lebenskompetenzprogramme«, für die Evaluationsergebnisse vorliegen; die meisten Programme beziehen sich auf die Schule. Die Lebenskompetenzprogramme wurden fast alle in den 90er-Jahren entwickelt.

Bei Präventionsprogrammen werden allgemeine und spezifische Risiko- und Schutzfaktoren unterschieden. Ansätze der Kompetenzförderung stellen dabei einen gemeinsamen Kern heutiger Präventionsansätze dar; die Lebenskompetenzprogramme etwa wurden auch für Suchtprävention, Prävention von Angst, Depression und Gewalt nutzbar gemacht (vgl. Tab. 2.1). Kompetenzen gelten als Schutzfaktoren.

Risikoverhaltensweise	Allgemeine Präventionsinhalte	Spezifische Präventionsinhalte
Substanzmissbrauch	Selbstkonzept, Kommunikation, soziale Kontakte, Problemlösung, Freizeitgestaltung, kritisches Denken, Gefühlsbewältigung, Stressbewältigung	Standfestigkeit, Wissen über Wirkung und Folgen von Substanzkonsum und Prävalenzen, Einstellung
Essstörungen	Identität/Selbstkonzept, realistische Vorbilder suchen, kritisches Denken, Selbstsicherheit, Entscheidungen treffen, Stressmanagement, Konfliktlösung, Körperbild, Selbstbewertung, Selbstakzeptanz, Kommunikation	Informationen zu normalem Verlauf von Körperentwicklung, Hunger, Energie, Ernährung, Diskussion über Schlankheitsideal
Straßenverkehr	Selbstsicherheit, Konfliktlösung, Gefühlsbewältigung, Empathie, Kommunikation, Stressbewältigung	Hinterfragen der männlichen Geschlechtsrolle, verkehrsverhaltensbezogenes Risikobewusstsein und Selbstsicherheit
Sexualverhalten	Sexualerziehung: Werteklärung, Selbstwahrnehmung, kritisches Denken, Entscheidungen treffen, Kommunikation, Selbstsicherheit, Zielsetzung HIV: Soziale Fertigkeiten, Kommunikation, Selbstsicherheit, Selbstwirksamkeit Sexueller Missbrauch: Selbstsicherheit, Gefühlswahrnehmung, kritisches Denken, Suche nach Hilfe, Problemlösung	Risikowahrnehmung (AIDS, Schwangerschaft), Hilfe in Anspruch nehmen, Wissen über Verhütung Wissen über AIDS, Übertragung, Verhütung Nein zu Übergriffen sagen, Wissen über eigene Rechte
Depression/Angst	Zielklärung, Entscheidungen treffen, Selbstsicherheit, Stressbewältigung	Depressive Denkstile bearbeiten, Informationen zu Angst, Selbstkonfrontation, Techniken zur Veränderung kognitiver Verzerrungen
Suizid	Kommunikation, Problemlösung, Gefühlsbewältigung, Stressbewältigung, Zielsetzung, Soziale Kontakte	Anzeichen von Suizidabsicht erkennen, Hilfesysteme kennenlernen
Gewalt	Soziale Fertigkeiten, Problemlösen, prosoziales Verhalten, Empathie, Impulskontrolle, Umgang mit Ärger und Wut, Selbstkontrolle, Erkennen und Interpretieren von Gefühlen, Selbstbehauptung, differenzierte soziale Wahrnehmung, Kooperation, kritisches Denken	Wissen, Einstellung, gegenseitiges Kennenlernen von Deutschen und Ausländern, Erleben von Diskriminierung, Analyse von Gruppenprozessen, Förderung der moralischen Entwicklung

Tab. 2.1: *Prävention von Risikoverhalten: Inhalte von verhaltensorientierten Programmen (modifiziert nach Reese/Silbereisen 2001, S. 152)*

Theorie	Kurzcharakteristik	Konsequenzen für die Prävention
Triebtheorien	Aggression wird auf spontane Impulse im menschlichen Organismus zurückgeführt	aggressive Impulse kanalisieren, Ausleben emotionaler Spannungszustände ermöglichen, Raum für Aktivitätsbedürfnisse geben
Frustrationstheorien	Aggression entsteht reaktiv durch Frustration	Verbalisierung von Ärgergefühlen, Veränderung der Interpretationsweisen, Entwicklung von Frustrationstoleranz und Affektkontrolle, Entspannungsübungen
Lerntheorien	Aggression beruht auf Lernvorgängen	Kritik an aggressiven Modellen, erwünschtes Verhalten bekräftigen, unerwünschtes hemmen, Erlernung alternativer, prosozialer Verhaltensweisen
Kognitive Motivationstheorie	Aggression als Folge der Interaktion von Person und Situation bzw. eines Aggressionsmotivs	Motive und Verlauf der Aggression rekonstruieren, für die Folgen von Aggression sensibilisieren
Psychoanalytische Theorien	Aggression als Ausdruck komplizierter Störungen der gesamten Persönlichkeit (z.B. Traumatisierungen in der Kindheit)	Erkennen der verborgenen Ängste, Einzelfallhilfe leisten, Vertrauen und Gefühl der Geborgenheit schaffen, Anerkennung fördern, Selbstwertverletzungen vermeiden
Soziobiologische Theorien	Aggression als Folge biologischer Vorgänge im Organismus	keine
Anomietheorie	Abweichendes Verhalten entsteht durch »Anpassung« an die widersprüchlichen kulturellen Ziele und sozialstrukturellen Verhältnisse	Verbesserung der Lebensumstände, Abbau sozialer Ungleichheiten, gerechte Chancenstrukturen, Förderung besonders für Benachteiligte
Subkulturtheorie	Abweichendes Verhalten als »Anpassung« an Anforderungen der Gesamtkultur und Subkultur	Herauslösen aus antisozialen Gruppen, alternative Integrationsangebote
Theorien differenzierten Lernens	Abweichendes Verhalten wird in Abhängigkeit von Bezugspersonen und Situationen erlernt	Einfluss negativer Lernmodelle reduzieren, positive Lernmodelle (Vorbilder) fördern
Etikettierungstheorien	Abweichendes Verhalten entsteht durch gesellschaftliche Definitions- und Zuschreibungsprozesse	Vermeidung von Etikettierungen, Verstärkung der positiven Seiten der Persönlichkeit
Entwicklungspsychologische Ansätze	Aggression ist abhängig vom kognitiven, moralischen und psychosozialen Entwicklungsstand	gezielte Förderung der soziomoralischen Entwicklung von Kindern und Jugendlichen durch Schule und Jugendarbeit

Theorie	Kurzcharakteristik	Konsequenzen für die Prävention
Entschei-dungstheorie	Aggression als Entscheidung für den Gebrauch von Zwangsgewalt	Erlernen von alternativen Formen der Konfliktlösung
Schulbezo-gener psy-choanalyti-scher Ansatz	Gewalt als Folge gescheiterter schulischer Anerkennung	Identitäts- und Selbstwertentwicklung der Schüler fördern, z.B. durch Gestaltung positiver Interaktionsbeziehungen
Individuali-sierungs-theorie	Gewalt als Folge von Modernisie-rungsprozessen und damit ver-bundenen Erfahrungen von Des-integration und Verunsicherung	Schattenseiten von Individualisierung abfedern, Beratung und Hilfe, Mitspra-che und Partizipation fördern, solidari-sche Erfahrungen und soziale Integra-tion ermöglichen
Schulbezo-gener An-omieansatz	Gewalt als Folge der anomischen Struktur der Schule	Stärkung des Sozialen in der Schule, Schule als positiver sozio-emotionaler Raum
Handlungs-theorie	Devianz als soziales Handeln, um Mangellagen zu verarbeiten	demokratischen Umgang mit Jugendli-chen fördern, auf Macht verzichten
Selbstkon-trollansatz	Delinquenz als Folge mangelnder Selbstkontrolle	Förderung der Selbstkontrolle in Fami-lie und Schule durch soziale Kontrolle
Materialis-tisch-interaktionis-tischer An-satz	Delinquenz als eine Folge von durch Macht beeinflusster Zu-schreibung	Vermeidung von Etikettierung, Förde-rung sozial Benachteiligter
Zwei-Komponen-ten-Modell	Aggression als Form der Bewälti-gung von Stress	Entwicklung von Kompetenzen zur (Selbst)-Reflexion und friedfertigen Konfliktlösung
Ge-schlechtsspe-zifische An-sätze	Gewalt als Form männlicher Le-bensbewältigung und als »gelebte Männlichkeit«	Abbau patriarchalischer Strukturen, Kri-tik herrschender »Männerbilder«, ge-schlechtsreflektierende pädagogische Arbeit
Sozialisa-tionstheore-tischer An-satz	Gewalt als Form »produktiver Re-alitätsverarbeitung«, Nichtanpas-sung von Kompetenzen und ge-sellschaftlicher Anforderungen	Verbesserung der Lebensbedingungen, Entwicklung sozialer Handlungskompe-tenzen, Schule als sozial-emotionalen Erfahrungsraum gestalten
Schulbezo-gener sozial-ökologischer Ansatz	Gewalt als Verarbeitungsform der Beziehungen zwischen schuli-scher Umwelt und Schüler	Gerechte Chancenstruktur, Entwick-lung von Schulqualität, von Schul- und Lernkultur, Schulentwicklung als per-manenter Prozess

Tab. 2.2:   Theorien zu Gewalt und Konsequenzen für die Gewaltprävention (Schubarth 2000, S. 64f.)

Verschiedene Präventionsansätze zielen unmittelbar auf die Veränderung individueller Verhaltensweisen (»Verhaltensprävention«). Andere Präventionsansätze hingegen richten sich auf die Veränderung sozialer bzw. gesellschaftlicher Einflussfaktoren (»Verhältnisprävention«).

Die schulischen Präventionsanstrengungen in Deutschland konzentrieren sich heute auf die universelle Prävention und dabei insbesondere auf zwei Bereiche – Prävention von Gewalt an Schulen und Prävention von Rechtsextremismus.

Die Kultusministerkonferenz (KMK) hat im Jahre 2002 die Bundesländer vor dem Hintergrund der Ereignisse von Erfurt aufgefordert, ihre Bemühungen um die Prävention von Gewalt an Schulen zu verstärken und sich über Ziele und Wirkungen bereits laufender Maßnahmen zu verständigen (Kultusministerkonferenz 2002). In den 90er-Jahren wurde »Gewalt an Schulen« zu einem zentralen Forschungsthema. Im Zusammenhang damit wurden auch verschiedene Präventionsprogramme entwickelt. Schubarth (vgl. Schubarth 2000; Schubarth/Ackermann 2000) sowie Melzer, Schubarth und Ehninger (2004) haben die Forschungsbemühungen und die pädagogischen Bemühungen differenziert aufgearbeitet. Wichtige psychologische, soziologische und politologische Theorien, die der Forschung zur Gewalt an Schulen zugrunde liegen, und daraus abgeleitete Maßnahmen der Gewaltprävention fasst Schubarth wie in Tab. 2.2 dargestellt zusammen.

Schubarth und Kollegen zeigen, dass nur wenige der aufgeführten Theorien in Präventionsprogramme Eingang fanden. Melzer, Schubarth und Ehninger (2004) identifizieren 28, vorwiegend deutschsprachige Präventionsprogramme für die Schulen, wobei sie zwischen Programmen für Schüler, Programmen für Lehrer, institutionenbezogenen Programmen und systembezogenen Programmen unterscheiden. Als Präventionsansätze für Schüler werden folgende genannt: Anti-Stress-Training, Coolness-Training, der Ansatz von Lerchenmüller (»Soziales Lernen«), Streitschlichter-Programme, Gordons Konflikttraining, Sozialtraining in der Schule von der Gruppe um Petermann, Trainingsprogramm für aggressive Kinder (ebenfalls von der Gruppe um Petermann), Fit for Life, Erwachsen werden, Faustlos, Eigenständig werden, Prävention im Team (PIT), Konzepte zur Förderung der Moralentwicklung, geschlechtsspezifische Ansätze, Konzepte interkulturellen Lernens, Eine Welt der Vielfalt und Betzavta. Als Programme für Lehrer werden das Konstanzer Trainingsmodell (KTM) sowie das Konzept einer »Schulinternen Lehrerfortbildung zur Gewaltprävention« (SchiLF) aufgeführt. Als institutionenbezogene Programme werden genannt: das Konzept »Erziehende Schule«, das Programm von Olweus, das Konzept »Lebenswelt Schule«, das Interventionsprogramm an Hauptschulen und Schulsozialarbeit. Als systembezogene Programme, die gleichermaßen auf Schüler, Lehrkräfte, Klasse und institutionenbezogene Aspekte zielen, werden aufgeführt: Schirps Konzept »Gestaltung-Öffnung-Reflexion«, »Community Education«, Netzwerkarbeit in der Gewaltprävention und Mobile Präventionsteams.

Die Bundeszentrale für gesundheitliche Aufklärung (2005) nennt sechs in Evaluationsstudien positiv bewertete deutsche Lebenskompetenzprogramme, die Gewaltprävention in den Schule zum Ziel haben: Sozialtraining in der Schule von der Gruppe um Petermann, Verhaltenstraining für Schulanfänger (ebenfalls von der Gruppe um Petermann), Fit und Stark fürs Leben, Eigenständig werden, Faustlos, Prävention im Team (PIT) sowie Komm, wir finden eine Lösung.

Schubarth und Kollegen weisen nach, dass in den Programmen zur Gewaltprävention die Förderung sozialer Fähigkeiten (besonders der Perspektivenübernahme, kommunikativer Fähigkeiten und emotionaler Fähigkeiten) ein zentraler Bestandteil ist (vgl. z.B. Schubarth 2000, S. 161).

Während Schubarth und Kollegen in ihren Überblicksarbeiten angelsächsische Ansätze zur Gewaltprävention weitgehend ausklammern, stellen Schick und Ott (2002) diese Ansätze in den Mittelpunkt. Sie informieren etwa über »Promoting Alternative Thinking Strategies« (PATHS), »Second Step«, »Improving Social Awareness – Social Problem Solving« und »Social Problem Solving Training«.

In Deutschland wurden in den letzten Jahren neben Formen schulischer Gewalt Phänomene des Rechtsextremismus an Schulen intensiv untersucht, und es wurden einige Programme zur schulischen Prävention von Rechtsextremismus entwickelt. Dabei hatten soziologische und politologische Ansätze eine stärkere Bedeutung als bei der Forschung zur Gewalt an Schulen und bei den Maßnahmen zur Gewaltprävention; psychologische Ansätze hatten hingegen weniger Bedeutung. Drei Ansätze besaßen besonderen Einfluss: psychologische Theorien des autoritären Charakters, soziologische Individualisierungstheorien und politologische Kultur-Ansätze. Theorien des autoritären Charakters begreifen Rechtsextremismus hauptsächlich als Ausagieren eigener Aggressionen gegenüber Schwächeren und führen die aggressiven Handlungsmuster auf frühe Sozialisationserfahrungen zurück. Konsequenzen für die schulische Prävention bestehen darin, Aggressionen und eigene Ängste zu identifizieren, das Selbstwertgefühl zu stärken und Strategien der gewaltfreien Konfliktlösung zu erlernen. Individualisierungstheorien verstehen Rechtsextremismus als Folge von gesellschaftlichen Modernisierungsprozessen (z.B. der Auflösung sozialer Milieus), die zu Unsicherheits- und Ohnmachtserfahrungen bei den Individuen führen. Deshalb ist es eine zentrale Aufgabe der Schulen, gemeinschaftsstiftende, solidarische Erfahrungen zu ermöglichen. Kultur-Ansätze gehen davon aus, dass in gesellschaftlichen Krisensituationen autoritäre Deutungsmuster reaktiviert werden. Empfohlen wird insbesondere eine Intensivierung der politischen Bildung im Sinne von Wissensvermittlung. Schubarth und Stöss fassen diese und weitere wichtige, integrative Ansätze zusammen (vgl. Schubarth/Stöss 2000). Wiederum fanden nur wenige der Theorien Eingang in schulische Förderungsansätze, nämlich hauptsächlich nur politologische Theorien (Kultur-Ansätze).

Die präventiven Maßnahmen gegen Rechtsextremismus erstrecken sich dabei nicht nur auf die bildungspolitische (schulische) Ebene, sondern umfassen auch polizeiliche und justitielle Maßnahmen sowie Aktivitäten der Familien-, Kultur- und Medienpolitik. Solche präventiven Maßnahmen beinhaltet zum Beispiel das »Bündnis für Demokratie und Toleranz – gegen Extremismus und Gewalt« sowie das Aktionsprogramm »Jugend für Toleranz und Demokratie – gegen Rechtsextremismus, Fremdenfeindlichkeit und Antisemitismus«, das Teil des Bündnisses für Demokratie und Toleranz ist und XENOS, ENTIMON und CIVITAS umfasst. 2007 startete das Nachfolgeprogramm »Jugend für Vielfalt, Toleranz und Demokratie«.

In den letzten Jahren entstanden auch einige Programme zur schulischen Prävention internalisierender Verhaltensstörungen, wie etwa starke Angst und Depressionen (vgl. Beelmann 2006; Heinrichs/Soßmann/Hahlweg/Perrez 2002; Pössel/Hautzinger 2003). Die Notwendigkeit der Anwendung solcher Präventionsprogramme wird zunehmend erkannt. Pössel und Hautzinger nahmen eine Zusammenstellung wichtiger nationaler und internationaler Programme zur schulischen Prävention von Depressionen bei Kindern und Jugendlichen vor (vgl. Pössel/Hautzinger 2003, S. 157; vgl. auch BZgA 2005).

Überblicksarbeiten gibt es zur schulischen Sozial-, Moral- und Demokratieerziehung, also zur schulischen Förderung sozialer Fähigkeiten und Werteorientierungen, zur schulischen Förderung moralischer Fähigkeiten und Werteorientierungen sowie zur schulischen Förderung demokratischer Fähigkeiten und Werteorientierungen.

Hinsichtlich der schulischen Förderung sozialer Fähigkeiten und Werteorientierungen gibt es in Deutschland nur wenige Überblicksarbeiten. Eine Ausnahme stellt die Arbeit von G. Keller und Hafner (1999) dar. G. Keller und Hafner führen vor allem folgende Strategien der sozialen Erziehung an: Vorbildliches Verhalten des Lehrers, Festlegung von Klassenregeln, Normverdeutlichung und Grenzziehung durch den Lehrer, Verweis auf Konsequenzen von Handlungen, humane Kommunikation, Streitschlichtung, Übertragung von Verantwortung, schüleraktiver Unterricht, Lernförderung sowie Konsens der Lehrer über zentrale Erziehungsziele und Methoden. Kowalczyk und Ottich (2004) geben ebenfalls einen Überblick über Förderungsmöglichkeiten in der Schule. Dieser Überblick leitet eine Reihe von Materialbänden ein, die folgende Themenfelder behandeln: »Selbstkontrolle und Selbstdisziplin«, »Konflikte bearbeiten und lösen«, »Zusammenarbeit in der Gruppe und Bewältigung von Krisen«, »Gegen Gewalt in der Schule angehen«, »Respektvoll miteinander umgehen« sowie »Schulschwänzen«. Wolfgang Roth (2006) gibt aus humanistischer Perspektive einen Überblick über die Sozialerziehung.

Eine Anzahl von Überblicksarbeiten gibt es zur schulischen Förderung moralischer Fähigkeiten und Werteorientierungen. Über Moralerziehung in der Schule informieren insbesondere Adam und Schweitzer (1996), Edelstein, Oser und Schuster (2001), Lind (2003), Oser und Althof (1992), Standop (2005) sowie Uhl (1996). In diesen Überblicksarbeiten findet sich ein gemeinsamer Kern bei den Ansätzen: Charaktererziehung, Werteklärung, Dilemmadiskussion und Gerechte Schulgemeinschaft werden in allen Arbeiten diskutiert. Ansonsten unterscheiden sich die Überblicke hinsichtlich der diskutierten Förderungsansätze – in einigen Arbeiten werden zusätzlich Ansätze diskutiert, die auf die Förderung moralischer Kognitionen zielen, in anderen Arbeiten Ansätze, die an nicht-kognitiven Moralaspekten ansetzen: In ihrem Lehrbuch der Moralerziehung stellen Oser und Althof zusätzlich »Life Line« vor. Das Buch von Edelstein, Oser und Schuster informiert auch über »öffentliche

Wertklärung« (Brezinka), »Wertanalyse« (Hall), »Diskurspädagogik« (Oser)« und Lernen am außergewöhnlichen Modell« (Puka). Uhl hingegen stellt neben den vier in allen Arbeiten dargestellten Ansätzen die Förderung von Wissen und Einsicht, von Einfühlungsvermögen, von Gefühlsgrundlagen des Handelns, die Lenkung des Handelns durch Kontrolle und Sanktionen, die Bereitstellung moralischer Handlungsmuster (vorbildliches Verhalten einer erwachsenen Person) und die Unterstützung der Habitualisierung moralischer Handlungsweisen als weitere wichtige Strategien der Moralerziehung vor.

Hinsichtlich der schulischen Förderung demokratischer Fähigkeiten und Werteorientierungen findet man in Deutschland ebenfalls eine größere Zahl von Überblicksarbeiten (vgl. z.B. Detjen 2007; Gagel 2000; Grammes 1998; Himmelmann 2005; Reinhardt 2005; Reinhardt/Richter 2007; Sander 2007; Sliwka 2001). Vor allem Himmelmann (2005) und Sliwka (2001) rezipieren auch die angelsächsische Literatur. Detjen (2007), Gagel (1994) und Sander (2003) arbeiten die Geschichte der politischen Bildung im deutschen Raum differenziert auf.

2.3 Beschränkungen der Diskussion

Bisher wurden insgesamt nur eher wenige neue Förderungsansätze entwickelt und viele vorliegende deutsche Ansätze sind nicht bekannt. Zudem sind praxisverändernde Reformanstrengungen eher selten; viele der vorliegenden deutschen Ansätze wurden bisher nicht umgesetzt, sodass auch Evaluationsstudien zu den Ansätzen weitgehend fehlen:

- Nur wenige vorliegende Strategien zur Förderung einzelner Fähigkeiten oder Werteorientierungen wurden in der Schulpraxis angewendet.
- Auch Programme wurden in unzureichendem Maße in die Praxis umgesetzt, dies gilt auch für Lebenskompetenzprogramme.
- Programme zur Gewaltprävention sind in den Schulen nur selten angewendet worden (vgl. Melzer/Schubarth/Ehninger 2004). Fast alle internationalen Ansätze wurden noch nicht für den deutschsprachigen Raum fruchtbar gemacht. Eine Ausnahme ist »Second Step«, das dem Programm »Faustlos« zugrunde liegt. Praktisch erprobt in den Schulen wurden von den Programmen zur Prävention von Rechtsextremismus im Wesentlichen nur solche Ansätze, die auf politologischen Theorien gründen (vgl. auch Hormel/Scherr 2005). Vorliegende Ansätze zur schulischen Prävention internalisierender Verhaltensstörungen wurden ebenfalls nur selten in den Schulen angewendet (vgl. BZgA 2005; Heinrichs/-Soßmann/Hahlweg/Perrez 2002; Pössel/Hautzinger 2003).

Praxisverändernde Reformbemühungen in den Schulen konzentrieren sich (vor allem angesichts von TIMSS, PISA und IGLU) auf die mathematischen, naturwissenschaftlichen und sprachlichen Fähigkeiten. Zudem erfordern Förderungsanstrengungen hinsichtlich der sozialen, moralischen und demokratischen Fähigkeiten meistens großen finanziellen Aufwand. Die Handelnden sind auch mit dem Widerstand von Eltern und Lehrkräften sowie der Schulbürokratie konfrontiert, deren eigene Wertüberzeugungen den in den Programmen zum Ausdruck kommenden Werten teilweise widersprechen. Aufseiten der Schulbürokratie und auch bei vielen Eltern und Lehrkräften ist die Befürchtung verbreitet, dass für den Unterrichtsauftrag der Schule Zeit verloren geht. Des Weiteren gelten viele der angebotenen didaktischen Ansätze als theoretisch wenig überzeugend und als praktisch wenig effektiv. Auch ist festzuhalten, dass Schulbürokratie, Eltern und Lehrer über vorliegende Förderungsstrategien und -programme nicht hinreichend informiert sind.

Im Folgenden nehme ich eine kritische Bewertung der dargestellten deutschen Literatur zu Förderungsansätzen bzw. der Diskussion über diese Förderungsansätze vor und skizziere die eigene Position. In der hiesigen Literatur zur Förderung von Fähigkeiten bzw. zur Prävention von Verhaltensproblemen und in den Überblicksarbeiten zu den drei Erziehungsbereichen gibt es – neben unzureichender Entwicklung neuer Ansätze, ungenügender Bekanntheit und mangelnder Umsetzung vorliegender deutscher Ansätze – grundlegende Beschränkungen, die zu beseitigen sind. Wichtig ist vor allem die Systematisierung von Kompetenzen der zwischenmenschlichen Interaktion (a), die Verknüpfung der drei Erziehungsbereiche (b), die intensivere Rezeption neuerer internationaler Methoden und Programme (c), die stärkere Berücksichtigung strukturgenetisch-konstruktivistischer Positionen der Piaget-Tradition (d) sowie die Entwicklung eines integrativen Programms für die Lehrerbildung (e).

a) Fehlende Systematisierung von Kompetenzen der zwischenmenschlichen Interaktion

Die meisten heutigen Förderungsansätze beziehen sich auf Kompetenzen. Bisher fehlt aber eine differenziert angelegte und zugleich überschaubare Systematisierung von Kompetenzen des sozialen, moralischen und demokratischen Bereichs. Auch kommen bei den vorliegenden Systematisierungen für einen Bereich wichtige Kompetenzen nicht in den Blick. Eine alles erfassende Bestimmung von Kompetenzen ist natürlich nicht möglich.

Oft wird zwischen Kompetenzen und Fähigkeiten sowie zwischen Kompetenzen, Sachwissen, Werteorientierungen und Fertigkeiten nicht unterschieden. Der Kompetenzbegriff wird sehr weit gefasst; Sachwissen, Werteorientierungen und Fertigkeiten etwa werden als Kompetenzen bezeichnet. Den Begriff der sozialen Kompetenz fassen viele Autoren häufig ebenfalls sehr weit und bestimmen ihn auch durch Aspekte moralischer und demokratischer Kompetenz. Auch der Begriff der Demokratiekompetenz wird von manchen sehr breit angelegt (vgl. verschiedene Vertreter des Demokratie-Lernens). Einige Autoren differenzieren lediglich zwischen sozialem und politischem Lernen. So versteht der Politikdidaktiker Sander soziales Lernen und politische Bildung als »zwei verschiedene Aufgaben der Schule: »Soziales Lernen findet in Face-to-face-Interaktionen statt und bezieht sich auf Handlungskompetenzen in solchen Interaktionen. Politische Bildung befasst sich mit Fragen des gesamt- und zwischengesellschaftlichen Zusammenlebens, also mit Politik im weiteren Sinne. Hier muss es ein eigenes Fach geben, solange die Schule nach Fächern strukturiert ist, aber politische Fragen spielen selbstverständlich auch in anderen Fächer eine wichtige Rolle und selbstverständlich ist auch die Schule als Institution ein Feld politischer Bildung, wenn und insofern ihre institutionellen Strukturen unter politischen Aspekten Gegenstand des Lernens werden« (Sander 2007b, S. 83). Zusätzlich ist aber hinsichtlich der Face-to-face-Interaktionen die Differenzierung zwischen sozialem und moralischem Lernen sinnvoll.

Ich vertrete zusätzlich zu einem kompetenztheoretischen Ansatz einen handlungstheoretischen Ansatz und knüpfe dabei an verschiedene handlungstheoretische Positionen in Pädagogik, Psychologie und Soziologie an. Die einzelnen Aspekte sozialer, moralischer und demokratischer Kompetenz werden jeweils im Rahmen einer Handlungstheorie integriert. Kompetenzen werden also als handlungsbezogene Fähigkeiten und nicht bloß als kognitive Fähigkeiten verstanden; kognitive, kommunikative und emotionale Fähigkeiten sind auf das Handeln hin ausgerichtet. Darüber hinaus ist zu klären, wie die Entwicklung der einzelnen Kompetenzen eines Kompetenzbereichs (sozialer, moralischer, demokratischer Bereich) jeweils verläuft, und wie die verschiedenen Entwicklungsdimensionen eines Bereichs sowie die Bereiche selbst zusammenhängen – für die einzelnen Kompetenzen werden, allerdings nur in den Grundzügen, schulstufenbezogene Kompetenzstandards (Kompetenzniveaus) formuliert. Hinsichtlich der Kompetenzentwicklung gehe ich vor allem von kontextspezifischen Entwicklungssequenzen aus und betone die Bedeutung einsichtigen, konstruktiven Lernens.

b) Verknüpfung der drei Erziehungsbereiche als unbewältigte Aufgabe
Eine differenzierte Verknüpfung der drei Erziehungsbereiche (Sozial-, Moral- und Demokratieerziehung) findet man in der deutschsprachigen Literatur nicht. Soziale Kompetenzen (z.B. entwickelte Perspektivenübernahme und Kooperationsfähigkeit) sind Voraussetzungen moralischer Kompetenzen. Moralerziehung erfordert somit auch die Förderung sozialer Kompetenzen. Soziale und moralische Kompetenzen stellen wichtige Voraussetzungen für Demokratiekompetenz dar. »Demokratiekompetenz« ist also ein integratives Konzept, und Demokratieerziehung verlangt auch Sozial- und Moralerziehung. Da soziale Kompetenzen Voraussetzungen moralischer Kompetenzen sind und soziale und moralische Kompetenzen Voraussetzungen demokratischer Kompetenzen darstellen, haben Förderungsmaßnahmen in einem Erziehungsbereich Folgen in einem anderen Erziehungsbereich. Somit ist es beispielsweise legitim, kooperatives Lernen, Projektunterricht und Mediation als Methoden der Demokratieerziehung einzusetzen, wie es im BLK-Programm »Demokratie lernen & leben« geschah. Allerdings sollten jeweils auch Strategien angewendet werden, die die spezifischen Aspekte eines Bereichs fördern. So sind etwa bezüglich der Demokratieerziehung Strategien zur Entwicklung spezifisch politischer Kompetenzen zentral, wie zum Beispiel die Erörterung politischer Fragen.

Sofern in den didaktischen Ansätzen zu einem Erziehungsbereich und in den Überblicksarbeiten verschiedene Förderungsstrategien kombiniert werden, unterbleibt in der Regel die Verknüpfung dieser Strategien (z.B. Dilemmadiskussion im Kontext von Mediation). Solche Formen der Verknüpfung findet man auch außerhalb Deutschlands selten.

c) Vernachlässigung neuerer internationaler Förderungsansätze

Die meisten Förderungsansätze zu einem Erziehungsbereich sind entwicklungspsychologisch und lernpsychologisch fundiert und stellen lebensweltrelevante Themen ins Zentrum. Aber vor allem neuere internationale Förderungsangebote werden in Deutschland nicht hinreichend rezipiert, ebenso internationale Formulierungen von Gütekriterien und Evaluationsergebnisse zu den Förderungsangeboten.

Vor dem Hintergrund beträchtlicher Probleme im Verhalten der Schüler wurden insbesondere in den USA die pädagogischen Bemühungen intensiviert. Hinsichtlich der moralischen Erziehung kommt dort heute in den Schulen eine große Zahl von Erziehungsstrategien zum Einsatz. Jones, Ryan und Bohlin (1999, S. 23f.) haben die am häufigsten verwendeten Strategien in einer Tabelle zusammengefasst (vgl. Tabelle 0.1). Die in dieser Tabelle aufgeführten neueren schulischen Förderungsstrategien erwiesen sich in den USA im Großen und Ganzen als effektiv, und sie bestimmen dort gegenwärtig die Moralpädagogik. Die ersten drei Ansätze in der Tabelle (»Werteklärung«, »Moralisches Urteilen« und »Tugenderziehung«), die bis in die 70er-Jahre hinein vorherrschend waren, verloren dagegen an Einfluss, insbesondere weil die mit ihnen verbundenen Hoffnungen weitgehend enttäuscht wurden. Dieser Trend zeigt sich auch in einer Befragung amerikanischer Lehrerbildner, die im Auftrag der »Character Education Partnership« (CEP), der Dachorganisation von Institutionen der Moralerziehung in den USA, durchgeführt wurde: »Fürsorgliche Gemeinschaft«, »Life Skills Education« sowie »Service-Learning« sind an öffentlichen und privaten Schulen führend, und auch »Streitschlichtung/Peer-Mediation« wird relativ häufig angewendet. Dilemmadiskussionen zur Förderung der Entwicklung moralischen Urteilens spielen bei einigen Autoren eine wichtige Rolle, obwohl sie, wie erwähnt, insgesamt an Einfluss verloren (vgl. Jones/Ryan/Bohlin 1999, S. 10f.).

Ein weiterer Trend in der heutigen US-amerikanischen Moralpädagogik ist die Entwicklung und praktische Umsetzung von Programmen, in denen verschiedene der in Tabelle 0.1 aufgeführten Förderungsstrategien als Bausteine dienen (z.B. »Child Development Project«). Fast jede US-amerikanische Institution zur schulischen Moralerziehung besitzt heute einen integrativ angelegten Ansatz. Der »Character Education Resource Guide« der CEP führt diese Institutionen auf (vgl. CEP 2000).

In Deutschland wurden die neueren schulischen Förderungsstrategien und -programme der US-amerikanischen Moralpädagogik bisher kaum rezipiert. Die ersten drei in der Tabelle 0.1 aufgeführten Ansätze bestimmen hier nach wie vor die Diskussion (und dabei hauptsächlich nur auf der Ebene theoretischer Diskussionen).

Von den neueren Strategien kam lediglich die Strategie der Peer-Mediation in den Schulen in großer Zahl zum Einsatz. Daneben besitzt, vor allem auf der Ebene theoretischer Diskussionen, der Ansatz einer Gerechten Schulgemeinschaft Einfluss.

Neuere Methoden, Programme und Materialien zur Sozialerziehung in der Schule aus dem internationalen Bereich (insbesondere den angelsächsischen Ländern, vgl. z.B. »PATHS«, »I Can Problem Solve«) fanden in Deutschland bisher ebenfalls kaum Beachtung.

Zudem wurden wichtige internationale Ansätze zur Demokratieerziehung in Deutschland kaum rezipiert. 2005 unterstützte der Europarat die demokratieerzieherischen Bemühungen in Europa durch ein »European Year of Citizenship through Education«, das den Höhepunkt des Europarat-Projekts »Education for Democratic Citizenship« darstellte. In diesem Rahmen entstanden viele Arbeiten zur Demokratieerziehung.

Die Rezeption neuerer internationaler (vor allem angelsächsischer) Förderungsansätze unterbleibt hierzulande also weitgehend. Die Diskussion beschränkt sich überwiegend auf ältere angelsächsische oder auf ältere oder neuere deutsche Ansätze. Dies zeigt sich vor allem in den in Abschnitt 2.2 aufgeführten Überblicksarbeiten zu den drei Erziehungsbereichen:

- Die Überblicksarbeiten zur Sozialerziehung vernachlässigen insgesamt angelsächsische Ansätze. Sie beziehen sich zudem nicht auf die neuesten Förderungsbemühungen und präsentieren im Wesentlichen den Stand der deutschen Diskussion bis Ende der 1980er-Jahre.
- In den Übersichten zur Moralerziehung werden angelsächsische Förderungsmethoden und -programme durchaus diskutiert: Neben der eher lerntheoretisch orientierten Tugenderziehung werden insbesondere Ansätze der Wertklärung und an Kohlberg orientierte Ansätze (Diskussion moralischer Dilemmata; Gerechte Schulgemeinschaft) erörtert. Die Überblicksarbeiten konzentrieren sich aber im Wesentlichen auf den Stand der moralpädagogischen Diskussion bis Ende der 1980er-Jahre.
- Neuere angelsächsische Methoden der Demokratieerziehung wurden in den Überblicksarbeiten zur Politischen Bildung lange Zeit kaum diskutiert; erst in den letzten Jahren gab es einige Anstrengungen hierzu.

Aufgrund wichtiger Entwicklungen der Debatte um wertebezogene Erziehung im internationalen Bereich und dem Hinterherhinken der Diskussion in Deutschland ist die breite Rezeption neuerer internationaler Ansätze sinnvoll.

d) Vernachlässigung von Förderungsansätzen der strukturgenetisch-konstruktivistischen Tradition Piagets

Dem Kompetenzbegriff der Pädagogik hierzulande kommt der Kompetenzbegriff der Entwicklungspsychologie und der Sozialisationsforschung nahe. Der Kompetenzbegriff dieser beiden letzteren Disziplinen ist allerdings formaler gefasst, was vor allem mit dem Einfluss der Theorien von Piaget, Kohlberg und Selman zusammenhängt. Entwicklungspsychologie und Sozialisationsforschung beschreiben und erklären individuelle Entwicklungsprozesse, wobei jeweils grundlegende individuelle Fähigkeiten untersucht werden, insbesondere Fähigkeiten hinsichtlich der Kognition, Sprache, Motivation und Emotion, auf die eigene Persönlichkeit gerichtete Fähigkeiten sowie soziale, moralische und demokratische Fähigkeiten. Die Themen der Allgemeinen Psychologie, der Persönlichkeits- und Sozialpsychologie werden somit in Entwicklungspsychologie und Sozialisationsforschung aus einer entwicklungsbezogenen Perspektive thematisiert. Die Institution Schule zielt von dieser Perspektive aus auf die Förderung individueller Entwicklungsprozesse in den angeführten Dimensionen. Während viele Autoren in der deutschen Pädagogik heute die Notwendigkeit einer kompetenzorientierten Didaktik betonen, werden in der Tradition von Piaget stehende strukturgenetisch-konstruktivistische Förderungsansätze – im Unterschied zur Diskussion in Entwicklungspsychologie und Sozialisationsforschung – eher vernachlässigt. Es dominieren lerntheoretische Positionen bzw. pragmatische Konzepte der angelsächsischen Tradition. Ich plädiere für eine stärkere Berücksichtigung strukturgenetisch-konstruktivistischer Förderungsansätze der Piaget-Tradition und damit auch für eine stärkere entwicklungspsychologische Fundierung der Förderungsbemühungen.

e) Fehlende Bemühungen um ein integratives Programm für die Lehrerbildung

Zwar wird heute die Bedeutung der Lehrerfortbildung betont, doch Lehrerfortbildung wird eher selten durchgeführt. Auch wurde die Struktur eines integrativ angelegten Programms für die Lehrerbildung nicht formuliert. Die Literatur zu einzelnen Ansätzen und die Überblicksarbeiten geben keine Antwort auf die wichtige Frage nach einem Curriculum für die Lehrer; Fortbildungskonzepte werden allenfalls für einen bestimmten Ansatz entwickelt.

Zudem fehlen Organisationen, die die Förderungsanstrengungen koordinieren. In den USA gibt es solche Organisationen. Für die Förderung sozialer Kompetenzen ist »Collaborative for Academic, Social, and Emotional Learning« (CASEL) eine wichtige Organisation. CASEL wurde 1994 von Eileen Growald, Timothy Shriver und Daniel Goleman, dem Verfasser des weltweiten Bestsellers »Emotionale Intelligenz« (1997), gegründet und zielt auf die Förderung sozialen und emotionalen Lernens (»Social and Emotional Learning«, SEL), und zwar von der Vorschule bis zum Ende der Schulzeit. Diese Organisation verfolgt wichtige Ziele: »Ihre Ziele sind 1) Förderung der Wissenschaft von SEL, 2) Übersetzung der gewonnenen Erkenntnisse in die Schulpraxis, 3) Verbreitung von Informationen über wissenschaftlich tragfähige SEL-Strategien und -Praktiken, 4) Verbesserung der Schulung, damit Lehrkräfte vorbildliche SEL-Programme wirksam umsetzen können, und 5) Vernetzung und Zusammenarbeit mit Wisssenschaftlern, Lehrern, Interessenvertretern, Bildungspolitik und Öffentlichkeit, um die Arbeit von SEL zu stärken« (nach Payton/Wardlaw et al. 2000, S. 180). Hinsichtlich der Moralerziehung ist »Character Education Partnership« (CEP) bedeutend; sie ist die Dachorganisation der vielen moralpädagogischen Institutionen in den USA. CEP koordiniert die moralerzieherischen Anstrengungen, organisiert Tagungen und gibt wichtige Schriften heraus. Die zentrale Organisation für politische Bildung in den USA ist das »Center for Civic Education« (CCE). Auf europäischem Gebiet informieren beispielsweise in Schottland das »Centre for Paired Learning« sowie das »Scottish Office Education and Industry Department« über dortige Ansätze zur Förderung sozialer Kompetenzen (vgl. Topping/Holmes/Bremner 2000).

2.4 Die heutige internationale Diskussion: Sinnvolle Trends und Beschränkungen

In den letzten Jahren findet man im internationalen Bereich eine Vielzahl von Programmen der Kompetenzförderung und der Prävention sowie eine große Zahl von Evaluationsstudien (vgl. z.B. Beelmann 2006). Bemühungen um schulische Sozial-, Moral- und Demokratieerziehung gibt es insbesondere bei Europarat, EU, CIDREE, OECD und UNO. Zum Beispiel war für Demokratieerziehung in Europa der Europarat von großer Bedeutung (vgl. das Projekt »Education for Democratic Citizenship«). In den letzten Jahren entstand insbesondere in den USA eine Vielzahl effektiver Ansätze zur Förderung sozialer, moralischer und demokratischer Kompetenzen sowie zur Prävention von Problemverhalten. Sie wurden dort in verschiedenen Reviews zusammengefasst.

Die schulische Förderung von auf das menschliche Zusammenleben gerichteten Verhaltensweisen wird auch im internationalen Bereich häufig als Vermittlung von Kompetenzen interpretiert. Eine große Zahl schulischer Erziehungsansätze setzt dabei gleichzeitig an unterschiedlichen Aspekten sozialer, moralischer bzw. demokratischer Kompetenz an. Die Förderungsziele vieler Ansätze umfassen neben sozialkognitiven Kompetenzen (z.B. Perspektivenübernahme, Fähigkeiten der Entscheidungsfindung) kommunikative (z.B. die Fähigkeit, verständnisvoll zuzuhören), emotionale (z.B. die Fähigkeit, die eigenen Gefühle differenziert wahrzunehmen) und handlungsstrukturierende Kompetenzen (z.B. Konfliktfähigkeit, Kooperationsfähigkeit). Damit verbunden ist die Kombination von Förderungsstrategien zu einem Programm; die Grenzen einer einzelnen Strategie werden festgehalten. Zugleich sind verschiedene Versuche der Verzahnung von Kompetenzförderung und Prävention festzustellen.

Im Rahmen der Präventionsforschung unterscheiden Autoren heute auch zwischen Ansätzen, die Kompetenzen lediglich im Rahmen eines Trainings vermitteln, und Ansätzen, die darüber hinaus die Anwendung der vermittelten Kompetenzen in unterschiedlichen Alltagssituationen, d.h. einen Transfer, anstreben. Beispielsweise unterscheiden Pittman et al. (2003) bezüglich verschiedener Erziehungsbereiche (kognitiver Bereich der Schulleistungen, arbeitsbezogene Fähigkeiten und Einstellungen, Umgang mit dem eigenen Körper, sozial-emotionaler Bereich, politischer Bereich) jeweils zwischen »Problem-Free Youth Programs« (traditionelle Präventionsprogramme), »Fully-Prepared Youth Programs« (Programme zur Kompetenzförderung) und »Fully-Engaged Youth Programs« (Programme zur Förderung von Fähigkeiten der Anwendung von Kompetenzen) (vgl. Tab. 2.3). Wenn neben Kompetenzen auch Fähigkeiten zur Anwendung von Kompetenzen im Alltag ausgebildet werden sollen, sind Programme erforderlich, die das Engagement sowie die Eigenverantwortung von Kindern und Jugendlichen betonen.

	kognitiv	beruflich	physisch	sozial/ emotional	politischer
problemfreie Jugend	Verringern: Schulabbruch; Schulversagen	Verringern: Arbeitsunlust/Arbeitslosigkeit	Verringern: Substanzmissbrauch; frühe Schwangerschaft; durch Geschlechtsverkehr übertragbare Krankheiten (STDs)	Verringern: Gewalt; Bandenmitgliedschaft; unsoziales Verhalten	Verringern: Wahlenthaltung; Hassdelikte
kompetente Jugend	Steigern: hohe schulische Motivation und Zielstrebigkeit	Steigern: Beschäftigung/Arbeitssuche; positive Arbeitshaltung	Steigern: sportliche Aktivitäten und gesunde Ernährung; »Safer Sex«	Steigern: Teamwork; Wertschätzung der Vielfalt; Selbststeuerungsfähigkeiten, unterstützende Beziehungen	Steigern: Wahrnehmung aktueller Ereignisse; Fähigkeit, politische Entscheidungen zu treffen
engagierte Jugend	Aktivieren: Peer-Tutoring; kritisches Denken; Mitwirkung an schulischen Entscheidungsprozessen	Aktivieren: Schülerfirmen; durch Jugendliche geleitete Trainingsprogramme	Aktivieren: durch Jugendliche geleitete Projekte: Safer Sex; Sportprogramme; HIV/AIDS-Aufklärung	Aktivieren: Schülerclubs; Beratung durch Gleichaltrige; Jugendorganisationen; Jugendinitiativen gegen Banden	Aktivieren: Jugendorganisationen; politisches Engagement; Gemeinschaftsdienste

Tab. 2.3:   Problemfrei, kompetent, engagiert: drei Zielsetzungen jugendbezogener Förderungsansätze (nach Pittman/Irby/Tolman/Yohalem/Ferber 2003, S. 10)

Die anderen Gesichtspunkte der heutigen Diskussion zu schulischer Bildung insgesamt (etwa entwicklungspsychologische Didaktik, Schulautonomie und Lehrerfortbildung) findet man ebenfalls in der internationalen Diskussion. Es wurden Kriterien für die Güte von Förderungsansätzen entwickelt; in ihnen sind auch Bestimmungen einer guten Schule enthalten. »Character Education Partnership« (CEP) beispielsweise führt 27 Gütekriterien für moralpädagogische Förderungsansätze auf (vgl. Tab. 2.4).

Programm-Review-Checkliste

Diese Checkliste gibt Bewertungskriterien an die Hand, um Materialien zur Charaktererziehung für Ihre Schule/Ihren Bezirk auszuwählen. Sie kann zur Beurteilung von Schulprogrammen, Lehrplänen (Curricula) oder Hilfsmaterialien verwendet werden. Diese Kriterien bestimmen die Qualität umfassend angelegter Ansätze zur Charaktererziehung. Kein Programm wird alle Kriterien erfüllen; doch wird eine Kombination der Materialien die meisten Bedürfnisse abdecken, oft auch zusammen mit eigenen Materialien. Beim Ausfüllen der Checkliste kreuzen Sie bitte die auf das jeweilige Programm zutreffenden Aspekte an oder verwenden Sie die Bewertungsskala, um Programme zu differenzieren.

0 = nicht erkennbar	3 = sehr gut
1 = schlecht	4 = vorbildlich
2 = gut	

Um weiterführende Informationen zu Angebot und Service der einzelnen Programme zu erhalten, nehmen Sie Kontakt zu den jeweils angeführten Ansprechpartnern auf.

Programm/Curriculum:_____

Inhalt & Methode

1 ____ Fördert zentrale ethische Werte (z.B. Respekt, Verantwortlichkeit, Fürsorge, Fairness, Ehrlichkeit)

2 ____ Schafft Bedingungen für ein fürsorgliches Klima in der Klasse und in der Schule (z.B. Aufbau von Beziehungen, Zusammenarbeit, Normen in der Klasse oder der Schule)

3 ____ Fördert verschiedene Dimensionen der Persönlichkeit bei Schülern (z.B. sozial, emotional, moralisch, intellektuell)

4 ____ Fördert Verständnis für die Gefühle, die dem Verhalten zugrunde liegen; hilft Schülern, andere besser zu verstehen und die eigenen Gefühle und Reaktionen zu steuern.

5 ____ Sucht negative Einstellungen und Verhaltensweisen zu verringern (z.B. Vorurteile, Stereotypenbildung, Demütigung, verbale rassistische oder frauenfeindliche Herabsetzung, Mobbing, üble Nachrede

6 ____ Bietet Schülern Gelegenheit zur Reflexion über moralbezogene Probleme (z.B. Schreiben von Tagebüchern oder Aufsätzen, Klassenversammlungen, Diskussionen in der Klasse, künstlerischer Ausdruck)

7 ____ Verweist auf die Logik moralischer Argumente und fördert höherstufiges Urteilen (z.B. Perspektivenübernahme, kritisches Denken, Problemlösung, moralische Entscheidungsfähigkeit)

8 ____ Bietet Gelegenheiten zur Nachahmung und Ausübung von sozialen Fähigkeiten, die zentrale Werte aufzeigen (z.B. höflich unterbrechen, aktiv Zuhören, konstruktive Rückmeldung, respektvolle Kommunikation)

9 ____ Bietet Schülern Gelegenheit, zentrale Werte in die Tat umzusetzen, indem Autonomie, soziale Verantwortung und fürsorgliche Beziehungen gefördert werden (z.B. kooperatives Lernen, Gemeinschaftsdienst, Klassenversammlungen, demokratische Mitwirkung, Tutoring, altersübergreifend und unter Gleichaltrigen, Schülerselbstverwaltung, Konfliktlösung)

Handhabbarkeit, unterrichtsbezogene Fragestellungen

10 ____ Ist benutzerfreundlich (z.B. verständlich, umfassend, leicht handhabbar, erfordert nur geringen Aufwand)

11 ____ Ist angemessen gegliedert (z.B. logischer Aufbau der Lektionen/Pläne), führt Konzepte und Strategien in jeweils angemessenem Umfang ein (z.B. wird eine verschiede-

ne Schritte umfassende Problemlösungsstrategie nicht in einer einzigen Lektion vorgestellt)

12 ____ Entspricht dem Entwicklungsstand der jeweiligen Klassenstufe

13 ____ Ist in den Fachunterricht integriert und orientiert sich an den Bezirks-/Landes- bzw. nationalen Lernzielen in einem oder mehreren Fächern (z.B. Sozialkunde, Naturwissenschaften, Fremdsprachenunterricht, Kunstunterricht etc.)

14 ____ Verwendet eine Vielfalt von Lehrmethoden, die den Bedürfnissen von Schülern mit unterschiedlichen Lernstilen gerecht werden (z.B. visuell, auditorisch, kinästhetisch), unter Einschluss von Methoden aktiven Lernens (z.B. Rollenspiele, experimentelles Lernen, Übungen zur Gefühlserziehung, konstruktivistischer Ansatz)

15 ____ Spricht das Interesse der Schüler an durch Geschichten, Vignetten und Dilemmata, die konfliktreich und eng an ihren Alltagsproblemen orientiert sind.

16 ____ Setzt vielfältige Hilfsmittel ein (z.B. Internet, Video, CD-ROM, greifbare Objekte, fiktive Texte und Sachtexte, Autobiografien, Kunst, Musik)

17 ____ Stellt Bilder und Texte vor, die das Verständnis unterschiedlicher kultureller Gruppen fördern

18 ____ Vermittelt Schülern Anerkennung, die intrinsische Motivationen fördert (z.B. ihnen hilft, die Vorzüge prosozialer Handlungen zu schätzen) und eine Orientierung an äußerlichen Anreizen verringert (z.B. einen Wettkampf gewinnen oder materielle Belohnungen).

Unterstützung von Lehrern und Eltern

19 ____ Enthält ein Lehrerhandbuch, das klar, umfassend und leicht handhabbar ist und die Forschungsgrundlagen, Ziele und Vorgaben sowie die Evaluationskomponenten benennt

20 ____ Bietet Lehrerschulung durch Trainings, Videos, eine interaktive Website, Newsletter, und/oder Beratung

21 ____ Schult Mitarbeiter darin, fürsorgliche Beziehungen und ethische Praktiken innerhalb der Schulgemeinschaft zu entwickeln, und bietet ihnen Anstöße zur Reflexion ihrer eigenen Entwicklung als Charaktererzieher

22 ____ Liefert Mittel für die laufende Beratung und Unterstützung der Lehrer

23 ____ Beteiligt Eltern/Erziehungsberechtigte (z.B. durch Newsletter, gemeinsame Hausaufgaben, Elternworkshops, familienbezogene Aktivitäten, Evaluationsfragebögen)

24 ____ Bietet zweisprachige Fassungen von Materialien für Eltern

25 ____ Nutzt vorhandene Ressourcen in der Gemeinde (z.B. freiwillige Gemeindearbeit, Jugendgruppen, Geschäftspartnerschaften, Freizeitprogramme, örtliche Behörden)

Evaluation

26 ____ Bietet verschiedene Instrumente der Schülerbewertung (z.B. Fragebögen, Portfolios, Demonstration des Gelernten) und vielfältige Möglichkeiten für Schüler, Wissen, Verständnis und Praxis von zentralen Werten zu veranschaulichen

27 ____ Hat positive Evaluationsresultate sowohl mit Blick auf quantitative Daten (z.B. Fehlstunden, Ordnungsmaßnahmen, Werte in standardisierten Leistungstests, Verhaltensbeobachtung, Leistungs- und Wissenstests, Erhebungen zur Stimmung und/oder zu Einstellungen unter Schülern/Lehrern/Eltern) als auch mit Blick auf qualitative Daten (z.B. Empfehlungsschreiben, Stellungnahmen, Berichte, vorzugsweise durch neutrale Gutachter)

Gesamtpunktzahl: _____

Bemerkungen: _____

Tab. 2.4: Qualitätskriterien von Förderungsansätzen (nach CEP 2000, S. 8f.)

Diese Kriterien beziehen sich auf die zu fördernden Kompetenzen (»Inhalt & Methode«), auf die Anwendung der Strategien und Programme (»Handhabbarkeit«), auf die Lehrer und Eltern (»Unterstützung von Lehrern und Eltern«) sowie auf die Analyse des Effekts der Förderungsansätze (»Evaluation«). Die Kriterien 1, 3, 4, 5, 6, 7, 8 und 9 enthalten Kompetenzen als Förderungsziele, die Kriterien 10, 11, 12, 13, 14 und 15 beziehen sich auf Themen, die Kriterien 2, 16, 17 und 18 auf Methoden der Förderung, die Kriterien 23, 24 und 25 umfassen Schulleben und Aspekte der Öffnung von Schule, die Kriterien 26 und 27 beinhalten Aspekte der Qualitätssicherung, die Kriterien 19, 20, 21 und 22 Aspekte der Lehrerfortbildung. Die unter »Inhalt und Methode« aufgeführten Kriterien zielen auf ein breites Konzept moralischer Fähigkeiten und Werteorientierungen. Benutzerfreundlichkeit, Altersangemessenheit, Orientierung an Schülerinteressen, Verzahnung mit dem schulischen Unterricht und Methodenvielfalt sind wichtige instruktionenbezogene Kriterien. Ein überzeugendes Konzept für die Lehrerfortbildung sowie eine Vielfalt von Evaluationsinstrumenten sind ebenfalls wichtige Kriterien.

CASEL formuliert im Blick auf sozial-emotionales Lernen weitere Kriterien für vorbildliche Förderungsansätze, wie etwa kulturelle Angemessenheit des Ansatzes (vgl. Tabelle aus CASEL 2003, S. 16).

Die Kriterien für vorbildliche Förderungsansätze, etwa die zitierten Kriterien von CEP, bestimmen das Ergebnis der Bewertung vorliegender Ansätze. Im angelsächsischen Raum wurden orientiert an solchen Gütekriterien viele Programme und Strategien evaluiert. Eine Tabelle aus »Safe and Sound« von CASEL präsentiert hinsichtlich der USA wichtige Reviews, die Bewertungen von Programmen vornehmen, und veranschaulicht die Förderungsschwerpunkte (vgl. Tab. 2.5 auf der nächsten Seite). Wie die Tabelle zeigt, lag in den USA ein Schwerpunkt auf der Prävention von Gewalt und von Drogenmissbrauch.

Eine in der Tabelle nicht erwähnte Übersicht von Greenberg, Domitrovitch und Bumbarger (2001) über Methoden und Programme zur schulischen Prävention psychischer Störungen (neben Depressionen und Angststörungen auch starke Aggressivität) identifiziert insgesamt 130 Ansätze. Die Autoren unterscheiden am Individuum orientierte Ansätze zur universellen Prävention, individuumbezogene Ansätze, die soziale, emotionale und kognitive Kompetenzen zu entwickeln suchen, um das Risiko von Psychopathologien zu reduzieren, Ansätze, die an der Schule als Ganzer ansetzen, und Programme, die die Perspektiven auf Individuum (Schüler), Schule, Familie und Gemeinde verknüpfen. Zusätzlich führen sie selektive, an Risikogruppen orientierte Präventionsansätze auf.

Eine in der zitierten Tabelle ebenfalls nicht erwähnte Übersicht von Catalano et al. (2002) identifiziert für die USA 161 Strategien und Programme zur schulischen Kompetenzförderung (»Positive Youth Development Programs«). Diese Übersicht beschränkt sich nicht auf soziale, moralische und demokratische Fähigkeiten, sondern schließt auch die religiöse Entwicklung sowie schulleistungsbezogenes Lernen ein.

Name und Homepage des Reviews (der Trägerorganisation)	Interessenschwerpunkt	Einstufung/Ratings der Programme
Blue Prints (Office of Juvenile Justice and Delinquency Prevention; www.colorado.edu/cspv/blueprints	Schul-, familien- und gemeindebezogene Programme mit starken und replizierten Evaluationen, die deutliche gewaltverhindernde Effekte zeigen	11 als vorbildlich oder vielversprechend ausgewiesene unter 600 in die Recherche einbezogenen Programmen
Exemplary and Promising Safe, Disciplined, and Drug-Free Schools Programs 2001 (The U.S. Department of Education Office of Safe and Drug-Free Schools) 1-877-4ED-PUBS-	Schul- und gemeindebezogene Programme der Prävention und Intervention bei Drogenmissbrauch und Gewalt	33 vielversprechende und neun vorbildliche Programme
HIV/AIDS Prevention Research Synthesis Compendium (Centers for Disease Control); www.cdc.gov/hiv/projects/rep/compend/htm	Verhaltensorientierte und soziale Interventionen zur Prävention von HIV/AIDS	24 ausgewählte Interventionen – als die besten nach aktuellem Forschungsstand (Stand 20.6.1998)
Making the Grade (Drug Strategies); www.drugstrategies.org/pubs.html	Landesweit verfügbare, an der Schule orientierte Programme der Prävention von Drogenmissbrauch	50 Programme, die als sehr gut, gut, befriedigend, mangelhaft, ungenügend ausgewiesen sind
Preventing Drug Use Among Children and Adolescents: A Research-Based Guide (The »Red Book«) (National Institute on Drug Abuse); www.nida.nih.gov/Prevention/Prevopen.html	Programme zur Prävention von Substanzmissbrauch, die 14 Präventionsprinzipien enthalten	10 forschungsgeleitete Programme, die sich an 14 Präventionsprinzipien orientieren (u.a. finanziert durch das National Institute on Drug Abuse)
Promising Practices Network; www.promisingpractices.net/programlist.html	Breites Präventionsspektrum: Gesundheit und Sicherheit, Schulfähigkeit und -erfolg, Drogenmissbrauch, Teenager-Schwangerschaft, Gewalt, familienorientierte Initiativen	44 vielversprechende und 20 bewährte Programme
Safe and Sound (Collaborative for Academic, Social, and Emotional Learning) (CASEL); www.CASEL.org	Mehrjährige Programme zur Förderung der sozialen und emotionalen Kompetenz der Schüler durch fähigkeitsorientierten Unterricht und Schaffung eines unterstützenden Klassenklimas	80 Programme, darunter 22 ausgewählte/vorbildliche Programme; die auf den Nachweis von Effektivität, Lehrerbildung, fünf Schlüsselkompetenzen (SEL-Kompetenzen) gestützt sind. Bewertet auch das Vorhandensein von schülerbezogenen Evaluationen, Unterstützung für die Beteiligung von Schulgemeinschaft, Familie und Gemeinwesen

Name und Homepage des Reviews (der Trägerorganisation)	Interessenschwerpunkt	Einstufung/Ratings der Programme
Safe Schools, Safe Students (Drug Strategies); www.drugstrategies.org	Landesweite schulische Gewaltpräventionsprogramme	88 Programme, bezeichnet als sehr gut, gut, befriedigend, mangelhaft, ungenügend
SAMHSA Model Programs (Substance Abuse and Mental Health Services Administration); www.modelprograms.samhsa.gov	Prävention von Substanzmissbrauch und anderem Problemverhalten unter Jugendlichen	Durchsuchbare Datenbank von 44 Programmen, als beispielhaft in Bezug auf die Bekämpfung von Drogenmissbrauch und die Wirkung von Schutzfaktoren bezeichnet
Youth Violence: A Report of the Surgeon General (HHS); www.surgeongeneral.gov/library/youthviolence/report.html	Programme zur Prävention oder Verringerung von gewaltorientierten Risikofaktoren unter Jugendlichen	28 Programme als beispielhaft oder vielversprechend in Bezug auf ihre Wirkung auf Gewalt oder Risikofaktoren bezeichnet

Tab. 2.5: *Vergleich nationaler Reviews von Programmen (nach CASEL 2003, S. 32)*

Die umfassendste Übersicht über die Förderungsbemühungen stellt bisher jedoch das Werk »Safe and Sound« dar, das von Weissberg, Utne-O'Brien und Payton im Auftrag von CASEL verfasst wurde (CASEL 2003). 242 Programme zum sozialen und emotionalen Lernen wurden ermittelt. 80 davon genügen ihren Kriterien, um einer Bewertung unterzogen zu werden (z.B. mindestens acht Unterrichtsstunden). Es sind Präventionsansätze, vor allem aber Ansätze zur Kompetenzförderung.

Berkowitz und Bier (2006) nahmen im Auftrag der Character Education Partnership eine Bewertung von Programmen zur Moralerziehung vor. Sie ermitteln 54 Programme zur Moralerziehung, zu denen Evaluationsstudien vorliegen. 39 Programme genügen in ihren Augen den Ansprüchen solider Evaluationsforschung und wurden von ihnen bewertet.

Auch gibt es im angelsächsischen Raum eine Vielzahl von Förderungsstrategien. Berkowitz und Bier (2006) unterscheiden acht Gruppen von Förderungsstrategien, aus denen sich die von ihnen bewerteten 34 moralpädagogischen Förderungsprogramme zusammensetzen: direct teaching strategies, modeling/mentoring, classroom or behavior management, interactive teaching strategies, schoolwide strategies, family/community involvement, community service/service learning, professional development for implementation. Die ersten beiden Gruppen (»direct teaching strategies«, »modeling/mentoring«) stellen im Wesentlichen traditionelle Methoden dar. Die anderen Gruppen enthalten hauptsächlich neuere Methoden, die am Individuum (»classroom or behavior management«), an Interaktionen unter Gleichaltrigen (»interactive teaching strategies«) oder an institutionellen Strukturen (»schoolwide strategies«, »family/community involvement«, »community service/service learning«, »professional development for implementation«) ansetzen.

Auf der Grundlage der eigenen Kriterien bezeichnet CASEL (2003) von 80 bewerteten Programmen die folgenden 22 als vorbildlich:

Aufstellung vorbildlicher forschungsgeleiteter Programme

1. Caring School Community (Child Development Project)
2. Community of Caring (Growing un Caring)
3. High/Scope Educational Approach for Preschool and Primary Grades
4. I Can Problem Solve
5. Know Your Body
6. Learning for Life
7. Lions Quest (Skills Series)
8. Michigan Model for Comprehensive Health Education
9. Peace Works
10. Productive Conflict Resolution Program: A Whole School Approach
11. Project ACHIEVE
12. Promoting Alternative Thinking Skills
13. QUEST (Violence Prevention series)
14. Reach Out To Schools: Social Competency Program (Open Circle Curriculum)
15. Resolving Conflict Creatively Program (RCCP)
16. Responsive Classroom
17. Second Step
18. Skills, Opportunities, and Recognition (SOAR)
19. Social Decision Making and Problem Solving Program
20. Teenage Health Teaching Modules
21. Tribes TLC. A New Way of Learning and Being Together
22. Voices: A Comprehensive Reading, Writing and Character Education Program.

(zusammengestellt aus CASEL 2003)

Berkowitz und Bier (2006) stützen sich allein auf empirische Evaluationsergebnisse. Sie identifizieren 39 Programme, zu denen Evaluationsstudien durchgeführt wurden, die wissenschaftlichen Ansprüchen genügen; davon erwiesen sich 33 Programme als wirksam. Diese sind in der folgenden Aufstellung aufgeführt.

Aufstellung der forschungsgestützen Programme

1. Across Ages (Primarstufe/*Mittelstufe)
2. All Stars (*Mittelstufe)
3. Building Decision Skills with Community Service (*Mittelstufe)
4. Child Development Project (*Primarstufe)
5. Facing History and Ourselves (*Mittelstufe/Oberstufe)
6. Great Body Shop (*Primarstufe)
7. I Can Problem Solve (*Primarstufe)

8. Just Communities (*Oberstufe)
9. Learning for Life (*Primarstufe/Mittelstufe/Oberstufe)
10. Life Skills Training (Primarstufe/*Mittelstufe)
11. LIFT (Linking the Interests of Families and Teachers (*Primarstufe)
12. Lions-Quest (*Primarstufe/*Mittelstufe/*Oberstufe)
13. Michigan Model for Comprehensive School Health Education
    (Primarstufe/*Mittelstufe/Oberstufe)
14. Moral Dilemma Discussion (*Primarstufe/*Mittelstufe/Oberstufe)
15. Open Circle Program (Reach Out to Schools) (*Primarstufe)
16. PeaceBuilders (*Primarstufe)
17. Peaceful Schools Project (*Primarstufe)
18. Peacemakers (*Primarstufe/*Mittelstufe)
19. Positive Action (*Primarstufe/Mittelstufe/Oberstufe)
20. Positive Action Through Holistic Education (PATHE) (*Mittelstufe/*Oberstufe)
21. Positive Youth Development (*Mittelstufe)
22. Promoting Alternative Thinking Strategies (*Primarstufe)
23. Raising Healthy Children (*Primarstufe/Mittelstufe/Oberstufe)
24. Resolving Conflict Creatively Program (RCCP) (*Primarstufe/Mittelstufe)
25. Responding in Peaceful&Positive Ways (RIPP) (*Mittelstufe)
26. Roots of Empathy (*Primarstufe/*Mittelstufe)
27. Seattle Social Development Project (*Primarstufe)
28. Second Step (*Primarstufe/*Mittelstufe)
29. Social Competence Promotion Program for Young Adolescence (Mittelstufe)
30. Social Decision Making & Problem Solving (SDM/PS) (Primarstufe/Mittelstufe/Oberstufe)
31. Teaching Students to be Peacemakers (*Primarstufe/*Mittelstufe/*Oberstufe)
32. Teen Outreach (*Mittelstufe/*Oberstufe)
33. The ESSENTIAL Curriculum (Project ESSENTIAL) (*Primarstufe/Mittelstufe)

Asterisk (*) kennzeichnet die Schulstufen, für welche die Studien analysiert wurden (aus Berkowitz/Bier 2006, S.4)

Neun Programme wurden in beiden Überblicksarbeiten als effektiv eingestuft: »Child Development Project«, »I Can Problem Solve«, »Learning for Life«, »Lions-Quest«, »Michigan Model for Comprehensiv Health Education«, »PATHS«, »Resolving Conflict Creatively Program«, »Second Step« und »Social Decision Making and Problem Solving«.

In den von Berkowitz und Bier (2006) als effektiv bewerteten 33 Programmen sind die verschiedenen Förderungsstrategien in unterschiedlicher Häufigkeit enthalten. Neben Lehrertrainings sind insbesondere Diskussionen unter Gleichaltrigen, Rollenspiele bzw. Strategien zur Förderung der Perspektivenübernahme und Trainings der Problemlösungsfähigkeit häufig Bestandteil effektiver Programme.

Vergleicht man die neuesten Überblicksarbeiten zur Sozialerziehung (vgl. z.B. CASEL 2003), zur Moralerziehung (vgl. z.B. Berkowitz/Bier 2006) und zur Demokratieerziehung (vgl. z.B. Eurydice 2005) zeigt sich, dass verschiedene schulische Förderungsansätze in allen drei Formen von Übersichten zu finden sind. Beispielsweise nehmen Berkowitz und Bier in ihrem Überblick über Maßnahmen der Moral-

erziehung auch Ansätze zum sozial-emotionalen Lernen, zur Drogen- und Gewaltprävention und zum Service-Learning auf – mit der Begründung, dass durch diese
Ansätze jeweils auch moralische Fähigkeiten gefördert werden. Die Strategien und
Programme seien vor allem von den geförderten Fähigkeiten her einem Erziehungsbereich zuzuordnen.

Die internationale Diskussion weist ähnliche Beschränkungen auf wie die deutsche Diskussion.

2.5 Das BMBF-Projekt »Grundlagen einer kompetenzorientierten Didaktik«: Antworten auf die Beschränkungen der deutschen und internationalen Diskussion

Vor dem Hintergrund der in Kapitel 1 geschilderten aktuellen pädagogischen Diskussion wurden in Kapitel 2 sinnvolle Trends sowie Defizite der deutschen und internationalen Diskussion zur schulischen Sozial-, Moral- und Demokratieerziehung
beschrieben. Das im Folgenden kurz darzustellende BMBF-Projekt »Grundlagen
einer kompetenzorientierten Didaktik: Zur Förderung sozialer und soziomoralischer
Kompetenzen in der Schule« reagierte zum Teil auf die angeführten Defizite. Das
BMBF-Projekt hatte drei grundlegende Ziele:

a) die Systematisierung und Bewertung von (insbesondere psychologischen) Ansätzen zur Entwicklung sozialer und moralischer Kompetenzen,
b) die Systematisierung und Bewertung von Strategien und Programmen zur schulischen Förderung dieser Kompetenzen und
c) die Klärung der Frage einer angemessenen Vermittlung einzelner Strategien und
   Programme an die Lehrer.

Zur Erreichung der drei Ziele sollten zwei Workshops durchgeführt werden, an denen Experten für die Bereiche teilnehmen. Geplant war, dass die Experten kurze
Expertisen über ihr jeweiliges Fachgebiet erstellen, die dann zu einer Dokumentation zusammengefasst werden. Diese Dokumentation wiederum sollte die Grundlage für ein Handbuch (Kompendium) über Ansätze zur schulischen Förderung sozialer und moralischer Kompetenzen darstellen, wobei die Erstellung des Handbuchs
in einem Folgeprojekt erfolgen sollte.

Der erste Workshop fand am 29. und 30. November 2002 statt. Die vorrangige
Aufgabe bestand in der Klärung sinnvoller Ziele der schulischen Sozial-, Moral-
und Demokratieerziehung, d.h. erforderlicher oder wünschenswerter Kompetenzen
der Schüler. Pädagogische Mittel zur Erreichung dieser Ziele sowie Fragen der Lehrerfortbildung waren ebenfalls Gegenstand der Diskussion.

Die ursprüngliche Planung sah einen zweiten Workshop vor, um vor allem eine
Systematik effektiver Förderungsansätze sowie ein differenziertes Programm für die
Lehrerfortbildung zu entwickeln. Doch wurde zum einen deutlich, dass sich die Teil-
nehmer des Workshops dann vorbereitend mit den einzelnen, insbesondere neueren

Förderungsmethoden und -programmen und den verschiedenen Konzepten zur Lehrerfortbildung beschäftigen müssten, wozu ihnen wahrscheinlich Zeit und Ressourcen gefehlt hätten. Auch angesichts der bereits relativ differenzierten Diskussion über einige, den meisten Teilnehmern bekannte Förderungsmethoden und -programme (etwa Dilemmadiskussionen, Gerechte Schulgemeinschaften) und die entsprechenden Ansätze zur Lehrerfortbildung schien ein zweiter Workshop nicht sinnvoll. Wichtiger erschien es vielmehr, auf der Basis der im ersten Workshop gewonnenen Erkenntnisse im Projekt eine sorgfältige Sichtung und Analyse relevanter Förderungsansätze bzw. Konzepte der Lehrerfortbildung vorzunehmen, um zu begründeten Empfehlungen zu kommen.

Im kleinen Kreis fanden zudem Sitzungen zu den Themen des nicht durchgeführten zweiten Workshops statt – die Arbeitsgruppe »Soziomoral« wurde gegründet. Die Sitzungen der AG wurden durch die »Forschungsgruppe Modellprojekte e.V. (FGM)« finanziert (seit April 2004). Mitglieder der AG sind Wolfgang Althof, Wolfgang Edelstein, Heinz Schirp, Toni Stadelmann und Günter Becker. Die Projektarbeit stützte sich unter anderem auch auf die Ergebnisse der Sitzungen der AG Soziomoral.

Auf der Basis der im stattgefundenen Workshop gewonnenen Erkenntnisse wurde im BMBF-Projekt eine Sichtung und Analyse von relevanten Bestimmungen sozialer und moralischer Kompetenzen, Ansätzen zur schulischen Förderung dieser Kompetenzen und Konzepten der Lehrerfortbildung vorgenommen, um zu begründeten Empfehlungen zu kommen. Ein Abschlußbericht für das Projekt wurde erstellt, in dem die Ergebnisse der Projektarbeit dargestellt sind (vgl. Becker/Seide 2004). Er gibt Antworten auf die drei grundlegenden Fragestellungen des Projekts. Jeweils in einem ersten Ansatz wurde eine Systematisierung sozialer, moralischer und demokratischer Kompetenzen vorgenommen, eine Verknüpfung von Sozial-, Moral- und Demokratieerziehung versucht, internationale Förderungsansätze und strukturgenetisch-konstruktivistische Förderungsansätze der Piaget-Tradition berücksichtigt und ein integrativ angelegtes Programm für die Lehrerfortbildung formuliert.

Im Rahmen der AG »Soziomoral« standen Fragen der Lehrerfortbildung im Vordergrund. In den bisher stattgefundenen Sitzungen der AG ging es vor allem um die Erstellung von Veröffentlichungen für Lehrer. Die Mitglieder der AG unterstützten auch die Arbeit am Kompendium zur schulischen Kompetenzförderung. Zudem wurden Entwicklungen im BLK-Programm »Demokratie lernen & leben« durch sachverständige Diskussionen begleitet.

3. Soziale, moralische und demokratische Kompetenzen als Ziele einer kompetenzorientierten Didaktik

Der Mensch ist vielfältig determiniert – auch in seinem sozialen, moralischen und politischen Handeln. G. Roth (2007) entwirft ein Modell der Persönlichkeit, das den verschiedenen Formen der Determination Rechung zu tragen sucht. Andererseits zeigen Kompetenzmodelle die Grenzen von Determinationsmodellen auf (vgl. Abschnitt 1.8).

Die Ziele einer kompetenzorientierten Didaktik beziehen sich auf die Schüler (individuelle Kompetenzen) und auf die Schule (schulische Qualitätsstandards). In Deutschland und im internationalen Bereich wurden in den letzten Jahren verschiedene Konzepte zu beiden Fragekomplexen entwickelt. In diesem Kapitel werden zunächst Kompetenzmodelle diskutiert.

Ein überzeugendes Konzept sozialer, moralischer und demokratischer Kompetenzen ist vor allem für die Konstruktion und die Evaluation schulischer Förderungsansätze wichtig. Bei der Bestimmung kompetenzbezogener Förderungsziele hat man verschiedene Möglichkeiten – zum Beispiel die folgenden:

- Man kann pädagogische Theorien und fachdidaktische Modelle analysieren.
- Man kann die in Landesverfassungen, Schulgesetzen, Richtlinien (Lehrplänen), Standards für die Lehrerbildung und Standards für Schulqualität enthaltenen Bestimmungen individueller Fähigkeiten sichten und bewerten (vgl. z.B. die in 1.2 zitierten obersten Erziehungsziele in Bayern).
- Man kann den Kompetenzbestimmungen die Ziele der einzelnen schulischen Förderungsansätze bzw. die Variablen der durchgeführten Evaluationen der Förderungsansätze zugrunde legen, wie es CASEL sowie Berkowitz und Bier praktizieren.
- Man kann die in Theorien der Entwicklungspsychologie und der Sozialisationsforschung enthaltenen Bestimmungen der Endpunkte individueller Entwicklungsprozesse (bei einzelnen Entwicklungsdimensionen) heranziehen.
- Man kann untersuchen, wie Personen kompetente Individuen charakterisieren, d.h. ihre naiven Alltagstheorien über Kompetenzen erfassen (bzgl. moralischer Kompetenz vgl. Walker/Hennig 2004).

Viele Ansätze zur schulischen Förderung sozialer, moralischer und demokratischer Kompetenzen stützen sich dabei auf entwicklungspsychologische und sozialisationstheoretische Bestimmungen der Endpunkte von Entwicklungsprozessen. Zugleich greifen sie auf entsprechende Annahmen über Entwicklungssequenzen sowie über die förderlichen oder hemmenden Bedingungen solcher Prozesse zurück. Die Effektivität eines Förderungsansatzes ist vor allem auch abhängig von der Erklärungskraft zugrunde liegender entwicklungspsychologischer oder sozialisationstheoretischer Modelle. Die Pädagogik ist auf Forschungsergebnisse zum Endpunkt der Entwicklung einzelner Kompetenzen, zum Verlauf ihrer Entwicklung und zu förderlichen oder hemmenden Bedingungen der jeweiligen Entwicklungsprozesse angewiesen, um ihre pädagogischen Ansätze sinnvoll zu konzipieren. Im vorliegenden Kapitel werden – vor allem anknüpfend an entsprechende Forschungsergebnisse – wichtige Aspekte sozialer, moralischer und demokratischer Kompetenz, d.h. grundlegende Ziele einer kompetenzorientierten Didaktik, benannt und Annahmen zu Entwicklungssequenzen sowie -bedingungen formuliert. Dabei knüpfe ich auch an die Förderungsziele der pädagogischen Ansätze sowie an die Diskussionen im BMBF-Projekt »Grundlagen einer kompetenzorientierten Didaktik« und im BLK-Programm »Demokratie lernen & leben« an. Die Bestimmung von Kompetenzen, Entwicklungssequenzen und -bedingungen soll eine transparente Darstellung und Bewertung schulischer Förderungsansätze erlauben.

Die einflussreichen Konzepte von fächerübergreifenden Kompetenzen bzw. Schlüsselkompetenzen ähneln sich, wie in Kapitel 1 dargelegt wurde. Gleiches gilt für die (wenigen) integrativ angelegten Konzepte sozialer, moralischer und demokratischer Kompetenzen. Dies zeigt sich auch bei den angeführten Übersichtsarbeiten zu schulischen Förderungsansätzen, etwa bei den Arbeiten von CASEL sowie von Berkowitz und Bier. Von den Kompetenzbestimmungen in den Überblicksarbeiten bzw. von den mir bekannten Kompetenzbestimmungen sind die Vorschläge von CASEL (2003) sowie von Berkowitz und Bier (2006) am differenziertesten angelegt. Gemeinsam ist beiden Bestimmungen die Berücksichtigung sozialer, moralischer und demokratischer Kompetenzen sowie die Berücksichtigung kognitiver, kommunikativer, emotionaler und handlungsstrukturierender Fähigkeiten in den drei Kompetenzbereichen.

CASEL legt seiner Evaluation von Ansätzen des sozialen und emotionalen Lernens folgende Differenzierung von Kompetenzen zugrunde (CASEL 2003, S. 12):

- *Selbstwahrnehmung*: Erkennen eigener Gefühle, Erfassen und Pflege der eigenen Stärken und positiven Eigenschaften.
- *Soziale Wahrnehmung*: Verständnis für Denken und Gefühle anderer und Anerkennung des Werts der Unterschiedlichkeit von Menschen.
- *Selbstmanagement:* Steuerung der eigenen Gefühle, Setzung positiver Ziele und Streben danach.
- *Beziehungsfähigkeiten:* Begründen und Aufrechterhalten bereichernder Beziehungen auf der Basis von Zusammenarbeit, effektiver Kommunikation und Konfliktlösung, und Fähigkeit, sozialem Druck zu widerstehen.
- *Fähigkeit zu verantwortungsvollen Entscheidungen*: Einschätzung situativer Einflüsse; Entwicklung, Umsetzung und Beurteilung moralischer Problemlösungen, die das eigene Wohl und das Wohl anderer fördern.

Während die Bestimmung von CASEL hinsichtlich sozialer Kompetenzen differenziert angelegt ist, bleibt sie hinsichtlich moralischer und demokratischer Kompetenzen relativ undifferenziert.

Berkowitz und Bier (2006) legen ihrer Bewertung von Ansätzen zur Moralerziehung ebenfalls eine große Zahl von Fähigkeiten zugrunde. Sie unterscheiden mehr als 130 Kompetenzaspekte und bilden vier Gruppen: schulbezogene Aspekte (z.b. Schulleistungen, Bindung an die Schule), Fehlen von Risikoverhalten (z.b. von Drogenkonsum, Gewalt), allgemeine sozial-emotionale Kompetenzen (z.b. Problemlösungsfähigkeiten, emotionale Kompetenzen) und prosoziale Kompetenzen (z.b. moralische Kognitionen, prosoziales Verhalten). Das Konzept von Berkowitz und Bier ist hinsichtlich sozialer und demokratischer Kompetenzen relativ undifferenziert.

Wichtig bei der Kompetenzbestimmung ist zunächst die Klärung der Frage, ob eine Differenzierung von Kompetenzen überhaupt sinnvoll ist. Über den Sinn einer Darstellung von individuellen Fähigkeiten in Form einer Liste von Kompetenzen gibt es unterschiedliche Meinungen: Für die Überprüfung der Effektivität einer Förderungsstrategie sei die Orientierung an Kompetenzen durchaus sinnvoll, insbesondere für die Lehrer sei aber eine Liste von Kompetenzen unzureichend. Andere Teilnehmer der Diskussion vertreten jedoch die Meinung, dass eine Kompetenzorientierung – vor allem im Vergleich mit einer allein an operationalisierten Lernzielen orientierten Vorgehensweise – auch für Lehrkräfte hilfreich wäre. Wichtig wäre allerdings eine überzeugende Operationalisierung der Kompetenzen und ihre verständliche Darstellung.

Ich teile die Annahme, dass eine Bestimmung von Kompetenzen erforderlich ist. Viele vorliegende Kompetenzbestimmungen beziehen sich nur auf kognitiven Fähigkeiten (insbesondere auf das Wissen der Schüler), nicht jedoch auf das »Wollen« und das »Machen«. Die einzelnen Kompetenzen müssen jeweils im Hinblick auf kognitive und nicht-kognitive Aspekte bestimmt werden. Synergien und Konkurrenzverhältnisse zwischen den einzelnen Kompetenzen sind ebenfalls zu berücksichtigen.

Kompetenzen ermöglichen die Lösung von relativ komplexen Problemen und schließen das Vermögen ein, angemessen und effektiv über die eigenen psychischen Ressourcen (Sachwissen, Werteorientierungen und Fertigkeiten) zu verfügen. Kompetenzen sind in Handlungsprozesse integriert. Die Entwicklung von Kompetenzen vollzieht sich im allgemeinen über verschiedene Niveaus hinweg. Da Kompetenzen Fähigkeiten zur Lösung von Problemen sind, setzen Prozesse der Entwicklung von Kompetenzen konstruktive Leistungen des Individuums voraus. Kompetenzen zeigen sich also bei komplexen Problemen, sie sind selbst komplex, sie entwickeln sich nur schrittweise und ihre Entwicklung erfordert konstruktive Leistungen des Individuums (vgl. auch Schirp 2005). Mein Kompetenzbegriff ist einerseits breiter angelegt als in der heutigen Diskussion um eine kompetenzorientierten Didaktik – nicht nur kognitive und handlungsstrukturierende Kompetenzen werden darunter gefasst; Kompetenzen eines Bereichs beinhalten kognitive, kommunikative, emotionale und handlungsstrukturierende Kompetenzen. Dieser Kompetenzbegriff ist andererseits enger gefasst – Sachwissen, Werteorientierungen und Fertigkeiten werden nicht als Kompetenzen verstanden; Kompetenzen beinhalten die Interpretation, Artikulation und Nutzung von Sachwissen, Werteorientierungen und Fertigkeiten.

Die Begriffe »soziale Kompetenz«, »moralische Kompetenz« und »demokratische Kompetenz« stellen jeweils Oberbegriffe für verschiedene einzelne Kompetenzen dar – so ist »soziale Kompetenz« ein Oberbegriff für entwickelte Perspektivenübernahme, andere sozialkognitive Kompetenzen (z.B. Freundschaftsverständnis), kommunikative Kompetenzen, emotionale Kompetenzen (z.B. Emotionsverständnis, Emotionsausdruck und Emotionsregulation), Selbstsicherheit, Konflikt-, Kontakt- und Kooperationsfähigkeit. Die einzelnen Kompetenzen basieren auf unterschiedlichen Kompetenzkomponenten (Basiskomponenten, Operationen); Emotionsregulation beinhaltet etwa die Kompetenzkomponente, Ärger zu regulieren.

Im Hinblick auf zwischenmenschliche Kompetenzen lassen sich, wie erwähnt, nicht nur drei Kompetenzbereiche, sondern bezüglich eines Kompetenzbereichs jeweils auch vier Kompetenzdimensionen unterscheiden, nämlich kognitive, kommunikative, emotionale und handlungsstrukturierende Fähigkeiten. Ich knüpfe bei der Bestimmung der Kompetenzen an die bereits skizzierten Erweiterungen des strukturgenetisch-konstruktivistischen Ansatzes von Selman und Kohlberg an. Die gesellschaftlichen Veränderungsprozesse erfordern jedoch über die von Selman und Kohlberg thematisierten spezifischen sozialen, moralischen und demokratischen Fähigkeiten hinaus weitere Fähigkeiten. Neben den Theorien von Kohlberg und Selman erscheinen bezüglich aller drei Bereiche zum einen Theorien der sozialen Informationsverarbeitung (insbesondere die Ansätze von Dodge) wichtig. Damit können verschiedene handlungsbezogene kognitive Prozesse berücksichtigt werden (etwa Prozesse der Handlungsplanung); mit ihrer Unterscheidung von Handlungsphasen stützen sich bereits Selman und Kohlberg auf Elemente dieser Forschungstradition. Ich knüpfe zudem an verschiedene Ansätze an, die die Bedeutung der kommunikativen Dimension des Handelns betonen. Bezüglich sozialer Kompetenzen findet sich eine solche kommunikationstheoretische Perspektive insbesondere bei Geulen, Habermas und Oevermann, bezüglich moralischer und demokratischer Kompetenzen vor allem bei Althof, Edelstein, Habermas, Keller, Miller, Oser und Reuss. Bedeutsam sind auch Ansätze, die emotionale Fähigkeiten ins Zentrum rücken (etwa die Ansätze von Gardner, Saloyev, Mayer, Goleman, Saarni, Denham und Hoffman) sowie Ansätze zu handlungsstrukturierenden Fähigkeiten, welche vor allem der lerntheoretischen Tradition entstammen.

Formen der Perspektivenübernahme und der sozialen Problemlösungsfähigkeiten beinhalten kognitive Fähigkeiten. Durch kommunikative Fähigkeiten wird eine bessere Abstimmung der Situationsdefinitionen, Ziele, Motive und Handlungspläne der Akteure möglich. Emotionale Fähigkeiten dienen besonders der Sensibilisierung gegenüber Problemlagen von Akteuren und der volitionalen Handlungssteuerung. Handlungsstrukturierende Fähigkeiten hingegen leiten das Handeln. Die Lösung von Handlungsproblemen setzt dabei auch kognitive, kommunikative und emotionale Fähigkeiten voraus.

Zudem wähle ich eine handlungstheoretische Perspektive. Die Funktion einer einzelnen Basiskompetenz (einer kognitiven, kommunikativen, emotionalen und handlungsstrukturierenden Kompetenz) in einem Kompetenzbereich unterscheidet sich in Abhängigkeit von der Handlungsphase. Hinsichtlich des sozialen, moralischen und demokratischen Kompetenzbereichs nehme ich jeweils sechs Handlungsphasen an: Situationserfassung, Zielsetzung, Motivation, Planung der Handlung, Handeln, Bewertung des Handelns. Eine ähnliche Differenzierung von Handlungsphasen nehmen Heckhausen und Gollwitzer in ihrem »Rubikonmodell« vor (vgl. Achtziger/Gollwitzer 2002). Bei jeder Handlungsphase in den drei Kompetenzbereichen spielen sozialkognitive Fähigkeiten (vor allem Perspektivenübernahme sowie soziale Problemlösungsfähigkeiten im Sinne der Theorien der sozialen Informationsverarbeitung), kommunikative und emotionale Fähigkeiten eine Rolle. Bei der fünften Handlungsphase (Handeln) sind jeweils auch handlungsstrukturierende Fähigkeiten relevant. Ich gehe von der Zuordenbarkeit verschiedener Kompetenzen zu Handlungsphasen aus. Handlungstheoretische Modelle hinsichtlich der Demokratiekompetenz wurden bisher selten formuliert, wohingegen man handlungstheoretische Modelle sozialer und moralischer Kompetenzen in größerer Zahl findet. Es gibt indes auch automatisierte, unbewusst ablaufende Prozesse, die in dem handlungstheoretischen Ansatz zu berücksichtigen sind (vgl. Gigerenzer 2007; Haidt 2001; Kanning 2005; G. Roth 2007).

Differenziert wird in jedem Kompetenzbereich auch zwischen unterschiedlichen Lebensbereichen (sozialen Kontexten) und verschiedenen Problembereichen.

Bei der Bestimmung von Entwicklungssequenzen und -bedingungen orientiere ich mich vor allem an der strukturgenetisch-konstruktivistischen Perspektive der Piaget-Tradition; die kognitiv-strukturellen Grundlagen der kommunikativen, emotionalen und handlungsstrukturierenden Fähigkeiten sollen herausgearbeitet werden. Gestützt auf unterschiedliche Forschungsergebnisse kann ein Komplexitätszuwachs bei der Entwicklung der meisten Fähigkeiten angenommen werden.

Handlungsphasen, Problembereiche und soziale Kontexte bestimmen die Entwicklungssequenzen bei den Fähigkeiten, d.h. auch kontextspezifische Sequenzen sind zu erwarten (vgl. Baltes 1990). Die strukturgenetisch-konstruktivistische Tradition Piagets steht neben verschiedenen anderen entwicklungspsychologischen Theorietraditionen bzw. Theorierichtungen (vgl. Tab. 3.1).

Theorierichtung	Beschreibung d. Entwicklung	Erklärung der Entwicklung
	kontinuierliche oder diskontinuierliche Entwicklung? Kontextspezifität der Entwicklung?	Anlage oder Umwelt? welche Entwicklungsmechanismen? frühe oder spätere Erfahrungen?
Biologisch orientierte Theorien	sowohl kontinuierlich als auch diskontinuierlich; Kinder und Erwachsene entwickeln allmählich eine größere Bandbreite adaptiver Verhaltensweisen; universelle Entwicklungssequenzen	vor allem Anlage; Evolution und Vererbung beeinflussen die Verhaltensweisen maßgeblich
Lerntheorien	kontinuierlich; Entwicklung ist Zunahme von gelernten Verhaltensweisen; Betonung situationsabhängiger Variationen in den Verhaltensweisen	vor allem Umwelt; Entwicklung ist zum Beispiel Ergebnis von Prozessen des Konditionierens und des Modelllernens; frühe und spätere Erfahrungen sind wichtig
Psychoanalytische Ansätze	diskontinuierlich; Ausbildung psychodynamischer Aspekte; universelle Stufensequenzen	sowohl Anlage als auch Umwelt; angeborene Impulse werden durch Identifikationsprozesse in bestimmte Richtungen gelenkt; frühe Erfahrungen bestimmen den Verlauf der Entwicklung
Strukturgenetisch-konstruktivistische Theorien der Piaget-Tradition	diskontinuierlich; bereichsübergreifende und universelle Stufensequenzen	sowohl Anlage als auch Umwelt; vor allem Betonung konstruktiven Lernens; frühe und spätere Erfahrungen sind wichtig
Bereichstheorien	diskontinuierlich; bereichsspezifische und universelle Stufensequenzen	sowohl Anlage als auch Umwelt; vor allem Betonung bereichsspezifischen konstruktiven Lernens; frühe und spätere Erfahrungen sind wichtig
Sozialökologische Theorien	nicht näher ausgeführt, wahrscheinlich diskontinuierliche, kontextspezifische Entwicklungssequenzen	sowohl Anlage als auch Umwelt; Individuum und Umwelt beeinflussen sich wechselseitig, insbesondere Bedeutung des Handelns; frühe und spätere Erfahrungen sind wichtig
Marxistischdialektische Theorien	diskontinuierlich; Stufensequenzen vor allem abhängig von sozialen Ungleichheitslagen in einer Gesellschaft, d.h. schichten- bzw. klassenspezifische Stufensequenzen	sowohl Anlage als auch Umwelt; Kommunikation und Kooperation mit erfahreneren Personen tragen zur Entwicklung bei; Bedeutung des Handelns; frühe und spätere Erfahrungen sind wichtig
Feministische Theorien	diskontinuierlich; geschlechtspezifische Stufensequenzen	sowohl Anlage als auch Umwelt; Mechanismen geschlechtsspezifischer Sozialisation; frühe und spätere Erfahrungen sind wichtig
Kulturpsychologische Theorien	diskontinuierlich; kulturspezifische Stufensequenzen	sowohl Anlage als auch Umwelt; Mechanismen kulturspezifischer Sozialisation; frühe und spätere Erfahrungen sind wichtig

Theorierichtung	Beschreibung d. Entwicklung	Erklärung der Entwicklung
Theorien der Informationsverarbeitung	kontinuierlich; allmähliche Ausbildung kognitiver Fähigkeiten, wie etwa Wahrnehmung, Gedächtnisleistung und Fähigkeiten zur Problemlösung; universelle Entwicklungssequenzen	sowohl Anlage als auch Umwelt; aktives und sinnbezogenes Lernen; frühe und spätere Erfahrungen sind wichtig
Postmoderne Theorien	sowohl kontinuierlich als auch diskontinuierlich; kontextspezifische Sequenzen	sowohl Anlage als auch Umwelt; Bedeutung des Handelns
Entwicklungspsychologie der Lebensspanne	sowohl kontinuierlich als auch diskontinuierlich; Fortschritte und Rückschritte sowie Auftauchen neuer Fähigkeiten in allen Altersstufen; kontextspezifische Entwicklungssequenzen	sowohl Anlage als auch Umwelt; breites Spektrum von Entwicklungsmechanismen; Plastizität in jedem Alter; frühe und spätere Erfahrungen sind wichtig

Tab. 3.1:   Theorierichtungen der Entwicklungspsychologie (eigene Zusammenstellung)

In der folgenden Zusammenstellung werden bei einem Kompetenzbereich den einzelnen Fähigkeiten zunächst wichtige in der strukturgenetisch-konstruktivistischen Tradition Piagets stehende Autoren zugeordnet und dann wichtige Autoren aus anderen Traditionen zugewiesen. Die beiden Gruppen sind durch einen Strichpunkt getrennt.

Soziale Kompetenzen
- Fähigkeiten zu entwickelten deskriptiven sozialen Kognitionen, etwa Fähigkeit zur Perspektivenübernahme (Edelstein, Keller, Selman; Bandura, Damon, Dodge, Flavell, Jerusalem, Turiel)
- sozial-kommunikative Fähigkeiten (Geulen, Habermas, Oevermann; Schultz von Thun)
- emotionsbezogene soziale Fähigkeiten, etwa Frustrationstoleranz (Habermas, Krappmann; Bowlby, Denham, Gardner, Goleman, Izard, Mayer, Saarni, Salovey)
- handlungsstrukturierende soziale Fähigkeiten: Selbstsicherheit (Selman; Bandura, Hinsch, Petermann), Konfliktfähigkeit (Adalbjarnardottir, Montada, Selman; Gordon), Kontaktfähigkeit (Selman; Bowlby, Hinsch), Kooperationsfähigkeit (Geulen; Holzkamp)

Moralische Kompetenzen
- moralkognitive Fähigkeiten, etwa moralische Urteilsfähigkeit (K. Beck, Eckensberger, Edelstein, Gibbs, Keller, Kohlberg, Lempert, Nunner-Winkler, Rest, Reuss; Crick, Damon, Eisenberg, Gilligan, Haidt, Lemerise, Shweder, Turiel)

- moralische Dialogfähigkeiten (Althof, Berkowitz, Edelstein, Habermas, Keller, Miller, Oser, Reuss; Schultz von Thun)
- emotionsbezogene moralische Fähigkeiten (Gibbs, Montada; Eisenberg, Haidt, Hoffman)
- handlungsstrukturierende moralische Fähigkeiten: Fähigkeit zu normkonformem, fairem, fürsorglichem oder hilfreichem Handeln (Blasi, Heinrichs, Kohlberg, Krettenauer, Montada, Noam, Nunner-Winkler, Rest; Bandura, Hoffman, Scheithauer, Zahn-Waxler)

Demokratische Kompetenzen
- Fähigkeiten zu politischen Kognitionen, etwa politische Urteilsfähigkeit (Grammes, Henkenborg, Himmelmann, Kohlberg, Reinhardt; Breit, Detjen, Gagel, Massing, Sander, Sutor, Turiel)
- Fähigkeiten Demokratischen Sprechens (Sliwka; Reichenbach)
- politikbezogene emotionale Fähigkeiten (Henkenborg, Himmelmann; Reichenbach)
- handlungsstrukturierende politische Fähigkeiten: Fähigkeit zu loyalem, partizipativem, tolerantem, zivilcouragiertem oder solidarischem Handeln (Edelstein, de Haan, Eikel, Himmelmann, Krettenauer, Schirp; Detjen, Massing, Sander)

Vergleicht man die angeführten Ansätze, zeigt sich, dass es hier weitgehenden Konsens über die Notwendigkeit der Berücksichtigung formal-struktureller kognitiver Faktoren gibt, was die Bedeutung der Theorien von Kohlberg und Selman illustriert. Gemeinsam ist den meisten Ansätzen auch die Unterscheidung von Handlungsphasen – dies veranschaulicht die Bedeutung der Theorien zur sozialen Informationsverarbeitung. Unterschiede gibt es hinsichtlich der Bestimmung des Gewichts kommunikativer, emotionaler und handlungsstrukturierender Fähigkeiten, der Anzahl von Handlungsphasen, der Frage der eindeutigen Zuordenbarkeit von einzelnen Kompetenzen zu Handlungsphasen sowie der Bedeutung qualitativer Veränderungen bei Entwicklungsprozessen.

Die von mir entwickelten drei Modelle stellen eher einen Orientierungsrahmen denn eine spezifische Theorie dar.

3.1 Aspekte sozialer Kompetenz

Das Konzept der sozialen Kompetenz gewann ab etwa Anfang der 1970er-Jahre Einfluss (vgl. Kanning 2005, S. 1f.). Mit diesem Konzept werden Formen der Auseinandersetzung des Individuums mit sozialen Problemen ins Blickfeld gerückt. Prominente verwandte Begriffe sind die Begriffe »soziale Intelligenz«, »emotionale Intelligenz« und »soziale Fertigkeiten« (vgl. Kanning 2005, S. 10ff.).

Es gibt bis heute keine konsensfähige Definition von sozialer Kompetenz: Eine Gruppe von Autoren betont die Verwirklichung von Eigeninteressen, eine weitere

Gruppe akzentuiert soziale Anpassung, und eine dritte Gruppe definiert soziale Kompetenz durch einen Kompromiss zwischen Selbstverwirklichung und sozialer Anpassung. Von der zweiten und dritten Gruppe werden meistens auch moralische Aspekte aufgeführt und nicht bloß Aspekte der Aufrechterhaltung sozialer Konstellationen. Die moralischen Fähigkeiten bleiben in diesen Ansätzen indes unterbestimmt, denn häufig wird nur die moralische Fähigkeit zur Empathie erwähnt.

In der vorliegenden Arbeit wird die dritte Variante gewählt, wobei jedoch moralische Aspekte ausgeklammert werden. »Soziale Kompetenz« stellt einen Oberbegriff für verschiedene Fähigkeiten dar, die es ermöglichen, im Umgang mit Menschen effektiv zu handeln. Effektives soziales Handeln zeichnet sich dadurch aus, die eigenen Ziele zu verwirklichen, zugleich aber Interaktionen, Beziehungen und Gruppen bzw. Gruppenzugehörigkeiten aufrechtzuerhalten. Soziale Kompetenzen beinhalten zum Teil auch in einem Spannungsverhältnis stehende Fähigkeiten (etwa Selbstsicherheit vs. Kooperationsfähigkeit). Die Unterscheidung zwischen allgemeinen und bereichsspezifischen sozialen Kompetenzen ist notwendig (vgl. Kanning 2005).

Im Blick auf das Konzept der sozialen Kompetenz drängt sich – wie auch hinsichtlich des Konzepts der moralischen und demokratischen Kompetenz – die Frage auf, welche, Abstraktionsebene sinnvoll ist (einzelne Handlung vs. globale Fähigkeit). Zudem stellt sich die Frage nach den sozialen Lebensbereichen und Problemsituationen, in denen sich soziale Kompetenz ausdrückt (z.B. Kontaktaufnahme mit fremden Personen, kooperatives Handeln in Gruppen).

In PISA 2000 (deutsche Studie) wurden unter anderem auch Fähigkeiten der Kooperation und Kommunikation erfasst. Als zentrale Aspekte von Kooperation und Kommunikation wurden kognitive Aspekte (Perspektivenübernahme, soziale Selbstwirksamkeitsüberzeugungen), emotional-motivationale Aspekte (soziale Orientierungen, soziale Ziele bezogen auf das Verhalten in der Schule und gegenüber Gleichaltrigen, Empathie) und Werthaltungen (Verantwortungsübernahme, Verantwortungsabwehr) untersucht. Entsprechende Vergleiche der Bundesländer sind durchgeführt worden (vgl. Stanat/Kunter 2001). Das Konzept sozialer Kompetenz bleibt in PISA 2000 auf wenige Dimensionen verengt, und die Operationalisierungen der Dimensionen erscheinen fragwürdig.

Integrative Modelle sozialer Kompetenz haben vor allem Kanning, Rubin und Rose-Krasnor formuliert. In Deutschland befasste sich vor allem Kanning mit der Differenzierung und Systematisierung sozialer Kompetenzen. Kanning (2002; 2003; 2005) ermittelt mehr als 100 verschiedene Bezeichnungen sozialer Kompetenzen. Sie ließen sich durch Faktorenanalyse auf 15 reduzieren. Der Autor unterscheidet dabei drei Bereiche (Dimensionen) sozialer Kompetenz, nämlich den perzeptiv-kognitiven Bereich, den motivational-emotionalen Bereich und den behavioralen Bereich:

- perzeptiv-kognitiver Bereich: Selbstaufmerksamkeit, Personenwahrnehmung, Perspektivenübernahme, Kontrollüberzeugung, Entscheidungsfreudigkeit, Wissen;

- motivational-emotionaler Bereich: emotionale Stabilität, Prosozialität, Werteplu-
  ralismus;
- behavioraler Bereich: Extraversion, Durchsetzungsfähigkeit, Handlungsflexibili-
  tät, Kommunikationsfertigkeiten, Konfliktverhalten, Selbststeuerung.

Bei Kanning fehlen wichtige soziale Kompetenzen, etwa Kontakt- und Kooperationsfähigkeit.

Im internationalen Bereich entwickelte Rubin (vgl. z.B. Rubin/Bukowski/Parker
2006) ein Modell, das kognitive und handlungsbezogene Kompetenzen im Hinblick
auf Interaktionen, Beziehungen und Gruppen bestimmt sowie automatisierte Prozesse und soziale Skripts ins Blickfeld rückt.

Rose-Krasnor (1997) formulierte ein hierarchisches Modell sozialer Kompetenz:
Auf der untersten Ebene werden einzelne kognitive Fähigkeiten sowie emotional-
motivationale Fähigkeiten angesiedelt (»Skills Level«). Diese Kompetenzen dienen
der Erreichung von Handlungszielen. Die Handlungsziele selbst umfassen Interessen des Selbst sowie Orientierungen an den Erwartungen anderer (»Index Level«).
Den Begriff »Soziale Kompetenz« versteht Rose-Krasnor als Oberbegriff für die
verschiedenen Aspekte der Fähigkeit zum situationsgerechten sozialen Handeln
(»Theoretical Level«).

Rubin und Rose-Krasnor liefern ebenfalls keine differenzierte Bestimmung sozialer Kompetenzen; ihre Konzepte bleiben relativ abstrakt.

Das eigene Modell sozialer Kompetenz, das im Folgenden skizziert wird, ist wie
das Modell von Rose-Krasnor hierarchisch angelegt, wie bei Selman ist die Perspektivenübernahme zentral, und wie bei Kanning werden verschiedene Kompetenzdimensionen aufgeführt. Unterschieden werden Kompetenzdimensionen, Handlungsphasen, soziale Kontexte und Problembereiche.

Wichtige soziale Kompetenzen sind komplexe soziale Kognitionen, kommunikative, emotionale und handlungsstrukturierende Fähigkeiten. Es ist deshalb sinnvoll, an sozialkognitive Ansätze (in der strukturgenetisch-konstruktivistischen Piagets und in der informationstheoretischen Tradition), an kommunikationsorientierte
Ansätze, an Positionen von Forschern, die sich mit emotionalen Fähigkeiten beschäftigen sowie an handlungsstrukturierende Fähigkeiten thematisierende Ansätze
(insbesondere lerntheoretische Positionen) anzuknüpfen.

Grundlegend für soziale (sowie auch für moralische und demokratische) Kompetenz ist die Übernahme sozialer Perspektiven. Ein zentrales Ziel der Erziehung
muss es deshalb sein, die Schüler zu befähigen, die Welt aus der Sicht anderer Personen sowie verschiedener Beziehungen, Gruppen und sozialer Systeme wahrzunehmen und unterschiedliche Perspektiven zu koordinieren. Wichtig ist auch ein
differenziertes Verständnis der sozialen Welt, etwa ein entwickeltes Freundschaftsverständnis (vgl. Selman 2003).

Selmans Modell des Wissens um interpersonale Verhandlungsstrategien beinhaltet weitere kognitive Komponenten sozialer Kompetenz (vgl. auch Tab. 3.2). Auf
den höheren Stufen der Verhandlungsstrategien wird eine immer bessere Koordina-

tion der unterschiedlichen Interessen und Meinungen einzelner Personen möglich (vgl. auch Keller 1996). Selman formuliert zusätzlich ein plausibles kognitivistisches Modell von Strategien zur Herstellung von Nähe und Vertrautheit mit entsprechenden Stufen des Verständnisses (vgl. auch Tab. 3.3). Sein gesamter Ansatz lässt allerdings einige wichtige Aspekte sozialer Kompetenz unberücksichtigt (wie etwa Kommunikationsfähigkeiten und emotionale Kompetenzen).

Das Modell von Dodge zielt auf inhaltliche Aspekte sozialer Kognition. Dodge (vgl. Crick/Dodge 1994; Dodge 1993), an dem sich Selmans Modell von Verhandlungsstrategien unter anderem orientiert, unterscheidet sechs Phasen der sozialen Informationsverarbeitung: Wahrnehmung von Informationen, Interpretation von Informationen, Klärung des Handlungsziels bzw. der Handlungsziele, Suche nach Handlungsalternativen, Auswahl einer Handlungsalternative und Handeln. Mit diesem Modell sozialer Informationsverarbeitung wird erklärbar, wie Informationen aus der sozialen Umwelt wahrgenommen und interpretiert und wie Interpretationen handlungsleitend werden. Beispielsweise wählen Personen mit einer depressiven Störung überwiegend »negative« Reize aus, bewerten wahrgenommene Umweltaspekte eher negativ und betrachten deshalb den sozialen Rückzug häufig als einzig sinnvolle Handlungsalternative.

Lemerise und Arsenio (2000) haben das kognitivistische Modell von Dodge um emotionale Faktoren erweitert. Emotionale Faktoren üben, so zeigen die beiden Autoren, in jeder Phase der Informationsverarbeitung Einfluss aus. Beispielsweise können hohe emotionale Reaktivität der Person, gering ausgebildete Emotionsregulation und traurige Stimmung die verschiedenen Schritte der Informationsverarbeitung beeinträchtigen. Auch können wahrgenommene emotionale Aspekte einer Beziehung (z.B. ihre Konfliktträchtigkeit) einen Einfluss auf die kognitiven Prozesse ausüben.

Mit seiner Theorie der Selbstwirksamkeit macht Bandura auf das Bemühen des Menschen aufmerksam, die Wirksamkeit des eigenen Handelns zu erfahren (vgl. Bandura 1979). Selbstwirksamkeit bezieht sich vor allem auf die Erfüllung von Aufgaben. In sozialen Kontexten meint es die Überzeugung, soziale Anforderungen bewältigen zu können (vgl. Edelstein 1995; Jerusalem/Klein-Heßling 2002). Selbstwirksamkeit umfasst auch die realistische Einschätzung eigener Handlungsmöglichkeiten bzw. die Erfassung eigener Handlungsgrenzen.

Wichtig bei der Bestimmung des Bereichs sozialer Kompetenz ist auch die kommunikative Dimension sozialen Handelns. Es erscheint angemessen, im Sinne von Habermas zwischen der Fähigkeit zum »kommunikativen Handeln«, zum »Diskurs« und zum »strategischen Handeln« zu unterscheiden. Sprecher erheben bei einer verständigungsorientierten Äußerung, bei einer »kommunikativen Handlung« zwangsläufig den Anspruch, dass die Bedingungen für die Gültigkeit ihrer Äußerung erfüllt sind (d.h. sie erheben »Geltungsansprüche«) und nehmen die Verpflichtung auf sich, die Geltungsansprüche auch einzulösen. Jede verständigungsorientierte Äußerung umfasst Ansprüche auf Wahrheit, Verständlichkeit, Wahrhaftigkeit und normative Richtigkeit. In Diskursen prüfen die Subjekte gemeinsam die

Anerkennungswürdigkeit der Geltungsansprüche von Aussagen, wobei sie die Voraussetzung machen, dass nur der »zwanglose Zwang des besseren Arguments« ihre Kommunikation bestimmt. Strategisches Handeln zeichnet sich durch die Instrumentalisierung kommunikativen Handelns für die eigenen Interessen aus (vgl. Habermas 1981; 1983; auch Geulen 1977; Oevermann 1976).

Seit Anfang der 90er-Jahre rückten verstärkt emotionale Fähigkeiten ins Blickfeld der Forschung (vgl. als Übersicht Bar-On/Parker 2000; Matthews/Zeidner/Roberts 2002). Die Forscher analysieren etwa Fähigkeiten, Emotionen zu verstehen, sie situationsangemessen auszudrücken und zu regulieren (wie z.B. Regulation von Ärger). Durch diese Fähigkeiten lassen sich soziale Interaktionen steuern sowie Beziehungen aufrechterhalten. Bedeutsam sind vor allem die Modelle von Gardner, Salovey, Mayer und Goleman (»Emotionale Intelligenz«) sowie die Ansätze von Saarni und Denham (»Emotionale Kompetenz«). Ausgangspunkt von Salovey und Mayer (vgl. Mayer/Salovey 1997) und von Goleman (vgl. Goleman 1997) ist Gardners Unterscheidung von »intrapersonaler« (auf die eigene Person bezogener) Intelligenz und »interpersonaler« (auf andere Personen bezogener) Intelligenz (Gardner 2002), wobei die Autoren stärker als Gardner die affektiven Aspekte betonen. Goleman (1997, S. 65f.) unterscheidet in seinem Buch »Emotionale Intelligenz« (im Anschluss an Mayer und Salovey) die folgenden Dimensionen emotionaler Intelligenz:

- die Fähigkeit, eigene Gefühle differenziert wahrzunehmen (»die eigenen Emotionen kennen«);
- die Fähigkeit, eigene negative Gefühle (wie Ärger, Angst, Schwermut) zu kontrollieren (»Emotionen handhaben«);
- die Fähigkeit, Gefühle (etwa des Eifers und der Zuversicht) für die Erreichung eigener Ziele zu mobilisieren (»Emotionen in die Tat umsetzen«);
- die Fähigkeit, sich in die Gefühle anderer einzufühlen und am emotionalen Erleben anderer Anteil zu nehmen (»Empathie«);
- die Fähigkeit, mit den Gefühlen anderer umzugehen, zwischen eigenem emotionalem Erleben und dem Ausdruck von Emotionen zu trennen, Beziehungen aufzubauen und zu pflegen (»Umgang mit Beziehungen«).

Einige Jahre später geht Goleman von vier Dimensionen mit 19 Komponenten aus, wobei er sich jetzt nicht länger auf emotionsbezogene Fähigkeiten beschränkt (vgl. Goleman/Boyatzis/Mc Kee 2003). Er differenziert zwischen »persönlichen Kompetenzen« und »sozialen Kompetenzen« und erfasst jeweils kognitive und nichtkognitive Aspekte. Anschließend hat er in dem Buch »Soziale Intelligenz« die sozialen Kompetenzen genauer bestimmt (vgl. Goleman 2006).

Saarni (vgl. Saarni 1999) fügt Golemans ursprünglichem Modell emotionaler Kompetenzen weitere Fähigkeiten hinzu, etwa die Fähigkeit, über Emotionen zu kommunizieren und sich der emotionalen Dimension von Beziehungen bewusst zu sein. Denham (1988) führt Emotionsverständnis, Emotionsausdruck und Emotionsregulation als Komponenten auf. Denham und Mitarbeiter (vgl. Halberstadt/Denham/Dunsmore 2001) unterscheiden zwischen dem Senden einer affektiven Botschaft, dem Empfang einer solchen Botschaft und dem Affekterleben, wobei sie ein Phasenmodell formulieren. Dabei differenzieren die Autoren jeweils zwischen dem Bewusstsein emotionalen Erlebens, der Identifikation von Emotionen, der Einbettung in den sozialen Kontext und der Regulation von Emotionen.

Handlungsstrukturierende Fähigkeiten, nämlich die Fähigkeit, selbstsicheres Verhalten zu zeigen, Konflikt-, Kontakt- und Kooperationsfähigkeit, sind weitere wichtige Aspekte sozialer Kompetenz.

Einige Autoren – vor allem Klinische Psychologen, die verhaltenstherapeutischen Grundsätzen folgen – definieren soziale Kompetenz hauptsächlich durch Aspekte selbstsicheren Verhaltens. Soziale Kompetenz verstehen diese Autoren als Oberbegriff für ältere Konzepte wie Selbstvertrauen, Selbstbehauptung oder Durchsetzungsfähigkeit. Sie unterscheiden sozial kompetentes, selbstsicheres Verhalten von (sozial inkompetentem) unsicherem und aggressivem Verhalten, und benennen kurzfristige sowie langfristige Konsequenzen dieser Verhaltensklassen (vgl. Tab. 3.2).

Selbstsicheres Verhalten kann sich insbesondere in drei verschiedenen Situationstypen zeigen: bei der Durchsetzung eigener Rechte gegenüber fremden Personen, bei der Aufnahme von Kontakten und innerhalb von Beziehungen. Die Kriterien für selbstsicheres Verhalten ändern sich in diesen Situationstypen (vgl. Hinsch/Wittmann 2003). Selbstsicheres Verhalten schließt dabei Kritikfähigkeit ein. In der klinisch-psychologischen Tradition werden heute im Blick auf selbstsicheres Verhalten sowohl kognitive als auch affektive Prozesse (als Voraussetzungen für selbstsicheres Verhalten) betont.

Selbstsicherheit stellt also eine Fähigkeit des Individuums dar, die eigenen Interessen gegenüber anderen Personen sowie in Beziehungen und Gruppen zu artikulieren und durchzusetzen. Manche Autoren hingegen verweisen auf Fähigkeiten zur Koordinierung von Interessen bzw. Handlungen, nämlich auf Konflikt-, Kontakt- oder Kooperationsfähigkeit. Konfliktfähigkeit bezeichnet die Fähigkeit, bei konfligierenden Interpretationen, Zielen, Motiven und Handlungsplänen einvernehmliche Lösungen zu finden (ohne jedoch Konflikte zu unterdrücken). Diese Fähigkeit macht also einen konstruktiven Umgang mit sozialen Konflikten möglich. Kontaktfähigkeit erlaubt die Herstellung sozialer Kontakte, aber auch die Aufrechterhaltung und Verbesserung von Beziehungen. Dies erfordert jeweils eine angemessene Balance von Nähe und Distanz. Kooperationsfähigkeit ermöglicht die Verwirklichung gemeinsamer Ziele. Diese Fähigkeit trägt zur Aufrechterhaltung von Formen arbeitsteiliger Kooperation bei; Kooperation beinhaltet dabei Mitwirkung. Kooperationsfähigkeit schließt Organisationsfähigkeit ein.

Merkmal	Aggressiv	Unsicher	Selbstsicher
Stimme	• brüllend, schreiend	• leise, zaghaft	• laut, klar, deutlich
Gestik, Mimik	• unkontrolliert • drohend • kein Blickkontakt oder »Anstarren«	• kaum vorhanden oder verkrampft • kein Blickkontakt	• unterstreichend, lebhaft • entspannte Haltung • Blickkontakt
Formulierung	• drohend, beleidigend	• unklar, mehrdeutig	• eindeutig
Inhalt	• keine Erklärungen und Begründungen • Drohungen • Beleidigungen • keine Kompromisse • Rechte anderer werden ignoriert	• überflüssige Erklärungen • Verschweigen eigener Bedürfnisse • Benutzung von »Man«, Gefühle werden nicht direkt ausgedrückt	• präzise Begründung • Ausdrücken eigener Bedürfnisse • Benutzung von »Ich« • Gefühle werden direkt angesprochen • Kompromisse

$$\downarrow \qquad \downarrow \qquad \downarrow$$

	Aggressiv	Unsicher	Selbstsicher
Kurzfristige Konsequenzen	• Durchsetzung Ziel erreicht	• Niederlage, Ziel nicht erreicht	• Durchsetzung, aber nicht um jeden Preis
Langfristige Konsequenzen	• erzeugt Ablehnung beim Gesprächspartner • Beeinträchtigung der sozialen Beziehung • wichtige Dinge werden nicht richtig ausdiskutiert	• Überlegenheitsgefühl beim Gesprächspartner • mangelnde Befriedigung der eigenen Bedürfnisse • Minderung des Selbstbewußtseins	• Beziehung zum Gesprächspartner bleibt erhalten oder wird verbessert • Gesprächspartner sind gleichberechtigt: jeder spricht seine Bedürfnisse an • positiv für das Selbstbewußtsein

Tab. 3.2: *Aspekte selbstsicheren, aggressiven und unsicheren Verhaltens (Junge et al. 2002, S. 279)*

Soziale Kompetenzen setzen auch verschiedene fächerübergreifende Kompetenzen voraus, etwa logisch-mathematische und sprachliche Fähigkeiten.

In einem kompetenztheoretischen Rahmen für soziale Fähigkeiten wären also vor allem sozialkognitive, kommunikative, emotionale und handlungsstrukturierende Fähigkeiten zu berücksichtigen. Verwandte Konzepte können dadurch integriert werden. Der Evaluation von Förderungsprogrammen, die Weissberg, Utne-O'Brien und Payton vornahmen (vgl. CASEL 2003), liegt ein ähnliches integratives Konzept zugrunde, was allerdings nicht in einem kompetenztheoretischen Rahmen steht. Selbstwahrnehmung, soziale Wahrnehmung und Fähigkeit zu verantwortungsvollen Entscheidungen beinhalten Perspektivenübernahme und andere soziale Kognitionen, Beziehungsfähigkeiten beinhaltet kommunikative Fähigkeiten, Selbstmanagement, umfasst einige Aspekte emotionaler Kompetenz und verschiedene handlungsstrukturierende Fähigkeiten. In eine ähnliche Richtung weist auch Golemans heutiges Modell. Das Konzept von DeSeCo umfasst Selbstsicherheit, Konfliktfähigkeit, Kontaktfähigkeit und Kooperationsfähigkeit.

Die sozialen Kompetenzen unterscheiden sich in Abhängigkeit von den Handlungsphasen. Es erscheint sinnvoll, zwischen sechs Phasen des Handelns zu unterscheiden: »Situationserfassung«, »Zielsetzung«, »Motivation«, »Planung der Handlung«, »Handeln« und »Bewertung des Handelns«. Im Unterschied zu Selmans und Adalbjarnardottirs Dimension »Auswahl einer Strategie« differenziere ich zwischen Zielsetzung, Motivation und Handlungsplanung, die anderen Phasen fasse ich zusammen. Die sechs Phasen werden im Folgenden kurz erläutert.

- *Situationserfassung*: Ein grundlegender Aspekt sozialer Kompetenz ist die angemessene Wahrnehmung der Situation. Um kompetent zu handeln, muss die Person die soziale Situation, mit der sie konfrontiert ist, differenziert wahrnehmen und interpretieren, was die Übernahme der Perspektive verschiedener Personen, Beziehungen, Gruppen und sozialer Systeme voraussetzt sowie das angemessene Verständnis von Aspekten der sozialen Welt. Die Person muss die eigenen Ziele, die Ansprüche der sozialen Umwelt und die Handlungsmöglichkeiten (Handlungsmittel) eruieren. Die Situation wird dabei vor dem Hintergrund des eigenen Handlungsrepertoires wahrgenommen und interpretiert. Kommunikative Fähigkeiten (wie etwa verständlich reden, aktiv zuhören) ermöglichen es den Individuen, sich über ihre Situationseinschätzungen zu verständigen. Bei der Situationserfassung kommen neben Fähigkeiten sozialer Kognition und kommunikativen Fähigkeiten emotionale Fähigkeiten (wie z.B. die Fähigkeit zu sozialen Gefühlen) ins Spiel.
- *Zielsetzung*: Der Situationserfassung folgt die Zielsetzung. Die Zielsetzung umfasst die Festlegung des Handlungsziels und auch die Auswahl geeigneter Handlungsmittel. Die Person versucht, die sinnvollste Handlung auszuwählen, was insbesondere die Orientierung an entscheidungstheoretischen Prinzipien (d.h. an Gesichtspunkten strategischer Rationalität) verlangt. Darüber hinaus versucht sie, Gesichtspunkte der Aufrechterhaltung von Beziehungen und Gruppen zu berücksichtigen. Kommunikative Fähigkeiten erlauben den Individuen die Verständigung über die Voraussetzungen und das Ergebnis ihres Entscheidungsprozesses. Bei der Auswahl einer rationalen Handlung ist auch die Kontrolle eigener Emotionen (wie etwa Wut und Angst) erforderlich, um kognitive Aktivitäten nicht zu beeinträchtigen.
- *Motivation*: Die Person muss sich entscheiden, ob sie ihren Einsichten folgen will, d.h. ob sie das Handlungsziel realisieren und die Handlungsmittel einsetzen möchte. Motivationale Aspekte (wie z.B. Motivverständnis), kommunikative

Fähigkeiten und emotionale Fähigkeiten sind für kompetentes soziales Handeln eine wichtige Voraussetzung.

- *Planung der Handlung*: Prozessen der Motivation folgt die Erstellung eines konkreten Handlungsplans und die Umsetzung dieses Plans. Die Handlungsplanung und die Umsetzung des Handlungsplans setzen neben entwickelten Kognitionen (z.B. Vorstellungen über eigene handlungsstrukturierende Fähigkeiten) Kommunikationsfähigkeiten und emotionalen Kompetenzen voraus.

- *Handeln*: Dann wird die Handlung vollzogen, wobei vor allem handlungsstrukturierende Fähigkeiten erforderlich sind. Selbstsicherheit ist erforderlich, um eigene Interessen durchzusetzen. Konflikt-, Kontakt- und Kooperationsfähigkeit ermöglichen ebenfalls die Realisierung des Handlungsplans; diese Fähigkeiten erlauben die Koordinierung von Interessen und Handlungen.

- *Bewertung des Handelns*: Die vollzogene Handlung wird von der Person anschließend bewertet – und zwar hauptsächlich unter Gesichtspunkten der Durchsetzung eigener Interessen und der Aufrechterhaltung von Beziehungen. Die Bewertung einer Handlung wirkt oft auf Prozesse der Situationserfassung, Zielsetzung, Motivation und Planung der Handlung zurück. Abbildung 3.1 fasst die Grundzüge der handlungstheoretischen Perspektive zusammen.

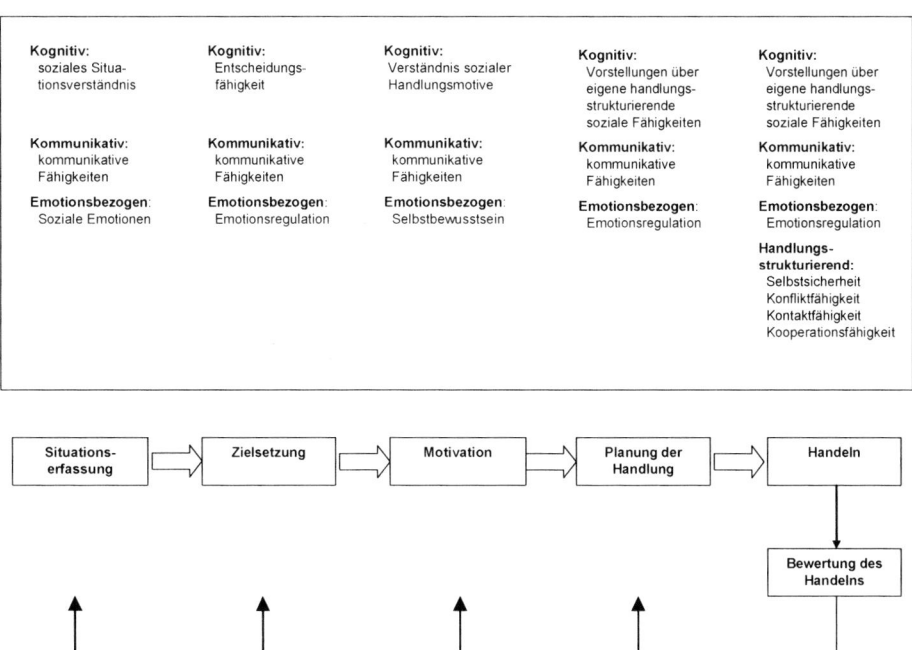

Abb. 3.1:   *Prozessmodell sozialer Kompetenzen (eigene Zusammenstellung)*

Dieses Prozessmodell ist wie die beiden folgenden Prozessmodelle lediglich ein idealtypisches Modell, d.h. verschiedene Verläufe sind möglich.

Die aufgeführten sozialen Kompetenzen werden in Situationen und sozialen Kontexten angewendet; Situationen und soziale Kontexte bewegen zum Handeln, und sie werden zugleich durch Handeln verändert: Die Person ist mit fremden Personen sowie mit verschiedenen Beziehungen und Gruppen konfrontiert; diese drei Felder stellen die zentralen sozialen Kontexte des Handelns dar. Vor allem vier Problembereiche (Situationstypen) kann man im Hinblick auf die einzelnen sozialen Kontexte jeweils unterscheiden: ein Recht durchsetzen, Konflikte einvernehmlich lösen, Kontakte herstellen bzw. Beziehungen aufrechterhalten sowie gemeinsam ein Ziel verfolgen (zusammenarbeiten). Die Problembereiche erfordern (als effektives, situationsangemessenes soziales Handeln) selbstsicheres, konfliktschlichtendes, kontaktfähiges bzw. kooperatives Handeln. Dabei ändern sich auch die kognitiven, kommunikativen und emotionalen Prozesse, die dem entsprechenden Handeln vorausgehen. Die vier handlungsstrukturierenden Fähigkeiten sind für alle sozialen Kontexte relevant, und eine einzelne handlungsstrukturierende Fähigkeit stellt eine wichtige psychische Voraussetzung für effektives Handeln in einem der vier Problembereiche dar. In vielen Situationen sind jedoch mehrere Handlungsorientierungen erforderlich, d.h. die Situation lässt sich nicht nur durch einen einzigen Problemtyp kennzeichnen.

Unter dem Begriff » soziale Tugend« fasse ich ein Gefüge von Dispositionen, das es ermöglicht, das als richtig erkannte Handeln zu realisieren. Soziale Tugenden (wie etwa Selbstsicherheit, Freundlichkeit, Charme) beinhalten jeweils kognitive, kommunikative, emotionale und handlungsstrukturierende Fähigkeiten. Sie umfassen neben Fähigkeiten auch Bereitschaften. Einzelne Tugenden beeinflussen also alle Handlungsphasen.

Welche Modelle der Entwicklung sozialer Kompetenzen wurden formuliert? Die vorliegenden Entwicklungsmodelle konzentrieren sich weitgehend auf kognitive Prozesse.

Die Entwicklung der Perspektivenübernahme und des Verständnisses von Personen und Beziehungen ist gut erforscht. Besonders Selmans Modell eignet sich zur Beschreibung der Entwicklung dieser sozialkognitiver Fähigkeiten (vgl. Flavell/Miller 1998). Die Fähigkeit zur Perspektivendifferenzierung (Stufe 1) und zur Perspektivenkoordinierung (Stufe 2) erwirbt das Kind im Allgemeinen im Grundschulalter. Im frühen Jugendalter bildet sich eine Beziehungsperspektive (Stufe 3), im mittleren Jugendalter eine Systemperspektive (Stufe 4) aus (vgl. Selman 2003).

Die Perspektivenübernahme betrachte ich als »Tiefenstruktur« der Entwicklung einzelner sozialer Kompetenzen (und auch einzelner moralischer und demokratischer Kompetenzen). Fähigkeitsstufen der Perspektivenübernahme fundieren die Entwicklung kognitiver, kommunikativer, emotionaler und handlungsstrukturierender Fähigkeiten.

Selman formuliert auch ein kognitivistisches Modell der Entwicklung von Verhandlungsstrategien. Er unterscheidet hinsichtlich der Verhandlungsstrategien verschiedene sozialkognitive Aspekte: Definition eines Problems, Entwicklung alternativer Strategien, Auswahl einer Strategie und Evaluation des Ergebnisses. Zugleich differenziert er zwischen vier Niveaus der Entwicklung dieser Aspekte: impulsiv-egozentrisches, unilaterales, reziprok-reflexives und kollaboratives Niveau (vgl. Tab. 3.3). Sein Modell ermöglicht die Beschreibung der kognitiv-strukturellen Aspekte dieser Strategien (vgl. auch Mischo 2004).

Niveau der Entwicklung	Schritte der Problemlösung			
	Definition des Problems	Entwicklung alternativer Strategien	Auswahl einer Strategie	Evaluation des Ergebnisses
Impulsiv Egozentrisch Niveau 0	Problem wird nicht von der Lösung unterschieden	Physisch (impulsiv)	Unmittelbare Befriedigung oder Schutz für das Selbst	Unmittelbare Folgen für das Selbst oder: keine Rechtfertigung
Unilateral Ein-Weg Niveau 1	Im Hinblick auf Wünsche und Bedürfnisse einer Person	Unilaterale verbale Konfliktlösung	Kurzfristige Befriedigung für sich oder andere	Folgen legitimiert aus einer Perspektive
Reziprok Reflexiv Niveau 2	Im Hinblick auf Bedürfnisse beider Personen, wobei einer Person Priorität gegeben wird	Reziproke verbale Konfliktlösung	Befriedigung für sich und den anderen in der Beziehung	Geteilte Sache, doch Folgen für eine Person überwiegen
Kollaborativ Dritte-Person-Perspektive Niveau 3	Im Hinblick auf geteiltes Problem mit langfristiger Berücksichtigung der Bedürfnisse beider	Zusammenarbeit mit anderen aus gegenseitigem Interesse (kollaborativ)	Dialog, um eine langfristige Freundschaft zu erhalten	Positive Folgen für beide Personen in einer Beziehung

Tab. 3.3: *Entwicklungsniveaus der vier funktionalen Schritte (Adalbjarnardottir 2001, S. 215)*

Auf Stufe 4, die in der Tabelle nicht aufgeführt ist, wird dann der Zusammenhang von unterschiedlichen Beziehungen berücksichtigt. An anderer Stelle führt Selman auch systembezogene Handlungsstrategien auf.

Selman formuliert darüber hinaus ein kognitivistisches Modell der Entwicklung von Strategien zur Herstellung von Nähe und Vertrautheit (Intimitätsstrategien). Er unterscheidet fünf stufenspezifische Strategien zur Herstellung von Nähe und Vertrautheit (vgl. Tab. 3.4).

geteilte Erfahrung Beziehungsaspekt	Stufen der Koordinierung sozialer Perspektiven	Interpersonale Verhandlungsstrategien: Autonomie-Aspekt
unreflektierte Nachahmung oder Verstrickung; fehlende Abgrenzung	Stufe 0: undifferenziert, egozentrisch	körperliche Gewalt: impulsiver Kampf oder Flucht oder Starre
unreflektierte Übernahme gezeigter Gefühle	Stufe 1: differenziert, subjektiv	unidirektionale, einseitige Macht: Befehle oder Gehorsam
reflektierte Formen des Teilens ähnlicher Wahrnehmungen und Erfahrungen	Stufe 2: reziprok, selbstreflexiv	kooperativer Austausch: Überzeugung oder Rücksichtnahme
empathische Formen des Teilens von Überzeugungen und Werten	Stufe 3: gemeinschaftlich, Bezugnahme auf Dritte	Kompromissbildung
gegenseitige Formen des Teilens von Verletzlichkeiten und Identitäten	Stufe 4: vertraut, in die Tiefe gehend, gesellschaftsbezogen	Integration von Beziehungsdynamiken, Verantwortlichkeit, Engagement

Tab. 3.4: Entwicklungsstufen des interpersonalen Handelns auf Grundlage der Koordinierung sozialer Perspektiven (nach Selman 2003, S. 31)

Zunächst wird Verhalten nachgeahmt (Stufe 0). Dann werden Gefühle gemeinsam ausgedrückt (Stufe 1). Anschließend wird auf geteilte Wahrnehmungen reflektiert (Stufe 2). Schließlich werden Überzeugungen (Stufe 3) und Identitäten geteilt (Stufe 4). Mit Blick auf diese Strategien kann man ähnliche funktionale Aspekte bestimmen wie hinsichtlich der Verhandlungsstrategien (vgl. Tab. 3.3). Mitte der 80er-Jahre entwickelte Selman zudem das Programm »Risk and Prevention«, das auch die Entwicklung des Verständnisses der persönlichen Bedeutung des eigenen Risikoverhaltens in den Vordergrund rückt (vgl. Selman 2003; auch 6.2).

Insbesondere Habermas hat die Entwicklung kommunikativer Fähigkeiten beschrieben. Er zeigt, dass sich kommunikatives und strategisches Handeln im Entwicklungsverlauf zunehmend ausdifferenzieren. Erst mit dem Erwerb einer Beziehungsperspektive, d.h. im frühen Jugendalter, fügen sich die Kommunikationsrollen der ersten, zweiten und dritten Person zusammen (vgl. Habermas 1976; 1983).

Saarni und Denham zeichnen die Entwicklung emotionaler Kompetenzen differenziert nach. Saarni beispielsweise benennt im Hinblick auf die Emotionsregulation und den Ausdruck von Gefühlen Meilensteine der Entwicklung, wobei sie die Relevanz dieser Fähigkeiten für den Aufbau von Beziehungen verdeutlicht. Sie zeigt, dass bereits Vorschulkinder ihre Emotionen selbstständig regulieren können und sich die Strategien der Emotionsregulation im Grundschulalter verbreiten (z.B. verfügen Kinder im Grundschulalter auch über Strategien des Rückzugs aus einer

Situation). Bereits im Alter von zwei Jahren sind Kinder in der Lage, über ihre Gefühle zu reden. Vorschulkinder können zwischen emotionalem Erleben der Gefühle und ihrem Ausdruck trennen, d.h. den Ausdruck ihrer Gefühle kontrollieren. Eine Abbildung aus dem Buch von Petermann und Wiedebusch (2003) fasst wichtige Meilensteine der emotionalen Entwicklung in den ersten sechs Lebensjahren zusammen.

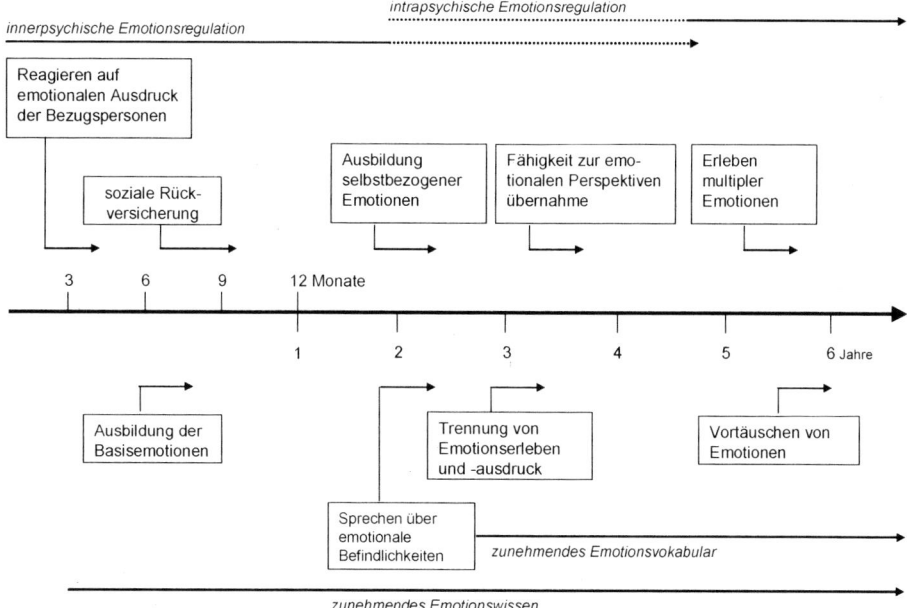

Abb. 3.2: Emotionale Entwicklung in den ersten sechs Lebensjahren (Petermann/Wiedebusch 2003, S. 28)

Im Grundschulalter erwerben die Kinder dann verschiedene Strategien, ihre Gefühle selbst zu regulieren. Um mit belastenden Situationen umzugehen, wenden sie zunächst handlungsbezogene Strategien an (z.B. mit anderen spielen), dann auch kognitive Strategien (z.B. sich ablenken). Im Hinblick auf die Schule wurden für emotionale Kompetenzen im US-amerikanischen Bundesstaat Illinois schulstufenbezogene Kompetenzstandards entwickelt. Sie eignen sich als Ausgangspunkt für die Bestimmung weiterer Entwicklungsschritte (vgl. www.casel.org).

Modelle zur Entwicklung handlungsstrukturierender Fähigkeiten fehlen bisher. Allerdings ist eine Ableitung entsprechender Stufen aus Selmans Stufen zu Verhandlungsstrategien und zu Strategien zur Herstellung von Nähe und Vertrautheit möglich.

3.2 Aspekte moralischer Kompetenz

Die in Abschnitt 3.1 genannten Forscher beschränken sich nicht auf den Bereich sozialer Kompetenz: Selman thematisiert das Verhältnis von sozialer und moralischer Kognition. Dodge und Bandura formulieren ein Erklärungsmodell aggressiven Handelns, womit sie auf einen wichtigen Forschungsgegenstand der Moralpsychologie Bezug nehmen, denn aggressive Handlungen stellen Formen der Schädigungen anderer dar. Habermas und Geulen thematisieren Fähigkeiten zum moralischen Diskurs. Die Forscher, die sich mit der Entwicklung emotionaler Fähigkeiten beschäftigen, erfassen auch das moralische Gefühl der Empathie.

»Moralische Kompetenz« stellt einen Obergriff für verschiedene Fähigkeiten dar, die es ermöglichen, die Schädigung anderer Personen zu vermeiden und ihr Wohlergehen zu fördern. Wie bezüglich sozialer Kompetenz gibt es bezüglich moralischer Kompetenz unterschiedliche Bestimmungen. Manche Moralforscher definieren moralische Kompetenz durch kognitive Aspekte (z.B. durch moralische Urteilsfähigkeit), andere durch kommunikative Aspekte (z.B. durch die Fähigkeit zur Teilnahme an moralischen Dialogen), wieder andere durch emotionale Aspekte (z.B. durch Mitgefühl), einige Autoren betonen handlungsstrukturierende Fähigkeiten. Jedoch ist auch hinsichtlich Moralkompetenz ein integratives Konzept erforderlich, vor allem wenn man wirksame Förderungsprogramme entwickeln und die Effekte von Förderungsprogrammen differenziert messen will.

Integrative Bestimmungen moralischer Kompetenz wurden in Deutschland vor allem von Edelstein und Keller, Habermas, Lempert und Nunner-Winkler entwickelt. Die Autoren betonen neben moralischer Urteilsfähigkeit auch moralische Dialogfähigkeiten und moralische Motivationen (vgl. Habermas 1983; Keller/Edelstein 1991; Lempert 2004; Nunner-Winkler 1999a). Sie stehen in der strukturgenetisch-konstruktivistischen Tradition Piagets.

Die erwähnten deutschen Ansätze klammern einige emotionale und handlungsstrukturierende Kompetenzen aus (z.B. Fähigkeiten zum Widerstand gegen Versuchungen).

Auch Kohlberg formuliert eine integrative Bestimmung moralischer Kompetenz (vgl. Abb. 3.3). Dabei stützt er sich auf die Unterscheidung zwischen Stufen und Unterstufen moralischen Urteilens. In den 70er-Jahren unterscheidet er neben den sechs vollen Stufen zusätzlich auf jeder vollen Stufe zwei Unterstufen; er sieht die Möglichkeit, eine empirische Analyse von Entwicklungsprozessen innerhalb der vollen Stufen vorzunehmen. Kohlberg bestimmt die heteronome Unterstufe (Unterstufe A) durch Urteilsaspekte, die die Notwendigkeit der Aufrechterhaltung normativer Ordnungen betonen und durch Urteilsaspekte, die auf die Folgen für das Wohlergehen von Personen abstellen. Die autonome Unterstufe (Unterstufe B) kennzeichnet er durch Gesichtspunkte der inneren Harmonie und Fairnessgesichtspunkte.

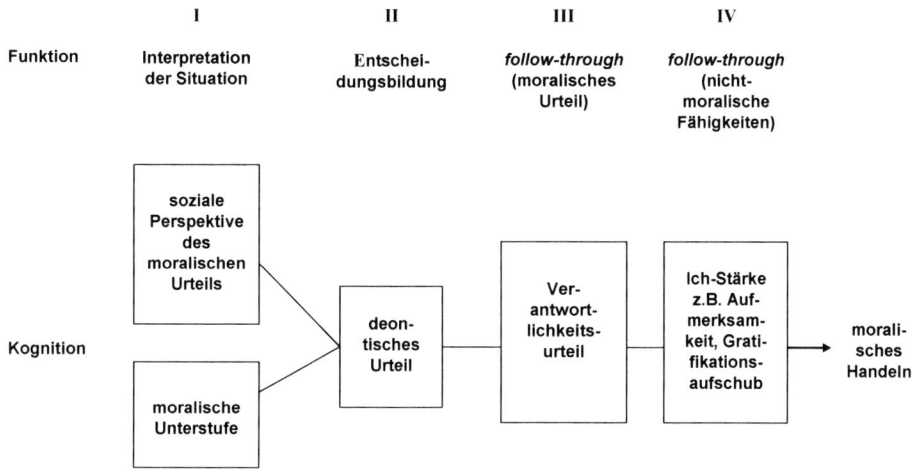

Abb. 3.3: *Modell des Verhältnisses zwischen moralischem Urteil und moralischem Handeln*
(nach Kohlberg 1984, S. 537)

Der Interpretation der Situation (Funktion I) liegen vor allem Selmans Stufen der Perspektivenübernahme zugrunde. Moralische Stufe und Unterstufe bestimmen zwei spezifischere Formen des Urteilens, die direkt mit dem moralischen Handeln verbunden sind. Bei diesen handelt es sich um Urteile über das moralisch gebotene Handeln (deontische Urteile) und Urteile über die eigene Verantwortlichkeit (Verantwortlichkeitsurteile). Deontische Urteile beziehen sich dabei auf Funktion II, Verantwortlichkeitsurteile beziehen sich auf Funktion III. In Situationen, wo alle universellen moralischen Prinzipien darauf hindeuten, dass nur eine einzige unter den Handlungsalternativen die »moralische« ist, wird die richtige deontische Entscheidung ganz überwiegend von Personen auf Stufe 5 und auf Unterstufe B getroffen, dagegen seltener auf niedrigeren Stufen und auf Unterstufe A. Verantwortlichkeitsurteile sind ebenfalls mit der moralischen Stufe und der Unterstufe verknüpft sowie auch mit dem moralischen Handeln: Personen auf jeder höheren Stufe und auf Unterstufe B dürften sich öfter verantwortlich empfinden, ihre deontische Entscheidung in Handeln umzusetzen (vgl. Kohlberg 1984, S. 536). Kohlberg begründet diesen Zusammenhang zwischen Urteilsstufen und Unterstufen einerseits und Verantwortlichkeitsurteilen andererseits damit, dass mit steigender Stufe bzw. mit der Ausbildung einer autonomen Unterstufe die Urteilsbildung der Person universalistisch und präskriptiv, d.h. unabhängig von eigenen Neigungen und pragmatischen Erwägungen, werde (vgl. z.B. Kohlberg 1984, S. 522). Die vierte Komponente seines Modells (Funktion IV) beinhaltet außermoralische Fähigkeiten, die für die Ausführung von moralischen Handlungen erforderlich sind.

Eine integrative Bestimmung moralischer Kompetenz haben im internationalen Bereich neben Kohlberg vor allem Rest und Mitarbeiter (Bebeau/Rest/Narvaez

1999; Rest 1983; Rest/Narvaez 1994; Rest/Narvaez/Bebeau/Thoma 1999) vorgelegt. Diesen Autoren geht es hauptsächlich um die Weiterentwicklung von Kohlbergs Perspektive. Rest und Mitarbeiter entwickeln Kohlbergs Handlungsmodell weiter, indem sie bei jeder Handlungsphase neben kognitiven auch emotionale Aspekte betonen. Sie benennen vier Komponenten, die für moralisches Handeln notwendig sind, nämlich »moralische Sensibilität«, »moralisches Urteil«, »moralische Motivation« und »moralischer Charakter«:

> »Moralische Sensibilität ist die Fähigkeit wahrzunehmen, wie unser Handeln sich auf andere Personen auswirkt. Sie beinhaltet das Wissen um verschiedene Handlungsalternativen und um die Konsequenzen, die jede dieser Alternativen für alle Beteiligten haben könnte. Dies umfasst die Fähigkeit, sich mögliche Handlungsszenarien vorzustellen, und das Wissen um Handlungsfolgen in der Realität. Moralische Sensibilität erfordert Fähigkeiten der Empathie sowie der Perspektivenübernahme. [...] Ist die Person sich der Handlungsalternativen bewusst und weiß darum, wie andere jeweils davon betroffen werden könnten (Komponente I), dann führt Komponente II zu einem Urteil darüber, welche Handlungsalternative eine höhere moralische Rechtfertigung beanspruchen kann (welche richtig oder gerecht ist). [...] Bei Komponente III geht es um die Bedeutung, die moralischen Werten gegenüber anderen Werten zugeschrieben wird. [...] Komponente IV bezieht sich auf Ich-Stärke, Zielstrebigkeit, Standhaftigkeit, Zähigkeit, Überzeugungskraft und Mut. Ein Mensch mag moralische Sensibilität und moralische Urteilsfähigkeit besitzen und moralische Werte hoch halten – wenn er aber dazu neigt, unter Druck nachzugeben, leicht abzulenken oder zu entmutigen ist, keinen starken Willen besitzt – dann ist moralisches Versagen aufgrund von Defiziten bei Komponente IV vorprogrammiert« (Rest/Narváez 1994, S. 23f.).

Kohlberg und Rest verstehen bestimmte soziale Kompetenzen (z.B. Perspektivenübernahme) als notwendige, aber nicht hinreichende Voraussetzungen moralischer Kompetenzen (z.B. von moralischer Urteilskompetenz).

Beide Autoren erfassen mit ihren Modellen zwar wichtige Aspekte moralischer Kompetenz, aber ihre Modelle bleiben in einigen Hinsichten verengt. Sie vernachlässigen insbesondere kommunikative Aspekte der Moralentwicklung. Diese Aspekte betonen vor allem Althof, Edelstein, Habermas, Keller, Miller, Oser und Reuss, die Fähigkeiten, an moralischen Dialogen (Diskursen) teilzunehmen, beleuchten (vgl. Habermas 1983; Keller/Edelstein 1991; Keller/Reuss 1984; 1986; Miller 1986; Oser/Althof 1992).

Im Folgenden wird die eigene Position hinsichtlich moralischer Kompetenzen skizziert. Wie bei sozialen Kompetenzen wird zwischen kognitiven, kommunikativen, emotionalen und handlungsstrukturierenden Fähigkeiten unterschieden – moralspezifische Formen von Kognitionen, Dialogfähigkeiten, Emotionen und Handlungsfähigkeiten werden aufgeführt.

Der von Kohlberg untersuchte Prozess der Entwicklung von Rechtfertigungen bedeutet die Ausweitung moralischer Perspektiven. Den meisten pädagogischen Bemühungen um die Förderung der moralischen Urteilsentwicklung liegt dieser Ansatz zugrunde. Zentrales Ziel der Moralerziehung in diesem Rahmen ist die Ausbildung eines moralischen Denkens, das sich idealerweise an postkonventionellen, universalistischen Standards (etwa an Menschenrechten und universellen moralischen Prinzipien, wie z.B. das Prinzip der menschlichen Würde) orientiert (vgl. K. Beck 1999; Berkowitz 1997; Eckensberger 1998; Edelstein/Nunner-Winkler 1986; 2000; Edelstein/Nunner-Winkler/Noam 1993; Gibbs 2003; Keller 1996; Lempert 2004; Lind 2000; Oser/Althof 1992; Rest/Narvaez/Bebeau/Thoma 1999; Reuss/Becker 1996; Walker 1988). Dabei setzt moralisches Urteilen das Wissen um moralische Normen und Werte (wie etwa Ehrlichkeit, Hilfsbereitschaft) voraus. Kohlbergs Ansatz konzentriert sich auf die Entwicklung von Handlungsentscheidungen sowie von Entscheidungs- und Normbegründungen und erfasst das Wissen um moralische Normen und Werte nicht gezielt. Die Turiel-Schule hingegen macht auf die Bedeutung dieses Wissens aufmerksam. Diese Schule weist auf einen weiteren Aspekt moralischer Kognition hin, den Kohlbergs Ansatz vernachlässigt, nämlich das Verständnis von Aspekten der Geltung (der Verbindlichkeit) moralischer Regeln, d.h. das Verständnis der universellen, autoritätsunabhängigen, sanktionsunabhängigen, kategorischen Geltung moralischer Normen. Es zeigte sich, dass bereits jüngere Kinder moralische Regeln anders verstehen als Konventionen (z.B. Tischsitten, Kleidungsvorschriften) und diese beiden Formen sozialer Regeln vom Bereich der persönlichen Angelegenheiten (wie der Wahl von Freunden, Freizeitaktivitäten) abgrenzen (vgl. Killen/Smetana 2005; Nucci 2001; Smetana 1995; Turiel 1998; Turiel/Killen/Helwig 1987).

Da moralisches Handeln sich im sozialen Kontext vollzieht, ist die Koordinierung der Situationsdefinitionen, Zielsetzungen, Motive und Handlungspläne verschiedener Individuen notwendig (vgl. Haan/Aerts/Cooper 1985). Eine zentrale Komponente moralischer Kompetenz ist somit die Fähigkeit, die eigenen Überzeugungen und Urteile im Dialog mit anderen zu rechtfertigen. Endpunkt der Entwicklung moralischer Dialogfähigkeiten ist die kompetente Teilnahme am Diskurs über die Geltung moralischer Normen, der sich idealerweise unter herrschaftsfreien Bedingungen vollzieht (vgl. Habermas 1976; 1983). Ein wichtiges Ziel der Moralerziehung ist somit die Förderung der Entwicklung moralischer Dialogfähigkeiten (vgl. Keller/Reuss 1986; Oser 1998; Oser/Althof 1992).

Auch emotionsbezogene moralische Fähigkeiten sind Voraussetzungen für moralisches Handeln. Empathie, Schuldgefühle, Reue, Scham, Groll, Wut, Empörung, Verachtung, Stolz und Bewunderung stellen wichtige moralische Gefühle dar. Empathie meint Mitempfinden mit einer anderen Person, der Leid zugestoßen ist oder die etwas Angenehmes erfahren hat. Schuldgefühle, Reue und Scham entstehen, wenn das Selbst eine moralische Norm verletzt zu haben meint oder sich als unfair erlebt. Groll und Wut sind Gefühle, die entstehen, wenn sich die Person durch eine andere Person unmoralisch behandelt fühlt. Empörung und Verachtung treten auf, wenn in den Augen des Selbst eine andere Person verantwortlich ist für unmoralische Handlungen gegenüber einem Dritten. Gefühle von Stolz und Bewunderung entwickeln sich, wenn die Person der Auffassung ist, sie selbst bzw. eine andere Person hätte sich moralisch vorbildlich verhalten (vgl. Eisenberg/Fabes 1998; Haidt 2002; Hoffman 2000; Keller et al. 2003; Montada 2002).

Handlungsstrukturierende Fähigkeiten sind vor allem Formen der konstruktiven Anwendung moralischer Handlungsroutinen. Sie ermöglichen die konsequente Realisierung von Handlungsplänen (vgl. auch Krettenauer 1998; Radke-Yarrow/Zahn-Waxler 1983; Walker/Hennig 2004).

Bedeutsam für kompetentes moralisches Handeln sind auch soziale Kompetenzen, etwa Perspektivenübernahme, Konflikt-, Beziehungs- und Kooperationsfähigkeit.

Ebenso wie bezüglich sozialer Kompetenzen lassen sich bezüglich moralischer Kompetenzen sechs Phasen des Handelns unterscheiden: »Situationserfassung«, »Zielsetzung«, »Motivation«, »Planung der Handlung«, »Handeln« und »Bewertung des Handelns«. Wie Rest betone ich bei jeder Handlungsphase die Bedeutung kognitiver und affektiver Fähigkeiten. Ich bestimme aber die kognitiven und affektiven Fähigkeiten teilweise anders als Rest, führe auch kommunikative Aspekte ein und erfasse die emotionalen Konsequenzen von Handlungen sowie die Rückwirkungen der Handlungen auf vorauslaufende Prozesse.

- *Situationserfassung*: Eine notwendige Voraussetzung für moralisches Handeln ist ein differenziertes Situationsverständnis. Dies beinhaltet die Fähigkeit, in einer Situation die Interessen-, Problem- und Gefühlslage der eigenen Person und anderer Personen zu erfassen. Handlungsalternativen (Handlungsmittel) sind zu vergegenwärtigen sowie die möglichen Folgen der Handlungsalternativen für die betroffenen Personen, aber auch für Beziehungen, Gruppen und soziale Systeme. Grundlage dafür ist vor allem die Fähigkeit zur Perspektivenübernahme (vgl. Keller 1996). Zudem ist häufig eine Verständigung über die Situationseinschätzungen der Akteure erforderlich, was kommunikative Fähigkeiten voraussetzt (vgl. Miller 1986). Die Situationserfassung schließt auch die Fähigkeit ein, Mitgefühl für Personen zu empfinden, die sich in einer Notlage befinden (vgl. Gibbs 1991; 2003; Hoffman, 2000). Die Förderung dieser kognitiven, kommunikativen und affektiven Aspekte ist somit ein wichtiges Ziel der Moralerziehung.

- *Zielsetzung*: Eine weitere notwendige Voraussetzung für moralisches Handeln ist die differenzierte moralische Urteilsbildung. Auf der Grundlage der Interpretation einer Situation trifft die Person eine Entscheidung darüber, welche der möglichen Handlungsziele und Handlungsmittel moralisch geboten (moralisch verbindlich bzw. moralisch legitimiert) ist. Zugleich begründet (rechtfertigt) sie ihre moralische Handlungsentscheidung. Moralisches Urteilen beinhaltet die Fähigkeit, in zustimmungsfähiger Weise zu begründen, warum eine Handlung moralisch richtig und damit verbindlich ist. Vor allem Kohlbergs Forschungsansatz zur Entwicklung der Urteilsbildung erfasst die Entwicklung der Handlungsentscheidungen sowie der Rechtfertigungen von Handlungsentscheidungen und von Normen (bezüglich Normkonflikten und negativer Pflichten). Moralische Urteilskompetenz umfasst aber mehr als Rechtfertigungen von Entscheidungen über das unter moralischen Gesichtspunkten in einer Situation gebotene oder das allgemein gebotene Handeln. Personen nehmen etwa auch Stellung zu den von Kohlberg weitgehend vernachlässigten allgemeinen Fragen nach den Grundlagen der Moral, d.h. zu metaethischen Fragen (z.B.: Unter welchen Bedingungen kann es geschehen, dass man seine eigene Meinung zu einem moralischen Problem ändert? Was macht ein Problem zu einem moralischen Problem? Gibt es die korrekte Lösung für ein moralisches Problem?). Bei der Urteilsbildung zu diesen metaethischen Fragen kann ebenfalls von einer Stufenentwicklung ausgegangen werden (vgl. Krettenauer 2004). Die entsprechenden metakognitiven Prozesse beeinflussen die Auswahl einer Handlung. Wichtig ist darüber hinaus die Verständigung über die moralisch richtige Handlung. Die Entscheidung für die moralisch richtige Handlung setzt zudem die Regulation moralischer Emotionen (z.B. von Schuldgefühlen) voraus.

- *Motivation:* Neben differenzierten Prozessen der Situationserfassung und der Zielsetzung sind moralische Motivationen eine notwendige Voraussetzung für moralisches Handeln. Urteile über das moralisch Gebotene (Gesollte), die sich auf die Interpretation von Interessen und sozialen Erwartungen stützen, ziehen Überlegungen nach sich, ob die Person das moralisch Gebotene tun will, d.h. Verantwortung übernehmen möchte. Im Unterschied zur sozialen Kompetenz ist für moralische Kompetenz der Konflikt zwischen »Pflicht« und »Neigung« konstitutiv. Personen können dabei aus unterschiedlichen Motiven heraus moralisch handeln wollen, etwa aus Angst vor Strafen durch Autoritätspersonen, aus Eigennutz, aus Mitgefühl, wegen antizipierter Schuldgefühle bei Normübertretungen, weil es Freude macht, Gutes zu tun, oder aus Verpflichtung gegenüber einer Gemeinschaft (vgl. Rest 1983). Das Urteil über die Verbindlichkeit von bestimmten moralischen Handlungen und Normen kann eine weitere Quelle moralischer Motivation sein (vgl. Krebs/Denton 1999; Nunner-Winkler 1999a; 1999b). Allerdings nimmt die Person die Urteilsbildung häufig auch für Strategien moralischer Selbstentlastung (der Verantwortungsabwehr) in Dienst: Mithilfe verschiedener kognitiver Strategien kann eigenes geplantes unmoralisches Verhalten legitimiert oder entschuldigt werden. Schuldhaftem Verhalten kann der Anschein der Rechtschaffenheit verliehen werden, indem dieses so dargestellt wird, als diene es höheren moralischen Zwecken (z.B. religiösen Grundsätzen, moralischen Ideologien). Die Person kann Verantwortung auch abwehren, indem sie die negativen Konsequenzen einer Handlung verharmlost, die Opfer entmenschlicht, die eigene Täterschaft leugnet oder auf fehlende Entscheidungs- oder Handlungsfreiheit verweist (vgl. Bandura 1979; Bandura/Barbaranelli/Caprara/Pastorelli 1996; Keller 1996; Montada 2002). Die Einschätzung der eigenen Verantwortlichkeit hängt vor allem davon ab, ob moralische Werte Bestandteil der Identität, des Selbstverständnisses einer Person geworden sind (vgl. Blasi 1980; 1995). Die Individuen müssen sich auch über ihre moralrelevanten Motive austauschen können, was kommunikative Fähigkeiten erfordert.

- *Planung der Handlung:* Personen mit der Intention, Verantwortung zu übernehmen und moralisch zu handeln, müssen ihre Absichten in Handlungen umsetzen, was vor allem Prozesse der Handlungsplanung erforderlich macht. Dabei kommen (neben dem Wissen um Handlungsstrategien) Vorstellungen über eigene handlungsstrukturierende Fähigkeiten ins Spiel – ein Bewusstsein der eigenen Stärken und Schwächen im Hinblick auf moralisches Handeln (vgl. Rest 1983). Neben Situationsverständnis, moralischer Urteilsbildung, Strategien der Verantwortungsübernahme und -abwehr ist deshalb auch die Einschätzung eigener Handlungsfähigkeiten als moralkognitive Fähigkeitsdimension zu berücksichtigen. Kommunikative Fähigkeiten sowie emotional-volitionale Kompetenzen – wie etwa Willensstärke, Mut und Standhaftigkeit gegenüber sozialem Druck – erlauben die konsequente Umsetzung des Handlungsplans.
- *Handeln:* Der Planung folgt das Handeln, wobei Fähigkeiten der Umsetzung des Handlungsplans relevant sind. Erforderlich ist vor allem aber die Ausbildung von und der konstruktive Umgang mit Handlungsroutinen, d.h. die Habitualisierung moralischen Handelns.
- *Bewertung des Handelns:* Eigene moralrelevante Handlungen führen bei Personen, die moralische Normen verinnerlicht haben, zu moralischen Gefühlen, etwa zu Schuldgefühlen (insbesondere bei Verletzung moralischer Normen) oder zu Stolz (vor allem bei hilfreichen Handlungen, die über das moralisch Erwartbare hinausgehen). Andererseits kann die Person die Verantwortung für ihr unmoralisches Handeln mithilfe von Strategien moralischer Selbstentlastung leugnen. Die Bewertung eigener Handlungen hat häufig auch Rückwirkungen auf die vorauslaufenden Komponenten der Handlungssequenz. So können Gefühle des Stolzes über die eigenen moralischen Handlungen zu weiteren moralischen Handlungen motivieren (vgl. Eisenberg/Fabes 1998).

Wichtige Ziele der Moralerziehung sind somit vor allem die folgenden: die Entwicklung höherstufiger (internalisierter) moralischer Motive (z.B. Orientierung an Moralprinzipien) fördern, den Anteil von Strategien der Verantwortungsabwehr reduzieren und Fähigkeiten der Handlungsplanung ausbilden. Bedeutsam ist auch die Förderung des Verständnisses der eigenen Person als moralisches Subjekt (vgl. auch Bebeau/Rest/Narvaez 1999; K. Heinrichs 2006).

Abbildung 3.4 fasst die Grundzüge der handlungstheoretischen Perspektive zusammen.

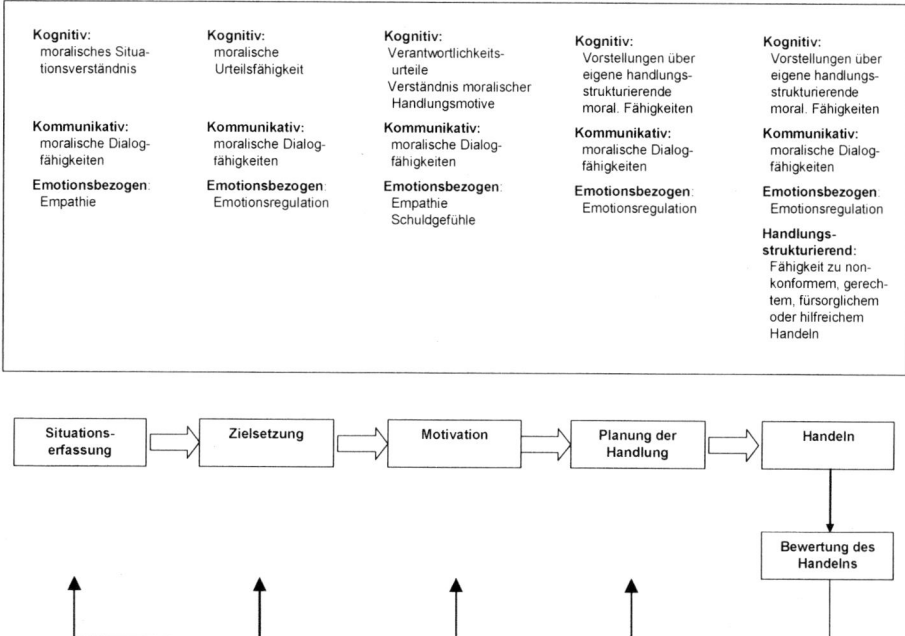

Abb. 3.4: Prozessmodell moralischer Kompetenzen (eigene Zusammenstellung)

Die moralischen Kompetenzen werden in sozialen Kontexten und Problemsituationen angewendet. Sie kommen im Verhältnis zu fremden Personen, in Beziehungen (d.h. im Verhältnis zu nahestehenden Personen) und in Gruppen zum Einsatz. Es scheint angemessen, vor allem vier Problembereiche zu unterscheiden: Verbindlichkeit negativer Pflichten (bei Konflikten zwischen Neigung und Pflicht), Gerechtigkeit (umfasst Normkonflikte und Probleme der Verteilungsgerechtigkeit), fürsorgliches Handeln und hilfreiches Handeln (umfasst pflichtgemäßes Verhalten gegenüber Personen in Not und supererogatorisches Handeln). Mit den Problembereichen und den Lebensbereichen ändern sich die für die Problembewältigung erforderlichen Fähigkeiten.

Moralische Tugenden (wie etwa Fürsorglichkeit, Hilfsbereitschaft) beeinflussen alle Handlungsphasen. Sie ermöglichen kompetentes moralisches Handeln in spezifischen Problemsituationen. Moralische Tugenden integrieren Fähigkeiten und Bereitschaften.

Hinsichtlich der Entwicklung moralischer Kompetenzen gibt es eine Vielzahl von Entwicklungsmodellen.

In der Entwicklung des von Kohlberg untersuchten Gerechtigkeitsurteils zeigt sich eine Beziehungsperspektive (Stufe 3) erstmals im frühen Jugendalter und eine Systemperspektive (Stufe 4) erstmals im mittleren Jugendalter. Postkonventionelles

Denken (Stufe 5) scheint erst ab dem späten Jugendalter (also in Sekundarstufe II) möglich.

Bei der Urteilsbildung zu verschiedenen Moralbereichen stellt sich die Frage, ob Kohlbergs Stufenbeschreibung für jeden Problembereich gilt. Einige Moralpsychologen gehen davon aus, dass dies nicht der Fall ist; der von Kohlberg mit seiner Stufenbeschreibung zunächst verknüpfte bereichsübergreifende Anspruch sei überzogen. Kohlberg konzentriert sich auf die Urteilsbildung zu einzelnen negativen Pflichten und zu moralischen Normkonflikten (d.h. zu spezifischen Gerechtigkeitsfragen). Vor allem Damon, Eisenberg und Turiel halten fest, dass die Entwicklung des Urteilens zu verschiedenen Problembereichen qualitativ unterschiedlich verläuft. Sie verweisen dabei auf von Kohlberg übersehene Kompetenzen jüngerer Kinder, deren Denken sie keineswegs nur durch Heteronomie (durch eine Orientierung an Autoritätserwartungen und an Strafen) charakterisiert sehen. Damon stellt fest, dass bei Problemen der gerechten Verteilung von materiellen Gütern und Lasten (Problemen »distributiver Gerechtigkeit«) eine andere Urteilssequenz zu finden sei als bei Kohlbergs Gerechtigkeitsfragen (z.B. Normkonflikten, Fragen der Strafgerechtigkeit) und dass bei diesen Verteilungsproblemen bereits Vorschulkinder auf Gesichtspunkte der Fairness (anstatt auf Autoritätserwartungen und Strafen) verweisen. Eisenberg ermittelt beim Urteilen jüngerer Kinder zu den von ihr vorgelegten supererogatorischen Fragen hilfreichen Handelns gegenüber Personen in Not (Problemen »prosozialen Urteilens«) ebenfalls keine Orientierung an Autoritäten und Strafen, vielmehr vor allem eine empathische Orientierung an den Bedürfnissen Not leidender Personen. Turiel betont, dass moralische Regeln in anderer Weise begründet werden als konventionelle Regeln (z.B. Tischsitten, Kleidungsvorschriften), und dies schon relativ früh: Bereits 3- und 4jährige rechtfertigen die Geltung moralischer Regeln unabhängig von Strafen und Autoritätserwartungen, während sie die Geltung konventioneller Regeln mit Bezug auf Strafen und Autoritätserwartungen begründen; hinsichtlich moralischer Regeln bringen sie vor allem Gesichtspunkte der Empathie und der Fairness ein. Gilligan verweist auch auf die von Kohlberg vernachlässigten Fragen hilfreichen Verhaltens gegenüber nahestehenden Personen, Fragen der »Fürsorge«, geht allerdings von der Geschlechtsspezifität und nicht von der Bereichsspezifität des Urteilens aus. Skoe zeigt hingegen, dass Fragen der Fürsorge wahrscheinlich zu einer eigenen, geschlechtsunabhängigen Sequenz führen (vgl. Damon 1988; Eisenberg/Fabes 1998; Gilligan 1984; Keller 1990; 1996; Keller/Edelstein 1991; Killen/Smetana 2005; Lapsley 1996; Shweder/Mahapatra/Miller 1987; Snarey/Keljo 1991).

Von den bereichsspezifischen Ansätzen aus müssen die Ziele der pädagogischen Förderung der Urteilsentwicklung in Abhängigkeit vom jeweiligen Problembereich definiert werden, also nicht bereichsübergreifend, wie dies beim frühen Kohlberg – und heute noch bei einem Großteil seiner Anhänger in der Moralpädagogik – geschieht.

Miller (vgl. Miller 1986) formuliert vier Stufen der kindlichen Entwicklung moralischer Dialoge, die er unter anderem anhand von Gruppendiskussionen 5- bis 10-

jähriger Kinder gewonnen hat. Auf Stufe 1 (im Alter von ca. 3 Jahren) sind Kinder noch nicht um die Rechtfertigung ihrer Aussagen bemüht; auf Stufe 2 (im Alter zwischen 3 und 5 Jahren) geben die Argumentationspartner Gründe für ihre jeweilige Überzeugung an, sind aber noch nicht in der Lage, den Standpunkt der anderen zu widerlegen. Auf Stufe 3 (etwa im Alter zwischen 6 und 9 Jahren) suchen sie den Standpunkt anderer durch veränderte Situationsdefinition zu widerlegen, und auf Stufe 4 bringen die Argumentationspartner auch Normhierarchien ein, um ihrer eigenen Meinung die Zustimmung zu sichern und die Auffassung der Argumentationspartner zu entkräften.

Hoffman (vgl. Hoffman 2000) formuliert ein Modell der Entwicklung des moralischen Gefühls der Empathie. Er bestimmt vier Stufen der Entwicklung der Empathie, wobei er vor allem die Rolle sozialkognitiver Faktoren (insbesondere der Perspektivenübernahme) betont. Auf der ersten Stufe (im ersten Lebensjahr) besitzt Hoffman zufolge das Kind noch nicht die sozialkognitive Fähigkeit, zwischen der eigenen Perspektive und der einer anderen Person zu differenzieren. Es fehlt sogar das Bewusstsein des physischen Getrenntseins. Der Schmerz eines anderen wird deshalb noch nicht als fremder Schmerz erlebt, das Kind empfindet nur ein diffuses Unlustgefühl. Seine Handlungen beziehen sich noch nicht auf den anderen. Hoffman erwähnt das Beispiel der 11 Monate alten Tochter eines Kollegen, die ein anderes Kind zu Boden fallen sah und selbst zu weinen anfing, den Daumen in den Mund steckte und sich in den Schoß ihrer Mutter vergrub – typische Reaktionen, die sie auch zeigte, wenn sie sich selbst verletzt hatte. Auf der zweiten Stufe (im zweiten Lebensjahr) differenziert das Kind zwischen den eigenen Gefühlen und Gedanken und denen anderer. Es schreibt nun den Schmerz einer anderen Person zu. Allerdings neigt es dazu, eigene Gefühle und Gedanken auf andere zu projizieren. Seine prosozialen Handlungen bestehen deshalb oft darin, dass es anderen gibt, was es selbst als tröstlich empfindet. Hoffman berichtet von einem 13 Monate alten Kind, das auf das traurige Gesicht eines Erwachsenen reagierte, indem es ihm seine geliebte Puppe anbietet. Auf der dritten Stufe (etwa ab dem dritten Lebensjahr) wird die Einsicht möglich, dass die subjektiven Perspektiven von Personen häufig unterschiedlich sind. Das Kind versetzt sich nun mitfühlend in die spezifische Bedürfnis- und Gefühlslage einer anderen Person. Auf der vierten Stufe schließlich (in der mittleren und späten Kindheit) hat das Kind ein Konzept der Identität einer Person entwickelt und interpretiert die Person im größeren Kontext ihrer Lebensgeschichte. Mitgefühl bezieht sich jetzt auch auf die soziale Lebenssituation der hilfebedürftigen Person (zum Beispiel auf eine permanente materielle Notlage oder auf ihre Zukunftsaussichten).

Modelle zur Entwicklung von moralbezogenen handlungsstrukturierenden Fähigkeiten fehlen.

Die Entwicklung der einzelnen moralischen Kompetenzen ist also unterschiedlich gut erforscht. Die Entwicklung der Stufen der Urteilsbildung zu den von Kohlberg untersuchten Gerechtigkeitsproblemen (negative Pflichten, moralische Normkonflikte, Fragen der Strafgerechtigkeit), des Verständnisses der von Turiel thematisierten Aspekte der Geltung moralischer Normen sowie des Mitgefühls wurde intensiv untersucht. Die anderen moralischen Kompetenzen wurden nicht im selben Maße analysiert (vgl. Keller 1996; Killen/Smetana 2005; Kurtines/Gewirtz 1991; 1995; Lapsley 1996; Turiel 1998).

3.3 Aspekte demokratischer Kompetenz

Die Demokratie ist eine Staatsform, die von der Freiheit und Gleichheit aller Staatsbürger ausgeht und in der die »Herrschaft des Volkes« grundlegend ist. Sie bedarf deshalb der möglichst umfassenden Mitwirkung ihrer Staatsbürger. Grundlegenden Prinzipien der Demokratie sind eine Argumente abwägende öffentliche Diskussion (»Deliberation«), die Einbeziehung aller in die gesellschaftlich relevanten Entscheidungen (Partizipation), Achtung von Mehrheitsentscheidungen, Schutz von Minderheiten, Toleranz und Solidarität.

Die Stabilität der Demokratie ist also nicht nur von den politischen Institutionen (z.B. Wahlrecht) abhängig, sondern auch von den politischen (demokratischen) Fähigkeiten der Bürger, die erst ausgebildet werden müssen. Ständig gefährdet durch undemokratische Vorstellungen und Handlungsweisen, erfordert Demokratie Erziehung zur Demokratie. Somit stellt Demokratieerziehung einen wichtigen Aspekt des Erziehungsauftrags dar. Demokratie muss nicht nur gesellschaftlich, sondern auch individuell gelernt werden.

Gerade in einer Bürgergesellschaft (Zivilgesellschaft), wie sie seit Anfang der 90er-Jahren verstärkt propagiert wird, ist die Ausbildung demokratischer Fähigkeiten bedeutsam, denn in der Bürgergesellschaft beteiligen sich die Bürger aktiv am Prozess der Gestaltung und Weiterentwicklung der Gesellschaft. Deshalb haben, wie verschiedene Analysen zeigen, alle europäischen Staaten Erziehung zur Demokratie mittlerweile zu einer zentralen schulischen Aufgabe gemacht (vgl. z.B. Eurydice 2005).

Erziehung zur Demokratie – auch Demokratieerziehung, Demokratische Erziehung, demokratische Bildung, politische Erziehung und politische Bildung genannt – zielt zum einen auf die Vermittlung politischen Wissens, demokratischer Wertüberzeugungen (politischer Einstellungen) und demokratischen Handelns. Demokratisches Handeln der Schüler kann sich in der Erfüllung demokratischer Pflichten (z.B. zur Wahl gehen), konventioneller politischer Beteiligung (z.B. in eine Partei eintreten), sozialem politischen Engagement (z.B. Geld für Hungernde in der Dritten Welt sammeln), friedlichem Protestverhalten (z.B. an einer Protestdemonstration teilnehmen) oder auch in illegalen politischen Aktivitäten (z.B. Sitzstreik auf dem Bahngleis) äußern. Demokratisches Handeln der Schüler kann sich zudem auf Formen der demokratischen Beteiligung in der Schule beziehen (z.B. Mitarbeit in der Schülervertretung). Diese verschiedenen Formen demokratierelevanten (partizipatorischen) Handelns werden in der Civic-Education-Untersuchung der »International Association for the Evaluation of Educational Achievement« (IEA) unterschieden (vgl. Oesterreich 2002; Torney-Purta 2002). Dies ist die erste große internationale Vergleichsstudie zur politischen Bildung. Die Studie umfasst 14- und 15jährige Jugendliche aus 28 Ländern und erfasst Sachwissen, Einstellungen und Handlungsbereitschaften. Wie die IEA-Studie zeigt, lässt gerade die politische Handlungsbereitschaft deutscher Schüler zu wünschen übrig. Aber auch die politischen Einstellungen (z.B. positive Einstellung zu Ausländern) liegen zum Teil unter dem Durchschnitt, während das politische Wissen durchschnittlich ausgeprägt ist (vgl. Tab. 3.5).

Themenbereich	Deutsche Jugendliche liegen im internationalen Vergleich
Politisches Wissen	im Durchschnitt
Politische Einstellungen	
Positive Einstellung zur Demokratie	im Durchschnitt
Vertrauen in zentrale gesellschaftliche Institutionen	im Durchschnitt
Politisches Interesse	im Durchschnitt
Nationale Identifikation	unter dem Durchschnitt
Positive Einstellung zu Ausländern	unter dem Durchschnitt
Positive Einstellung zu Frauen	über dem Durchschnitt
Politische Handlungsbereitschaft	
Erfüllung demokratischer Pflichten (z.B. Wählen gehen)	unter dem Durchschnitt
Aktive konventionelle politische Beteiligung (z.B. in eine Partei eintreten)	unter dem Durchschnitt
soziales politisches Engagement	unter dem Durchschnitt
friedliches politisches Protestverhalten	unter dem Durchschnitt
Bereitschaft, zur Konfliktlösung in der Schule beizutragen	unter dem Durchschnitt

Tab. 3.5: Politische Bildung deutscher Jugendlicher im internationalen Vergleich (Übersicht zu ausgewählten Ergebnissen) (Oesterreich 2003, S. 823)

Politische Bildung zielt aber auch auf die Vermittlung demokratischer Kompetenzen, d.h. von Fähigkeiten zur eigenständigen Lösung politischer Probleme. In den letzten Jahren wurden im deutschen und internationalen Bereich verschiedene Bestimmungen demokratischer Kompetenzen entwickelt. Himmelmann (2006, S. 120ff.) gibt einen differenzierten Überblick über diese Bestimmungen.

Viele Autoren gehen davon aus, dass soziale und moralische Kompetenzen Bestandteile des Bereichs demokratischer Kompetenzen sind. Althof und Berkowitz etwa halten bezüglich des Verhältnisses von Charaktererziehung und Demokratie-erziehung fest:

>»Die Dispositionen (Persönlichkeitsmerkmale, Werte und Motive) von Charak-tererziehung und demokratischer Erziehung haben vieles gemeinsam: soziale Gerechtigkeit, Ehrlichkeit, persönliche und soziale Verantwortung, Gleichheit, etc. Natürlich sind einige der betreffenden Charaktermerkmale weniger relevant für den Bereich Citizenship und umgekehrt; doch überschneiden sich beide in großen Teilen. Viele der im Rahmen der Charaktererziehung erworbenen Fähig-keiten sind auch Bestandteil der Demokratieerziehung, denn grundlegende so-zial-emotionale Fähigkeiten wie Selbstmanagement und soziale Kompetenzen sind notwendig für ein erfolgreiches Leben. Dennoch erfordert Demokratie-erziehung Fähigkeiten, die für die Charaktererziehung im Allgemeinen nicht von zentralem Belang sind, zum Beispiel Widerstand gegenüber politischer Beein-flussung, kritische Analyse politischer Botschaften« (Althof/Berkowitz 2006, S. 512).

Berkowitz charakterisiert an anderer Stelle die Unterschiede zwischen Charakterer-ziehung bzw. Moralerziehung (»Character Education« – CE) und Demokratieerzie-hung (»Education for Democracy« – EFD) wie folgt:

>»Zu allererst unterscheiden sich die Ziele. Für CE ist der gute Charakter das Förderungsziel. Für EFD ist der gute Charakter nur ein Schritt in Richtung des Ziels – wirksame Teilhabe an einer demokratischen Gesellschaft. Zweitens ist Charakterentwicklung nur eines der Ziele von EFD. Um umfassend und wirk-sam zu sein, muss EFD auch praktische Fähigkeiten vermitteln, wie zum Bei-spiel Alphabetisierung, Wissensvermittlung über die demokratischen Prozesse (Regierung, Gesetzgebung, etc.). Drittens kann CE zwar (optional) demokrati-sche Partizipation als Instrument der Charakterentwicklung einsetzen (die meis-ten CE-Ansätze verzichten auf diese Option), wohingegen EFD – wie argumen-tiert wurde – demokratische Mitwirkung notwendig in das Curriculum integrie-ren muss, um praktische Erfahrung mit dem zu vermitteln, was EFD letztlich er-reichen will, nämlich Demokratiekompetenz« (Berkowitz 1998, S. 2).

Die vorliegenden deutschen Konzepte der Demokratiekompetenz spiegeln den Streit um eine angemessene Demokratieerziehung wider. Viele Autoren (insbeson-dere Politikdidaktiker) betonen die Bedeutung politischer Urteilsfähigkeit. Andere Autoren – vor allem die Vertreter der Demokratiepädagogik – verweisen hingegen auf die Bedeutung handlungsbezogener politischer Fähigkeiten. »Demokratie-Lernen« wird von diesen Autoren von »Politik-Lernen« abgehoben. Es entstand ei-ne heftige Kontroverse zwischen der Politikdidaktik und Vertretern der Demokra-tiepädagogik. Im Mittelpunkt dieser Kontroverse steht das BLK-Programm »De-mokratie lernen & leben«, das die Demokratiepädagogik in den Mittelpunkt gerückt hat (vgl. Edelstein/Fauser 2001). Einige Politikdidaktiker stehen dem BLK-Programm jedoch nahe (z.B. Grammes, Henkenborg, Himmelmann, Reinhardt).

Im Rahmen der deutschen Civic-Education-Untersuchung der IEA (vgl. Oesterreich 2002) wurde auch ein Konzept demokratischer Kompetenzen formuliert. Demokratische Kompetenzen bleiben hier jedoch im Wesentlichen auf politische Handlungsfähigkeiten bzw. Tugenden (wie etwa Toleranz) verengt.

Dem BLK-Modellversuch »Demokratie lernen & leben« liegt ein breiteres Konzept von Demokratiekompetenz als der IEA-Studie zugrunde. Demokratiekompetenz (»demokratische Handlungskompetenz«) wird im BLK-Modellversuch im Rahmen der Evaluationsabteilung durch soziale Fähigkeiten (z.B. Perspektivenübernahme), moralische Fähigkeiten (z.B. moralisches Urteilsvermögen) sowie kognitive und nicht-kognitive politische Fähigkeiten bestimmt (vgl. Tab. 3.6). Der Kriterienkatalog der Evaluationsabteilung beschränkt sich dabei hinsichtlich sozialer und moralischer Kompetenz auf demokratierelevante Aspekte (vgl. »Soziale und Selbstkompetenzen«). Perspektivenübernahme, kommunikative Kompetenz, Selbstsicherheit in der Gruppe, Kritikfähigkeit, Konfliktfähigkeit und Kooperationsfähigkeit stellen soziale Kompetenzen dar. Gerechtigkeitsverständnis, die Bereitschaft, Normen einzuhalten sowie Verantwortungswahrnehmung sind moralische Kompetenzen. Positive Lebenseinstellung kann als eine Selbstkompetenz verstanden werden. Die anderen Kriterien umfassen spezifisch politische Kompetenzen (z.B. Fähigkeit zur Analyse gesellschaftlicher Teilsysteme, Planungs- und Entscheidungsfähigkeit).

Im Rahmen der AG »Qualität« des BLK-Programms wurde ebenfalls eine Bestimmung von Demokratiekompetenz vorgenommen (vgl. Tab. 3.7). Demokratiekompetenz wird wie im Kriterienkatalog der Evaluationsabteilung durch soziale Kompetenzen, moralische Kompetenzen sowie politische Kompetenzen bestimmt. »Die Perspektive anderer übernehmen«, »Normen, Vorstellungen und Ziele demokratisch aushandeln und kooperieren« und »mit Diversität und Differenz konstruktiv umgehen und Konflikte fair lösen« stellen soziale Fähigkeiten dar. »Eigene Werte, Überzeugungen und Handlungen im größeren Kontext reflektieren« sowie »Empathie, Solidarität und Verantwortung gegenüber Anderen zeigen« sind moralische Fähigkeiten. Die anderen Kriterien (»für demokratisches Handeln Orientierungs- und Deutungswissen aufbauen«, »Probleme demokratischen Handelns erkennen und beurteilen«, »eigene Interessen, Meinungen und Ziele entwickeln und verteidigen«, »Interessen in demokratische Entscheidungsprozesse einbringen«, »sich motivieren, Initiative zeigen und Beteiligungsmöglichkeiten nutzen«) umfassen spezifisch politische Kompetenzen. Auch Methodenkompetenzen werden benannt (»systematisch handeln und Projekte realisieren«, »Öffentlichkeit herstellen«).

Zielebenen schulischer Arbeit	Kriterien
A. Politische Kompetenzen	1. **Demokratie-Verständnis:** Schüler/innen verfügen über ein grundlegendes Demokratieverständnis. 2. **Positives Selbstbild eigener politischer Fähigkeiten:** Schüler/innen fühlen sich in Bezug auf politische Fragen kompetent. 3. **Politische Kontrollüberzeugung:** Schüler/innen glauben daran, dass die Mitglieder einer Gesellschaft durch eigene Aktivität politisch etwas verändern können. 4. **Politische Aktivitäten:** Schüler/innen zeigen politisches und/oder gesellschaftliches Engagement. 5. **Akzeptanz demokratisch getroffener Entscheidungen:** Demokratisch getroffene Entscheidungen werden akzeptiert. 6. **Planungs-** und **Entscheidungsfähigkeit:** Schüler/innen sind in der Lage, selbstständig zu planen und zu entscheiden. 7. **Fähigkeit zur Analyse gesellschaftlicher Teilsysteme:** Schüler/innen sind in der Lage, gesellschaftliche Verhältnisse zu analysieren. 8. **Systemvertrauen:** Schüler/innen haben Vertrauen ins politische System.
B. Soziale und Selbstkompetenzen	1. **Entwicklung des Gerechtigkeitsverständnisses:** Schüler/innen verfügen über ein grundlegendes Gerechtigkeitsverständnis. 2. **Verantwortungswahrnehmung:** Schüler/innen übernehmen Verantwortung, wenn sie eine Gelegenheit dazu erkennen. 3. **Positive Lebenseinstellung:** Schüler/innen sind dem Leben gegenüber positiv eingestellt. 4. **Selbstsicherheit in der Gruppe:** Schüler/innen sind selbstsicher in Gruppen. 5. **Bereitschaft, (unterrichtsbezogene) Normen einzuhalten:** Schüler/innen sind bereit, Normen, die für den Unterricht gelten, einzuhalten. 6. **Kritikfähigkeit:** Schüler/innen sind in der Lage, Kritik anzunehmen und auch auf faire Weise auszuüben. 7. **Perspektivenübernahme:** Schüler/innen können sich in die Sichtweise anderer hineinversetzen. 8. **Kommunikative Kompetenz:** Schüler/innen können einander zuhören und können dabei ihre Bedürfnisse und Gefühle einander mitteilen. 9. **Konfliktfähigkeit (Toleranz von Ambiguitäten und Differenzen):** Schüler/innen beherrschen grundlegende Konfliktregeln. 10. **Kooperationsfähigkeit:** Schüler/innen sind teamfähig.

Tab. 3.6:   Bestimmung demokratischer Kompetenzen im Rahmen des Kriterienkatalogs des BLK-Programms »Demokratie lernen & leben« (www.blk-demokratie.de)

Klassische Kompetenz-Begriffe	Kategorien von Schlüsselkompetenzen laut OECD (2005)	Teilkompetenzen laut demokratischer Handlungskompetenz
Fach- bzw. Sachkompetenz **Methodenkompetenz**	Interaktive Anwendung von Wissen und Medien (Tools) Interaktive Nutzung von Wissen und Informationen Interaktive Anwendung von Sprache, Symbolen und Texten Interaktive Anwendung von Medien	1.1. Für demokratisches Handeln Orientierungs- und Deutungswissen aufbauen 1.2. Probleme demokratischen Handelns erkennen und beurteilen 1.3. Systematisch handeln und Projekte realisieren 1.4. Öffentlichkeit herstellen
Selbstkompetenz	Eigenständiges Handeln Verteidigen und Wahrnehmen von Rechten, Interessen, Grenzen und Erfordernissen Realisieren von persönlichen Lebensplänen und persönlichen Projekten Handeln in größeren Kontexten	2.1. Eigene Interessen, Meinungen und Ziele entwickeln und verteidigen 2.2. Interessen in demokratische Entscheidungsprozesse einbringen 2.3. Sich motivieren, Initiative zeigen und Beteiligungsmöglichkeiten nutzen 2.4. Eigene Werte, Überzeugungen und Handlungen im größeren Kontext reflektieren
Sozialkompetenz	Interagieren in heterogenen Gruppen Gute und tragfähige Beziehungen unterhalten Fähigkeit zur Zusammenarbeit Bewältigen und Lösen von Konflikten	3.1. Die Perspektive anderer übernehmen 3.2. Normen, Vorstellungen und Ziele demokratisch aushandeln und miteinander koordinieren 3.3. Mit Diversität und Differenz konstruktiv umgehen und Konflikte fair lösen 3.4. Empathie, Solidarität und Verantwortung gegenüber anderen zeigen

Tab. 3.7:   Bestimmung demokratischer Kompetenzen durch die AG »Qualität« (de Haan/Edelstein/Eikel 2007, Heft 2, S. 11)

Beide Bestimmungen von Dimensionen der Demokratiekompetenz durch das BLK-Programm weisen Probleme auf. Insgesamt wird politische Urteilsfähigkeit vernachlässigt. Das Konzept der Evaluationsabteilung ist additiv angelegt. In meinen Augen sind für die spezifisch politischen Kompetenzen zusätzlich politisches Problembewusstsein, Fähigkeit zur Teilnahme an politischen Diskussionen (Demokratisches Sprechen), politikbezogene emotionale Fähigkeiten sowie demokratische Handlungsfähigkeiten (wie etwa Toleranz und Zivilcourage) wichtig. Fragwürdig ist zudem, Akzeptanz demokratischer Entscheidungen, Systemvertrauen und politische Aktivitäten als Kompetenzen einzuordnen; Wissen, Werteorientierungen, Fertigkeiten und Handlungen werden in diesem Konzept nicht klar von Kompetenzen abgegrenzt. Bezüglich der angeführten Sozial-, Moral- und Selbstkompetenzen könnten zusätzlich etwa emotionsbezogene soziale Fähigkeiten und moralbezogene handlungsstrukturierende moralische Fähigkeiten berücksichtigt werden. Auch wäre die Differenzierung sozialer und moralischer Kompetenzen erforderlich. Die Bestimmung der AG »Qualität« enthält keine überzeugende Systematik. Auch definieren verschiedene Vertreter der Demokratiepädagogik den Begriff der Demokratieerziehung zu breit, wenn sie ihn auf den Nahbereich zwischenmenschlicher Interaktionen ausdehnen.

Konzepte demokratischer Kompetenzen wurden in Deutschland in den letzten Jahren vor allem vonseiten der Politikdidaktik vorgelegt. Dies steht im Zusammenhang mit Bemühungen der Politikdidaktiker um die Formulierung von Bildungsstandards für die politische Bildung in den Schulen, auf deren Grundlage bundesweite Tests entwickelt werden können: Im Auftrag der Gesellschaft für Politikdidaktik und politische Jugend- und Erwachsenenbildung (GPJE) legte eine Arbeitsgruppe um Massing und Sander ein Konzept vor, das sich auf alle drei Schulstufen (d.h. auf 4. Klasse, 10. Klasse, Abitur) bezieht (GPJE 2003). Im Auftrag der KMK entwickelten Behrmann, Grammes und Reinhardt (2003) einen Ansatz mit Blick auf das Abitur. Henkenborg (2005) benannte demokratische Kompetenzen unabhängig von den Schulstufen. Himmelmann (2005, S. 312ff.) präsentierte wie die GPJE ein Modell demokratischer Kompetenz für alle drei Schulstufen, wobei er nicht zuletzt internationale Konzepte integrierte. Insbesondere vier Gemeinsamkeiten bei den erwähnten politikdidaktischen Kompetenzmodellen kann man festhalten:

- Der Kompetenzbegriff bezieht sich auf die vier Inhaltsbereiche Politik, Wirtschaft, Recht, Gesellschaft/Alltagswelt. Alle Sozialwissenschaften (Politologie, Ökonomie, Rechtswissenschaft, Soziologie) sind deshalb Bezugsdisziplinen bei der Kompetenzbestimmung.
- Kognitive politische Kompetenzen besitzen einen zentralen Stellenwert.
- Die Autoren weisen bei der Bestimmung demokratischer Kompetenzen auch auf nicht-kognitive politische Kompetenzen hin und führen neben politischen Fähigkeiten zusätzlich soziale und moralische Fähigkeiten auf.
- Niveaus der Entwicklung von Kompetenzen werden ansatzweise formuliert.

Unterschiede gibt es hingegen bei der Berücksichtigung bzw. Gewichtung nichtkognitiver politischer Kompetenzen sowie sozialer und moralischer Kompetenz.

Im Papier der GPJE werden kognitive politische Fähigkeiten (nämlich politische Urteilsfähigkeit und methodische Fähigkeiten) und nicht-kognitive politische Fähigkeiten (nämlich politische Handlungsfähigkeit) aufgeführt. Politische Urteilsfähigkeit wird bestimmt als Fähigkeit, politische, wirtschaftliche und gesellschaftliche Fragen unter Sach- und Wertaspekten analysieren und beurteilen zu können. Politische Urteilsfähigkeit umfasst etwa Einsicht in die Bedeutung von Politik, politische Sachverhalte wiedergeben, eine differenzierte Perspektive auf politische Probleme einnehmen, Folgen von politischen Entscheidungen bedenken, aktuelle Kontroversen im Hinblick auf grundlegende Probleme beleuchten. Politische Handlungsfähigkeit wird definiert als Fähigkeit,»Meinungen, Überzeugungen und Interessen formulieren, vor anderen angemessen vertreten, Aushandlungsprozesse führen und Kompromisse schließen« zu können (GPJE 2003, S. 13). Unter diesem Begriff werden zum Beispiel Perspektivenwechsel, demokratisches Sprechen, Toleranz und Konfliktfähigkeit aufgeführt.

Wie man sieht, sind die Unterschiede zum BLK-Programm nicht gravierend. Die Bestimmung der GPJE erscheint insgesamt zu stark an kognitiven politischen Fähigkeiten orientiert; selbst handlungsstrukturierende Fähigkeiten werden zum Teil noch als kognitive Kompetenzen bestimmt.

Verschiedene Politikdidaktiker (etwa Behrmann, Grammes, Reinhardt, Henkenborg und Himmelmann) zielen sowohl auf kognitive als auch auf nicht-kognitive politische Fähigkeiten.

Das Konzept demokratischer Kompetenz von Behrmann, Grammes und Reinhardt (2003) enthält die Dimensionen Perspektivenübernahme, Konfliktfähigkeit, sozialwissenschaftliches Analysieren (beinhaltet politisches Wissen und Methodenkompetenz), politische Urteilsfähigkeit (mit Aspekten moralischer Urteilsfähigkeit) sowie Partizipation (vgl. auch Reinhardt 2005). Behrmann, Grammes und Reinhardt vernachlässigen einige wichtige nicht-kognitive politische Fähigkeiten (z.B. die Fähigkeit zur Toleranz).

Petrik (2007), ein Mitarbeiter von Grammes, fasst sozialwissenschaftliches Analysieren und politische Urteilsfähigkeit zusammen und erweitert das Modell von Behrmann, Grammes und Reinhardt um die Dimension der politikbezogenen Selbstkompetenz. May (2007), ein Mitarbeiter von Reinhardt, fügt hingegen die Dimension der politischen Responsibilität hinzu. Er formuliert darüber hinaus eine handlungstheoretische Perspektive auf Demokratiekompetenz.

Henkenborg (2005) bestimmt den Bereich demokratischer Kompetenz durch Sachkompetenzen (politisches Wissen, politisches Urteilen), Methodenkompetenzen (z.B. methodische Fertigkeiten, metakognitive Denkformen), Sozialkompetenzen (z.B. liberale Tugenden, gemeinschaftliche Bürgertugenden) und Selbstkompetenzen (z.B. Identitätskompetenz, Wertkompetenz). Henkenborgs Konzept bleibt aber insgesamt relativ undifferenziert.

Himmelmann (2005) betrachtet selbstbezogene, soziale und moralische Fähigkeiten als Aspekte des Bereichs demokratischer Kompetenz. Er führt neben selbstbezogenen, sozialen und moralischen Fähigkeiten sowie kognitiven politischen Fähigkeiten kommunikative, emotional-motivationale und handlungsstrukturierende politische Fähigkeiten auf. Er unterscheidet zwischen acht »affektiv-moralischen Einstellungen«, acht »allgemeinen kognitiven Fähigkeiten« und acht »praktisch-instrumentellen Fähigkeiten«. Affektiv-moralische Einstellungen umfassen vor allem politische Werteorientierungen (z.B. Anerkennung der Grundrechte, Achtung der Menschenwürde), allgemeine kognitive Fähigkeiten beinhalten insbesondere Facetten politischer Urteilsfähigkeit (z.B. Unterscheiden von Aussagen, Herstellen von Zusammenhängen zwischen Aussagen, kritisches Überprüfen einer Position), praktisch-instrumentelle Fähigkeiten umfassen hauptsächlich politisch bedeutsame kommunikative Fähigkeiten und emotionsbezogene sowie handlungsstrukturierende politische Fähigkeiten (z.B. Zivilcourage, Solidarität, Organisationsfähigkeit). Im Unterschied zu den anderen Autoren berücksichtigt Himmelmann internationale Konzepte und Differenzierungen. Er benennt zudem verschiedene methodische Kompetenzen (zum Beispiel Anfertigen unterschiedlicher Textsorten wie Leserbriefe, Plakate, Durchführung einer Zeitungs- oder Medienanalyse). Himmelmann bestimmt, so ist kritisch festzuhalten, soziale und moralische Voraussetzungen demokratischer Kompetenzen nicht hinreichend differenziert. Auch ist seine Systematisierung fragwürdig; vor allem sind die vorgenommenen Zuordnungen von Kompetenzen nicht eindeutig.

Einflussreich in der Politikdidaktik ist auch die Unterscheidung von vier Bürgerleitbildern – desinteressierter Bürger, reflektierender Zuschauer, interventionsfähiger Bürger und Aktivbürger. Dadurch soll der Stellenwert des Konzepts des Aktivbürgers, das vielen demokratiepädagogischen Kompetenzkonzepten zugrunde liegt, relativiert werden (vgl. Detjen 2007).

Ähnliche Bestimmungen wie in Deutschland wurden in den letzten Jahren im internationalen Bereich entwickelt. Im Rahmen des Europarats entstand das Projekt »Education for Democratic Citizenship«. Hier werden kognitive und affektive Fähigkeiten sowie Handlungsfähigkeiten unterschieden. Die Europäische Kommission hat im Rahmen des Euridydice-Netzwerks eine Kompetenzbestimmung vorgenommen, die derjenigen des Europarats ähnelt. In England waren vor allem der »Crick-Report« und das »National Curriculum: Citizenship« bedeutsam; Wissen, Werte und Fähigkeiten werden hier unterschieden. In den USA veröffentlichte der »Center of Civic Education« die Werke »CIVITAS« und »National Standards for Civics and Goverment«, wobei ähnliche Kompetenzbestimmungen vorgenommen wurden wie von Europarat, EU und in England (vgl. Himmelmann 2006).

Dem »Centre for Research on Lifelong Learning« (CRELL), das die Europäische Kommission vor kurzem gegründet hat, liegt die Unterscheidung von Wissen, Einstellungen, Werten, Formen der Identität und Kompetenzen zugrunde (vgl. Hoskins 2006).

Von den deutschen Bestimmungen demokratischer Kompetenzen scheint die Bestimmung der AG Qualität und von Petrik am differenziertesten angelegt, von den internationalen Bestimmungen das Konzept von CRELL. Die eigene Position orientiert sich vornehmlich an diesen Positionen, wobei sie vor allem handlungstheoretisch erweitert werden. Allerdings ist eine klare Abgrenzung der Kompetenzbereiche erforderlich; eine additive Bestimmung demokratischer Kompetenz erscheint nicht sinnvoll. Im Folgenden wird die eigene Position erläutert.

Die Demokratieerziehung in der Schule wendet sich gegen Formen »gruppenbezogener Menschenfeindlichkeit«, wie sie etwa in einer negativen Einstellung gegenüber Ausländern zum Ausdruck kommt (vgl. Heitmeyer 2006). Voraussetzung für Demokratiekompetenz sind soziale und moralische Fähigkeiten, während Voraussetzung für Moralkompetenz nur soziale Fähigkeiten sind. Perspektivenübernahme ist eine zentrale soziale Voraussetzung demokratischer Kompetenz; beispielsweise ist für das adäquate Verständnis politischer Prozesse eine Systemperspektive erforderlich. Relevant für die Bewältigung politischer Konflikte sind unter anderem entwickelte Formen von Konfliktfähigkeit (z.B. Aushalten von Konflikten). Moralisches Urteilen und Empathie sind zentrale moralische Voraussetzungen demokratischer Kompetenz. Moralisches (postkonventionelles) Urteilen erlaubt die Bewertung von Problemen unter Gesichtspunkten der Gerechtigkeit und im Hinblick auf demokratische Grundprinzipien. Empathie sensibilisiert für die Probleme sozial benachteiligter Gruppen. Soziale Kompetenzen erlauben strategisches politisches Handeln, moralische Kompetenzen ermöglichen achtungs- und anerkennungsorientiertes politisches Handeln. Neben sozialen und moralischen Kompetenzen sind auch andere fundamentale (nicht-politische) individuelle Fähigkeiten (wie z.B. die Fähigkeit des Lesens und Schreibens) wichtige Voraussetzungen demokratischer Kompetenz.

Erst die spezifisch politischen Kompetenzen tragen jedoch zum politischen Gehalt der Demokratiekompetenz bei: Für die Wahrnehmung, Bewertung und Beeinflussung politischer Prozesse und Strukturen ist (neben inhaltlichem Wissen über die einzelnen gesellschaftlichen Teilbereiche, z.B. Staat, Ökonomie) ein Verständnis der gesellschaftlichen Funktionszusammenhänge bzw. politische Urteilsfähigkeit erforderlich. Durch politische Dialogfähigkeiten (demokratisches Sprechen) wird es möglich, eigene politikrelevante Meinungen und Interessen öffentlich einzubringen und zu verteidigen. Emotional-motivationale Fähigkeiten (z.B. Fähigkeit, sich selbst zum demokratischen Handeln zu motivieren) sowie handlungsstrukturierende Fähigkeiten (z.B. Partizipationsfähigkeit) erlauben ebenfalls situationsangemessenes und wirksames politisches Handeln, d.h. aktive Teilnahme am demokratischen Gemeinwesen. Handlungsstrukturierende Fähigkeiten sind vor allem Fähigkeiten zum loyalen, partizipatorischen, toleranten, zivilcouragierten und solidarischen Handeln. Für erfolgreiches Handeln in politischen Kontexten sind auch Methodenkompetenzen erforderlich (z.B. die Fähigkeit, ein Projekt zu planen oder die Fähigkeit, Öffentlichkeit herzustellen). Demokratieerziehung beinhaltet somit mehr als eine Förderung sozialer und moralischer Kompetenzen. Die Sozialerziehung und die Moralerziehung sind nur zwei (wenn auch zentrale) Bestandteile demokratischer Erziehung.

Wie May (2007) formuliere ich einen handlungstheoretischen Ansatz. Wie die sozialen und moralischen Kompetenzen können die demokratischen Kompetenzen als Komponenten einer Handlungssequenz verstanden werden. Die Frage ist zu klären, wie soziale, moralische und spezifisch politische Kompetenzen bei den einzelnen Handlungsphasen zusammenwirken. Es folgt eine kurze Erläuterung der Handlungsphasen.

- *Situationserfassung:* Kompetentes politisches Handeln verlangt die angemessene Erfassung politischer Konflikt- und Krisensituationen bzw. die Formulierung von Handlungsalternativen (Handlungsmitteln). Dies setzt unter anderem kognitive, kommunikative und emotionale politische Fähigkeiten voraus. Vor allem das Verständnis der politisch relevanten Situation (und zwar im lokalen, nationalen und internationalen Kontext) stellt eine wichtige Komponente demokratischer Kompetenz dar. Bedeutsam ist auch die Fähigkeit zur Verständigung über die Situation. Die Schulung von Fähigkeiten zur Situationserfassung ist ein zentraler Aspekt der Demokratieerziehung.

- *Zielsetzung:* Der Situationserfassung folgt die Auswahl eines Ziels und eines Handlungsmittels. Die Person hat die Folgen von Handlungsalternativen für Institutionen und Systeme (gegebenenfalls auch auf internationaler Ebene) zu bedenken und moralische Gesichtspunkte sowie Gesichtspunkte strategischer Rationalität zu berücksichtigen, was insbesondere politische Urteilsfähigkeit, politische Dialogfähigkeiten (demokratisches Sprechen) und Emotionsregulation verlangt.
- *Motivation:* Die Person muss sich entscheiden, ob sie ihren Einsichten folgen will. Motivationale Aspekte (wie etwa Verständnis eigener Motive, Kommunikation über Motive, Fähigkeit, sich selbst zum Handeln zu motivieren) sind zentrale Voraussetzungen für politisches Handeln.
- *Planung einer Handlung:* Die Planung der Handlung setzt vor allem angemessene Vorstellungen über eigene politische Fähigkeiten und Formen demokratischen Sprechens voraus.
- *Handeln*: Der Planung folgt das Handeln, die Umsetzung des Handlungsplans. Handlungsstrukturierende politische Fähigkeiten (z.B. Partizipationsfähigkeit, Fähigkeit zur Zivilcourage) sind erforderlich.
- *Bewertung des Handelns*: Die vollzogene Handlung wird anschließend von der Person bewertet – und zwar hauptsächlich unter den Gesichtspunkten der Durchsetzung eigener politikbezogener Interessen sowie der Aufrechterhaltung von Institutionen und Systemen. Prozesse der Bewertung des Handelns wirken oft auf die vorauslaufenden Handlungsphasen zurück.

Abbildung 3.5 fasst die handlungstheoretische Perspektive zusammen. Man kann fünf zentrale Problembereiche unterscheiden: Es stellen sich Fragen loyalen, partizipativen, toleranten, zivilcouragierten und solidarischen Handelns. Dabei ändern sich in Abhängigkeit vom Problembereich die einzelnen Fähigkeiten bzw. ihr Gewicht.

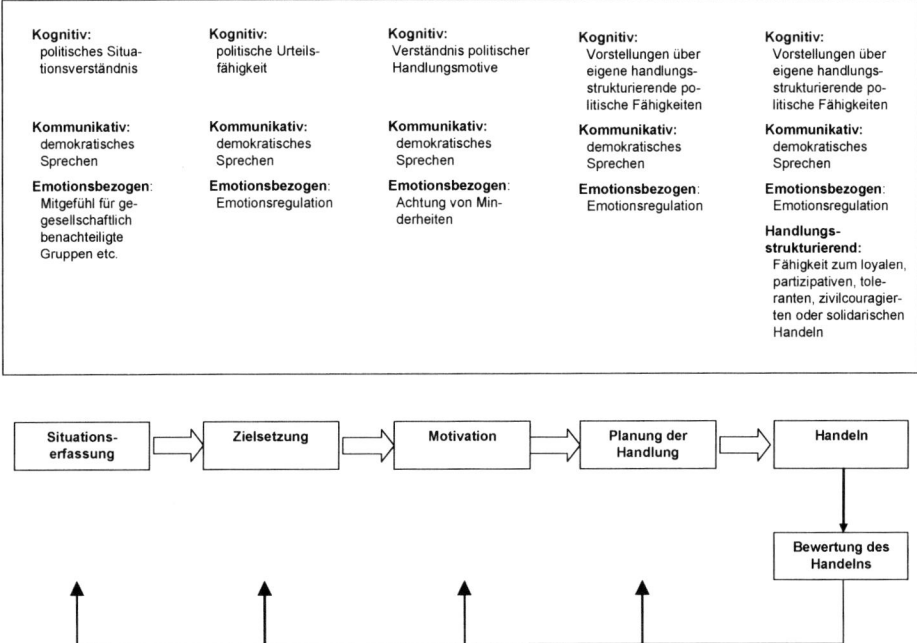

Abb. 3.5:   Prozessmodell demokratischer Kompetenzen (eigene Zusammenstellung)

Demokratische Tugenden – auch politische Tugenden und Bürgertugenden genannt – integrieren politikrelevante Fähigkeiten und Bereitschaften. Demokratische Tugenden (vor allem Loyalität, Partizipation, Toleranz, Zivilcourage, Solidarität) beeinflussen alle Handlungsphasen. Der »gute Bürger« verhält sich gesetzeskonform (hat Rechtssinn und Gerechtigkeitssinn), beteiligt sich am politischen Leben (hat Staatsbürgersinn), zeigt Toleranz gegenüber anderen Kulturen, hilft mutig (d.h. auch bei Gefahren für sich selbst) sozialen Gruppen, deren Rechte verletzt werden und steht sozialen Gruppen in Notsituationen solidarisch bei (besitzt Gemeinsinn) (vgl. Höffe 1999, S. 190ff.).

Entwicklungssequenzen zu den demokratischen Kompetenzen wurden bisher nicht differenziert untersucht. Die Forschung dazu steht ganz am Anfang. Die GPJE unterscheidet hinsichtlich politischer Urteilsfähigkeit drei Stufen (Einzelelemente benennen, einfache Zusammenhänge erkennen, systematische Zusammenhänge erfassen). Behrmann, Grammes und Reinhardt (vgl. Behrmann/Grammes/Reinhardt 2003) unterscheiden bei den von ihnen aufgeführten fünf Kompetenzen zwischen folgenden Entwicklungsniveaus: »personal« (an Bedürfnissen von Personen orientiert), »politisch« (an gesellschaftlichen Regeln orientiert) und »sozialwissenschaftlich« (auf sozialwissenschaftliche Theorien bezogen). Im Modell von Petrik (2007) wird hinsichtlich Wahrnehmungskompetenz (Perspektivenübernahme), sozialwissenschaftlicher Kompetenz, Diskussionskompetenz, Partizipation und Selbstkompetenz zwischen den Entwicklungsniveaus »Abgrenzung«, »Austausch«, »Koordination« und »Metaanalyse« unterschieden, womit das Modell von Behrmann, Grammes und Reinhardt um das Niveau des Austauschs erweitert wird. May (2007) schließt an die strukturgenetisch-konstruktivistischen Modelle von Selman, Habermas, Kohlberg, Eckensberger und K. Beck an.

Auch bezüglich der Entwicklung demokratischer Kompetenzen kann, angelehnt an die strukturgenetisch-konstruktivistische Forschungstradition, eine »Tiefenstruktur« der Entwicklung angenommen werden. Ich unterscheide fünf Niveaus (Ebenen) der Entwicklung: egozentrische Ebene, personale Ebene, sozialer Nahraum (Beziehungsebene), Institutionenebene (Systemperspektive) und Metaebene. Im Grundschulalter und zu Beginn von Sekundarstufe I werden Fragen von Politik, Gesellschaft, Ökonomie und Recht im Allgemeinen noch personalisiert (egozentrische Ebene, personale Ebene, Beziehungsebene). Am Ende der Sekundarstufe I kann allmählich die Perspektive einzelner sozialer Systeme eingenommen werden. Vor allem in der Sekundarstufe II können auch Zusammenhänge zwischen verschiedenen sozialen Systemen erfasst und mit Bezugnahme auf übergreifende Gesichtspunkte (z.B. Menschenrechte) differenziert beurteilt werden (Metaebene).

3.4 Kriterien einer sozialen, moralischen und demokratischen Schule

Die zwischenmenschlichen Kompetenzen lassen sich auf verschiedenen Ebenen beschreiben:

- Art der Fähigkeiten: kognitive, kommunikative, emotionale und handlungsstrukturierende Kompetenzen;
- Synergien, Überlappungen und Konkurrenzen zwischen den Kompetenzen eines Kompetenzbereichs;
- Synergien, Überlappungen und Konkurrenzen zwischen den Kompetenzen verschiedener Kompetenzbereiche;
- Entwicklungssequenzen bezüglich einzelner Kompetenzen;
- personale (nämlich psychische und biologische) Voraussetzungen für die Kompetenzentwicklung;
- soziale, institutionelle und gesellschaftliche Voraussetzungen für die Kompetenzentwicklung, zum Beispiel Unterricht, Klasse, Schulleben, schulische Organisationsstruktur und Gemeinwesen.

Wichtig bei einem Konzept der Ziele einer kompetenzorientierten Didaktik ist die Bestimmung von Kriterien einer sozialen, moralischen und demokratischen Schule. Diese Kriterien stellen jeweils Leitbilder dar, sind Aspekte von Standards für Schulqualität.

Zentrale Bedingungen für die Entwicklung sozialer Kompetenzen sind nach den Erkenntnissen der Forschung kognitive Konflikte (vgl. Piaget-Tradition), intensive, verständnisorientierte Kommunikation (vgl. Habermas´ Kommunikationstheorie),

Ausdruck von und offener Umgang mit Gefühlen (vgl. Psychoanalyse, Soziale Lerntheorien) und soziale Handlungserfahrungen (vgl. soziologische Handlungstheorien).

Eine *soziale Schule* stellt auf der Ebene von Unterricht, Klasse, Schulleben, Kooperation mit außerschulischen Partnern, schulischer Organisationsstruktur und Lehrpersonal förderliche Bedingungen für die Entwicklung sozialer Kompetenzen her bzw. wendet vorliegende Methoden zur Förderung sozialer Kompetenzen an. Kognitive Herausforderungen durch soziale Probleme (etwa Konfrontation mit sozialen Dilemmata), Bedeutung kommunikativer Prozesse (bzw. Probleme), Berücksichtigung von Gefühlen, Stärkung von Selbstsicherheit, Kultur der Regelung von Konflikten, Ermöglichung sozialer Kontakte und Beziehungen sowie Kooperationserfahrungen sind jeweils wichtige Elemente.

Im Blick auf die sozialen Bedingungen der moralischen Urteilsentwicklung sind nach den Ergebnissen der Forschung insbesondere folgende Bedingungen förderlich: Konfrontation mit moralrelevanten Problemen, Teilnahme an symmetrischen, auf gegenseitiger Achtung basierenden Kommunikationsprozessen, verlässliche Wertschätzung der Akteure und Mitwirkung an moralrelevanten Entscheidungen bzw. Übertragung von Verantwortung (Gelegenheiten für normkonformes, gerechtes, fürsorgliches und hilfreiches Handeln) (vgl. Bienengräber 2002; Lempert 1993; 2004). Diese Bedingungen sind wahrscheinlich auch für die anderen Moralkompetenzen entwicklungsförderlich.

Eine *moralische Schule* stellt auf der Ebene von Unterricht, Klasse, Schulleben, Kooperation mit außerschulischen Partnern, schulischer Organisationsstruktur und Lehrpersonal förderliche Bedingungen für die Entwicklung moralischer Kompetenzen her bzw. wendet vorliegende Methoden zur Förderung moralischer Kompetenzen an. Intensive Erörterung moralischer Probleme (etwa Konfrontation mit moralischen Dilemmata), Durchführung moralischer Dialoge, verlässliche gegenseitige Wertschätzung der Akteure und Gelegenheiten zur Verantwortungsübernahme in moralrelevanten Kontexten (Gelegenheiten zu normkonformem, gerechtem, fürsorglichem und hilfreichem Handeln) sind jeweils wichtige Elemente.

Förderliche Bedingungen für die Entwicklung demokratischer Kompetenz sind, wie die Forschung zeigt, ähnliche Bedingungen wie bzgl. des sozial-emotionalen Lernens und des moralischen Lernens. Zusätzlich sind vor allem Partizipationserfahrungen relevant (vgl. z.B. Behrmann/Grammes/Reinhardt 2003).

Kriterien einer *demokratischen Schule* umfassen auch Aspekte der Förderung sozialer und moralischer Kompetenzen. Eine demokratische Schule stellt zudem förderliche Bedingungen für die Entwicklung spezifischer demokratischer Kompetenzen her bzw. wendet vorliegende demokratiepädagogische Methoden an. Spezifisch demokratische Kriterien einer demokratischen Schule auf der Ebene von Unterricht, Klasse, Schulleben, Kooperation mit außerschulischen Partnern, schulischer Organisationsstruktur und Lehrpersonal sind: Kognitive Herausforderungen durch politische Probleme (z.B. Konfrontation mit politischen Dilemmata), Übung von Formen politischer Argumentation (etwa Deliberation), Anerkennung von verschiedenen sozialen Gruppen (z.B. von Minderheiten), Gelegenheiten zu Loyalität, Partizipation, Toleranz, Zivilcourage und Solidarität.

Die Auseinandersetzung mit kognitiven oder kommunikativen Problemen trägt wenig zur Förderung emotionaler und handlungsstrukturierender Fähigkeiten bei, die Auseinandersetzung mit Handlungsproblemen erlaubt jedoch die Förderung aller Fähigkeitsdimensionen.

Im BLK-Programm »Demokratie lernen & leben« standen Fragen der Qualitätssicherung im Zentrum, und Kriterien für eine demokratische Schule wurden formuliert. Der Kriterienkatalog der AG Q soll die Selbstbewertung von Schulen erlauben. Er erstreckt sich auf acht schulische Handlungsfelder: individuelle Kompetenzen, Lerngruppe/Schulklasse, Lernkultur, Schulkultur, Schulöffnung, Schulprogramm/Entwicklung, Schulmanagement und Personalentwicklung. In den acht Feldern kann die Schule anhand der formulierten Kriterien ihren Entwicklungsstand überprüfen und notwendige Handlungsschritte benennen (vgl. de Haan/Edelstein/Eikel 2007).

4. Wertebezogene Erziehung durch Unterrichtsmethoden

In Kapitel 4 wird die Frage der erzieherischen Wirkung von Unterrichtsmethoden diskutiert, wobei allerdings nicht auch Selbstkompetenzen, sondern nur zwischenmenschliche Kompetenzen im Vordergrund stehen. Die im Rahmen der Unterrichtsmethodik entwickelten Gesichtspunkte sind auch für den Kontext wertebezogener Erziehung bedeutsam.

4.1 Didaktik, Methodik, Lehr-Lern-Forschung und der Unterrichtsauftrag der Schulen

Unterrichtsmethoden zielen auf die Förderung von Sach- und Methodenkompetenzen und werden im Rahmen von Didaktik, Methodik und Lehr-Lern-Forschung thematisiert.

Die Didaktik insgesamt behandelt Fragen des Unterrichts. Nach Jank und Meyer (2002) stellen sich in der Didaktik neun »W-Fragen«: Zu klären ist, wer was von wem mit wem wann wo wie womit wozu lernen soll. Die Methodik gibt besonders Antworten auf die Frage nach dem Wie, d.h. sie identifiziert Erfolg versprechende Unterrichtsmethoden. Didaktik und Methodik sind praxisorientierte Wissenschaften – sie geben Handlungsempfehlungen. Jedes Schulfach hat seine eigene Fachdidaktik und Fachmethodik; daneben gibt es Didaktiken für unterschiedliche Fächerbereiche, nämlich den mathematisch-naturwissenschaftlichen, sprachlichen, ästhetischen und gesellschaftswissenschaftlichen Bereich. Die Allgemeine Didaktik bzw. die Allgemeine Methodik thematisiert fächerübergreifende Gesichtspunkte. Somit werden hier Unterrichtsmethoden behandelt, die man in allen Fächern bzw. Fächerbereichen findet. Die Allgemeine Didaktik hatte ihre Blütezeit in den 60er- und 70er-Jahren und verlor in den letzten drei Jahrzehnten gegenüber den Fachdidaktiken zusehends an Einfluss.

Die Lehr-Lern-Forschung wählt im Unterschied zu Didaktik und Methodik einen empirischen Zugang zum Unterricht und setzt auf der Ebene realer Unterrichtsprozesse an (vgl. Hasselhorn/Gold 2006; Klauer/Leutner 2007). Diese Form der Beschäftigung mit Unterricht hat sich weitgehend unabhängig von Didaktik und Methodik entwickelt (vgl. Terhart 2005). Die Lehr-Lern-Forschung erlebte in den letzten Jahren einen Aufschwung. Allerdings lieferte sie bisher keine differenzierte Systematik von Unterrichtsmethoden.

Unterrichtsmethoden (Handlungsmuster im Sinne von Meyer) und die sie konstituierenden Inszenierungstechniken sind in Sozialformen eingebunden und verbinden sich mit ihnen, wobei es zu typischen Kombinationen von Sozialformen und Handlungsmustern bzw. Inszenierungstechniken kommt. Für jede Lehrkraft stellt sich die Frage der Unterrichtsplanung, wobei sie unter anderem zu klären hat, welche Unterrichtsmethode in welcher Situation angemessen ist. Meyer (2007) formuliert ein »Strukturmodell des Unterrichts«. Er entwickelt ein Fünf-Schritte-Schema der Unterrichtsplanung: Analyse der Ausgangslage, Zielplanung, Handlungsplanung, Durchführung und Auswertung. Daraus leitet er ein Grundraster zur Stundenplanung ab: Themenwahl, Bedingungsanalyse (hinsichtlich Lernvoraussetzungen, Lehrvoraussetzungen und Bildungsstandards/Richtlinien), didaktische Strukturierung (Ziele, Inhalte, Methoden, Sozialformen), geplanter Verlauf (Einstieg, Erarbeitung, Ergebnissicherung) und Vorüberlegungen zur Auswertung. Unterrichtsmethoden sind jeweils planungsrelevante Aspekte.

Wie in Abschnitt 1.6 erwähnt, gilt heute Methodenvielfalt bei den Unterrichtsmethoden als ein zentrales Kriterium für guten Unterricht – kritisiert wird ein Methodenmonismus. Um andererseits wahllosen Methodengebrauch zu verhindern, bedarf es konkreter Kriterien, an denen sich die Auswahl der Unterrichtsmethoden orientieren sollte. Leitende Kriterien des Methodeneinsatzes sind Ziel-, Inhalts- und Situationsgemäßheit sowie Schüler- und Lehrergemäßheit. Dabei ist zugleich die Interdependenz der Kriterien zu berücksichtigen. Zum Beispiel ist das Ausspielen von adressatenorientierten Methoden gegen inhaltsorientierte Methoden fragwürdig; eine Methode, die nur dem Anspruch der Inhaltsgemäßheit genügt, ist genauso wenig sinnvoll wie eine Methode, die einseitig den Aspekt der Schülergemäßheit beachtet. Einen »guten Lehrer« zeichnet aus, dass er aus einem reichen Fundus an Methodenkenntnissen und -erfahrungen schöpft und in der Lage ist, die richtige Unterrichtsmethode auszuwählen und anzuwenden. »Richtig« ist diese Methode dann, wenn es der Lehrkraft mit ihrer Hilfe gelingt, angesichts vorgefundener situativer Gegebenheiten Lernziele, Sachansprüche und Voraussetzungen auf Schüler- und Lehrerseite miteinander zu verbinden.

Beim Methodeneinsatz sollten insbesondere die Voraussetzungen auf Schüler- und Lehrerseite berücksichtigt werden. Der Entwicklungsstand der Schüler und ihre methodischen Vorerfahrungen sind zu beachten. Erfolgreicher Methodengebrauch verlangt auch die Vertrautheit des Lehrers mit den angewandten Unterrichtsmethoden bzw. die Schaffung der nötigen Voraussetzungen durch Übung. Andererseits wird nicht jeder Lehrer in gleichem Maße alle Methoden beherrschen können; bei Lehrern gibt es hinsichtlich der Methoden unterschiedliche Vorlieben und Begabungen. Voraussetzung für Methodenkompetenz ist die gründliche Kenntnis der Unterrichtsmethoden und das Wissen um ihre Vorzüge und Schwächen. Zugleich sind Beobachtung, Erfahrung und Übung notwendig, um das eigene, oft eingefahrene Methodenrepertoire zu erweitern. Der Spielraum für methodenbezogenes Entscheiden und Handeln wird durch die institutionell-strukturellen und technisch-organisatorischen Vorbedingungen wesentlich mitbestimmt; diese sind deshalb bei den Methodenentscheidungen angemessen in Rechnung zu stellen. Unterricht ist im ganzen Schulsystem einheitlich organisiert, beispielsweise auch durch so einschneidende Regelungen wie den Einzel- und Doppelstundentakt.

Mittlerweile gibt es eine Vielzahl von Unterrichtsmethoden; Abbildung 0.1 verdeutlicht diese Vielfalt. Allerdings liegen nur wenige Systematisierungen von Unterrichtsmethoden vor. Zudem wurden Unterrichtsmethoden oft nur dargestellt und nicht im Hinblick auf ihr Potenzial zur Kompetenzförderung eingeschätzt. Peterßen (1999) bewertet in seinem »Methodenlexikon« die Unterrichtsmethoden hinsichtlich ihrer Wirkung auf Fach-, Methoden-, Sozial- und Moralkompetenz, wobei er Selbstkompetenz als Teil der Sozialkompetenz versteht.

Forschung zur Anwendung und zur Wirkung von Unterrichtsmethoden gibt es bisher allerdings kaum.

Oft fehlt der Didaktik der Bezug zur Psychologie (vgl. Terhart 2005). So bleiben die psychischen Prozesse ungeklärt, die die Wirkung der Unterrichtsmethoden erklären können.

4.2 Das erzieherische Potenzial des Frontalunterrichts

Frontalunterricht wird zwar von vielen Autoren heftig kritisiert, ist aber die mit Abstand am häufigsten eingesetzte Sozialform des Unterrichts (ca. 70%). In der Lehrerausbildung wird eine Vielzahl von Methoden vermittelt, im Lehreralltag allerdings werden diese Methoden häufig nur in Prüfungsstunden gezeigt. Die Lehrkräfte wenden damit ein methodisches Konzept an, das sie selbst in ihrer Schulzeit als vorherrschend erfahren haben.

Frontalunterricht ist lehrergelenkte Interaktion. Er ist vor allem durch folgende Merkmale gekennzeichnet:
- Der Lehrer übernimmt die wesentlichen Steuerungs- und Bewertungsaufgaben.
- Die Blickrichtung der Schüler ist nach vorne gerichtet.
- Die Kommunikation verläuft hauptsächlich zwischen Lehrkraft und Lernenden.
- Es dominiert eine kognitive Orientierung.

Frontalunterricht stellt eine Sozialform und keine Unterrichtsmethode dar, somit können hier verschiedene Unterrichtsmethoden – insbesondere Vortrag, Gespräch und Experiment – vorkommen.

Kritik am Frontalunterricht wurde in letzter Zeit häufig geübt (vgl. Gudjons 2007). Eine Gruppe von Kritiken richtet sich gegen die Vernachlässigung sozialer Dimensionen von Denken und Handeln. Wichtige Kritikpunkte sind:
- Frontalunterricht fördert soziale, moralische und demokratische Kompetenzen nicht hinreichend.
- Die Schüler werden auf die Person der Lehrkraft fixiert, womit eine Autoritätsorientierung bekräftigt wird.
- Frontalunterricht sichert nur eine äußere Unterrichtsdisziplin.

Weitere Kritikpunkte sind:
- Dem Frontalunterricht liegt die falsche Annahme zugrunde, das alles, was gelehrt wird, auch gelernt wird.
- Die Schüler lernen in dieser lehrergelenkten Sozialform nur rezeptiv.
- Frontalunterricht trägt der Unterschiedlichkeit der Schüler nicht Rechnung.
- Er befriedigt hauptsächlich nur die Sicherheitsbedürfnisse und die narzisstischen Bedürfnisse der Lehrkraft.
- In diese Form des Unterrichts drücken sich die strukturellen Zwänge der Institution Schule aus.
- Frontalunterricht ist vom Ökonomie-Denken geprägt.

Als lehrergelenkte Interaktion besitzt der Frontalunterricht insgesamt kein großes erzieherisches Potenzial. Speziell zur Förderung zwischenmenschlicher Kompetenzen ist er wenig geeignet.

Die zentralen methodischen Elemente des Frontalunterrichts, nämlich Lehrervortrag und fragend-entwickelndes Unterrichtsgespräch, sind aber bei Lehrern und Schüler keineswegs unbeliebt. Frontalunterricht hat auch manche Vorzüge:
- Er kann von Lehrern vorausgeplant werden.
- Die Potenziale der ganzen Klasse können genutzt werden.
- Frontalunterricht macht effektives Informieren, Darbieten und Stoff erarbeiten möglich.
- Er erlaubt die schnelle Vermittlung relativ anspruchslosen Inhalts.
- Von den Schülern wird die Lehrerlenkung im Unterricht oft als Entlastung erlebt.

Der Frontalunterricht hat selbst hinsichtlich der Förderung zwischenmenschlicher Fähigkeiten einige Vorzüge:
- Man kann damit einige erzieherische Inhalte gut vermitteln (z.B. bestimmte ethische Theorien).
- Gruppenzusammmenhalt kann hergestellt werden.

Gudjons (2007) plädiert für ein erweitertes Konzept von Frontalunterricht, das auch Aspekte eigenständigen Lernens integriert.

4.3 Das erzieherische Potenzial der Alternativen zum Frontalunterricht

Neben der Sozialform des Frontalunterrichts gibt es die Sozialformen Einzelarbeit, Partnerarbeit und Gruppenarbeit.

Das Potenzial von Einzelarbeit hinsichtlich der Förderung zwischenmenschlicher Kompetenzen ist als eher gering zu veranschlagen. Der einzelne Schüler steht nicht in Kontakt mit anderen Schülern.

Das entsprechende Potenzial von Partner- und Gruppenarbeit ist hingegen höher. Es gibt heute eine Vielzahl von methodischen Alternativen im Blick auf Partner- und Gruppenarbeit. Dabei kann man kommunikationsorientierte und handlungsorientierte Unterrichtsmethoden unterscheiden. Unterrichtsmethoden mit hohem Potenzial bezüglich der Förderung zwischenmenschlicher Kompetenzen sind insbesondere Formen kooperativen Lernens (a) und Formen des Projektunterrichts (b).

a) Formen kooperativen Lernens

Kooperatives Lernen meint gemeinsames Lernen (mit Partnern bzw. in Kleingruppen und in Großgruppen). Aufgabenstellungen werden kooperativ und eigenverantwortlich bearbeitet. Green und Green (2006) führen 50 kooperative Lernmethoden auf. Der besondere Vorteil dieser Methoden ist nicht nur, dass es sich dabei um gute Strategien für die Aneignung schulischen Wissens handelt, die den Schülern einen wichtigen Ausgleich zum Frontalunterricht bieten. Sie geben Schülern vielmehr auch Gelegenheit, Kooperationsfähigkeit (Teamfähigkeit) zu erwerben. Kooperatives Lernen kann unterschieden werden vom individuellen Lernen (z.B. Hausaufgaben) und vom Lernen im Wettbewerb (z.B. Klassenarbeit). Kenntnisse und Fähigkeiten werden hier im wechselseitigen Austausch erworben. Diese Lernform setzt Arbeitsteilung voraus; die Schüler erfüllen jeweils unterschiedliche Aufgaben (z.B. Impulse geben, Ideen umsetzen, Team leiten, Organisieren, Beraten). Dabei ist die Reflexion und Evaluation kooperativen Lernens wichtig. Die Partner bzw. Mitglieder der Gruppe tragen Verantwortung für das Lernergebnis aller. Sie machen beim kooperativen Lernen vor allem zwei grundlegende Erfahrungen:

- »Ich brauche die anderen. Wir können nur gemeinsam Erfolg haben.«
- »Ich muss für die anderen einen Beitrag leisten. Sie brauchen mich.«

Schüler trainieren bei Methoden kooperativen Lernens auch die Fähigkeit zur Perspektivenübernahme, kommunikative Fähigkeiten, selbstsicheres Verhalten, Konflikt- und Kooperationsfähigkeit. Zudem lernen sie, sich gegenseitig zu unterstützen.

Verschiedene Fähigkeiten sind für kooperatives Lernen wichtig, etwa aktiv zuhören, Ablenkungen widerstehen, um Hilfe bitten, Hilfe erteilen und andere ermutigen.

Beispiele für kooperatives Lernen sind (vgl. Lickona 1991, S. 189ff.):

- *Lernen in Paaren:* Alle zwei bis drei Wochen werden die Namen der Schüler auf Zettel geschrieben und in einen Topf geworfen. Jeder zieht sich dann einen neuen Lernpartner. Der Lehrer stellt eine Frage, dann tun sich die Paare zusammen, diskutieren kurz ihre Antworten und teilen diese der Klasse mit.
- *Lernen in Gruppen:* Die Schüler bilden Kleingruppen. Sie überprüfen ihre Arbeiten gegenseitig, bevor sie sie abgeben. Jede Arbeit muss von den Sitznachbarn unterzeichnet werden, um zu zeigen, dass sie sie gelesen haben.

Eine spezielle Form der Gruppenarbeit ist das Puzzle-Lernen nach Aronson:

- Eine Schulstunde wird in Unterthemen gegliedert (z.B. eine Erdkundestunde über Brasilien wird in 5 Teile unterteilt: staatliche Verwaltung, Topographie und Klima, Geschichte, Industrie, Landwirtschaft).
- Die Klasse wird eingeteilt in Teams von je 5 Schülern unterschiedlicher Begabung und unterschiedlicher kultureller Herkunft. In jeder Gruppe bekommt jeder Schüler die Aufgabe, Experte für ein Unterthema zu sein.
- Die Experten lesen und lernen Material über ihre Unterthemen. Dann setzen sich alle Experten mit demselben Thema zusammen und tauschen ihr Wissen aus.
- Die Experten kehren danach zu ihrer Gruppe zurück, und die Gruppenmitglieder bringen sich gegenseitig bei, was sie über ihre Themen gelernt haben. Dann werden die Gruppenmitglieder einzeln über alle Unterthemen getestet, um eine Note für jeden Schüler zu ermitteln.

b) Formen des Projektunterrichts

Bei Projekten arbeiten Schüler bzw. Schüler, Lehrer, Eltern und andere Personen zusammen, um eine anspruchsvolle, komplexe Aufgabe zu bewältigen. Die Betonung liegt hier auf gemeinsamem Problemlösen und Forschen, weniger auf Tests oder Noten. Dabei werden theoretische Erkenntnis und praktisches Tun verbunden. Am Ende wird einer kleineren oder größeren Öffentlichkeit ein gemeinsames Produkt präsentiert. Ein Projekt umfasst im Allgemeinen folgende Schritte: Thema formulieren, Projekt planen, geplantes Produkt gemeinsam herstellen, Produkt präsentieren, gesamtes Projekt auswerten. Die komplexe Struktur der Probleme verlangt die Koordinierung verschiedener fachspezifischer Zugänge. Projekte beziehen sich insbesondere auf reale – zum Teil auch gesellschaftlich relevante – Problemsituationen, wobei vor allem die Bedürfnisse der Schüler die Auswahl des Themas bestimmen. Den Schülern wird Autonomie auch bei der Problembewältigung und den Lernprozessen eingeräumt.

Zum einen gibt es Projekte von Kleingruppen (Beispiele für solche Projekte: Viertklässler sollen in Vierergruppen ein Spiel erfinden; Sechstklässler arbeiten in Viererergruppen und forschen über antike Städte, wie etwa Athen oder Sparta, und fertigen Modelle dieser Städte an). Jede Gruppe präsentiert dann der Klasse ihr Projekt. Durch Projekte der ganzen Klasse kann ein noch stärkeres Bewusstsein für die Notwendigkeit von Kooperation in der Klassengemeinschaft entstehen. Zum Beispiel kann eine Klassenzeitung verfasst oder ein Theaterstück aufgeführt werden. Bei manchen Kleingruppenprojekten ist es auch möglich, diese am Ende zu einem Projekt der ganzen Klasse zusammenzufassen.

Allerdings stellt Projektunterricht eine methodische Großform dar. Darin werden also unterschiedliche Strategien angewendet.

Als methodische Großformen dienen Lehrgänge schwerpunktmäßig der Vermittlung von Fachkompetenzen, Formen der Freiarbeit der Vermittlung von Selbstkompetenzen und Formen der Projektarbeit der Vermittlung zwischenmenschlicher Kompetenzen.

5. Strategien zur schulischen Förderung einzelner sozialer Kompetenzen

Die Defizite bei den sozialen, moralischen und demokratischen Fähigkeiten deutscher Schüler erfordern den Einsatz schulischer Förderungsansätze. Dieser Einsatz ist in Deutschland bisher jedoch nicht in hinreichendem Maße erfolgt, obwohl pädagogische Angebote bereitstehen. Auch gibt es Grenzen der vorliegenden Ansätze. In den nächsten sechs Kapiteln werden Ansätze zur schulischen Förderung sozialer, moralischer und demokratischer Kompetenzen diskutiert. In Kapitel 5 werden Strategien zur Förderung einzelner sozialer Kompetenzen erörtert, in Kapitel 6 auf verschiedene Kompetenzen zielende, integrative Ansätze (Programme) zur Sozialerziehung, in Kapitel 7 Strategien zur Förderung einzelner moralischer Kompetenzen, in Kapitel 8 Programme zur Moralerziehung, in Kapitel 9 Strategien zur Förderung einzelner demokratischer Kompetenzen und in Kapitel 10 Programme zur Demokratieerziehung. Aufgrund der großen Zahl von Ansätzen bleibt hier ein Teil unberücksichtigt; diskutiert werden vor allem Erfolg versprechende neuere Ansätze. Verbreitete traditionelle Methoden werden ausgeklammert. Dies bedeutet aber nicht, dass ich diesen keine Relevanz für die Förderung zwischenmenschlicher Kompetenzen zuschreibe. Einige Strategien und Programme werden differenzierter dargestellt als andere, denn ich muss die Akzente unterschiedlich setzen. In die Darstellung werden auch Präventionsansätze einbezogen, denn viele Präventionsansätze sind heute (wie bereits gezeigt) für die Förderung von Kompetenzen relevant. Andererseits sind die Zugänge zur Kompetenzförderung für die Prävention problematischen Verhaltens bedeutsam, da Kompetenzdefizite wichtige Ursachen für Problemverhalten darstellen.

Der Auswahl bzw. Bewertung der Strategien und Programme lagen verschiedene Kriterien zugrunde. Aufgrund der Gemeinsamkeiten mit und der in Abschnitt 2.3 beschriebenen Unterschiede zur praxisbezogenen Literatur in Deutschland waren folgende Kriterien für die Auswahl und Bewertung der Förderungsansätze zentral:

- Strategien und Programme zur Kompetenzförderung und universelle Präventionsansätze sollen Gegenstand der Diskussion sein.
- Die zu diskutierenden Ansätze sollen möglichst kognitive, kommunikative, emotionale und handlungsstrukturierende Fähigkeiten fördern.
- Die Förderungsansätze sollen Lebensweltrelevanz und Zukunftsrelevanz für die Schüler besitzen.
- Besonders Ansätze, die neben dem einzelnen Schüler und der Klasse auch die verschiedenen Ebenen seiner Lebenswelt berücksichtigen (z.B. Schulleben, Eltern, Gemeinde), sind auszuwählen.
- Ansätze, die die Bedeutung von Schulautonomie, Qualitätssicherung und Lehrerfortbildung betonen, sind relevant.

● Vornehmlich neuere angelsächsische Strategien und Programme, die hierzulande noch kaum bekannt sind, sind darzustellen.

● Rezipiert werden sollen insbesondere auch Strategien und Programme, die in der strukturgenetisch-konstruktivistisch Tradition Piagets entstanden sind.

Die Förderungsansätze sollten zudem theoriegeleitet sein und sich in Evaluationsstudien als wirksam erwiesen haben. Ihr Einsatz muss sich zugleich über einen längeren Zeitraum erstrecken (mindestens zwei Monate).

In der vorliegenden Arbeit werden diejenigen Programme diskutiert, die in den Überblicksarbeiten von CASEL (2003) sowie von Berkowitz und Bier (2006) gleichermaßen als wirksam gelten. Zudem werden einige Programme erörtert, die in mindestens einer der vier angeführten Überblicksarbeiten, d.h. den Arbeiten von Berkowitz und Bier (2006), CASEL (2003), Catalano et. al (2002) sowie Greenberg, Domitrovitch und Bumbarger (2001), als wirksam aufgeführt werden – »Child Development Project« und »PATHS« werden in allen vier Arbeiten als effektiv eingestuft. »Responding in Peaceful and Positive Ways« tritt in drei der vier Übersichten auf. Einige Programme (etwa die Programme von Damon, Gibbs, Lickona, Oser, Rest, Schirp und Turiel) stellen jedoch eine Ausnahme dar, da sie bisher nicht evaluiert wurden. Sie scheinen jedoch Erfolg versprechend zu sein.

Ein wichtiger Punkt bei der Entwicklung eines Förderungsprogramms ist die Frage, ob es sich lediglich um eine pragmatische Sammlung von bestimmten, bereits vorhandenen und bewährten Instrumenten handeln soll oder um eine theoriegeleitete Vorgehensweise. Ein Mittelweg wird vorgeschlagen: das Programm sollte an bereits entwickelte praktische Konzepte anknüpfen, muss allerdings theoretisch fundiert sein, vor allem um eine wissenschaftliche Evaluation des Ansatzes möglich zu machen. Kompetenzen sind zu bestimmen und entsprechende individuelle Entwicklungsprozesse zu beschreiben. Zudem sind Annahmen zur Wirkung der einzelnen Strategien auf die Entwicklung der Kompetenzen zu formulieren. Andererseits sollte sich das Konzept der Kompetenzen auch auf die vorliegenden Förderungsansätze und Materialien stützen. Somit wäre eine Verzahnung von Förderungsansätzen mit dem Konzept der Kompetenzen vorzunehmen.

Es gibt mehrere Möglichkeiten der Anordnung bzw. Systematisierung schulischer Ansätze zur Förderung von Kompetenzen: alphabetische Anordnung, Systematisierung nach Erziehungsbereichen (sozial, moralisch, demokratisch), nach der Komplexität (einzelne Förderungsstrategie vs. integrativ angelegtes Förderungsprogramm bzw. eine oder mehrere Kompetenzen als Förderungsziel), nach Kompetenzförderung vs. Prävention, nach den vorrangig geförderten spezifischen Kompetenzen, nach personenbezogenen vs. an sozialen Kontexten ansetzenden Ansätzen bzw. nach spezifischen sozialen Kontexten oder Systematisierung nach angesprochenen Entwicklungsbedingungen. Ich systematisiere die Ansätze nach Erziehungsbereichen, nach Strategien und Programmen und nach den vorrangig geförderten Kompetenzen. Die Systematisierung nach Kompetenzen ergibt sich aus dem kompetenzorientierten Ansatz. Dabei orientiere ich mich an meiner Differenzierung von Kompetenzen (vgl. Kap. 3). Zu jeder Kompetenz eines Kompetenzbereichs liegt mindestens eine Strategie vor. Hinsichtlich der Förderungsstrategien unterscheide ich zugleich zwischen Strategien, die auf der Ebene von Unterricht oder Schulklasse sowie auf der Ebene von Schulleben, Gemeinwesen, schulischer Organisationsstruktur oder Lehrkräften angesiedelt sind.

Eine einzelne Strategie hat oft Wirkungen auf verschiedene Kompetenzen – innerhalb eines Bereichs und über die Bereiche hinweg. So können Formen der Mediation nicht nur dem sozialen Kompetenzbereich, sondern auch dem moralischen Kompetenzbereich zugeordnet werden. Formen des Klassenrat, der Jahrgangs- und Schulversammlung können nicht nur als moralpädagogische Strategien, sondern auch als demokratiepädagogische Strategien klassifiziert werden. Die vorgenommene Zuordnung von einigen Strategien und Programmen zu den Kompetenzbereichen bzw. Kompetenzen ist somit nicht unproblematisch.

In Kapitel 5 sollen schulische Förderungsansätze diskutiert werden, die vorrangig jeweils eine bestimmte soziale Kompetenz fördern, d.h. Strategien zur Förderung einzelner sozialer Kompetenzen darstellen. Leitende Frage ist: Welche spezifischen Fähigkeiten braucht man, um auf interpersonaler Ebene die eigenen Interessen zu verwirklichen bzw. Interaktionen aufrechtzuerhalten, und wie können diese Fähigkeiten in der Schule ausgebildet werden? Nur wenige der aufgeführten Strategien werden in den vier erwähnten Reviews aufgeführt (Ausnahme ist Berkowitz/Bier 2006).

Die Inhalte der Sozialerziehung ergeben sich aus den Handlungsproblemen: ein Recht durchsetzen, Konflikte lösen, Kontakte knüpfen und kooperieren.

Traditionelle Strategien der lerntheoretischen Tradition ermöglichen vor allem die Vermittlung von Wissen. Herkömmliche Diskussionen sozialer Dilemmata erlauben die Stimulierung der Urteilsbildung.

5.1 Förderung von Kompetenzen sozialer Kognition

Hinsichtlich der Entwicklung der Perspektivenübernahme sowie des Verständnisses von Personen, Interaktionen, Beziehungen, Gruppen, Institutionen und Gesellschaften gibt es eine Vielzahl von Forschungsbemühungen. Neben den an Piaget, Kohlberg und Selman orientierten strukturgenetisch-konstruktivistischen Positionen sowie Theorien der Informationsverarbeitung beeinflussen insbesondere (sozialpsychologische) Theorien der Personenwahrnehmung, Attributionstheorien und symbolisch-interaktionistische Theorien die Forschung zur Entwicklung sozialer Kognitionen (vgl. Oerter/Montada 2002, S. 590ff.). Allerdings existieren nur wenige pädagogische Ansätze zur schulischen Förderung sozialer Kognitionen. Die schulische Förderung einer komplexen Perspektivenkoordination und anderer reifer Formen sozialen Verstehens ist weitgehend Desiderat geblieben. Lediglich strukturgenetisch-konstruktivistische Positionen der Piaget-Tradition und informationstheoretische Positionen (Theorien der sozialen Informationsverarbeitung) hatten Einfluss auf die pädagogischen Bemühungen; sie umfassen hauptsächlich Herausforderungen durch kognitive Probleme.

Zur Förderung der Perspektivenübernahme und anderer sozialer Kognitionen eignen sich grundsätzlich alle in der Forschung verwendeten Methoden zur Erfassung sozialer Kognitionen – insbesondere jedoch *Diskussionen über soziale Dilemmata*. Zur Ermittlung der Stufen der Perspektivenübernahme legt Selman zum Beispiel folgendes Dilemma vor:

> »Holly, ein achtjähriges Mädchen, klettert gerne auf Bäume. Sie ist der beste Kletterer in der ganzen Nachbarschaft. Eines Tages fällt sie beim Herabsteigen von dem niedrigsten Ast eines hohen Baumes herunter, tut sich aber nicht weh dabei. Ihr Vater sieht, wie sie herunterfällt. Er ist bestürzt und verlangt von ihr das Versprechen, nicht mehr auf Bäume zu klettern. Holly verspricht es ihm. Später am gleichen Tag treffen Holly und ihre Freundinnen Sean. Ihr Kätzchen ist auf einen Baum geklettert und kann nicht mehr herunterkommen. Irgendetwas muss sofort unternommen werden, damit das Kätzchen nicht herunterfällt. Holly ist die einzige, die gut genug klettern kann, um an das Kätzchen heranzukommen und es herunterzuholen: sie erinnert sich jedoch an das Versprechen, das sie ihrem Vater gegeben hat« (Selman 1984, S. 49).

Die Diskussion solcher sozialen Dilemmata erzeugt bei den Schülern kognitive Konflikte, die zur Stufenentwicklung beitragen können (vgl. Yates/Selman 1989).

Adalbjarnardottir hat mit dem Projekt »Förderung der sozialen Entwicklung von Schülern« als einer der wenigen Autoren im Rahmen der strukturgenetisch-konstruktivistischen Tradition Piagets einen schulischen Förderungsansatz entwickelt (vgl. Adalbjarnardottir 1993; 2001). Sie stützt sich dabei auf Selmans Position und stellt Dilemmadiskussionen in den Mittelpunkt. Selman und Adalbjarnardottir verknüpfen die strukturgenetisch-konstruktivistische mit der informationstheoretischen Perspektive: Die Stufenentwicklung verschiedener Fähigkeiten zur Informationsverarbeitung (Situationsdefinition, Vergegenwärtigung von Handlungsalternativen, Auswahl einer Strategie, Bewertung des Ergebnisses) soll stimuliert werden.

In Adalbjarnardottirs Programm müssen Schüler zum einen zu hypothetischen sozialen Dilemmata Stellung nehmen, die in der nachfolgenden Diskussion in der Klasse kognitive Konflikte bei ihnen provozieren sollen. Das Curriculum, an dem sich die Lehrer orientieren, umfasst drei grundlegende interpersonale Themen:

- Familie (z.B. konfliktbeladene Interaktionen zwischen Eltern und Kindern),
- Freundschaft (z.B. Konflikte in Freundschaftsbeziehungen) und
- Schulgemeinschaft (z.B. Konflikte unter Klassenkameraden während der Pause).

Daneben nutzen die Lehrer die Gruppensitzungen aber auch, um über Konflikte der Schüler sowie über Probleme aus dem Schulalltag zu diskutieren. Im Zentrum jeder Intervention steht eine strukturierte Vorgehensweise für die Behandlung sozialer Konflikte, die fünf Schritte beinhaltet (Adalbjarnardottir 2001, S. 220):

- *Schritt 1: Was ist hier das Problem? Warum ist es ein Problem?*
  Diese Fragen dienen der Problemdefinition. Sie ermöglichen die Herstellung von Ruhe und Reflexion unter den Parteien.
- *Schritt 2: Wie fühlt sich ... (Name der Beteiligten)? Warum?*
  Diese Fragen animieren die Kinder, die Gefühle der einzelnen zu identifizieren und sie möglicherweise zu berücksichtigen.
- *Schritt 3: Was könntest du tun, um das Problem zu lösen?*
  Diese Frage dient der Entwicklung alternativer Strategien. Was könnte ein guter Weg sein, um das Problem zu lösen? Jede Strategie wird begründet. Diese Fragen dienen der Reflexion unterschiedlicher Lösungswege.
- *Schritt 4: Was ist der beste Weg, um das Problem zu lösen? Warum?*
  Diese Fragen dienen dem Prozess des Findens des effektivsten Wegs zur Konfliktlösung.
- *Schritt 5: Was würde geschehen, wenn er/sie so gehandelt hätte?*
  Diese Frage dient der Evaluation der Folgen.

Die aufgeführten Fragen benutzen die Lehrer bei Diskussionen über hypothetische Dilemmata und reale Konfliktsituationen.

Neben der Diskussionsmethode als Schwerpunkt des Interventionsprogramms werden auch andere Methoden eingesetzt. Beispielsweise verfassen Schüler Gedichte und Geschichten über soziale Interaktionen und Problemlösungen, fertigen Zeichnungen für ein »Soziales Interaktionsbuch« an und stellen durch Rollenspiele unterschiedliche soziale Konflikte nach.

Das Programm von Adalbjarnardottir enthält Trainingsmaßnahmen für Grundschullehrer, die sie dazu befähigen sollen, ihre Bereitschaft zur Übernahme von Verantwortung für ihr eigenes Sozialverhalten und die soziale Entwicklung ihrer Schüler wirksam zu fördern. Die Trainingsmaßnahmen für die Lehrer finden in 20 Gruppensitzungen über ein Jahr verteilt statt. Die Sitzungen haben zwei Schwerpunkte:
a) Vermittlung psychologischer Theorien der sozialen und auch der moralischen Entwicklung (z.B. die Theorien von Piaget, Selman und Kohlberg) und
b) Vermittlung effektiver Unterrichtsstrategien (vgl. auch 2.1).

Bei der Evaluation des Ansatzes von Adalbjarnardottir stellte sich heraus, dass die Kinder, bei denen eine Intervention durchgeführt wurde, im Vergleich zu anderen Kindern bezogen auf das Denkniveau einen Zuwachs an »Reziprozität«, d.h. von Niveau 2 der interpersonalen Verhandlungsstrategien, aufweisen. Aber auch auf der Handlungsebene benutzen sie häufiger als Schüler der Kontrollgruppe reziproke Strategien in der Aushandlung realer Konflikte mit Klassenkameraden. Die Lehrer waren der Meinung, dass die Klassenatmosphäre aufgrund der konstruktiven Behandlung von Themen (wie etwa Freundschaft, Schulgemeinschaft und Familie) entspannter und positiver geworden sei. Die Schüler verhielten sich mit der Zeit freundlicher zueinander, äußerten öfter ihre eigene Meinung und waren häufiger um friedliche Konfliktlösungen bemüht (vgl. Adalbjarnardottir 2001, S. 221f.). Das Programm erzielte also insgesamt positive Effekte.

Mischo (2004) wendete den Ansatz von Selman und Adalbjarnardottir in Deutschland an, wobei der Autor allerdings nur eine Kurzzeitintervention durchführt, die eine Sitzung umfasst.

Selman und die an ihm orientierten Autoren haben mit der Methode der Diskussion sozialer Dilemmata eine fruchtbare pädagogische Strategie für die Stimulierung sozialkognitiver Entwicklungsprozesse konzipiert. Ihre Interviewfragen können für pädagogische Zwecke genutzt werden (vgl. auch Malti 2002). Zudem ist die Verwendung schulfachspezifischer sozialer Dilemmata sinnvoll, um die stärkere Anbindung an den Fachunterricht zu ermöglichen.

Durch die Verwendung von Entwicklungsskalen (Stufen) im Unterricht – wie derjenigen von Selman – erhalten Lehrkräfte Hilfestellungen, die Argumente von Schülern zu interpretieren. Werden den Lehrern solche Instrumentarien nicht zur Verfügung gestellt, nehmen sie die Äußerungen der Schüler oft nur als diffuses »Rauschen« wahr und können die Perspektiven ihrer Schüler schlecht differenzieren. Vor der Anwendung einzelner Entwicklungsskalen müssen die Lehrer allerdings in die entsprechenden entwicklungspsychologischen Forschungstraditionen hinreichend eingeführt sein, was erhebliche Anstrengungen voraussetzt. Es muss ihnen vor allem vermittelt werden, welche Bedeutung die in den Theorien aufgeführten Altersnormen haben und mit welchen Auswirkungen von einzelnen performanzbestimmenden Faktoren auf die Stufen zu rechnen ist (zum Beispiel, dass sich bei der Diskussion alltagsnaher Problemsituationen unter Umständen eine andere Urteilsstufe zeigt als bei der Argumentation zu hypothetischen, alltagsfernen Problemsituationen). Ansonsten besteht die Gefahr, dass Lehrkräfte die aufgeführten Altersnormen als normative Entwicklungsstandards auffassen und Schüler, welche die Normen nicht erfüllen, als defizitär bewerten. Da Äußerungen der Schüler häufig Grundlage für Benotungen sind, sollte diese Gefahr nicht unterschätzt werden.

Die Methode der Diskussion sozialer Dilemmata spielte bei den Bemühungen um die schulische Förderung sozialer Kognitionen bisher keine große Rolle. In aktuellen Überblicksarbeiten zur Sozialerziehung werden Ansätze, in denen diese Methode verwendet wird, nicht erwähnt. Beispielsweise enthält die umfassendste Übersicht über schulische Förderungsprogramme zum sozialen und emotionalen Lernen, nämlich »Safe and Sound« von CASEL (2003), keinen einzigen Ansatz, der auf Diskussionen sozialer Dilemmata basiert. (Diskussionen moralischer Dilemmata wurden hingegen in weit größerer Zahl durchgeführt, wie in Abschnitt 7.1 dargestellt wird.) Der hauptsächliche Grund für die Vernachlässigung der Methode dürfte ihr unzureichender Handlungsbezug sein. Da in der strukturgenetisch-konstruktivistischen Tradition Piagets bisher kaum Ansätze zur schulischen Förderung der Perspektivenübernahme und anderer sozialer Kognitionen entwickelt und umgesetzt wurden, liegen hierzu nur wenige Evaluationsergebnisse vor.

Die Diskussion sozialer Dilemmata kann zur Förderung weiterer sozialer Fähigkeiten beitragen:

- Solche Diskussionen erlauben die Förderung von Kommunikationsfähigkeiten, denn sie schulen insbesondere die Fähigkeiten des Argumentierens und des Zuhörens. Allerdings zielen sie nur auf verständigungsorientierte Kommunikation.
- Durch Dilemmadiskussionen können hinsichtlich emotionsbezogener sozialer Kompetenzen insbesondere das Emotionsverständnis und das Emotionsvokabular gefördert werden, zum Beispiel, indem die Folgen von Handlungen für Personen thematisiert werden. Sie können soziale Gefühle aber nicht hinreichend stark provozieren.
- Im Rahmen von Diskussionen sozialer Dilemmata können Formen selbstsicheren, konfliktfähigen, kontaktfähigen und kooperativen Verhaltens zum Thema werden; über Strategien entsprechenden sozialen Verhaltens kann diskutiert werden. Allerdings fehlen in diesem pädagogischen Kontext direkte Handlungsanforderungen und -erfahrungen.

Am weitesten vorangetrieben wurden die Förderungsbemühungen in der informationstheoretischen Tradition. Ansätze, die speziell die Fähigkeiten zur sozialen Informationsverarbeitung von Schülern stärken, gibt es einige. Soziales Handeln setzt die Entscheidung für eine bestimmte Handlungsalternative voraus. Wichtig ist deshalb die angemessene Abwägung des Nutzens und der Kosten einzelner Handlungsalternativen sowie die Abschätzung der Wahrscheinlichkeit einer erfolgreichen Realisierung der Handlungsalternativen. Vor allem auf diese Prozesse beziehen sich Ansätze aus der informationstheoretischen Tradition. Den Ansätzen können verschiedene Strategien zur Förderung sozialer Kognitionen entnommen werden.

In Deutschland liegen einige schulische Förderungsansätze vor, die sich auf Theorien der Informationsverarbeitung stützen. Das hier von der Gruppe um Hautzinger entwickelte Programm »Lust An Realistischer Sicht & Leichtigkeit Im Sozialen Alltag« (LARS & LISA) orientiert sich an der Theorie von Dodge (vgl. Pössel/Hautzinger 2003). Dieser Förderungsansatz richtet sich an Schüler der siebten und achten Klasse und zielt dabei auch auf die Prävention von Depressionen. Das Training umfasst zehn Sitzungen zu je 90 Minuten und wird im wöchentlichen Abstand durchgeführt. Dabei wird die Klasse nach Geschlechtern getrennt. Schwerpunkte sind: Formulierung persönlicher Ziele, Verständnis des Zusammenhangs von Gedanken, Gefühlen und Verhalten, Identifikation dysfunktionaler, selbstschädigender Gedanken sowie Formulierung sinnvoller Alternativen zu diesen Gedanken. Zusätzlich beinhaltet der Ansatz ein Training selbstsicheren Verhaltens sowie ein Training von Fähigkeiten, Kontakte zu knüpfen und aufrecht zu erhalten. In einer Evaluationsstudie zeigte sich eine positive Wirkung des Ansatzes.

Im angelsächsischen Raum erwiesen sich vor allem drei didaktische Ansätze als wirksam: »I Can Problem Solve«, »Improving Social Awareness – Social Problem Solving« und »Social Problem Solving Training«. Sie basieren jeweils auf der Annahme, dass sozialkognitive Fähigkeiten für die Lösung interpersonaler Probleme und die Verwirklichung sozialer Handlungsziele zentral sind.

- *I Can Problem Solve* richtet sich an Kinder im Vorschulalter und an Grundschü-ler (4 bis 10 Jahre) und besteht aus einem mehrwöchigen Kurs, der täglich 30 Minuten umfasst. Die Schüler sollen befähigt werden, Sensibilität für soziale Probleme zu zeigen, die Perspektive anderer zu übernehmen, unterschiedliche Lösungen für interpersonale Probleme zu entwickeln, Handlungen zu planen und die Folgen von Handlungen zu antizipieren. Der Kurs beinhaltet Spiele, Diskussionen sowie die Vermittlung von Techniken einer erfolgreichen Grup-peninteraktion. I Can Problem Solve ist Bestandteil des deutschen Programms »Entwicklungsförderung in Familien: Eltern- und Kindertraining (EFFEKT)« von Lösel und Beelmann, das sich allerdings nur auf das Vorschulalter bezieht und neben einem Kindertraining ein Elterntraining umfasst (vgl. Beelmann/Raab 2007, S. 153ff.).
- *Improving Social Awareness – Social Problem Solving*, für Grundschüler entwi-ckelt, erstreckt sich über einen Zeitraum von zwei Jahren und umfasst drei Pha-sen. In Phase 1 werden Selbstkontrolle und Kooperationsfähigkeit vermittelt. In Phase 2 werden Kompetenzen zur Lösung interpersonaler Probleme gefördert und zwar im Hinblick auf die verschiedenen Problemlösungsschritte. Phase 3 umfasst die Anwendung der erworbenen Problemlösungskompetenzen.
- Das *Social Problem Solving Training* bezieht sich vorrangig auf Fähigkeiten zur Lösung interpersonaler Probleme. Der Förderungsansatz beinhaltet fünf Lern-einheiten:
  1. eigene Gefühle und Gefühle anderer,
  2. Problemsensibilisierung und Identifikation von Problemen,
  3. Finden alternativer Lösungen,
  4. Nachdenken über die Konsequenzen von Lösungen,
  5. Integration von Verhaltensweisen zur Lösung von Problemen.
  Die Problemlösungsschritte werden anhand von Klassendiskussionen, Rollen-spielen, Arbeitsheften und Lehrvideos eingeübt.

Die drei Trainingsansätze aus der informationstheoretischen Tradition zielen aller-dings nicht auf strukturelle Veränderungen sozialer Kognition, wie es das Ziel der Gruppe um Selman ist.

Ansätze zur Förderung sozialer Selbstwirksamkeit fußen auf Banduras Theorie der Selbstwirksamkeit. Vor allem zwei Quellen für den Erwerb von Selbstwirksam-keit werden angenommen, nämlich eigene Handlungserfolge sowie Beobachtung von erfolgreichen Verhaltensmodellen (vgl. auch Jerusalem/Klein-Heßling 2002, S. 169f.). Die Schule kann insbesondere Lernerfolge ermöglichen. Dabei ist das Setzen von Nahzielen wichtig. Auch Rückmeldungen über Lernfortschritte sind hilfreich.

Was die Förderung von Selbstwirksamkeit in Deutschland angeht, ist der Ansatz einer *Selbstwirksamen Schule* zu nennen, der das schulische Leben auf der Grund-lage der Selbstwirksamkeitstheorie von Bandura umzugestalten sucht, um vor allem auch Schulangst und Depression zu reduzieren (vgl. Edelstein 1995;

www.selbstwirksameschulen.de). Im angelsächsischen Raum stützen sich ebenfalls verschiedene Ansätze auf Banduras Selbstwirksamkeitstheorie (vgl. CASEL 2003).

Ein wichtiges Mittel zur Förderung sozialer Kognitionen sind *Rollenspiele*. Im Rollenspiel übernehmen Personen die Denk- und Handlungsmuster anderer Personen; soziale Situationen werden simuliert. Dadurch kann soziale Realität bewusst gemacht und reflektiert werden. Die Methode fordert und fördert insbesondere die Übernahme unterschiedlicher Standpunkte von Personen. Dabei können die zu spielenden Rollen mehr oder weniger präzise definiert sein (»gelenktes Rollenspiel« vs. »offenes Rollenspiel«). Die Schüler agieren nach vorgegebenen Rollenanweisungen, können ihre Rolle aber selbst ausgestalten. Ein Rollenspiel besteht aus einer Vorbereitungsphase, dem eigentlichen Spiel und der Besprechung des Spiels in der Gruppe. Allerdings erfordert die Methode die Fähigkeit und Bereitschaft zu schauspielerischer Darstellung (vgl. Meyer 1987, S. 357ff.). Neben Perspektivenübernahme werden vor allem auch Rollendistanz und Ambiguitätstoleranz gefördert.

Eine Stimulierung der Entwicklung sozialer Kognitionen ist auch durch andere Spielformen (z.B. Szenische Spiele) möglich. Verschiedene Gesprächsformen (z.B. Streitgespräch) eignen sich ebenfalls dafür.

5.2 Förderung kommunikativer sozialer Kompetenzen

Kommunikative soziale Kompetenzen (z.B. Erzählen, ein Gespräch leiten, Argumentieren, Fragen stellen, Zuhören) sind für die Verständigung über Situationsdefinitionen, Zielsetzungen, Motive und Handlungspläne erforderlich. Ansätze zur schulischen Förderung von Kommunikationsfähigkeiten beziehen sich deshalb auf einen wichtigen Aspekt des sozialen Bereichs. Diese Fähigkeiten wurden in den Schulen bisher vernachlässigt. Entsprechende Förderungsansätze betonen die Bedeutung kommunikativer Probleme.

Grundsätzlich fördern alle gesprächsorientierten Methoden kommunikative soziale Kompetenzen. Sinnvoll sind vor allem jedoch Formen des Trainings kommunikativer Kompetenzen. Einige solcher Trainings gibt es auch hierzulande. Theoretischer Hintergrund der pädagogischen Bemühungen in Deutschland sind hauptsächlich Lerntheorien und der Ansatz von Schultz von Thun. Schultz von Thun (2003) unterscheidet in seinem »Quadrat der Nachricht« vier Ebenen, die bei jeder Kommunikation angesprochen werden:

● die Sachebene, auf der über Ereignisse und Sachverhalte kommuniziert wird,

● die Ebene der Selbstkundgabe, auf der die innere Welt der Akteure im Blickpunkt steht,

● die Beziehungsebene, auf der das Verhältnis der Akteure zueinander festgelegt wird,

● die Appellebene, auf der versucht wird, auf die Intentionen anderer Einfluss zu nehmen.

Auf diese vier Ebenen beziehen sich Trainings der Kommunikationsfähigkeiten für gewöhnlich. Drei Ansätze sollen kurz dargestellt werden, nämlich Fishbowl sowie die Zugänge von Klippert und Gordon. Sie enthalten wichtige Strategien zur Förderung kommunikativer Fähigkeiten.

● Eine neuere gesprächsorientierte Methode ist zum Beispiel *Fishbowl*. Diese Methode bietet allen Schülern die Gelegenheit, ihre Meinung vorzubringen. Vier bis sechs Schüler sitzen in einem Mittelkreis, zwei Stühle bleiben frei. Nur Personen, die im Mittelkreis sitzen, dürfen mitdiskutieren. Wenn sich ein Teilnehmer auf den freien Stuhl setzt, muss ein anderer gehen.

● Das *Kommunikationstraining von Klippert* (vgl. Klippert 2002a) ist ein differenziert angelegter Ansatz zur Förderung sowohl des monologischen Sprachverhaltens (z.B. Vortragen, Erzählen) als auch des dialogischen Sprachverhaltens (z.B. Diskutieren, ein Gespräch leiten). Der Ansatz zielt dabei auf sprachliche und nicht-sprachliche Elemente (wie etwa Mimik, Gestik, Körpersprache). Klippert entwickelt ein 5-Stufenmodell der Förderung: Nachdenken über Kommunikation, Frei Sprechen und Erzählen ohne Angst, das 1mal 1des miteinander Sprechens, Argumentieren und Vortragen sowie komplexe Kommunikationsspiele. Zunächst werden die Kinder dazu angehalten, auf ihr eigenes kommunikatives Verhalten im Unterricht zu reflektieren (z.B. »Wie ist meine Mitarbeit im Unterricht?«). Dann werden Sprechängste thematisiert und Möglichkeiten zum angstfreien Sprechen gegeben. Anschließend üben die Schüler, wie man verständnisvoll miteinander spricht. Dem folgt ein Training der Fähigkeit zum inhaltlich überzeugenden Argumentieren und Vortragen. Schließlich werden die erworbenen Fähigkeiten und Techniken in komplexen Kommunikationsspielen angewendet. Klippert sucht seinen Trainingsansatz an den Fachunterricht anzubinden.

● In den angelsächsischen Ländern sind Trainings kommunikativer Fähigkeiten vor allem Bestandteil einzelner Programme. Dort werden ähnliche Bausteine wie bei Klippert verwendet. Gordon (1995) verweist auf die Notwendigkeit von Formen »annehmenden Sprechens«: »Türöffner«, »passives Zuhören«, »aktives Zuhören« und »Aufmerksamkeitsreaktion«. Falls der Lehrer ein Problem mit dem Verhalten des Schülers hat, empfiehlt Gordon vor allem »Ich-Botschaften«. Diese Botschaften sind frei von Beschuldigungen des anderen.

Bei den Trainings kommunikativer Fähigkeiten werden allerdings entwicklungsbezogene, stufenspezifische Veränderungen im Kommunikationsverhalten weitgehend ausgeblendet, auf die etwa Habermas hinweist. Klipperts Ansatz fehlt insgesamt ein theoretischer Rahmen.

5.3 Förderung emotionsbezogener sozialer Kompetenzen

Hinsichtlich des Sinns einer schulischen Förderung emotionaler Kompetenzen gibt es unterschiedliche Auffassungen. Einige Autoren bezweifeln, dass entsprechende

Förderungsbemühungen sinnvoll sind. Die »Welt der Gefühle« sei »grenzenlos«, und es drohe die Gefahr, dass Lehrer bei der Auseinandersetzung mit dem Thema »Gefühle« Abwehrmechanismen gebrauchen, um mit den eigenen negativen Gefühlen umgehen zu können. Auch werde der Unterricht dadurch eher zur Therapie. Zudem fehlten überzeugende Kriterien für Fortschritte im Bereich der emotionalen Entwicklung. Andere Autoren hingegen sehen in diesem Thema einen wichtigen Bereich schulischen Lernens, der viel zu lange vernachlässigt wurde. Weil Gefühle Bestandteil des Unterrichts darstellen, seien sie zur Sprache zu bringen und zu reflektieren. Schule müsse die emotionalen Fähigkeiten der Schüler fördern und dadurch einen Beitrag zur psychischen Gesundheit leisten. Kriterien für Fortschritte in der emotionalen Entwicklung bzw. für das wachsende Potenzial bei der Bewältigung emotionaler Probleme wären auf der Grundlage der entwicklungspsychologischen Literatur herauszuarbeiten.

Viele Ansätze zur gezielten Förderung emotionaler Kompetenzen gibt es nur als Bestandteil ganzer Programme. Die Ansätze sind dabei meistens als Trainingsprogramme konzipiert (vgl. Izard 2002).

In Deutschland wurden nur wenige Strategien zur Förderung emotionaler Kompetenzen entwickelt und umgesetzt. Dieser Bereich wurde hierzulande vernachlässigt (vgl. Petermann/Wiedebusch 2003; Wiedebusch 2007).

Entspannungstechniken, Meditations- und Konzentrationsübungen eignen sich zur Förderung emotionaler Fähigkeiten, insbesondere zur Stressbewältigung. Die Fantasiereise etwa ist ein meditatives Verfahren, bei dem Schüler bequem sitzen und ihre Augen schließen, während der Lehrer (oft durch Musik unterstützt) eine Geschichte erzählt oder einen Text vorliest. Vor allem die Fantasie der Schüler wird dabei aktiviert. Entspannungstechniken, Mediations- und Konzentrationsübungen haben allerdings keinen direkten sozialen Bezug.

In den 70er- und 80er-Jahren entstanden in der damaligen Bundesrepublik vereinzelt Ansätze zum sozialen Lernen, die sich auch auf einige emotionale Kompetenzen beziehen. Theoretischer Hintergrund dieser Ansätze ist vor allem die symbolisch-interaktionistische Kritik an der Rollentheorie in der Soziologie (vgl. Habermas 1976; Krappmann 1971). Wichtig in dieser Tradition ist die Fähigkeit, soziale und innerpsychische Konflikte zu erkennen und auszuhalten, d.h. sie nicht zu verdrängen – »Ambiguitätstoleranz«, »Frustrationstoleranz« und »Rollendistanz« werden zu fördern versucht. Im *Ansatz von Lerchenmüller*, der in dieser Tradition steht und auf die schulische Prävention von Gewalt zielt, ist ein wesentliches Merkmal der Bezug zur Erfahrungswelt der Schüler. 26 Unterrichtseinheiten mit sechs Themenbereichen wurden von Lerchenmüller entwickelt. Die sechs Themenbereiche umfassen: Vorurteile und Diskriminierung von Minderheiten, Beziehung zur Erwachsenenwelt, Konflikte mit Autoritätspersonen, Konflikte mit Gleichaltrigen, jugendliches Entscheidungsverhalten, Hintergründe und Folgen einer Straftat. Die Schüler sollen insbesondere durch Gespräche und Kleingruppenarbeit Konflikte erfassen und aushalten lernen sowie adäquate Konfliktlösungen erarbeiten. Daneben sind »Meckerstunden« vorgesehen, in denen sie Konflikte in der Klasse bearbeiten.

Der Ansatz von Lerchenmüller hat sich in einer Evaluationsstudie weitgehend bewährt (vgl. Schubarth 2000, S. 148ff.).

In Deutschland wurden in den letzten Jahren zwei Trainingsprogramme entwickelt, die vornehmlich Strategien zur Förderung emotionaler Kompetenzen enthalten: das »Verhaltenstraining für Schulanfänger« und »Fit und stark fürs Leben«.

- Das von der Gruppe um Petermann entwickelte *Verhaltenstraining für Schulanfänger* umfasst 26 Sitzungen und wird in zwei Schulstunden pro Woche durchgeführt. Es richtet sich an Grundschüler der ersten und zweiten Klasse. Sechs Sitzungen beziehen sich direkt auf emotionale Kompetenzen – die anderen Sitzungen erstrecken sich auf weitere soziale Fähigkeiten, wie etwa Auswahl von Handlungsstrategien und Antizipation von Handlungskonsequenzen. Gefördert werden sollen folgende emotionsbezogenen Fähigkeiten: Wahrnehmung eigener Emotionen und der Gefühle anderer, Verständnis der verschiedenen Auslöser von Emotionen, Emotionsregulation und Empathie. Das gesamte Training erfolgt auf Grundlage von Spielen und Bildgeschichten (vgl. Petermann/Wiedebusch 2003, S. 184ff.).
- *Fit und Stark fürs Leben* (vgl. Aßhauer/Hanewinkel 2000) besteht aus Trainingsmanualen für die Klassen 1 bis 8). Für die Klassenstufen 1 und 2 beispielsweise sind 20 Unterrichtseinheiten vorgesehen, wobei sich vier der Unterrichtseinheiten direkt auf emotionale Kompetenzen beziehen. Folgende emotionsbezogenen Fähigkeiten sollen in diesen vier Sitzungen vermittelt werden: Selbstwahrnehmung und Einfühlungsvermögen, Umgang mit Stress sowie Umgang mit negativen Emotionen. Zusätzlich geht es um die Entwicklung der Fähigkeit des Problemlösens, von Körperbewusstsein, gesundheitsrelevantem Wissen, Kommunikationsfähigkeiten und kritischem Denken.

Während in Deutschland nur wenige Ansätze zur Förderung emotionaler Kompetenzen entstanden, wurden in der USA in den letzten Jahren mehrere Ansätze formuliert und in den Schulen angewendet. Theoretischer Hintergrund sind insbesondere die Intelligenztheorie von Gardner (sein Konzept intrapersonaler und interpersonaler Intelligenz), die Theorie von Salovey und Mayer, Golemans Position sowie die Theorien von Saarni und Denham.

Im Rahmen von CASEL bewerten Weissberg, Utne-O'Brien und Payton (2003) verschiedene angelsächsische Ansätze zur schulischen Förderung emotionaler Kompetenzen als effektiv, und auch im »Handbook of Emotional Intelligence« von Matthews, Zeidner und Roberts (2002) werden als effektiv bewertete Ansätze aufgeführt. Vor allem »Promoting Alternative Thinking Strategies« und »Fast Track« gelten in beiden Überblicksarbeiten als wirksam.

- *Promoting Alternative Thinking Strategies* (PATHS) ist das wohl bekannteste internationale Programm zur Förderung emotionaler Kompetenzen (Wiedebusch 2007, S. 151). Zielgruppe sind neben Kindern im Kindergartenalter Grundschulklassen. PATHS wurde Anfang der 90er-Jahre von Greenberg und Kusche entwickelt. Das Programm, das mittlerweile in mehr als 100 Schulen angewendet wurde, zielt auf Emotionsverständnis, Emotionsregulation und Empathie sowie auch auf kognitive Fähigkeiten zur Lösung interpersonaler Probleme, Verhaltensfertigkeiten und Selbstvertrauen. Der Ansatz für das Grundschulalter umfasst ca. 60 Lektionen pro Schuljahr und erstreckt sich über einen Zeitraum von fünf Jahren, mit einer Dauer von 20 bis 30 Minuten pro Lektion. 36 Sitzungen dienen der Förderung emotionaler Kompetenzen. Die Kinder werden beispielsweise mit 35 verschiedenen Emotionen vertraut gemacht. Sie malen »Gefühlsgesichter«, um dem anderen mitzuteilen, wie sie sich fühlen.

- *Fast Track* – entwickelt von der »Conduct Problem Prevention Research Group« um Dodge – beinhaltet zum einen das PATHS-Curriculum. Zugleich umfasst es ein spezielles Training sozialer Fähigkeiten, Aktivitäten während des Schulalltags, die Freundschaften unter Schülern fördern sollen, ein Elterntraining, den Besuch der Familie, sowie die Förderung von Lesefähigkeit. Fast Track erbrachte ähnlich positive Effekte wie PATHS.

Webster-Stratton (2000) gibt wichtige allgemeine Empfehlungen zur Förderung emotionaler Kompetenzen für die Lehrer. Lehrer können den Schülern emotionale Kompetenzen vermitteln, indem sie beispielsweise

- eine stabile, verlässliche Umwelt schaffen (z.B. Regeln aufstellen, Grenzen setzen),
- eigene Gefühle ausdrücken,
- Schüler zu Gesprächen über Gefühle auffordern,
- emotionale Äußerungen ihrer Schüler akzeptieren,
- Schülern Strategien zur Regulation heftiger Emotionen (z.B. Wut) vermitteln, etwa die Anwendung von Entspannungstechniken.

Das Problem bisheriger Methoden zur Förderung emotionaler Kompetenzen ist die weitgehende Verankerung in der klinisch-psychologischen Tradition und die fehlende Verzahnung mit dem fachlichen Lernen in der Schule. Rollenspiele, Szenische Arbeitsformen (z.B. Aufführungen) und Kooperationsformen im Unterricht sind wahrscheinlich ähnlich gut zur Entwicklung emotionaler Fähigkeiten geeignet.

Für Grundschulkinder liegen im deutschsprachigen und angelsächsischen Raum also einige Strategien zur gezielten Förderung emotionaler Kompetenzen vor. Es fehlen indes Strategien für Schüler der Sekundarstufe.

5.4 Förderung von Selbstsicherheit

Alle in den Abschnitten 5.4 bis 5.7 darzustellenden Strategien geben Gelegenheiten zum Handeln, zur Bewältigung sozialer Handlungsprobleme.

Selbstsicherheit umfasst insbesondere die Fähigkeit zur Artikulation und (rücksichtsvollen) Durchsetzung eigener Rechte und Interessen. Wichtig ist es, in der Klasse Gelegenheiten zum selbstsicheren Verhalten, zur Stärkung von Selbstsicherheit zu geben. Bisher liegen nur wenige Ansätze zur schulischen Förderung von Selbstsicherheit vor, und zwar hauptsächlich Trainings. Die gezielte Förderung von Selbstsicherheit wurde in den Schulen bisher vernachlässigt.

Im Bezug auf *Trainings der Selbstsicherheit* wird betont, dass Veränderungen der kognitiven Prozesse vor dem Handeln erforderlich sind. Wichtig für die Ausbildung selbstsicheren Verhaltens sei die Thematisierung kognitiver Prozesse sowie die Thematisierung der durch die kognitiven Prozesse beeinflussten Emotionen und Verhaltensweisen, die Ersetzung »negativer Selbstverbalisationen« durch »positive Selbstverbalisationen«. Positive Selbstverbalisationen sind bedeutsam vor, während und nach der selbstsicheres Handeln erfordernden Situation. Durch die Betonung der Bedeutung von Überzeugungen eigener Handlungsmächtigkeit besteht eine Ähnlichkeit mit Maßnahmen zur Förderung von Selbstwirksamkeit. Hinsch und Wittmann bringen – gestützt auf Einsichten der kognitiven Verhaltenstherapie – grundlegende Merkmale eines Trainings der Selbstsicherheit auf den Punkt, indem sie Vorschläge für positive Selbstinstruktionen machen (Hinsch/Wittmann 2003, S. 86f.):

Instruktionen für selbstsicheres Verhalten in Situationen vom Typ »Recht durchsetzen«

Vor der Situation:
- Geben Sie sich selbst positive Instruktionen (z.B. »Ich werde es schaffen«, »Das ist mein gutes Recht«).

In der Situation:
- Reden Sie laut und deutlich, aber schreien Sie nicht.
- Schauen Sie Ihrem Partner in die Augen (Blickkontakt).
- Nehmen Sie eine entspannte Körperhaltung ein.
- Äußern Sie Ihre Forderungen, Wünsche und Gefühle in der Ich-Form.
- Sagen Sie zuerst, was Sie wollen, dann: warum.
- Entschuldigen Sie sich nicht, wenn Sie berechtigte Forderungen stellen.

Ihr Ziel ist nicht, den anderen fertig zu machen, sondern nur, Ihr Recht in Anspruch zu nehmen!

Deshalb:
- Werden Sie nicht aggressiv, sondern bleiben Sie ruhig und bestimmt im Auftreten. Das bringt Sie weiter.
- Werten Sie Ihren Partner nicht durch polemische oder globale Wertungen ab (»Du bist immer …«, »Du hast mal wieder …«).
- Äußern Sie ruhig auch einmal Verständnis für die Position des anderen.

Nach der Situation:
- Verstärken Sie sich für Ihre Fortschritte: Erkennen Sie Ihre eigenen Bemühungen an und beachten Sie jeden kleinen Fortschritt, den Sie erzielen. Jeder Lernprozess benötigt Zeit und Übung!
- Man kann nur schnell und gründlich lernen, wenn man seine Aufmerksamkeit auf positive Fortschritte richtet, das heißt: stolz und zufrieden sein, wenn man ein kleines Stück weitergekommen ist!

- Vergleichen Sie sich nicht mit dem Ideal, das Ihnen vielleicht vor Augen steht, sondern beachten Sie den relativen Fortschritt!
- Vermeiden Sie Selbstkritik, Selbsthass und Ungeduld mit sich selbst! Mit Schuldgefühlen und Selbstbestrafung wurde noch nie viel erreicht, aber sehr oft mancher positive Ansatz zur Selbstentfaltung unterdrückt, da er unmenschlichen Leistungsforderungen nicht genügte.

In Deutschland hat sich das »*Gruppentraining sozialer Kompetenzen*« von Hinsch und Pfingsten (2002) als wirksam erwiesen. Dieses Training wurde auch in einigen Schulen angewendet, allerdings bisher nur bei Lehrern. Das Training vermittelt neben Strategien zur Durchsetzung eigener Rechte Strategien zur Herstellung von Kontakten und zur Verbesserung von Beziehungen. Das Training dürfte sich auch für Schüler eignen.

Im angelsächsischen Raum gibt es einige Bemühungen zur schulischen Förderung von Selbstsicherheit. Dort wurden verschiedene kognitiv-verhaltensorientierte Strategien entwickelt. Selbstsicherheitstrainings sind oft auch Bestandteile integrativer Programme. *Akin und Kollegen* (2000) beispielsweise präsentieren Methoden zur Förderung von Selbstsicherheit, aber auch Methoden zur Förderung anderer sozialer Kompetenzen (z.B. Kommunikationsfähigkeit, Fähigkeit, Gefühle wahrzunehmen und auszudrücken, Konfliktfähigkeit) sowie Möglichkeiten der Förderung von Verantwortungsübernahme. Gesprächskreise, Diskussionen, Rollenspiele, kreatives Schreiben und kreatives Gestalten sind wichtige methodische Schwerpunkte des Ansatzes. Das Buch von Akin u.a. bezieht sich auf Schüler der Sekundarstufe I (10 bis 16 Jahre).

Die vorliegenden Ansätze zur Förderung von Selbstsicherheit blenden allerdings strukturelle Veränderungen im selbstsicheren Verhalten aus. Insgesamt fehlt es an schulischen Förderungsansätzen für diesen Bereich. Die zitierten Selbstinstruktionen können als Grundlage für eine schulische Förderung von Selbstsicherheit dienen.

5.5 Förderung von Konfliktfähigkeit

Ansätze zur Förderung von Selbstsicherheit zielen insbesondere auf die Fähigkeit, eigene Interessen (auch im Konfliktfall) gegenüber Personen sowie in Beziehungen und Gruppen zu artikulieren und durchzusetzen. Viele soziale Konflikte verlangen jedoch eine Verständigung über die konfligierenden individuellen Interessen und eine Konfliktlösung, die im gemeinsamen Interesse der Beteiligten ist. Angesichts des hohen Ausmaßes von Gewalt an Schulen ist die Nachfrage nach einem konstruktiven Umgang mit sozialen Konflikten derzeit groß. Konflikte treten insbesondere unter Schülern auf. Wichtig ist deshalb die Fähigkeit der Schüler, eigene Konflikte zu lösen und bei Konflikten zwischen anderen Schülern friedensstiftend zu wirken. Streitschlichtung und Mediation (»Vermittlung« durch einen ausgebildeten Schlichter) sind geeignete pädagogische Strategien. Sie tragen zur Etablierung einer Kultur der Thematisierung und Regelung von Konflikten bei. Hierzulande gibt es eine Vielzahl von Literatur zu diesen Strategien; die entsprechende angelsächsische Literatur wurde auch in Deutschland intensiv rezipiert.

Hinsichtlich der schulischen Förderung von Konfliktfähigkeit (als Verfügung über konfliktschlichtende Verhandlungsstrategien) ist zum einen das in Abschnitt 5.1 bereits dargestellte, strukturgenetisch-konstruktivistische Projekt *Förderung der sozialen Entwicklung von Schülern* von Adalbjarnardottir (vgl. Adalbjarnardottir 1993; 2001) wichtig. Hier wird auch die Entwicklung von Strategien der Konfliktlösung, von Handlungsstrategien gefördert. In Deutschland wurde dieser Ansatz kaum angewendet (vgl. als Ausnahme Mischo 2004).

Adalbjarnardottir versucht vor allem strukturelle Veränderungen anzustoßen. Die Frage, wie soziale Konflikte unter inhaltlichen Gesichtspunkten gelöst werden (z.B. welche Konfliktpartei sich mit ihrem Vorschlag durchsetzt), vernachlässigt sie. Bei Streitschlichtung und Mediation geht es hingegen vorrangig um die inhaltlichen Aspekte sozialer Konflikte. Theoretischer Hintergrund der Streitschlichter- und Mediationsansätze sind hauptsächlich Theorien sozialen Lernens und der Friedenserziehung. Diese Verfahren sollen Schüler befähigen, Konflikte selbstständig, d.h. ohne Hilfe durch Lehrer, zu lösen. Ihnen liegt die Annahme zugrunde, dass die Konfliktparteien am besten wissen, wie die Regelung eines Konflikts aussehen soll und dass selbst ausgehandelte Konfliktregelungen eher akzeptiert und eingehalten werden als von anderen Personen verordnete oder vorgeschlagene. Die Methoden sollen langfristig zu einer Veränderung der Konfliktkultur an den Schulen beitragen. Außerhalb von Schulen – etwa im therapeutischen Bereich und im Bereich der Justiz – gibt es Streitschlichtungen und Mediationen schon länger (vgl. Montada/Kals 2007). In den 80er-Jahren wurden die Methoden dann für die Schulen fruchtbar gemacht. Da Streitschlichter- und Mediationsansätze relativ leicht erlernbar sind und sich auch als recht wirksam erwiesen, wurden sie in deutschen Schulen in den letzten Jahren in großer Zahl angewendet.

Bei *Streitschlichtungen* stellen die Konfliktparteien zunächst ihre eigenen Forderungen, Interessen, Gefühle und Gedanken dar und bemühen sich (soweit möglich) um deren Rechtfertigung. Wichtig ist auch, dass sich eine einzelne Konfliktpartei in die Perspektive der anderen Konfliktpartei(en) versetzt und zum Ausdruck bringt, wie sie deren Forderungen, Interessen, Gefühle und Gedanken versteht. Anschließend entwickeln die Konfliktparteien gemeinsam mögliche Lösungswege. Am Schluss entscheiden sie sich für eine bestimmte Lösung.

Im Rahmen der *Mediation* hilft eine unparteiliche Instanz bei der Konfliktlösung. Eine wichtige Form der Mediation ist die Schülermediation (»Peer-Mediation«). Zielgruppe sind insbesondere Schüler der Sekundarstufe I. Vor allem J. Walker (vgl. J. Walker 1995) und Jefferys-Duden (vgl. Jefferys-Duden 1999) haben die Methode der Peer-Mediation aus den angelsächsischen Ländern in die deutsche Diskussion eingebracht. Eine Peer-Mediation erstreckt sich für gewöhnlich über 8 bis 15 Sitzungen. Die meisten Modelle sehen vier Phasen vor: Schlichtung einleiten, die konfligierenden Standpunkte klären, Lösung des Konflikts finden, Vereinbarung festhalten (vgl. auch Bins 2003; Montada/Kals 2007; Schubarth 2000). Die einzelnen Schritte sollen kurz gekennzeichnet werden.

1. Kontaktaufnahme und Einführung in die Methode der Mediation
1.1 Ziele der Mediation verdeutlichen (Konfliktparteien suchen Lösungen eines Konflikts, die alle Parteien zufrieden stellen, Schlichter bietet seine Hilfe an)
1.2 Grundsätze des Mediationsprozesses benennen (z.B. Schlichter sichert Vertraulichkeit und Neutralität zu)
1.3 Phasen der Mediation klären (Standpunkte vortragen, Lösungen suchen und Vereinbarungen treffen, Vereinbarung schriftlich festhalten)
1.4 die einzelnen Gesprächsregeln erläutern (z.B. sich nicht gegenseitig unterbrechen, sich nicht beschimpfen oder angreifen, sich um Zustimmung der Gegenseite bemühen, Mediator darf bei Nichtbeachtung an die Gesprächsregeln erinnern)
2. Klärung des Konflikts
2.1 Konfliktparteien tragen ihre eigene Sicht des Konflikts vor
2.2 Gefühlshintergrund wird angesprochen
2.3 Anteile der Konfliktparteien am Konflikt bestimmen (Was haben die streitenden Parteien zum Konflikt beigetragen?)
2.4 Kernpunkte des Streits zusammenfassen, Blick auf Suche nach Lösungen richten, eventuell Einzelgespräche mit den Kontrahenten führen, Schlichtungsprozess abbrechen, wenn Lösung ausgeschlossen erscheint
3. Konfliktlösung
3.1 Benennung eigener Ziele
3.2 gemeinsam Lösungsmöglichkeiten überlegen
3.3 Lösungsmöglichkeiten aufschreiben
3.4 Lösung auswählen, gemeinsame Bewertung vornehmen, ob Lösung realistisch, ausgewogen, präzise genug gefasst ist
3.5 Lösung vereinbaren; mündliche Vereinbarung treffen, dabei fragen, ob Konfliktparteien dieser Lösung zustimmen können
4. Vereinbarung festhalten
4.1 Vereinbarung aufschreiben (Lösung genau festhalten: Wer will wo was tun, um den Konflikt beizulegen?)
4.2 Vereinbarung unterschreiben
4.3 Verabschiedung (auch Rückmeldung geben, wie die Mediation von den Konfliktparteien erlebt wurde)

Die Methode der Mediation beinhaltet allerdings auch moralische Aspekte. Jeder soziale Konflikt lässt sich als normativer Konflikt, als Gerechtigkeitskonflikt verstehen. Deshalb muss der einem sozialen Konflikt zugrunde liegende Normkonflikt diskursiv bearbeitet werden. Montada und Kals (2007) widersprechen der verbreiteten These, dass menschliches Handeln allein durch Eigennutz motiviert ist. Vielmehr sei es vor allem an Gerechtigkeitsansprüchen ausgerichtet. Die Methode der Mediation sei geeignet, den Reichtum von Gerechtigkeitskonflikten differenziert zu bearbeiten. Durch Mediation kann generell auf Phänomene aufmerksam gemacht werden, die gewöhnlich nicht diskutiert würden, zum Beispiel die Tatsache, dass in unterschiedlichen Lebensbereichen verschiedene Gerechtigkeitsvorstellungen entweder intuitiv verfolgt werden oder juristisch fixiert sind. Der Umgang mit solchen Fragen normativer Segmentierung im Unterricht kann fächerübergreifend zu einer Entwicklung des Gerechtigkeitsurteils führen.

Im Modell von Montada und Kals stehen Rechtsnormen und Gerechtigkeitsprinzipien im Widerspruch zueinander. Die Autoren gehen davon aus, dass eine Umsetzung von Rechtsnormen nicht unbedingt Gerechtigkeit schafft. Im Gegensatz zur gerichtlichen Rechtssprechung würden in der Mediation Vereinbarungen zwischen Parteien getroffen, und Vereinbarungen, denen die Parteien zustimmen können, böten eine andere Grundlage für ihre Beziehung und letztendlich auch für Gerechtigkeit, als ein Richterspruch, der »von außen« oktroyiert wird. Es ist für den Unterricht allerdings wünschenswert, nicht nur den Widerspruch, sondern auch den Zusammenhang zwischen Recht und Gerechtigkeit zu betonen sowie den Prozess der Entstehung und der Reform von Rechtsnormen zu behandeln, bei dem Gerechtigkeitsvorstellungen immer eine Rolle spielen. Es besteht die Gefahr, dass normative Konflikte zu subjektivistischem Relativismus (»Es gibt keine verbindlichen moralischen Normen und Prinzipien, sondern nur subjektive Präferenzen«) und zu moralischem Zynismus führen. Um dem entgegenzuwirken, wäre den Schülern vor allem an für sie existentiellen Beispielen deutlich zu machen, dass in komplexen Situationen gleichzeitig mehrere Gerechtigkeitsprinzipien gelten können. Gerade die Bearbeitung solcher komplexen Situationen bietet ihnen die Möglichkeit, einen realitäts- und erfahrungsbezogenen Bezug zu Gerechtigkeitsproblemen zu gewinnen.

In den bestehenden schulischen Mediationsprogrammen werden meist nur reale Konflikte zwischen zwei Individuen bearbeitet und gelöst. Mediation wird hierbei vor allem zur Lösung realer Probleme eingesetzt. Der von Montada und Kals betonte Prozess der Reflexion von Gerechtigkeitsprinzipien findet dabei meist nicht statt. Um diesem Anspruch gerecht zu werden und das Potenzial des Mediationsprozesses in der Schule zur Geltung zu bringen, können Formen der Bearbeitung von Konflikten, in die die Schüler nicht involviert sind (»Mediationsrollenspiele«) durchgeführt werden: Ausgehend von interessanten und aktuellen Beispielen (z.B. Palästina-Konflikt, häusliche Aufgabenverteilung eines Ehepaares nach der Geburt eines Kindes, Generationenkonflikte) sollten zunächst die Grundfragen eines Konflikts von den Schülern herausgearbeitet und in einer anschließenden Diskussion der beteiligten Parteien dargestellt bzw. nachgespielt werden. Wichtig ist dabei auch, dass die Schüler die Rollen tauschen. Nachdem sie die Grundfragen bei den verschiedenen Konflikten diskutiert und auch Möglichkeiten der Bearbeitung der Konflikte erlernt haben, können sie das hinsichtlich der Bearbeitung von Konflikten Gelernte in ihrem Alltagsleben anzuwenden versuchen und anschließend über ihre Anwendungsbemühungen berichten. Neben Gerechtigkeitsprinzipien (wie z.B. Verdienst, Bedürftigkeit), die in verschiedenen Lebensbereichen unterschiedlich stark zum Tragen kommen, wird vor allem das Prinzip der Verfahrensgerechtigkeit gelernt, das in allen Bereichen des Alltags grundlegend ist. Die Methode des Mediationsrollenspiels kann durch Kommunikations- und Wahrnehmungstrainings sowie durch

Dilemmadiskussionen erweitert werden. Die Chance dieser Methode ist nicht nur, dass Schüler die erlernten Fähigkeiten im Alltag anwenden, sondern auch, dass ihre Fähigkeit gefördert wird, politische Entscheidungen zu treffen und diese Entscheidungen zu begründen.

Das Bildungsteam Berlin-Brandenburg (2001) stellt eine Form des Mediationsrollenspiels vor. Zunächst wird ein Konfliktgeschehen und dessen Klärung mit der Methode des Rollenspiels dargestellt. Anschließend erfolgt die gemeinsame Auswertung des Rollenspiels. Das Heft der Autorengruppe enthält 50 Rollenspiele für den Mediationsprozess (24 Konflikte in der Schule und 26 Konflikte in der Freizeit). Dieses Heft soll sich für Schüler ab 12 Jahren eignen.

Damit ein Mediationsrollenspiel im Unterricht durchgeführt werden kann, ist der Ablauf des Verfahrens im Einzelnen zu klären. Den Lehrern müssen Hinweise über die Struktur und Dynamik des Verfahrens gegeben und Unterrichtsmaterialien zur Verfügung gestellt werden. Die Schüler sollten Informationen über den Ablauf einer simulierten Mediation und Bearbeitungsregeln für Konflikte erhalten. Wichtig wäre es insgesamt, Lehrern Hilfestellung bei der Differenzierung von Konflikten zu geben: Stehen bei einem Konflikt Gerechtigkeitsfragen im Vordergrund oder handelt es sich dabei eher um ein Kommunikationsproblem (wie z.B. bei vielen Konflikten zwischen Eltern und Kindern)? Lehrer wissen zudem oft nicht, welche Gerechtigkeitsprinzipien bei einem Gerechtigkeitskonflikt im Widerstreit stehen. Damit die simulierte Mediation nicht auf »Naheliegendes« reduziert wird, sollten Lehrern unterschiedliche Grundtypen von Gerechtigkeitskonflikten vorgestellt werden.

Beim Bremer »Anti-Stress-Team« fungieren konfliktbelastete Schüler als Mediatoren (vgl. Melzer/Schubarth/Ehninger 2004, S. 197f.).

Häufig werden nur wenige Schüler einer Klasse zu Mediatoren ausgebildet; oft sind es Schüler, die ohnehin schon ein hohes Maß an sozialer Kompetenz besitzen. Zur Ausbildung einzelner Mediatoren liegen mittlerweile viele Ansätze vor. Die Ausbildung umfasst etwa aktives Zuhören, Rollenspiele und Wahrnehmung von Gefühlen. Der Stundenumfang schwankt zwischen 20 und 100 Stunden. Dabei wird ein Mindestalter von 13 Jahren für sinnvoll erachtet (vgl. Bins 2003).

Einige Autoren (vgl. z.B. Jefferys-Duden 1999; 2002; Kaletsch 2003) empfehlen die Ausbildung von Mediatoren im Klassenverband. Das Programm von Jefferys-Duden enthält folgende Elemente:

● Einführung in die Schlichtung,
● Zusammentragen fairer Lösungen für typische Konfliktsituationen,
● Schlichterkenntnisse und -fähigkeiten,
● Gefühle erkennen, benennen und vergleichen,
● Vermittlung des Schlichtungsablaufs, Einrichtung eines Schlichterdienstes,
● Erfolgskontrolle.

Gordon entwickelte eine weitere Methode zur Entwicklung der Konfliktfähigkeit der Schüler – das »*Konflikttraining*« (vgl. Gordon 1995). Der Ansatz gliedert sich in sechs Schritte, die große Ähnlichkeit mit den Streitschlichterprogrammen sowie den Ansätzen zur Peer-Mediation aufweisen: Konflikte identifizieren, mögliche Konfliktlösungen entwickeln, Konfliktlösungen bewerten, sich für die beste Lösung entscheiden, Wege zur Umsetzung der Lösung ausarbeiten, Umsetzung bewerten. Wichtig sind beim Konflikttraining »Ich-Botschaften«, d.h. in der Ich-Form werden die eigenen Gefühle und Empfindungen ausgedrückt.

Alle drei Ansätze (Streitschlichtung, Mediation, Konflikttraining) haben sich als wirksam erwiesen. Die Anzahl der Konflikte wird reduziert und Formen der Gewalt in der Schule nehmen ab, d.h. die Konfliktfähigkeit wird gestärkt (vgl. Schubarth 2000; vgl. auch die Evaluation von Mediationsansätzen durch Behn et al. 2005).

Um wirksam zu sein, bedürfen die drei dargestellten Zugänge der breiten Verankerung in der Schule. Die Zugänge beschränken sich auf die Lösung von Konflikten und zielen nicht auf stufenspezifische Entwicklungsprozesse. Mediation, Streitschlichtung und Konflikttraining können allerdings auch strukturelle Veränderungen bewirken. Da sie die Übernahme der unterschiedlichen Standpunkte von Personen verlangen, können sie zur Entwicklung der Perspektivenübernahme beitragen.

Eine Grenze der drei Ansätze besteht in hartnäckigen sozialen Konflikten zwischen den Parteien. Auch gibt es bei ihrer Anwendung häufiger Konflikte mit den Eltern. Fundamentale soziale Konflikte zwischen verfeindeten Fraktionen können auf diese Weise kaum bewältigt werden. Manchmal fällt es einem Mediator schwer, unparteiisch zu sein.

Wichtige Informationen über die Förderung von Konfliktfähigkeit findet man unter www.mediation-partizipation.de.

5.6 Förderung von Kontaktfähigkeit

Selbstsicherheit und Konfliktfähigkeit ermöglichen einen kompetenten Umgang mit Konflikten des zwischenmenschlichen Zusammenlebens, nämlich Durchsetzung eigener Interessen bzw. einvernehmliche Lösung von Konflikten. Ansätze zur Förderung dieser Fähigkeiten klammern hingegen Fragen der Herstellung und Aufrechterhaltung von Kontakten bzw. Beziehungen für gewöhnlich aus. Eine Förderung der Kontaktfähigkeit setzt vor allem soziale Kontakte und Beziehungen voraus.

Selman (2003) hat sich auch um die Erforschung der Entwicklung von Strategien zur Herstellung von Nähe, Vertrautheit und Intimität bemüht (vgl. Tab. 3.4). Er stützt sich dabei auf sein strukturgenetisch-konstruktivistisches Strukturmodell der Perspektivenübernahme; die Perspektivenübernahme versteht er als strukturelle Grundlage der Entwicklung von Kontaktfähigkeit. Deren Förderung nimmt er jedoch nur im klinischen Kontext vor. Bisher wurde meines Wissens kein strukturgenetisch-konstruktivistisches Förderungsprogramm für die Schule daraus abgeleitet. Mit Blick auf die Schule wäre zum Beispiel die Verwendung von Dilemmata in Eltern-Kind-Beziehungen und in Freundschaftsbeziehungen sinnvoll.

Eigenständige Ansätze zur schulischen Förderung der Kontaktfähigkeit gibt es meines Wissens nicht. Die Vermittlung dieser Fähigkeit ist lediglich ein Bestandteil verschiedener Trainings sozialer Kompetenzen für Erwachsene (vgl. z.B. Hinsch/Wittmann 2003). Es fehlen also eigenständige *Trainings der Kontaktfähigkeit*.

Für die Herstellung von Kontakten gelten unter anderem die folgenden Verhaltensweisen als wichtig: Lächeln, interessiert zuhören, Komplimente machen, auf persönliche Äußerungen des anderen eingehen, eigene Schwächen eingestehen sowie etwas von sich erzählen.

Zur Aufrechterhaltung oder Verbesserung von Beziehungen werden etwa folgende Fähigkeiten als wichtig betrachtet: die Perspektive des anderen verstehen, eigene Gefühle äußern, sich in den anderen einfühlen, keine Verallgemeinerungen vornehmen und sich kompromissfähig zeigen. Wichtige Aspekte fassen Hinsch und Wittmann zusammen, wobei sie sich an Einsichten der kognitiven Verhaltenstherapie orientieren (Hinsch/Wittmann 2003, S. 130f.).

Instruktionen für selbstsicheres Verhalten in Situationen vom Typ »Beziehungen«

Vor der Situation:

- Machen Sie sich bewusst, was Ihr Gefühl ist (Ärger, Freude, etc.).
- Überlegen Sie, welches konkrete Ereignis dieses Gefühl ausgelöst hat.
- Geben Sie sich positive Selbstinstruktionen, etwa: »Ich habe ein Recht auf meine Gefühle«.

In der Situation:

- Bleiben Sie ganz bei Ihren Gefühlen und kommen Sie gegebenenfalls immer wieder auf Ihre Gefühle zurück. Ihre Gefühle gehören Ihnen und können von niemandem bestritten werden.
- Sprechen Sie Ihre Gefühle direkt an. Sagen Sie: »Ich bin jetzt ...« oder »ich ... mich jetzt.«
- Haben Sie Ihr Gefühl zum Ausdruck gebracht, erläutern Sie den Anlass. Vermeiden Sie dabei alle Verallgemeinerungen. Sagen Sie statt: »Du hast schon wieder ...« oder »Du bist immer ...« lieber: »Du hast heute ...«! Beschreiben Sie also nur das konkrete Ereignis und bedenken Sie, dass Sie nur Ihre eigene Sichtweise beschreiben können.
- Versuchen Sie, die Gefühle des anderen zu verstehen. Hören Sie ihm wirklich zu. Fragen Sie nach, wenn Sie etwas nicht verstehen. Sie geben sich keine Blöße, wenn Sie Verständnis für den anderen aufbringen. Sie haben ein Recht auf Ihre Gefühle, der andere hat aber auch ein Recht auf seine Gefühle.
- Wenn Ihr Partner einlenkt, bringen Sie Ihre Freude darüber zum Ausdruck. Es ist kein Zeichen von Selbstsicherheit, ein Einlenken des anderen als Schwäche zu deuten und für einen Angriff zu nutzen.
- Äußern Sie ruhig auch Ihre Wünsche und Bedürfnisse, wie Ihr Partner sich in Zukunft zu einer bestimmten Situation verhalten soll. Teilen Sie mit: »Ich würde mir wünschen, dass ...« oder »... mich freuen, wenn ...«. Achtung: Sie haben ein Recht, Ihre Wünsche zu äußern, aber kein Recht auf die Erfüllung dieser Wünsche.
- Zeigen Sie auch positive Gefühle wie Freude, Zufriedenheit usw., wenn Sie diese empfinden.

Nach der Situation:

- Verstärken Sie sich für jede Gefühlsäußerung, die Sie gemacht haben. Der Erfolg besteht nicht darin, dass Ihr Partner alle Forderungen erfüllt, sondern darin, dass Sie Ihre Gefühle und Wünsche zum Ausdruck gebracht haben.
- Bedenken Sie, dass Partner häufig sehr unterschiedliche Gefühle haben. Das Ziel eines Gesprächs kann nicht sein, sich auf ein Gefühl zu einigen. Sie können sich aber darüber verständigen, wie Sie mit diesen unterschiedlichen Gefühlen umgehen wollen.

Die von Hinsch und Wittmann aufgeführten positiven Selbstinstruktionen könnten grundlegende Gesichtspunkte für einen eigenständigen Ansatz zur schulischen Förderung von Kontaktfähigkeit sein.

Ein wichtiger Aspekt von Kontaktfähigkeit ist Bindungsfähigkeit (vgl. Bowlby 1984). Ansätze zur schulischen Förderung dieser Fähigkeit fehlen ebenfalls.

5.7 Förderung von Kooperationsfähigkeit

Für die Förderung von Kooperationsfähigkeit sind insbesondere Kooperationserfahrungen bzw. Kooperationsprobleme bedeutsam. Diese werden vor allem durch kooperatives Lernen und Projektunterricht vermittelt. Hier machen die Schüler Kooperationserfahrungen im Rahmen eigenständiger Problemlösung (vgl. auch Kapitel 4). Informationen über kooperatives Lernen findet man unter www.kooperatives-lernen.de.

In Deutschland hat besonders *Klippert* (2002b) einen Ansatz zur Entwicklung von Kooperationsfähigkeit (Teamfähigkeit) formuliert. Sein »Team-Training« umfasst folgende Bausteine:

- die Schüler für die Gruppenarbeit motivieren,
- für Gruppenprozesse sensibilisieren und diese Prozesse analysieren,
- Regeln entwickeln,
- Grundformen des Gruppenunterrichts durchspielen.

Formen kooperativen Lernens sowie des Projektunterrichts werden in verschiedenen deutschsprachigen Arbeiten ausführlich diskutiert. Wie für die Mediation liegen zu diesen Strategien hierzulande eine stattliche Zahl von Arbeiten vor (zum kooperativen Lernen vgl. vor allem Green/Green 2006 und Weidner 2003; zum Projektunterricht vgl. vor allem Hänsel 1997). Die Methoden wurden aber eher selten angewendet.

Im angelsächsischen Raum gibt es eine Vielzahl von Ansätzen zum kooperativen Lernen. Gestützt insbesondere auf Dewey (1984) wurden insbesondere in den USA Strategien kooperativen Lernens entwickelt. Wichtige neuere angelsächsische Ansätze stammen von Kagan und von Slavin:

- *Kagan* (1994) schlägt die Einführung eines Trainings in den Schulen vor, durch das in jeder Woche ein bestimmter Aspekt von Kooperationsfähigkeit eingeübt werden soll. Dies erfolgt stets innerhalb von Gruppenarbeit. Beispielsweise werden den Mitgliedern einer Gruppe bestimmte Rollen zugewiesen, die diese innerhalb der Diskussionen unter den Schülern wahrnehmen sollen. Es gibt die Aufgabe, Mitschüler zu Beiträgen zu ermutigen (»Encourager«), die Qualität der Beiträge wertzuschätzen (»Cheerleader«), darauf zu achten, dass ein jeder zum Zuge kommt (»Gatekeeper«), Hilfestellung bei inhaltlichen Problemstellungen zu leisten (»Coach«), zu prüfen, ob Fragen bestehen (»Question Commander«), die Beiträge anderer aufzuzeichnen (»Recorder«), Aufgabenbezogenheit innerhalb der Gruppenarbeit herzustellen (»Taskmaster«), zu prüfen, ob der Lehrstoff von allen bewältigt wurde (»Checker«) und den Verlauf des Arbeitsprozesses im Hinblick auf das Arbeitsergebnis zu reflektieren. Diese Aufgaben werden jeweils innerhalb der Gruppe getauscht. Kagan weist darauf hin, dass bei der Auswahl der Schüler für die Gruppenarbeit diejenigen Fertigkeiten (Fähigkeiten) zum Zuge kommen sollen, die ihnen eine optimale Teilnahme an dieser Arbeit gewährleisten. So sind im Falle von schüchternen Schülern diese zur Teilnahme zu ermutigen (Aufgabe des »Encourager«) und es ist darauf zu achten, dass sie nicht nur mit dominanten Schülern konfrontiert sind.

  Der Ansatz von Kagan enthält sinnvolle Strategien für kooperatives Lernen, die in einen größeren Rahmen der Förderung kooperativen Verhaltens in der Schule eingebettet werden können. Die Betonung einer spezifischen sozialen Fertigkeit, die dem einzelnen Schüler wöchentlich parallel zum Lehrstoff vermittelt werden soll, ist jedoch kritisch zu betrachten. Hier sollte eher ein Ansatz zum Zuge kommen, der den Schülern mehr Mitbestimmung einräumt.

- Das zentrale Ziel des Ansatzes »Student Teams-Achievement Divisions« (STAD) von *Slavin* (1995) ist es, die Schüler zu befähigen, auf ein gemeinsames (schulleistungsbezogenes) Ziel hinzuarbeiten. Jeder Gruppenteilnehmer ist sowohl für den eigenen Lernerfolg als auch für den Lernerfolg der anderen verantwortlich. Schwächere und stärkere Schüler werden gleichermaßen dazu angespornt, ihr Bestes zu geben; die Beiträge aller Teammitglieder werden gewürdigt. STAD ist eine Form der Unterrichtsorganisation, die in jedem Schulfach angewandt werden kann. Lehrer vermitteln (wie üblich) mit eigenen Materialien den gewohnten Unterrichtsstoff.

Der Unterrichtsansatz von Slavin beinhaltet sechs Schritte:
1. Der Lehrer teilt die Schüler in Vierergruppen mit unterschiedlichen Fähigkeiten, Geschlecht und kulturellem Hintergrund ein (jede 5 bis 6 Wochen werden neue Teams gebildet).
2. Der Lehrer präsentiert vor der gesamten Klasse die Lerneinheit.
3. In den Vierergruppen arbeiten die Schüler an vom Lehrer vorbereiteten Arbeitsblättern. Sie stellen einander Fragen, überprüfen ihre Antworten anhand eines

Bogens, auf dem die Lösungen stehen und erklären einander nicht bearbeitete Aufgaben. Das Ziel ist es, dass jedes Gruppenmitglied alle Aufgaben richtig löst.

4. Dann werden die Tische auseinandergestellt, und alle Kinder machen den Test noch einmal allein bzw. bearbeiten die Arbeitsblätter.

5. Die Punktzahl der Teams errechnet sich durch die Verbesserung der Teammitglieder im Einzeltest im Vergleich zu ihrer vorherigen durchschnittlichen Leistung in diesem Fach. Aus diesem Grund stellen die schwächeren Schüler kein Handicap für eine Gruppe dar, im Gegenteil, sie können mit diesen Schülern vielmehr sogar die höchsten Verbesserungswerte erzielen.

6. Alle Teams, die eine bestimmte (starke) Verbesserung der durchschnittlichen Punktzahl ihrer Mitglieder erreichen, bekommen einen Team-Preis.

Die Schritte 2, 3 und 4 werden im Folgenden genauer beschrieben.

- *Unterricht:*
  - Zeit: 1 oder 2 Unterrichtsstunden
  - Zentrale Funktion: Präsentation des Unterrichtsstoffes
  - Benötigte Materialien: Unterrichtsplan
  - Präsentation und Verdeutlichung der Wichtigkeit des Lerninhalts, Stimulation von Neugier durch anwendungsbezogene Demonstrationen
  - an bestehendes Wissen der Schüler anknüpfen, notwendige Informationen ins Gedächtnis rufen
  - Orientierung am Unterrichtsziel
  - Fokus sollte auf dem Verständnis des Stoffes und nicht auf dem Auswendiglernen liegen
  - Schüler nach Zufall aufrufen, sodass sie immer vorbereitet sein müssen
  - möglichst immer eine Erklärungen dafür geben, warum eine bestimmte Antwort richtig oder falsch ist
  - Störungen verhindern
- *Gruppenarbeit:*
  - Zeit: 1–2 Unterrichtsstunden
  - Zentrale Funktion: Schüler arbeiten mit Arbeitsblättern in ihren Gruppen
  - Benötigte Materialien: 2 Arbeitsblätter pro Team; zwei Antwortblätter für jedes Team
  - räumliches Arrangement für Gruppenarbeit herstellen
  - Aushändigen der Arbeits- und Antwortblätter
  - Hinweis darauf geben, dass Gruppenarbeit erst dann abgeschlossen ist, wenn das Team der Überzeugung ist, dass alle Gruppenmitglieder den Test zu 100 Prozent meistern
  - die Antwortblätter finden nur zum Zweck des Übens Verwendung
  - Fragen sollten sich zunächst an die Gruppe richten
  - Schüler sollten sich gegenseitig die Antworten erklären, nicht nur die Antwortbögen ausfüllen

   – Übernahme einer verstärkenden, tutoriellen Funktion im Klassenraum
- *Test:*
   – Zeit: eine halbe bis eine Unterrichtsstunde
   – Zentrale Funktion: individuelle Überprüfung von Leistungen
   – Benötigtes Material: ein Test pro Schüler
   – Zusammenarbeit von Schülern während des Tests unterbinden
   – Austausch und Ausfüllen der Ergebnistabellen durch die Gruppe oder bis zur nächsten Stunde selbst durcharbeiten

17 von 22 der mit der STAD-Methode durchgeführten Studien zeigten positive Ergebnisse. Vor allem der Lernerfolg war durchgehend größer als bei den Kontrollgruppen. Dies galt nicht nur für die naturwissenschaftlichen, sondern auch für sozialwissenschaftlichen und künstlerischen Fächer, und es galt für leistungsstarke und leistungsschwache Schüler. Auch konnte gezeigt werden, dass die Anzahl von Freundschaften zwischen verschiedenfarbigen Schülern anstieg.

Der Erfolg von Formen kooperativen Lernens kann insgesamt durch verschiedene Strategien des Klassenlehrers maximiert werden. Zum Beispiel sollte der Lehrer seiner Klasse erklären, dass Kooperation ein wichtiges Klassenziel ist. Vor Beginn der gemeinsamen Arbeit sollten in einer Klassenversammlung auch Regeln für die Kooperation aufgestellt werden. Ebenso bedeutsam ist es, dafür Sorge zu tragen, dass sich die Kinder vor der gemeinsamen Arbeit erst einmal besser kennenlernen. Darüber hinaus sollte der Lehrer die Verpflichtung jedes einzelnen Gruppenmitglieds, zu kooperieren und etwas zur Gruppe beizusteuern, unterstreichen. Dies kann etwa dadurch geschehen, dass er die Gruppe einschätzen lässt, wie gut der Beitrag des Einzelnen war.

Bedeutsam für den Erfolg kooperativer Lernformen ist auch die Reflexion und Bewertung der Zusammenarbeit. Judy Clarke empfiehlt folgende Fragen für die Reflexion der kooperativen Lernaktivität, deren Bearbeitung allein, in Kleingruppen oder in der ganzen Klasse durchgeführt werden kann (vgl. Lickona 1991, S. 201f.):

1. Was hat deine Gruppe darüber gelernt, unter welchen Voraussetzungen die Gruppenarbeit gelingt?
2. Was will deine Gruppe nächstes Mal anders, besser machen?
3. Beschreibe drei Arten, wie du den Gruppenmitgliedern helfen kannst, sich gut dabei zu fühlen, zu deiner Gruppe zu gehören.
4. Was für Wege gibt es, Geduld zu zeigen, wenn du mit anderen arbeitest? Wie fühlst du dich, wenn andere geduldig mit dir umgehen?
5. Was hast du als Resultat kooperativen Lernens über dich selbst gelernt?
6. Welchen Rat würdest du einer Gruppe geben, die beim kooperativen Lernen Probleme hat, bei der Sache zu bleiben?

Das Child Development Project führt in dem Handbuch »Blueprints for a Collaborative Classroom: 25 Designs for Partner and Group Work« nützliche Vorschläge für Formate kooperativen Lernens auf, die an verschiedene Anwendungssituationen und Inhalte angepasst werden können (Developmental Studies Center 1997b). Sie lassen sich in die Kategorien »Gemeinsame Ideen«, »Gemeinsame Aktivitäten« und »Gemeinsame Produkte« einteilen. Sie können durchaus auch für Schüler der Sekundarstufe eingesetzt werden.

5.8 Schulleben, Elternhaus, Gemeinwesen, schulische Organisationsstruktur und Lehrkräfte als Ansatzpunkt für die Förderung einzelner sozialer Kompetenzen

Die bisher diskutierten Strategien zur Förderung sozialer Kompetenzen bezogen sich auf den Unterricht oder auf die Schulklasse. Maßnahmen, die auf das Schulleben, das Elternhaus, das Gemeinwesen, die schulische Organisationsstruktur oder die Lehrkräfte zielen, wurden ausgeklammert. Auf diesen Ebenen sind die gleichen Gesichtspunkte wie bei Unterricht und Schulklasse wichtig. Solche Förderungsmaßnahmen gibt es nur wenige. Berkowitz und Bier (2006) führen auch verschiedene Maßnahmen zur Veränderung der Schule, zum Einbezug der Eltern und zum Einbezug der Gemeinde an (vgl. auch Catalano et al. 2002).

Hinsichtlich des *Schullebens* sind offene Diskussion von Konflikten, Gelegenheiten zu verschiedenen Formen der Kommunikation, Provozierung von Gefühlen sowie Gelegenheiten zu Formen sozialen Handelns bedeutsam. Das Schulleben sollte durch soziale Werte und Tugenden geprägt sein.

Die *Eltern* sollten in die schulischen Förderungsbemühungen einbezogen sein. Wichtig ist für die Kinder die Erfahrung, dass die in der Schule vermittelten sozialen Werte, Fähigkeiten und Tugenden auch im Elternhaus Bedeutung haben.

Die *Organisationen des Gemeinwesens* sollten ebenfalls an den Förderungsbemühungen mitwirken. Kooperationen etwa mit anderen Schulen, Trägern der Jugendarbeit und zivilgesellschaftlichen Akteuren sind sinnvoll.

Schulmanagement und Schulprogramm stellen Aspekte der *schulischen Organisationsstruktur* dar. Ein an sozialen Kompetenzen orientiertes Schulprogramm ist erforderlich.

Die Lehrkraft bzw. permanente Lehrerfortbildung ist ebenfalls wichtig. Der Lehrer ist ein bedeutsamer Teil des sozialen Umfelds der Schüler. Lehrer können im Rahmen von Lehrerbildung soziale Kompetenzen erwerben (z.B. Stärkung der Kommunikations- und Konfliktfähigkeit des Lehrers). Lehrpersonen sollten also nicht nur über Fähigkeiten zur Umsetzung von Förderungsansätzen verfügen, sie sollten auch soziale Kompetenzen besitzen und Wissen über soziale Kompetenzen und Kriterien von Schulqualität haben. Nicht zuletzt ist Kompetenzentwicklung bei den Schulleitern wichtig.

6. Programme zur schulischen Sozialerziehung

Im Folgenden werden Programme zur schulischen Förderung sozialer Kompetenzen diskutiert. Dabei werden auch einige Ansätze zur Prävention internalisierender Störungen vorgestellt.

6.1 Deutsche Programme

Während in angelsächsischen Ländern, insbesondere in den USA, viele Programme zur schulischen Sozialerziehung konzipiert und angewendet wurden, gibt es in Deutschland bis heute nur wenige solcher Programme. Strukturgenetisch-konstruktivistische Programme zur Sozialerziehung gibt es hierzulande meines Wissens überhaupt nicht.

In Bezug auf die Sozialerziehung hatte in Deutschland in den letzten Jahren insbesondere der (lerntheoretisch akzentuierte) *Ansatz von Klippert* Einfluss. Das in 5.2 dargestellte Kommunikationstraining von Klippert und sein in 5.6 vorgestelltes Training der Teamfähigkeit sind nur zwei Elemente seines integrativen Ansatzes. Dieser wurde bereits in Schulen mehrerer Bundesländer umgesetzt, etwa in Schulen in Rheinland Pfalz, Bayern, Nordrhein-Westfalen und in Österreich. Der Autor vertritt in der Debatte über Schulentwicklung einen unterrichtsbezogenen Ansatz: der Unterricht steht im Zentrum seines Konzepts zur Schulentwicklung, seiner Theorie einer »Pädagogischen Schulentwicklung«. Klippert entwickelt ein »Neues Haus des Lernens«. Das zentrale Element dieses »Hauses« bildet das »Eigenverantwortliche Arbeiten und Lernen« (EVA), womit er sich gegen den herkömmlichen Frontalunterricht wendet. Für die mit EVA verbundene eigenverantwortliche Lernaktivität – etwa in Form von Partner-, Gruppen- und Projektarbeit – sind methodische und soziale Kompetenzen erforderlich, die erst erworben werden müssen, zum Beispiel durch Methoden- und Kommunikationstraining – dies sei bei vielen Reformbemühungen zu wenig bedacht worden. Durch EVA sollen Fachkompetenz, Methodenkompetenz, Selbstkompetenz sowie Sozialkompetenz (z.B. Fähigkeiten der Kommunikation, Teamfähigkeit) bei den Schülern ausgebildet werden. Zum Unterstützungssystem für Lehrkräfte gehören Trainer, die zum Beispiel in Schulen Trainingsseminare zu Klipperts Ansatz durchführen oder Workshops zur Unterrichtsvorbereitung leiten. Evaluationsstudien zu Klipperts Ansatz, die bisher in Berlin, Hessen, Nordrhein-Westfalen und Rheinland-Pfalz durchgeführt wurden, zeigten überwiegend positive Ergebnisse (vgl. Klippert 2000).

Das Programm *Prävention im Team* (PIT) wurde ursprünglich in Schleswig-Holstein entwickelt und ist dann von verschiedenen Ländern (z.B. von Bayern, Brandenburg und Hessen) übernommen sowie an die Voraussetzungen und Bedürfnisse dieser Länder angepasst worden. Es wurde bereits an vielen Schulen erprobt und auch evaluiert. PIT bezieht sich auf alle Schularten. In dem Programm geht es vor allem um die Entwicklung von Konfliktfähigkeit und um die Verbesserung des Klassenklimas. Die Lehrkräfte arbeiten mit Sozialpädagogen und auch mit Polizeibeamten zusammen. Dem Ansatz liegen vor allem lerntheoretische Prinzipien zugrunde.

Beim Ansatz von *Neubauer* (2003) werden zentrale Probleme der Jugendlichen (z.B. Konsumverhalten, Gruppenzwang, Gewalt und Süchte) durch Bearbeitung ausgewählter Texte und durch Gruppendiskussionen thematisiert. Die Schüler sollen über sich selbst und ihre Rolle in der Gemeinschaft nachdenken sowie eigene Werte formulieren. Neubauer zielt auf verschiedene soziale Kompetenzen, etwa emotionale Kompetenzen, Selbstvertrauen und Kooperationsfähigkeit. Das Programm richtet sich an Schüler der Sekundarstufe I.

Verschiedene deutsche Programme entstammen dem Kontext der Klinischen Psychologie. Diese Programme zielen nicht nur auf Kompetenzförderung, sondern auch auf die Prävention von Problemverhalten- und zwar besonders durch die breite Förderung sozialer Kompetenzen; soziale Kompetenzen sollen also als Schutzfaktoren dienen. Selbst wenn man über die Prävention von Problemverhalten hinaus Kompetenzen entwickeln möchte, sind somit Präventionsansätze relevant.

Wichtige Programme hat in Deutschland die Gruppe um Franz Petermann formuliert. Sie sollen internalisierenden, aber auch externalisierenden Verhaltensstörungen entgegenwirken. Die Ansätze dieser Gruppe stützen sich hauptsächlich auf die Theorien von Dodge und Bandura. Dargestellt wurde in Abschnitt 5.3 bereits das *Verhaltenstraining für Schulanfänger* als Ansatz zur Förderung emotionaler Kompetenzen.

- Im *Verhaltenstraining in der Grundschule* (F. Petermann/Koglin et al. 2007), das sich auf die dritte und vierte Klasse bezieht, geht es um die Förderung emotionaler und sozialer sowie auch moralischer Kompetenzen. Das Programm beinhaltet 26 Trainingseinheiten und kann innerhalb eines Schuljahrgangs durchgeführt werden. Zunächst üben die Kinder, Gefühle bei sich und anderen zu erkennen. Dann erlernen sie, Konflikte mit anderen zu lösen, wobei ihnen ein 3-Stufen-Plan zur Problemlösung (»PIP-Plan«) vermittelt wird (Problem verstehen: Was ist passiert?; Ideen finden: Was kann man tun oder sagen, um das Problem zu lösen?; Problem lösen: Welcher Lösungsvorschlag ist am besten/gerechtesten für alle Beteiligten?). Schließlich sind Regeln, Fairness, Eigenverantwortung und Zivilcourage Thema des Trainings.

- Das *Sozialtraining in der Schule* richtet sich an Schüler der dritten bis sechsten Klasse. Ziele des Programms sind »differenzierte Fremd- und Selbstwahrnehmung«, »Erkennen und Ausdrücken eigener Gefühle und angemessene Einschätzung der Gefühle anderer«, »angemessene Selbstbehauptung« (eigene Interessen und Bedürfnisse haben, sie äußern und durchsetzen), »kooperatives Verhalten« und »Einfühlungsvermögen« (Empathie). Die Ziele des Sozialtrainings in der Schule sind stark an Problemen sozialer Kooperation orientiert, was den typischen Problemen des Kindesalters entspricht. Das Training besteht aus neun Themenbereichen. Die Förderungsstrategien beziehen sich auf die individuelle Ebene, die Klassenebene (z.B. Klassengespräch) und die Schulebene (z.B. ein pädagogischer Tag) (vgl. Petermann/Jugert/Rehder/Tänzer/Verbeek 1999).

- Das *Training mit Jugendlichen* von Franz und Ulrike Petermann (2000) wurde entwickelt, um sowohl das Sozial- als auch das Arbeitsverhalten der Schüler zu fördern. Ziele des Programms sind »differenzierte Selbst- und Fremdwahrnehmung«, »Umgehen mit dem eigenen Körper und mit Gefühlen«, »Selbstkontrolle und Ausdauer«, »Selbstsicherheit und stabiles Selbstbild«, »Umgang mit Lob, Kritik und Misserfolg« sowie »Einfühlungsvermögen«. Die Ziele sind stark am eigenen Selbst orientiert; dies entspricht den typischen Problemen des Jugendalters. Das Programm umfasst Vereinbarung von Regeln, Entspannungsübungen, Rollen- und Interaktionsspiele. Es ist eingebunden in Maßnahmen auf individueller Ebene (z.B. Einzelgespräche), Klassenebene (z.B. Klassengespräch) und Schulebene (z.B. Projektwoche).

- *Fit for Life* von Jugert, Rehder, Notz und Franz Petermann (2002a, 2002b) richtet sich insbesondere an sozial benachteiligte Jugendliche (z.B. Absolventen von Sonderschulen, Jugendliche ohne Hauptschulabschluss und Hauptschüler); angestrebt wird die gesellschaftliche Integration von Risikogruppen. Die einzelnen Ziele des Programms gleichen im Wesentlichen denjenigen des »Sozialtrainings in der Schule« und des »Trainings mit Jugendlichen«. Auch Schlüsselqualifikationen wie Aufmerksamkeit, Lern- und Leistungsmotivation werden hier vermittelt. »Fit for Life« besteht aus 13 (thematischen) Modulen: Motivation; Gesundheit; Selbstsicherheit; Körpersprache; Kommunikation; Fit für Konflikte: Teil 1; Freizeit; Lebensplanung; Beruf und Zukunft; Gefühle; Einfühlungsvermögen; Fit für Konflikte: Teil 2; Lob und Kritik. Jedes Modul zielt auf einen unterschiedlichen Fähigkeitsbereich. Brainstorming, Rollenspiele, Modellverhalten und kognitives Umstrukturieren sind wichtige Methoden.

Die fünf Programme der Gruppe um Franz Petermann wurden jeweils in verschiedenen Schulen angewendet. Die Ergebnisse der Evaluationsstudien waren insgesamt positiv (vgl. Jugert et al. 2002b).

In Deutschland wurden in den letzten Jahren einige schulische Programme speziell zur Prävention internalisierender Störungen entwickelt. Ein wichtiges Präventionsprogramm stellt *Gesundheit und Optimismus* (GO!) von Junge, Neumer, Manz und Margraf (2002) dar. Dieses Programm stützt sich hauptsächlich auf die kognitiv-verhaltensorientierten Modelle von Beck und Seligman. »Gesundheit und Optimismus«, das vom BMBF finanziert wurde, ist für Jugendliche zwischen 14 und 18 Jahren konzipiert. Es richtet sich an Lehrer, aber auch an Eltern und Psychologen. Der Förderungsansatz zielt darauf, unangemessene, selbstschädigende Denk- und Erlebensmuster zu erkennen, sie infrage zu stellen und Techniken zu ihrer Beeinflussung (Veränderung) zu erlernen. GO! umfasst kognitive und verhaltensorientierte Förderungskomponenten: Zum einen informiert das Programm Jugendliche über

Stress, Ängste und Depressionen. Die verhaltensorientierten Komponenten bestehen aus einem Training von Selbstsicherheit sowie Strategien der Selbstkonfrontation mit aversiven Konsequenzen und Formen der Durchführung angenehmer Aktivitäten. Somit werden in der Klinischen Psychologie verbreitete Techniken zur Behandlung von Ängsten und Depressionen für die Prävention von internalisierendem Problemverhalten bei Jugendlichen fruchtbar gemacht. Das Programm beinhaltet acht Sitzungen a 90 Minuten. In Evaluationsstudien stellte sich heraus, dass GO! vor allem die Selbstsicherheit der Schüler fördert (Junge et al. 2002, S. 37ff.).

Fit und Stark fürs Leben stellt ein weiteres Programm zur Prävention internalisierender Störungen dar. Fit und Stark fürs Leben wurde in Abschnitt 5.3 bereits hinsichtlich emotionaler Kompetenzen beschrieben.

Gegenüber den dargestellten klinisch-psychologischen Ansätzen ist kritisch festzuhalten, dass die Verzahnung mit dem Unterricht weitgehend fehlt.

6.2 Internationale Programme

Im internationalen Bereich, insbesondere in den USA, gibt es anders als in Deutschland eine Vielzahl von Programmen zur Sozialerziehung, wie die Überblicksarbeiten von CASEL (2003), Catalano et al. (2002), Greenberg et al. zeigen (2001).

- Selmans strukturgenetisch-konstruktivistischer Ansatz *Risk and Prevention* stellt ein sozialerzieherisches Pendant zu Kohlbergs moralerzieherischem Ansatz einer Just-Community-School dar. Selman erfasste in den 70er-Jahren die Entwicklung von Formen des sozialen Verstehens, während er in den 80er-Jahren zusätzlich ein Entwicklungsmodell von Verhandlungsstrategien und von Strategien zur Herstellung von Nähe entwarf (vgl. 2.1). Er leitete in dieser Zeit eine Klinik für verhaltensgestörte Kinder. Ab Mitte der 80er-Jahre zielte Selman dann auch auf die Prävention von Problemverhalten und dies vor allem in der Schule. Er beschäftigt sich jetzt mit Kindern, die unter schwierigen sozialen Lebensbedingungen aufwachsen. 1992 begründete er »Risk and Prevention« (Selman 2002). Darin wird besonders das Verständnis der persönlichen Bedeutung des eigenen Problemverhaltens (z.B. Gewalt, Drogensucht) thematisiert. Vier Entwicklungsstufen des Verständnisses werden unterschieden: regelorientiert-nichtpersonal, regelorientiert-personal, bedürfnisorientiert-personal und bedürfnisorientiert-integriert (vgl. Selman 2003, S. 51). Selmans Ansatz besteht somit nunmehr aus drei Bausteinen: einer Stufentheorie des sozialen Verstehens, des sozialen Handelns und der persönlichen Bedeutung des eigenen Problemverhaltens (vgl. Selman 2003, S. 54).
- Das Präventionsprogramm *Responsive Advocacy for Life and Learning in Youth* (RALLY), das von Noam entwickelt wurde, zielt auf Schüler der Sekundarstufe I. Noam formuliert das Konzept des »Prevention Practitioners«, der mit der ganzen Klasse, aber auch mit einzelnen Schülern arbeitet, und zwar auch nach der Schule (Noam/Hermann 2002).

Zu »Risk and Prevention« und zu »RALLY« liegen meines Wissens bisher noch keine Evaluationsergebnisse vor.

Weitere vielversprechende und bereits auch als effektiv evaluierte angelsächsische Ansätze zur Sozialerziehung sind »Friends for Kids«, »I Can Problem Solve«, »Learning for Life«, »Lions Quest«, »Michigan Model for Comprehensive Health Education«, »Mind Matters«, »Promoting Alternative Thinking Strategies«, »Resolving Conflict Creatively«, »Second Step« und »Social Decision Making and Problem Solving«. Dies sind jeweils lerntheoretisch akzentuierte Ansätze. »I Can Problem Solve«, »Lions Quest«, »Promoting Alternative Thinking Strategies«, »Second Step«, »Mind Matters« und »Friends for Kids« sind mittlerweile ins Deutsche übersetzt bzw. im deutschsprachigen Raum adaptiert.

- *I Can Problem Solve* wurde bereits in Abschnitt 5.1 dargestellt.
- *Lions-Quest* hat zum vorrangigen Ziel die Suchtprävention. Kompetenzförderung dient dabei als zentraler Ansatzpunkt. Lions-Quest wurde 1984 in den USA entwickelt und mittlerweile bei mehr als sechs Millionen Schülern im Alter von 5 bis 18 Jahren in 33 Ländern angewendet. Es beinhaltet drei unterschiedliche Programme: K–5, 6–8 und 9–12. Das Programm für die Klassen 6 bis 8 (»Skills for Adolescence«) zielt insbesondere auf die Entwicklung von Fähigkeiten zur Kommunikation und zur Entscheidungsfindung. Es beinhaltet die Entwicklung sozialer Kompetenzen und ein Training des Widerstands gegen Gruppendruck. Seit seiner Einführung in der Bundesrepublik im Jahre 1993 (vgl. »Erwachsen Werden«; H. Wilms/E. Wilms 2002) haben bisher mehr als 30.000 Lehrkräften an Einführungsveranstaltungen (Fortbildung) teilgenommen. Das Programm setzt auf die Zusammenarbeit mit den Eltern, auch wurde ein eigenes Lehrerheft erstellt. Lions-Quest umfasst folgende Inhalte:
  - »Ich und meine Gruppe« (z.B. Ich bin ich – und wer bist du?; Sich auf Regeln einigen);
  - »Stärkung des Selbstvertrauens« (z.B. Erfolge stärken das Selbstvertrauen; Hörst du mir überhaupt zu?);
  - »Mit Gefühlen umgehen« (z.B. Gefühle entdecken; Bei Problemen einen kühlen Kopf bewahren);
  - »Die Beziehungen zu meinen Freunden« (z.B. Neue Freunde finden; Konflikte lösen ohne Streit);
  - »Mein Zuhause« (z.B. Kommunikation in der Familie; Zoff zu Hause);
  - »Es gibt Versuchungen: Entscheide dich« (z.B. Werte beeinflussen meine Entscheidung; Kritisch denken – überlegt entscheiden);
  - »Ich weiß, was ich will« (z.B. Ziele – ein Blick in die Zukunft; Kurzfristige und langfristige Ziele);
  - Sammlung von Aktivierungsspielen;
  - Anregungen zur Durchführung unterstützender Elternarbeit.

Das Programm hat sich in Deutschland bewährt (vgl. Bauer 2005). Es zeigte sich in Evaluationsstudien, dass das in Abschnitt 5.3 dargestellte *Promoting Alternative Thinking Strategies* (PATHS) insbesondere das Emotionsverständnis fördert. Mittlerweile gibt es eine deutschsprachige Version von PATHS (vgl. Eisner/Jünger/Greenberg 2006).

- *Second Step* (vom Comittee for Children in Seattle entwickelt) zielt auf die Bereiche Empathiefähigkeit, Impulskontrolle sowie Umgang mit Ärger und Wut. Zielgruppe sind die Klassen eins bis drei und die Klassen vier bis sechs. Das Programm umfasst 51 Lektionen über einen Zeitraum von drei Jahren. Im Bereich »Empathie« sollen die Kinder lernen, die Gefühle anderer zu erkennen und zu verstehen sowie Mitgefühl zu empfinden. Gefühle wie Freude, Ärger, Trauer und Angst sind anhand physischer und psychischer Anhaltspunkte zu unterscheiden. Statt spontan zu reagieren, sollen sie lernen, innezuhalten und über die Situation nachzudenken. Der Bereich »Impulskontrolle« beinhaltet die Vermittlung kognitiver Schritte zur Lösung von Problemen. Im Bereich »Umgang mit Ärger und Wut« werden Strategien zur Stressverminderung gelernt (z.B. Entspannungstechniken, Techniken der Selbstinstruktion). Second Step reduziert auch aggressives Verhalten. Eine Variante von Second Step wurde auch für den Kindergarten entwickelt. Second Step liegt mittlerweile in deutscher Fassung vor (»Faustlos«); das Programm wurde von Cierpka und Mitarbeitern für den deutschen Sprachraum adaptiert. Es wurde an 44 Schulklassen im Rhein-Neckar-Raum überprüft. »Faustlos« hat sich hier als wirksam erwiesen: Ängstlichkeit und andere Internalisierungstendenzen konnten in diesen Schulen reduziert werden (vgl. Schick/Cierpka 2003). Die Lehrkräfte beurteilten das Programm positiv, und die Eltern berichteten von einem Rückgang aggressiven Verhaltens.
- Im Programm *Mind Matters* geht es um die Förderung psychischer Gesundheit. Mind Matters bietet umfangreiche Materialien für den Unterricht und für die Schulentwicklung. Der in Australien entwickelte Ansatz wurde hierzulande adaptiert. Er wurde in Nordrhein-Westfalen und in Niedersachsen erfolgreich umgesetzt (vgl. www.mindmatters-schule.de).
- Das von Webster-Stratton entwickelte *Friends for Kids* ist ebenfalls bedeutsam. Es wurde ins Deutsche übersetzt (»Freunde für Kinder«).

Verschiedene erfolgreiche Programme wurden noch nicht im deutschen Sprachraum adaptiert, zum Beispiel »Learning for Life«, »Michigan Model for Comprehensive Health Education«, »Resolving Conflict Creatively Program« und »Social Decision Making and Problem Solving«. Die vier Programme gelten in den Überblicksarbeiten von Berkowitz und Bier (2006) und CASEL (2003) jeweils als effektiv.

- *Learning for Life* zielt auf kognitive, kommunikative, emotionale Fähigkeiten und Handlungsfähigkeiten. Der Ansatz fördert Kompetenzen, die Voraussetzung für eine erfolgreiche berufliche Tätigkeit sind.
- *Michigan Model for Comprehensive Health Education* bezieht sich auf alle Schulstufen. Das Programm integriert Strategien der Gesundheitserziehung in das Curriculum. Vor allem Rollenspiele werden durchgeführt.

- *Resolving Conflict Creatively Program«* *(RCCP)* wird über drei bis fünf Jahre hinweg durchgeführt. Es umfasst ein Training für Schüler und ein Training für Eltern, Lehrkräfte sowie Schulleitung. Das Schülertraining beinhaltet 51 Lektionen mit Zielen wie Fähigkeiten der Perspektivenübernahme, aktives Zuhören, Ausdrücken von Gefühlen, Gefühlsverständnis und Durchsetzungsfähigkeit. Als pädagogische Methoden werden Diskussionen, Rollenspiele und Brainstorming verwendet.
- *Social Decision Making and Problem Solving* hat die Förderung sozialkognitiver und emotionaler Fähigkeiten zum Ziel. Es richtet sich an Grundschüler und Schüler der Sekundarstufe I. Das Programm wurde seit seiner Einführung im Jahre 1979 mehrfach evaluiert. Problemlösungsfähigkeiten, Selbstkontrolle und prosoziales Verhalten verbesserten sich. Die Ausbildung für dieses Programm umfasst 2 bis 3 Tage.

Die meisten vorliegenden internationalen Programme zur schulischen Sozialerziehung sind auf der Internetseite von CASEL (www.casel.org.) und CEP (www.character.org.) kurz beschrieben.

Fast alle Programme werden auch als Ansätze zur Prävention internalisierender Störungen verstanden (vgl. Weissberg/Greenberg 1998). Allerdings fehlt vielen Programmen die Anbindung an den Unterricht.

Die in den Kapiteln 5 und 6 dargestellten Ansätze sind nicht nur im Kontext der Sozialerziehung bzw. der Prävention internalisierender Verhaltensstörungen einsetzbar, sondern auch im Kontext der Moralerziehung bzw. der Gewaltprävention. Beispielsweise werden Petermanns Programme oft in Überblicksarbeiten zur Gewaltprävention aufgeführt (vgl. etwa Beelmann/Raab 2007).

7. Strategien zur schulischen Förderung einzelner moralischer Kompetenzen

Soziale Kompetenzen stellen Voraussetzungen für moralische Kompetenzen dar; zum Beispiel ist eine entwickelte Perspektivenübernahme eine notwendige Bedingung für moralische Urteilskompetenz. Folglich ist die Sozialerziehung eine wichtige Grundlage der Moralerziehung. Leitend in Kapitel 7 ist die Frage, wie Fähigkeiten, sich in interpersonalen Kontexten an den Interessen anderer zu orientieren, gefördert werden können.

Die Inhalte der Moralerziehung decken sich weitgehend mit den Inhalten des Ethikunterrichts. Inhalte des Ethikunterrichts sind vor allem Fragen der Gerechtigkeit und Fragen prosozialer Moral.

Verbreitete traditionelle Methoden des Ethikunterrichts sind Unterrichtsvortrag, Lektüre und Unterrichtsgespräch oder spezielle Unterrichtseinheiten, etwa zur Antidrogen-, Sexual-, Umwelt- und Friedenserziehung.

Retzmann (2006) fasst die neben Wissensvermittlung wichtigsten traditionellen Strategien der Moralerziehung – nämlich Charaktererziehung (»Wertevermittlung«), Wertklärung und Diskussion moralischer Dilemmata (»Moralkognitive Entwicklung«) – zusammen. Der Autor arbeitet nicht nur die Unterschiede in den Erziehungszielen, den Methoden und der Lehrerrolle heraus, sondern auch die Differenzen in den zugrunde liegenden Menschenbildern, Gesellschaftstheorien, sozialisationstheoretischen Konzepten (»Verhältnis von Individuum und Gesellschaft«) und in den den Erziehungsbemühungen zugrunde liegenden gesellschaftlichen und individuellen Problemlagen (»Zeitdiagnose und individuelles Problem«), auch benennt er Probleme der einzelnen moralpädagogischen Strategien (vgl Tabelle 7.1).

Vor dem Hintergrund breit angelegter Ansätze zur Moralerziehung (wie demjenigen der Gerechten Schulgemeinschaft) erscheint es fraglich, ob herkömmliche Diskussionen moralischer Dilemmata die Moralentwicklung über die moralische Urteilsbildung hinaus fördern. Zugleich werden aber auch die Grenzen der beiden anderen einflussreichen traditionellen Methoden der Moralerziehung – Wertklärung und Charaktererziehung – deutlich. Ansätze zur Wertklärung beziehen sich wie Dilemmadiskussionen vorrangig nur auf kognitive Prozesse und dabei lediglich auf formale Fähigkeiten des Urteilens. Durch die Bearbeitung etwa von Fragebögen sollen sich die Schüler Klarheit über ihre individuellen Wertüberzeugungen verschaffen. Die Methode trennt indessen nicht hinreichend zwischen moralischen (d.h. universalisierbaren) und persönlichen Werten. Ansätze zur Charaktererziehung vernachlässigen hingegen kognitive Prozesse; sie stützen sich vorwiegend auf lerntheoretische Positionen (z.B. Lernen durch Nachahmung und Bestrafung). Zudem liegt den Ansätzen zur Charaktererziehung das problematische Konzept eines weitgehend passiven Individuums zugrunde sowie ein traditionalistisches Konzept von Werten, das angesichts einer pluralistischen, individualisierten Gesellschaft nicht mehr zeitgemäß ist (vgl. auch Oser/Althof 1992). Allerdings lassen sich Elemente dieser drei moralpädagogischen Strategien in einen kompetenztheoretischen Rahmen integrieren (vgl. Kap. 8).

Vergleichs-kriterien	Wertklärung	Wertevermittlung	Moralkognitive Entwicklung
Vertreter	L.E. Raths, M. Harmin, S.B. Simon	W. Brezinka, Bonner Forum »Mut zur Erziehung«	L. Kohlberg
Menschenbild	Potenzial für eine intelligente und selbstständige Lebensweise	zu Hedonismus und Individualismus neigend und/oder »Tabula rasa«	Potenzial zu reifer moralischer Persönlichkeit
Gesellschaftstheorie	offene Gesellschaft, die freie Entfaltungsmöglichkeiten bietet und durch Toleranz gegenüber anderen Lebensformen geprägt ist	traditionale Gemeinschaft, die durch gemeinsam geteilte Werte und Normen constituiert und zusammengehalten wird	demokratische Gesellschaft individueller Persönlichkeiten mit einem Minimum verbindlicher moralischer Regeln des Zusammenlebens
Verhältnis von Individuum und Gesellschaft	tendenziell interaktionistisch, Individuation durch stimulierte Reflexivität mit Tendenz zur Permissivität	tendenziell milieutheoretisch, Integration und Reproduktion durch Sozialisation	interaktionistisch, Entwicklung durch Stimulation und Partizipation
Zeitdiagnose und individuelles Problem	Pluralisierung der Lebensformen Überangebot möglicher Orientierungen der Identität	Zerfall der Gemeinschaft(en) aufgrund erodierender Werte Mangel an Orientierung für eine gelingende Sozialisation	Mangel an entwicklungsförderlichen Stimuli, Stagnation, Regression oder Segmentierung der Entwicklung
Ziel der Erziehung	Klärung der individuellen Werte = Wertklarheit	Internalisierung tradierter Werte und Normen = Tugendhaftigkeit	Generalisierung und (Weiter-)Entwicklung der moralischen Urteilsfähigkeit = moralische Reife
Methoden	autobiografischer Fragebogen, klärende Entgegnung, öffentliches Interview, Wertebögen	Modelle (Vorbilder) anbieten, Tugenden einüben, Belohnung (Bestrafung) (un)erwünschten Verhaltens, Belehrung	Diskussion moralischer Dilemmata, Selbstbestimmung in gerechten (Schul-)Gemeinschaften
Lehrerrolle	Animateur	Vorbild, Persönlichkeit, Autorität	Stimulator und Moderator

Tab. 7.1: *Konzeptionen der Werte- und Moralerziehung im Vergleich (Retzmann 2006, S. 111)*

Die Forschung zur Wirksamkeit der drei Methoden stützt die Vermutung ihrer engen Effektivitätsgrenzen. Dilemmadiskussionen und Formen der Wertklärung (wie auch die planmäßige Moralerziehung durch Unterrichtsvortrag, Lektüre und Unterrichtsgespräch oder spezielle Unterrichtseinheiten, etwa zur Antidrogen-, Sexual-, Umwelt- und Friedenserziehung) fördern vor allem kognitive Moralkompetenzen. Traditionelle Charaktererziehung hingegen fördert hauptsächlich Handlungsfähigkeiten und führt eher zu unreflektiertem Handeln (vgl. Uhl 1996).

Aufgrund des starken Einflusses des Ansatzes der Wertevermittlung wird häufig statt von Moralerziehung auch von Werteerziehung, Tugenderziehung oder Charaktererziehung geredet.

Die traditionellen moralpädagogischen Ansätze bedürfen jeweils der Weiterentwicklung. Weil mir die Methode der Dilemmadiskussion am meisten verspricht, werde ich sie am differenziertesten diskutieren, wobei ein möglicher Weg für ihre Weiterentwicklung aufgezeigt wird.

7.1 Förderung von Kompetenzen moralischer Kognition

Die Methode der *Diskussion moralischer Dilemmata* wurde von Kohlberg Ende der 1960er-Jahre in die Moralpädagogik eingeführt, um die Entwicklung der moralischen Urteilsstufen zu stimulieren. Ansätze zur Dilemmadiskussion stützen sich auch heute meistens auf Kohlbergs Stufentheorie moralischen Urteilens. Ich argumentiere im Folgenden für eine erweiterte Variante der Dilemmadiskussion.

Kohlberg konfrontiert seine Probanden im Rahmen des »Moral Judgment Interviews« vor allem mit moralischen Normkonflikten, »moralischen Dilemmata«. Er legt ihnen etwa das »Heinz-Dilemma« vor:

Eine Frau war dem Tode nahe, da sie an einer schweren Krebskrankheit litt. Es gab nur eine Medizin, von der die Ärzte glaubten, sie könne ihr Leben retten. Diese Medizin bestand aus einer Form von Radium. Ein Apotheker, der in derselben Stadt wie die todkranke Frau und ihrem Ehemann (Heinz) lebte, hatte sie vor kurzem entdeckt. Die Medizin war in der Herstellung teuer, aber der Apotheker nahm 10mal soviel, wie ihn die Herstellung kostete. Er selbst musste 200 Dollar für das Radium aufwenden und verlangte 2.000 Dollar. Heinz versuchte das benötigte Geld zu leihen, aber er konnte nur 1.000 Dollar, also die Hälfte des benötigten Geldes, zusammenbringen. Er erzählte dem Apotheker, dass seine Frau im Sterben liegt, und bat ihn, ihm das Medikament billiger zu verkaufen oder ihm zu erlauben, später zu bezahlen. Aber der Apotheker sagt: »Nein, ich habe die Arznei entdeckt und will jetzt damit Geld machen«. Heinz war verzweifelt und überlegte schließlich bei dem Apotheker einzubrechen, um dadurch an die Arznei zu kommen.

Die Urteilsbildung zu den Dilemmata des Moral Judgment Interviews wird mithilfe des »Standard Issue Scoring« ausgewertet. Kohlberg unterscheidet sechs Urteilsstufen. In den folgenden fünf Urteilspaaren zum »Heinz-Dilemma« aus dem Auswertungshandbuch des »Standard Issue Scoring« werden die beiden möglichen

Handlungsentscheidungen (»Stehlen«, »Nicht Stehlen«) jeweils mit Argumenten auf der gleichen Stufe begründet. Die Urteilspaare erstrecken sich von der Stufe 1 bis zur Stufe 5. Stufe 6 ist im Auswertungshandbuch nicht vertreten.

Beispiele für stufenspezifische Argumente zum »Heinz-Dilemma« (aus dem Auswertungshandbuch des Standard Issue Scoring)

- *Stufe 1:*
  - Heinz sollte die Arznei stehlen, weil seine Frau eine wichtige Person sein könnte.
  - Heinz sollte nicht stehlen, weil dann könnte er geschnappt werden und würde eingesperrt oder ins Gefängnis kommen.
- *Stufe 2:*
  - Heinz sollte stehlen, wenn er seine Frau braucht.
  - Heinz sollte nicht stehlen, weil das Risiko zu groß wäre.
- *Stufe 3:*
  - Heinz sollte stehlen, weil er für seine Frau sorgen sollte.
  - Heinz sollte nicht stehlen, weil es eigennützig ist zu stehlen.
- *Stufe 4:*
  - Heinz sollte stehlen, weil seine Frau zur Gesellschaft beitragen kann.
  - Heinz sollte nicht stehlen, denn wenn Eigentumsrechte nicht mehr gelten, würde es sich nicht mehr lohnen, Arzneimittel zu entwickeln.
- *Stufe 5:*
  - Heinz sollte stehlen, weil das Recht auf Leben dem Recht auf Eigentum überlegen ist.
  - Man muss das Gesetz befolgen, solange es die Grundrechte einzelner gegen Beeinträchtigungen durch andere schützt.

Dilemmadiskussionen stellen ein effektives Mittel zur Förderung moralischer Urteilsfähigkeit dar. Ein moralisches Dilemma beinhaltet einen Konflikt moralischer Werte bzw. Normen (wie Leben vs. Eigentum beim »Heinz-Dilemma«), der die Urteilsfähigkeit des Schülers herausfordert. Zugleich muss der Schüler das eigene Urteil gegenüber den widerstreitenden Urteilen der anderen verteidigen. Diskussionen moralischer Dilemmata eignen sich deshalb dafür, kognitive Konflikte zu erzeugen und dadurch die moralische Urteilsentwicklung zu fördern. Die Entwicklung moralischen Urteilens setzt die konstruktive Auseinandersetzung des Individuums mit kognitiven Konflikten voraus. Eine Person, die auf einer bestimmten Stufe moralischen Urteilens argumentiert, erkennt allmählich, dass die Urteilsbildung, die sie praktiziert, spezifischen Erwartungen von anderen Personen oder sozialen Beziehungen und Gruppen nicht gerecht wird, oder nimmt ihr eigenes Urteilen als in sich nicht konsistent wahr. Die Erfahrung »externer« und »interner Widersprüche« und die Reflexion auf die Grenzen der eigenen Problemlösungskapazität bringt sie dazu, ihr Denken in Richtung einer höheren Entwicklungsstufe zu verändern. Nicht alle stufenspezifischen Argumente, mit denen das Individuum konfrontiert ist, führen jedoch zu kognitiven Konflikten: Das Individuum auf einer bestimmten Stufe kann deutlich höhere stufenspezifische Begründungen noch nicht verstehen, während es niedrigere aufgrund ihrer unzureichenden moralischen Rationalität ablehnt. Wahrscheinlich haben lediglich Begründungen, die eine Stufe über der bereits erreichten Stufe liegen, einen Einfluss und stellen Anregungen dar, die Grenzen der eigenen Urteilsbildung einzusehen und zu überwinden (vgl. Walker 1988).

Mittlerweile hat der Lehrer verschiedene Möglichkeiten der Durchführung von Dilemmadiskussionen, wobei er vor allem Entscheidungen auf vier Ebenen zu treffen hat, nämlich hinsichtlich des Orts, an dem die Diskussionen stattfinden, der sozialen Lebensbereiche, in denen die zu diskutierenden Dilemmata angesiedelt sind, der Alltagsnähe der Dilemmata sowie der Organisation dieser Diskussionen. Kohlberg führte zunächst Diskussionen außerhalb des Fachunterrichts durch, wählte vor allem Dilemmata aus der Privatsphäre, legte »hypothetische«, d.h. nicht der Alltagswelt der Schüler entnommene Dilemmata vor, und entwickelte eine lehrerzentrierte Form der Diskussion (vgl. Kohlberg 1975). Auf verschiedenen Ebenen wurden später Veränderungen gegenüber Kohlbergs ursprünglichem Verfahren vorgenommen. Diese Veränderungen stellen sinnvolle Weiterentwicklungen dar.

- Die Methode der Dilemmadiskussion wurde vor allem auf vier Ebenen eingesetzt, nämlich unabhängig vom Fachunterricht, integriert in den Fachunterricht, in Form von Kompaktkursen über mehrere Tage und im Rahmen »Gerechter Schulgemeinschaften« (vgl. Lempert 2006; Oser 1987). Zunächst wurden Dilemmadiskussionen hauptsächlich unabhängig vom Fachunterricht durchgeführt, dann wurde verstärkt eine Integration in den Fachunterricht vorgenommen, wobei diese Methode auf alle Unterrichtsfächer angewendet wurde (vgl. Landesinstitut für Schule und Weiterbildung 1991). Kompaktkurse sowie Dilemmadiskussionen im Rahmen Gerechter Schulgemeinschaften fanden insgesamt selten statt. Diskussionen unabhängig vom Fachunterricht ermöglichen im allgemeinen keine kontinuierliche Stimulierung moralischen Urteilens. Diskussionen im Rahmen von Kompaktkursen oder Gerechten Schulgemeinschaft erscheinen wünschenswert, da sie eine große Intensität der kognitiven Auseinandersetzung beinhalten. Sie setzen allerdings einen erheblichen Aufwand voraus, nämlich die Planung und Durchführung mehrtägiger Kurse bzw. die Einrichtung Gerechter Schulgemeinschaften. Sinnvoll sind vor allem Diskussionen im Fachunterricht, denn sie ermöglichen die kontinuierliche Stimulierung der moralischen Urteilsentwicklung, und sie sind nicht allzu aufwendig (Edelstein 1986; 1987). Wünschenswert wären Dilemmadiskussionen auch im Rahmen von innovativen Methoden, wie etwa Mediation und Service-Learning.

- Unstrittig ist heute, dass die zu diskutierenden moralischen Dilemmata aus verschiedenen Lebensbereichen (wie z.B. Familie, Gleichaltrigengruppe, Schule, beruflicher Bereich) stammen sollten. Zunehmend wurden Dilemmata aus der Privatsphäre (z.B. Familie und Gleichaltrigengruppe) um Dilemmata aus anderen Lebensbereichen (z.B. Beruf) ergänzt (vgl. Lempert 2006).

- Für Diskussionen können unterschiedliche Typen von Dilemmata verwendet werden, nämlich »hypothetische«, »alltagsnahe«, »schulfachspezifische« sowie »selbst erlebte« Dilemmata (vgl. Landesinstitut für Schul- und Weiterbildung 1991; Oser/Althof 1992; Schuster 2001). (»hypothetisch«: erfunden+vom Alltag der Schüler weit entfernt; »alltagsnah«: erfunden+aber nahe am Alltag der Schüler; »schulfachspezifisch«: real+in Schulfächern thematisierte Ereignisse; »selbst erlebt«: real+aus dem Alltag der Schüler) Anfangs verwendeten viele Autoren (wie Kohlberg) hauptsächlich hypothetische Dilemmata, mittlerweile werden verstärkt alltagsnahe, schulfachspezifische und selbsterlebte Dilemmata eingesetzt. Hypothetische Dilemmata erscheinen den Schülern häufig uninteressant. Im Hinblick auf die Verwendung hypothetischer, alltagsnaher (»semi-realer«, vgl. Lind 2003) und selbsterlebter (»realer«) Dilemmata hat Schuster (2001) einen sinnvollen Vorschlag gemacht – er empfiehlt, diese drei Dilemmatypen in den Schulen in Abhängigkeit von »den Voraussetzungen der Lerngruppe und des Lehrers« zu verwenden: »So ist der Einsatz hypothetischer bzw. semi-realer Dilemmata aus der Forschungsliteratur dann zu empfehlen, wenn die Lerngruppe in der Diskussion von Dilemmata noch unerfahren ist, und sich mit der Bearbeitung eindeutig konstruierter Dilemmata Unterrichtsroutine entwickeln lässt, und wenn der Lehrer erst anfängt, den Kohlberg-Ansatz zu praktizieren. Denn für viele hypothetische Dilemmata liegt die Einstufung möglicher Argumente bereits vor [...]. Im nächsten Schritt können dann reale Konflikte zum Ausgangspunkt von Diskussionen gewählt werden. Dies setzt voraus, dass Lehrer und Schüler moralrelevante Situationen wahrnehmen, von ihnen berichten, und bereit sind, die Unterrichtsroutine zu unterbrechen, um in der gemeinsamen Auseinandersetzung gerechte Lösungen für Konflikte zu finden« (Schuster 2001, S. 194f.). Hinsichtlich der Durchführung von Dilemmadiskussionen in der beruflichen Erziehung schlägt auch Lempert (2002; 2006) vor, die Dilemmatypen kontextabhängig zu verwenden. Er macht deutlich, dass in der Berufsschule vor allem hypothetische und schulfachspezifische Dilemmata sinnvoll sind, während sich für die betriebliche Ausbildung vor allem selbsterlebte Dilemmata eignen. Bei der Konstruktion hypothetischer, alltagsnaher und schulfachspezifischer Dilemmata ist dabei bedeutsam, dass die Dilemmata kurz, verständlich und realistisch sind. Auch sollten sie zu kontroversen Handlungsentscheidungen führen (vgl. Lind 2003, S. 81).
- Die moralische Urteilsentwicklung wurde zunächst vor allem dadurch zu fördern versucht, dass die Lehrperson Argumente in die Diskussion einbringt, die eine Stufe höher liegen als diejenigen der einzelnen Schüler, was praktisch jedoch schwer zu realisieren war, da es die flexible und angemessene Anwendung des Kohlbergschen Auswertungsverfahrens voraussetzt – ein Verfahren, das äußerst komplex ist. Solche lehrerzentrierte Formen der Diskussion (Verwendung von Argumenten der Stufe n+1 durch die Lehrperson) erwiesen sich zudem in Evaluationsstudien als insgesamt wenig effektiv. Deshalb ging man zunehmend dazu über, Diskussionen unter Gleichaltrigen (in kleinen Gruppen oder in der

ganzen Klasse) durchzuführen – die Voraussetzung war, dass die Schüler einer Klasse unterschiedliche Stufen aufweisen und sich deshalb kognitive Konflikte bei ihnen hervorrufen lassen (vgl. Oser/Althof 1992). Als sinnvollste Form der Unterrichtsorganisation für Dilemmadiskussionen gilt die Integration von Diskussionen in der gesamten Klasse mit Diskussionen in kleinen Gruppen. Diese Vorgehensweise hat sich weitgehend durchgesetzt. Die Lehrperson sollte sich deshalb auf die Rolle des Moderators beschränken (vgl. Edelstein/Oser/Schuster 2001; Lempert 2006; Lind 2003; Oser/Althof 1992). Die Autoren entwarfen unterschiedliche Ablaufschemata für eine Diskussionsstunde, an denen sich der Lehrer orientieren kann. Adam zum Beispiel präsentiert ein Ablaufschema, das sich auf ein bereits 1976 von Beyer entwickeltes, einflussreiches Schema stützt (vgl. Abb. 7.1).

An der Grundstruktur von Dilemmadiskussionen im Unterricht (Darbietung des Dilemmas, spontane Handlungsentscheidungen und Begründungen von Handlungsentscheidungen, Diskussion in kleinen Gruppen, Diskussion im Plenum, Abschluss der Diskussion) hat sich bis heute wenig geändert. Dies zeigt etwa das Ablaufschema von Lind, das dieser ungefähr zwei Jahrzehnte nach Beyers Schema präsentiert. Allerdings formuliert Lind auch einen Zeitplan für die einzelnen Phasen, und er lässt »Phasen der Unterstützung« und »Phasen der Herausforderung« einander abwechseln (vgl. Lind 2003, S. 83ff.). Lind hat im Rahmen der Lehrerfortbildung sein Ablaufschema bisher mehr als 600 Lehrern vermittelt (vgl.www.uni-konstanz.de/ ag-moral). Für manche Autoren jedoch spielt die Frage der Organisation von Dilemmadiskussionen keine große Rolle. Wichtig sei insbesondere die Einhaltung von Diskussionsregeln, wie zum Beispiel die Diskussionspartner zu Wort kommen lassen, sie ausreden lassen, die Meinung des anderen respektieren, beim Thema bleiben und auf die Meinung anderer Bezug nehmen (vgl. Lempert 2002, S. 344f.).

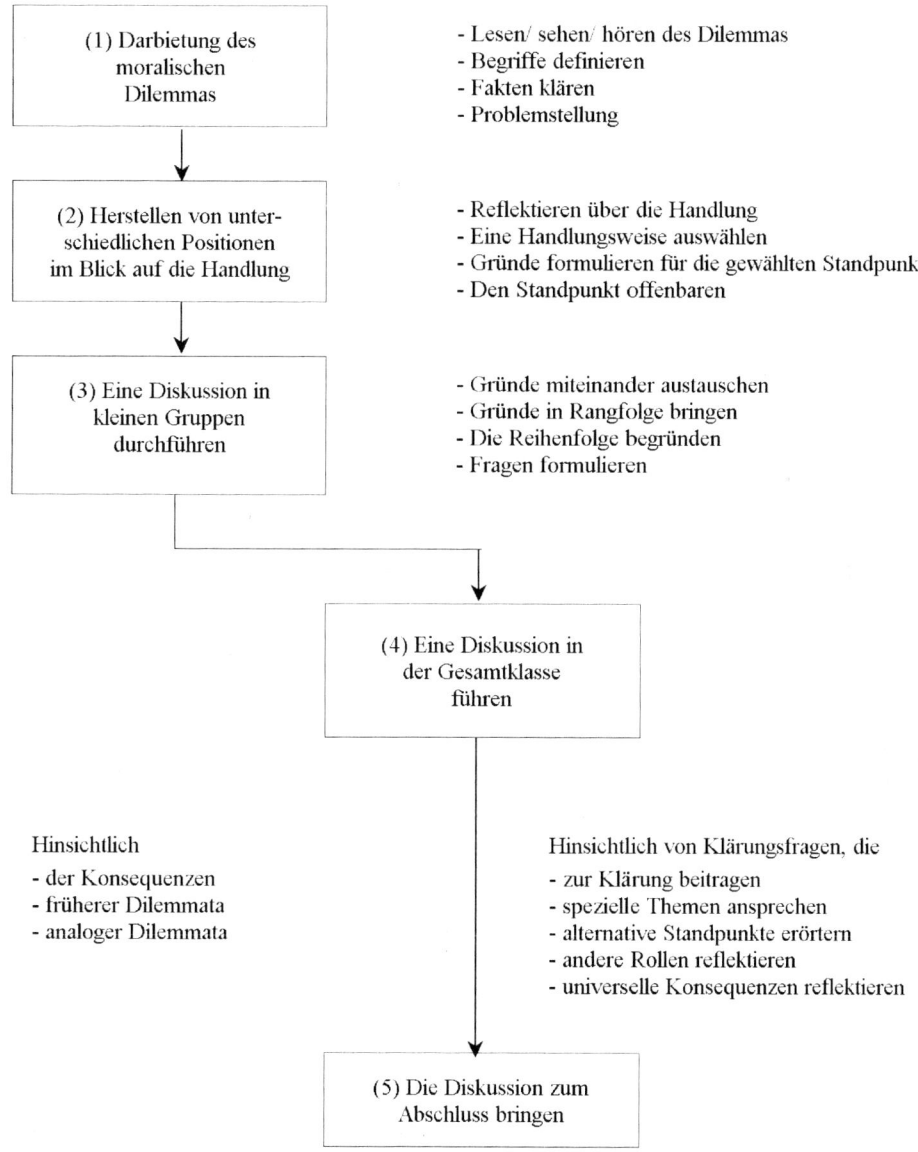

(1) Darbietung des
moralischen
Dilemmas

- Lesen/ sehen/ hören des Dilemmas
- Begriffe definieren
- Fakten klären
- Problemstellung

(2) Herstellen von unter-
schiedlichen Positionen
im Blick auf die Handlung

- Reflektieren über die Handlung
- Eine Handlungsweise auswählen
- Gründe formulieren für die gewählten Standpunkte
- Den Standpunkt offenbaren

(3) Eine Diskussion in
kleinen Gruppen
durchführen

- Gründe miteinander austauschen
- Gründe in Rangfolge bringen
- Die Reihenfolge begründen
- Fragen formulieren

(4) Eine Diskussion in
der Gesamtklasse
führen

Hinsichtlich

- der Konsequenzen
- früherer Dilemmata
- analoger Dilemmata

Hinsichtlich von Klärungsfragen, die

- zur Klärung beitragen
- spezielle Themen ansprechen
- alternative Standpunkte erörtern
- andere Rollen reflektieren
- universelle Konsequenzen reflektieren

(5) Die Diskussion zum
Abschluss bringen

Im Klassenraum

- Zusammenfassung der Begründungen
- über Handlungsweisen reflektieren
- eine Handlungsweise auswählen
- die Wahl begründen

Außerhalb des Klassenraums

- Interviews durchführen
- eine Dilemmageschichte verfassen
- ein Beispiel finden
- eine Lösung formulieren

Quelle: Adam, auf der Grundlage von Beyer, aus Adam/ Schweitzer 1996, S. 112

Abb. 7.1:   Moraldiskussion in der Klasse (Adam/Schweitzer 1996, S. 112)

Die Methode der Diskussion moralischer Dilemmata wurde in verschiedenen Arbeiten aus dem deutschsprachigen und angelsächsischen Raum differenziert beschrieben (vgl. Adam/Schweitzer 1996; Aufenanger/Garz/Zutavern 1981; Dobbelstein-Osthoff, 1987; Edelstein/Grözinger et al. 2001; Hersh/Reimer/Paolitto 1979; Landesinstitut für Schule und Weiterbildung 1991; Lind 2003; Oberschulamt Tübingen 2002; Oser/Althof 1992; Reinhardt 1999; Schuster 2001). Diskussionen moralischer Dilemmata wurden vornehmlich in amerikanischen Schulen durchgeführt (vgl. Hersh/Reimer/Paolitto 1979). Aber auch im deutschsprachigen Raum kam die Methode zum Einsatz (vgl. Landesinstitut für Schule und Weiterbildung 1991; Lind 2003; Oberschulamt Tübingen 2002; Oser/Althof 1992). Dabei wurde sie zunächst hauptsächlich in allgemeinbildenden Schulen angewendet. Neuerdings gibt es einige Bemühungen, sie im Rahmen von berufsbildenden Schulen und der betrieblichen Ausbildung einzuführen (vgl. Lempert 2002; 2006).

Diskussionen moralischer Dilemmata sind heute mit einigen grundlegenden Problemen behaftet, die sich vor allem aus Problemen von Kohlbergs Ansatz zur Analyse moralischen Urteilens ergeben (vgl. auch Modgil/Modgil 1986). Diese moralpsychologischen Probleme sind spätestens bei der Evaluation der Wirkung der Methode auch für die Moralpädagogik von Bedeutung. Sie werden jedoch von Moralpädagogen für gewöhnlich ausgeblendet. Allenfalls von einigen Entwicklungspsychologen, die sich auf pädagogische Diskussionen einlassen, werden sie zu bewältigen versucht. Besonders folgende Probleme sollen hier festgehalten werden:

- Mithilfe der Methode lassen sich mehr oder weniger anspruchsvolle Ziele verfolgen. Ziel kann es sein, die reifste Form der Urteilsbildung, die postkonventionellen Stufen, auszubilden. Ein weniger anspruchsvolles Ziel ist es, auf niedrigeren Stufen einen Stufenfortschritt zu erreichen (z.B. einen Schritt von Stufe 3 zu Stufe 4). Das am wenigsten anspruchsvolle Ziel besteht darin, Prozesse der Konsolidierung einer Stufe zu bewirken, d.h. die Anwendung einer neu erworbenen Stufe auf verschiedenste Situationen. Mittlerweile beschränken sich die meisten Moralpädagogen auf das Ziel, Prozesse der Stufenkonsolidierung zu fördern. Diese Orientierung am Ziel der Herstellung von Stufenkonsolidierung hängt vor allem mit zwei für die pädagogischen Bemühungen relevanten empirischen Befunden zusammen, die auf der Grundlage von Kohlbergs spätem Auswertungssystem (dem »Standard Issue Scoring«) ermittelt wurden, nämlich mit dem seltenen Auftreten postkonventioneller Stufen – Stufe 6 tritt überhaupt nicht auf, Stufe 5 nur mit geringem Anteil – und dem langen Zeitraum, der für einen Stufenfortschritt benötigt wird, nämlich durchschnittlich 4 Jahre. Allerdings stellen die auftretenden relativ starken Variationen in den Stufenwerten einer Person zu einem Messzeitpunkt auch das Ziel der Herstellung von Stufenkonsolidierung infrage: Innerhalb des Interviews von Kohlberg, das neun Dilemmata umfasst, finden sich häufiger Variationen der Werte einer Person über drei Stufen (vgl. Reuss/Becker 1996). Vielleicht erklären sich diese Stufenvariationen durch Prozesse situationsangemessenen Urteilens (vgl. K. Beck 1999; 2000; Edelstein/Noam 1982; Reuss/Becker 1996). Der Verzicht auf das Ziel, Postkonventionalität zu fördern, erscheint nicht sinnvoll. Vor allem schwächt dies die Attraktivität des Ansatzes. Wahrscheinlich erklärt sich der geringe Anteil postkonventioneller Werte durch Probleme der operationalen Stufendefinition im Auswertungshandbuch des Standard Issue Scoring, eine verengte Dilemmabasis (z.B. Ausklammerung von Situationen, die eine Verletzungen von Menschenrechten beinhalten) sowie durch die geringe Strukturierung herkömmlicher Dilemmadiskussionen, bei denen die Erörterung von Argumentationsbeispielen aus Auswertungshandbüchern keine Rolle spielt. Evaluationen der Methode der Dilemmadiskussion wurden hauptsächlich nur auf der Basis lehrergesteuerter Diskussionen zu Dilemmata mit hypothetischem Inhalt durchgeführt, wobei diese Diskussionen außerhalb des Fachunterrichts stattfanden. Die Evaluationsstudien wurden zudem allein auf der Grundlage mittlerweile veralteter Auswertungssysteme durchgeführt, nämlich auf der Basis von »Aspect Scoring« und »Structural Issue Scoring«. Die dabei ermittelten Ergebnisse sind eher »durchwachsen«. Metaanalysen ergaben insgesamt eine positive Wirkung der Methode (vgl. Lind 2000; 2003). Allerdings zeigte die Methode bei etwa der Hälfte der Schüler keine Wirkung und bei den anderen Schülern waren die Veränderungen eher gering (vgl. Uhl 1996, S. 97). Eine breit angelegte Evaluationsstudie auf der Grundlage der neuesten Auswertungsmethode der Kohlberg-Schule (dem Standard Issue Scoring) fehlt also bisher.

- Es stellt sich die Frage der Angemessenheit von Kohlbergs Stufendefinition. Entsprechende Kritiken in der Moralpsychologie richten sich vornehmlich auf die postkonventionellen und die präkonventionellen Stufen: Einige Forscher (wie z.B. Habermas) argumentieren, dass Stufe 6 nicht den Endpunkt der Entwicklung darstellt und durch eine Stufe 7 oder weitere Stufen ergänzt werden sollte. Für andere (wie z.B. Rest, Locke, Gibbs) ist Kohlbergs Konzept des Endpunkts der Urteilsentwicklung zu anspruchsvoll bestimmt. Hinsichtlich des präkonventionellen Denkens wird eingewendet, dass Kohlberg insbesondere empathische Orientierungen und Fairnessorientierungen unterschätze (vgl. z.B. Keller und Turiel). Kohlberg hat in Reaktion auf die Kritik Stufe 6 inhaltlich erweitert. Beispielsweise hat er neben dem Prinzip der Gerechtigkeit das Prinzip des Wohlwollens eingeführt, wobei er die Achtung der Person als übergreifendes Prinzip darstellt (vgl. Kohlberg/Boydt/Levine 1986). Hinsichtlich der präkonventionellen Stufen hat er zusätzlich Fairnessgesichtspunkte geltend gemacht. Doch wahrscheinlich ist eine Differenzierung zwischen Stufe 5 und Stufe 6 insgesamt nicht sinnvoll und die präkonventionellen Stufen müssen insbesondere um empathische Orientierungen erweitert werden (als Übersicht über diese Diskussionen vgl. Becker 2002; Keller 1996; Lapsley 1996; Turiel 1998).
- Es stellt sich die Frage der universellen Geltung von Kohlbergs Urteilsstufen, also die Frage, ob die Ziele einer Förderung der moralischen Urteilsentwicklung in Abhängigkeit vom sozialen Kontext zu bestimmen sind. Verschiedene Moralpsychologen kritisieren Kohlbergs universalistisches Entwicklungskonzept, indem sie die Geschlechtsspezifität (Gilligan), die Schichtspezifität (z.B. Sullivan,

Baumrind), die Abhängigkeit von der politischen Ideologie einer Person (z.B. Emler, Hogan) sowie die Kulturspezifität der Urteilsstufen (z.B. Simpson, Shweder) betonen. Sie verweisen dabei vor allem auf Kohlbergs Konzept moralischer Reife, das einseitig die Autonomie des Individuums betont und dazu tendiert, andere Orientierungen, wie etwa Fürsorglichkeit und Solidarität, abzuwerten (als Übersicht über diese Diskussionen vgl. Lapsley 1996; Turiel 1998). Kohlberg hat die Kulturspezifität im Hinblick auf die postkonventionellen Stufen eingeräumt, die anderen Kritiken hat er hingegen verworfen. Seine Stufen müssen wahrscheinlich nicht im Hinblick auf soziale Kontexte relativiert werden, jedoch erscheinen kontextbezogene inhaltliche Erweiterungen der Stufen nötig (vgl. Becker 2002).

- Im Rahmen von Dilemmadiskussionen werden vorrangig moralische Normkonflikte, d.h. spezifische Gerechtigkeitsfragen thematisiert. Auseinandersetzungen über moralische Normkonflikte eignen sich wahrscheinlich nicht zur Entwicklung des Denkens zu allen Fragen moralisch gebotenen Handelns, d.h. des »präskriptiven Urteilens« (etwa zur Förderung der von Eisenberg thematisierten Urteilsentwicklung zu Fragen hilfreichen Verhaltens gegenüber fernstehenden Personen). Die vorgelegten Situationen sind dafür den Urteilsbereichen anzupassen. Auch dürfte die Entwicklung bereichsspezifisch, also abhängig von den Urteilsbereichen in qualitativ unterschiedlichen Entwicklungssequenzen verlaufen (vgl. Becker 2002; Damon 1988; Eisenberg/Fabes 1998; Turiel 1998). Diskussionsmethoden, die bereichsspezifischen Gesichtspunkten Rechnung tragen, gibt es fast nicht. Lediglich im Rahmen der Turiel-Schule wurde ein Erziehungskonzept zur Förderung der Differenzierung von Moral und Konvention entwickelt (vgl. Nucci 2001).

- Dilemmadiskussionen bleiben weitgehend auf die präskriptive Urteilsbildung beschränkt, womit wichtige Aspekte moralkognitiver Kompetenz ausgeblendet werden. Beispielsweise wird das Verständnis moralischer Konflikte nicht ausdrücklich thematisiert. Lediglich Adalbjarnardottir (vgl. Adalbjarnardottir 2001) und Keller (vgl. Keller 1996; 2001) wählen einen breiteren pädagogischen Ansatz.

Die aufgeführten moralpsychologischen Probleme herkömmlicher Diskussionen moralischer Dilemmata können durch Weiterentwicklungen beseitigt werden. Ich schlage verschiedene Erweiterungen dieser Methode vor.

Hinsichtlich des präskriptiven Gerechtigkeitsurteils lassen sich Dilemmadiskussionen zum Teil auch anhand von Antwortbeispielen aus vorliegenden Auswertungshandbüchern, Manualen (etwa aus den Manualen von Kohlberg, Keller, Lempert) führen. Die Schüler haben dabei zu entscheiden, welche der vorgelegten stufenspezifischen Argumente sie präferieren, und sie haben ihre Präferenz zu begründen. Zugleich können sie gemeinsam die Unterschiede zwischen den Argumenten einzelner Stufen erarbeiten. Der Lehrer beteiligt sich aktiv an diesen Diskussionen. Meines Erachtens lassen sich durch solche strukturierten, manualbezogenen Diskussionen Jugendlichen auch gezielt postkonventionelle (d.h. vorbildliche morali-sche) Argumente vermitteln. Im Rahmen des Kohlberg-Ansatzes treten ja kaum mehr postkonventionelle Stufenwerte auf; die Schüler befinden sich fast alle auf Stufe 3 oder auf Stufe 4.

Die Ergebnisse solcher strukturierten (manualorientierten und lehreraktiven) Di-lemmadiskussionen haben Rückwirkungen auf die Forschung. Die Diskussionen könnten zu einer Korrektur von Manualen und Stufendefinitionen führen (vor allem derjenigen von Kohlberg).

Da sich Dilemmadiskussionen für gewöhnlich auf Kohlbergs Ansatz stützten, wurden hauptsächlich nur Normkonflikte thematisiert. Zusätzlich könnten jedoch Diskussionen über Fragen der Verteilungsgerechtigkeit, über Fragen hilfreichen Verhaltens gegenüber Personen in Not und über Konflikte zwischen Moral, Kon-vention und persönlichen Präferenzen (z.B. bei Generationenkonflikten und inter-kulturellen Konflikten) durchgeführt werden. Dabei können auch Zusatzfragen im Sinne von Turiel gestellt werden, womit geprüft werden kann, ob die Personen mo-ralische Urteile als unabhängig von Autoritätserwartungen, Sanktionen, von persön-lichen Präferenzen, von Erwartungen in Beziehungen, Gruppen, Institutionen und Kulturen gültig verstehen.

Dilemmadiskussionen sollten auf einem Diskussionsleitfaden basieren, dem ein mehrdimensionales, über präskriptive Kognitionen hinausreichendes Urteilsmodell zugrunde liegt. Sinnvolle Ansatzpunkte für eine entsprechende Erweiterung von Di-lemmadiskussionen sind Kellers Fragetechnik zu einem Freundschaftsdilemma (vgl. Keller 1996) sowie Adalbjarnardottirs Fragetechnik zu sozialen Konflikten (vgl. A-dalbjarnardottir 2001). Die Diskussionen unter den Schülern beziehen sich neben dem präskriptiven Urteil etwa auf Konfliktverständnis und Verantwortlichkeitsurteil. Zugleich sind die institutionellen und gesellschaftlichen Rahmenbedingungen des Handelns zu thematisieren. Im Zentrum könnte eine strukturierte Vorgehensweise für die Behandlung von Dilemmata stehen, die sechs Schritte beinhaltet. Bezüglich des »Heinz-Dilemmas« könnten z.B. folgende Fragen gestellt werden:

- *Schritt 1: Was wollen die handelnden Personen (Heinz, Frau, Apotheker), wel-che Interessen haben sie? Was denken sie? Was fühlen sie?*
  Diese Fragen dienen der Problemdefinition. Die unterschiedlichen Sichtweisen der Personen (ihre Interessen, Bedürfnisse, Gedanken und Gefühle) sollen re-konstruiert werden.
  Welche Möglichkeiten hat Heinz, um das Problem zu lösen, welche verschiede-nen Lösungen gibt es? Welche Folgen haben die einzelnen Lösungen jeweils?
  Diese Fragen dienen der Entwicklung und der Reflexion alternativer Strategien der Konfliktlösung. Jede Strategie soll vom Schüler begründet werden.
- *Schritt 2: Was ist die moralisch richtige Handlung?*
  Diese Frage dient der moralischen Evaluation der Handlung.
- *Schritt 3: Häufig tun Personen nicht das, was sie für moralisch richtig halten. Was könnte Heinz bewegen, die richtige Handlung auch ausführen zu wollen?*
  Diese Frage dient der Reflexion von Motivationen für moralisches Handeln.

- *Schritt 4: Welches Wissen und welche Fähigkeiten benötigt Heinz für die Ausführung der richtigen Handlung? Wie sollte er im Einzelnen vorgehen?*
  Diese Frage dient der Reflexion auf Prozesse der Handlungsplanung.
- *Schritt 5: Was wird Heinz tatsächlich tun? Warum?*
  Diese Frage dient der Erfassung des Handlungsverständnisses.
- *Schritt 6: Wie wird sich Heinz fühlen, wenn er die moralisch richtige/falsche Handlung wählt? Wie werden sich die von einer Handlung Betroffenen (Ehefrau, Apotheker) fühlen? Wie würdest du dich fühlen?*
  Mit diesen Fragen werden Verständnis von Handlungsfolgen und die Rückwirkungen des Handelns auf das Urteilen thematisiert.

Der vorgeschlagene, mehrdimensional angelegte Leitfaden zu Dilemmadiskussionen, der sich am Prozessmodell moralischer Kompetenz orientiert, bezieht sich auf hypothetische, alltagsnahe, schulfachspezifische und selbsterlebte Dilemmata, deren Diskussion in der Klasse kognitive Konflikte bei den Schülern provozieren sollen. Er betrifft interpersonale Themen (z.B. Konflikte in Freundschaftsbeziehungen, Konflikte unter Klassenkameraden, konfliktbeladene Interaktionen zwischen Eltern und Kindern) sowie Probleme in Institutionen. Somit wäre auch eine entsprechend erweiterte Evaluation der Interventionsresultate erforderlich.

Mit diesen vorgeschlagenen Erweiterungen können wahrscheinlich die Entwicklungen in den wichtigsten moralkognitiven Dimensionen gefördert werden.

Die Wirkung der Methode der Diskussion moralischer Dilemmata beschränkt sich für viele ihrer Vertreter nicht auf die Urteilsentwicklung. Diese Methode könne zudem zur Förderung moralischer Sensibilität, moralischer Motivationen und moralischen Handelns beitragen (vgl. z.B. Schuster 2001, S. 196). Dilemmadiskussionen förderten auch Perspektivenübernahme und kommunikative Fähigkeiten, insbesondere dadurch, dass der Gesprächsleiter auf die Einhaltung von Gesprächsregeln dringt. Darüber hinaus ließen sich durch Diskussionen moralischer Dilemmata demokratische Kompetenzen entwickeln; beispielsweise sollen solche Diskussionen die Bereitschaft stärken, anderen Personen mit Toleranz zu begegnen (vgl. z.B. Lind 2003, S. 74f.). Der von vielen ihrer Vertreter erhobene Anspruch, dass Diskussionen moralischer Dilemmata auch moralische Sensibilität, moralische Motivationen, moralisches Handeln sowie Perspektivenübernahme, andere soziale Kognitionen, Kommunikationsfähigkeit und demokratische Kompetenzen fördern, wurde bisher jedoch nicht überprüft – die Evaluationen der Methode bezogen sich weitgehend auf die moralische Urteilsfähigkeit.

Diskussionen moralischer Dilemmata tragen auch zur Entwicklung von moralischen Dialogfähigkeiten bei, denn sie verlangen die Einhaltung der Gesprächsregeln. Sie können auch zur Förderung des Verständnisses moralischer Gefühle beitragen. Es gibt insgesamt enge Grenzen von Dilemmadiskussionen bei der Förderung nicht-kognitiver moralischer Kompetenzen. Ein wichtiges Problem herkömmlicher Diskussionen moralischer Dilemmata betrifft das Verhältnis von kognitiven und nicht-kognitiven Moralaspekten bzw. das Verhältnis von Urteilen und Handeln.

Viele Autoren betonen die Bedeutung moralischen Urteilens für das moralische Handeln (vgl. Kohlberg 1984). Für moralisches Handeln sind jedoch auch andere Voraussetzungen erforderlich. Rest (vgl. Rest 1983) benennt wie erwähnt neben dem moralischen Urteilen »moralische Sensibilität«, »moralische Motivationen« und »moralische Charaktertugenden« als Voraussetzungen. Diese Kompetenzen können durch Dilemmadiskussionen nicht hinreichend gefördert werden. Zudem ist die Wirkung solcher Diskussionen von verschiedenen sozialen Faktoren innerhalb und außerhalb der Schule abhängig, die es pädagogisch zu gestalten gilt (vgl. Lickona 1991).

Dilemmadiskussionen sind also erprobt und für unterschiedliche Situationen adaptiert. Freilich besteht aufgrund der Komplexität der Methode die Gefahr, dass nur wenige Lehrer solche Diskussionen in der Klasse durchführen. Wichtig ist deshalb eine differenzierte und »konsumentenfreundliche« Form der Vermittlung der Methode an die Lehrer. Eine andere Möglichkeit sind Dilemmadiskussionen in Just-Community-Schools. Damit gibt es eine Reihe praktischer Erfahrungen, zusammengefasst vor allem in den Arbeiten von Althof und Oser sowie in den Arbeiten des Landesinstituts in NRW (vgl. auch 8.1).

Diskussionen moralischer Dilemmata setzen unter anderem ein Bewusstsein der eigenen Werteorientierungen voraus. Vor allem *Methoden der Werteklärung* befähigen die Schüler, sich ihre Werteorientierungen zu vergegenwärtigen und die Wertaspekte ihrer Fächer zu erkennen. In allen Fächern spielen moralische Werteorientierungen eine Rolle. Dilemmadiskussionen können dabei mit Ansätzen der Wertklärung vermittelt werden (vgl. Edelstein/Grötzinger et al. 2001, S. 171ff.).

7.2 Förderung von Kompetenzen des moralischen Dialogs

Die Fähigkeit zur Teilnahme an moralischen Dialogen verlangt mehr als sozial-kommunikative Fähigkeiten. Wichtig ist insbesondere eine moralische Grundhaltung, die eine Berücksichtigung allgemeiner Interessen ermöglicht. Die Teilnahme an moralischen Dialogen setzt vor allem folgende Fähigkeiten voraus: jemandem verständnisvoll zuhören, ihn ausreden lassen, höflich nachfragen, die Meinung des anderen tolerieren und die eigene Position mit stichhaltigen moralischen Argumenten begründen. Für die Ausbildung von Fähigkeiten zum moralischen Dialog ist die Teilnahme an symmetrischen, auf gegenseitige Achtung basierenden Kommunikationsprozessen bzw. die Bewältigung von Problemen moralischer Kommunikation relevant. Insbesondere kommunikationsorientierte Strategien, bei der Schüler nicht nur ihre eigenen Interessen artikulieren, sondern diese auch unter moralischen, d.h. verallgemeinerungsfähigen Gesichtspunkten rechtfertigen müssen, dürften moralische Dialogfähigkeiten fördern – als interessengeleitete und handlungsleitende Formen moralischer Diskussionen setzen sie die Einhaltung der Regeln eines moralischen Dialogs voraus und erfordern eine Orientierung an allgemeinen Interessen.

Der *Klassenrat* (auch Klassenversammlung genannt) ist eine regelmäßige Zusammenkunft aller Schüler zur Verständigung über klassenrelevante Themen; er findet im Sitzkreis statt. Durch Klassenversammlungen wird ein Forum geschaffen, in dem verschiedene Belange der Klasse reflektiert und diskutiert werden können. So beraten die Schüler über gemeinsame Regeln für akzeptables Verhalten in der Klasse oder über Sanktionen für Regelverletzungen. Die Klassenversammlungen dauern normalerweise 10 bis 30 Minuten und werden in der Regel einmal pro Woche durchgeführt (vgl. Kiper 1997). Die Schüler selbst erarbeiten die Regeln, achten auf deren Einhaltung, legen die Sitzungsthemen fest, leiten die Sitzungen und treffen Beschlüsse. Die Lehrer begleiten und unterstützen den Klassenrat. Diese Methode wurde vor allem durch den Pädagogen Freinet entwickelt.

Eine wichtige Aufgabe des Klassenrats ist die gemeinsame Formulierung von Klassenregeln zu Beginn des Schuljahres. Die Regelerstellung wird zu einem ersten Akt der Kooperation und des gegenseitigen Respekts. Die Schüler können darüber hinaus in die Formulierung angemessener Sanktionen für Regelverletzungen einbezogen werden. Die Sanktionen sollten dabei eine innere Beziehung zur Regelverletzung haben. Weitere wichtige auf zwischenmenschliche Probleme bezogene Formen des Klassenrats sind Treffen zur Lösung von Konflikten unter Klassenmitgliedern, Probleme mit Lehrern oder Probleme des Gruppendrucks. Es ist allerdings darauf zu achten, dass die Klassenversammlungen nicht ausschließlich zwischenmenschliche Fragen thematisieren, da sonst die Motivation der Schüler schnell sinkt. Genauso wichtig ist etwa die Planung von Projekten (z.B. die Gestaltung des Klassenraums oder die nächste Klassenfahrt). Lickona (1991, S. 141f.) unterscheidet 20 verschiedene Formen des Klassenrats:

Formen des Klassenrats

1. *Gute-Neuigkeiten-Versammlung*: »Wer hat gute Neuigkeiten zu berichten?«
2. *Kreisspiel*: »geht im Kreis herum; jeder, der möchte, kann den Satzanfang vervollständigen«. Nachdem jeder an der Reihe war, kann der Lehrer/die Lehrerin einzelne Schülerantworten für interaktive Diskussionen verwenden. Einige Beispiele für Satzanfänge sind: »Was ich an dieser Klasse mag …«, »Was diese Klasse besser machen könnte …«, »Ich finde, wir sollten beschließen …«, »Ich frage mich, warum …«, »Was mich stört …«, »Ich wünschte …«
3. *Würdigungszeit*: »Wen würdest du gerne loben?«
4. *Zeit für Komplimente*: Ein oder zwei Kinder werden einzeln ausgewählt, der Lehrer/die Lehrerin fordert die Klasse auf zu sagen, was sie an diesem Kind mögen oder bewundern.
5. *Zielsetzungstreffen*: Besprecht die Ziele für diesen Morgen, den Tag, die Woche, eine Unterrichtseinheit, das Schuljahr.
6. *Regelsetzungstreffen*: »Welche Regeln brauchen wir in der Klasse?« »In der Turnhalle?« »Für den bevorstehenden Ausflug?«
7. *Regelbewertungstreffen*: Lassen Sie die Schüler die folgenden Fragen aufschreiben und diskutieren: »Was sind unsere Schulregeln? Wofür sind sie da? Sind es gute Regeln? Wenn du eine Regel ändern könntest, welche würdest du wählen? … Gibt es Klassenregeln, die man ändern müsste, damit sie besser wirken?«

8. *Stage-Setting-Versammlung*: Zum Beispiel vor einer Kleingruppenarbeit:»Was kannst du tun, damit in deiner Gruppe alles gut läuft?«

9. *Feedback und Evaluation*:»Wie gut habt ihr zusammengearbeitet?«»Was könntet ihr nächstes Mal besser machen?«»Was war heute gut?«»Wie können wir es morgen besser machen?«

10. *Reflektieren von Gelerntem*:»Was hast du hierbei gelernt (Aktivität, Lerneinheit, Projekt, Buch)?«»Einen neuen Gedanken gehabt, etwas Neues verstanden?«

11. *Schülerpräsentation*: Ein oder zwei Schüler präsentieren eine Arbeitsprobe, etwa ein Projekt oder eine Geschichte; andere Schüler stellen Fragen oder machen anerkennende Bemerkungen.

12. *Problemlösungsversammlungen*: ....
    Individuelles Problem:»Wer hat ein Problem, bei dessen Lösung wir helfen können?«
    Gruppenproblem:»Gibt es ein Problem in der Klasse, über das wir sprechen sollten?«
    Beschwerden und Verbesserungsvorschläge: Grundregel: Du kannst dich über ein Problem beschweren, aber du musst einen Verbesserungsvorschlag mitbringen. ....
    Fairness-Versammlung:»Wie können wir diesen Konflikt für alle Beteiligten gerecht lösen«?

13. *Lerninhalte*:»Müssen wir das wirklich lernen?«»Was würde helfen, damit du deine Hausaufgaben besser machen kannst?«»Was beim nächsten Test?«»Was hätte man beim letzten Test besser machen können?«

14. *Versammlung zur Verbesserung in der Klasse*:»Welche Veränderungen könnten das Klassenzimmer verbessern?« Möglichkeiten: die Raumaufteilung des Klassenzimmers ändern, neue Methoden der Zusammenarbeit (Gruppenarbeit), neue Lernspiele, Ideen zur gemeinsamen Gestaltung einer Wandzeitung in der Klasse, etc.

15. *Follow-up-Versammlung*:»Wie hat die vereinbarte Lösung/Veränderung funktioniert, die wir gemeinsam erarbeitet haben? Können wir etwas daran verbessern?«

16. *Planungsversammlung*:»Welche Gruppenprojekte würdet ihr gerne machen?«»Welche Themen würdet ihr gern durchnehmen?«»Welche Ausflüge?«»Was können wir nächste Woche in Mathematik oder Biologie anders machen, damit es mehr Spaß macht?«»Wie können wir das nächste Thema möglichst interessant behandeln?«

17. *Konzept-Treffen*:»Was ist ein Freund?«»Wie gewinnt man Freunde?«»Was ist Gewissen? Wie hilft es dir?«»Was ist eine Lüge? Ist es jemals richtig, einmal zu lügen?«»Was ist Vertrauen? Warum ist Vertrauen wichtig?«»Was ist Mut? Wie zeigen Menschen Mut?«

18. *Schwierige Situationen*:»Was solltest/würdest du tun, wenn du eine Brieftasche mit 20 Dollar darin auf dem Bürgersteig findest?« ...»Du findest einen 20-Dollar-Schein?« ...»Du siehst, wie ein Kind etwas aus dem Spind eines anderen stiehlt?« ...»Du möchtest gern zu einem neuen Mitschüler/einer neuen Mitschülerin nett sein, aber deine Freunde finden ihn/sie seltsam?« ...»Eine Freundin/ein Freund möchte deine Hausarbeit abschreiben?« ...»Ein Freund/eine Freundin stiehlt in deiner Anwesenheit eine CD?« ...»Zwei Kinder bedrängen im Bus ein kleineres Kind und bringen es zum Weinen?«

19. *Vorschlagsbriefkasten/Klassenplaner*: Jedes Thema, das die Schüler zur Diskussion beisteuern.

20. *Versammlungen zu Versammlungen*:»Was hat euch in euren Klassenversammlungen gefallen?«»Was hat euch nicht gefallen?«»Was haben wir erreicht?«»Wie können wir die Versammlungen verbessern?«

Ein überzeugender Leitfaden zu Formen des Klassenrats, der allerdings nur für die Klassen 1 bis 6 konzipiert ist, findet sich im Child Development Project (»Ways we want our class to be. Class Meetings that build Commitment to Kindness and Learning«, Developmental Studies Center 1996).

Auf Klassenebene ist die Beteiligung des Einzelnen größer als auf der Jahrgangs- oder Schulebene. Ein Lehrer, der eine enge und persönliche Beziehung zu seinen Schülern hat, kann auch schüchterne oder eher desinteressierte Schüler dazu bewegen, sich an den Diskussionen in der Klasse zu beteiligen. Die Themen, die dort besprochen werden, betreffen die Schüler meist mehr als die Themen einer Jahrgangs- und Schulversammlung.

Der Klassenrat setzt kommunikative Kompetenzen der Lehrer voraus, wie etwa zuhören können und eine Sprache sprechen, die die Schüler erreicht.

Durch Klassenversammlung verbessert sich die Fähigkeit und die Bereitschaft der Schüler, einander zuzuhören, ihre Mitschüler ausreden und deren Meinung gelten zu lassen. Einige Effekte des Klassenrats weisen über die Förderung moralischer Dialogfähigkeiten hinaus:

- Durch den Klassenrat kann auch die Entwicklung von Fachkompetenzen stimuliert werden (z.B. durch die gemeinsame Reflexion des Gelernten).
- Der Klassenrat fördert die Entwicklung der Fähigkeit zur Perspektivenübernahme, da sich die Schüler bei Dialogen in die Lagen anderer versetzen müssen und Gelegenheit erhalten, ihre entsprechenden Vorstellungen über die Sichtweise des anderen zu korrigieren.
- Der Klassenrat bietet ein Forum, in dem die eigenen Gedanken und Gefühle der Schüler wertgeschätzt werden, wodurch ihre Selbstachtung gestärkt wird. Durch die Rückmeldungen von anderen erfahren sie mehr über sich.
- Die Diskussion über Klassenregeln hilft den Schülern, die Bedeutung der den Regeln zugrunde liegenden moralischen Werte (z.B. Respekt gegenüber anderen) zu verstehen.
- Durch die gemeinsame Formulierung von Klassenregeln entsteht bei den Schülern ein stärkeres Gefühl der Verpflichtung, sich an diese Regeln zu halten als bei von Autoritäten auferlegten Regeln.
- Die Einbeziehung der Schüler in die das Leben im Klassenzimmer betreffenden Entscheidungen trägt dazu bei, eine moralische Atmosphäre in der Klasse zu schaffen und ein Gemeinschaftsgefühl zu entwickeln. Die Schüler lernen die Folgen von Entscheidungen für andere zu berücksichtigen, ihre Mitschüler zu ermutigen und ihnen zu helfen.

Beim Klassenrat ist vor allem zu gewährleisten, dass möglichst der Schritt vom Dialog zum Handeln erfolgt. Ansonsten wird Reden zum Handlungsersatz.

Obwohl der Klassenrat eine wichtige Methode ist, gibt es bisher nur wenige Arbeiten dazu (vgl. im deutschsprachigen Raum Kiper 1997; vgl. auch www.net-part.schule.rlp.de).

7.3 Förderung emotionsbezogener moralischer Kompetenzen

Empathie, Schuldgefühle, Reue, Scham, Groll, Wut, Empörung, Verachtung, Stolz und Bewunderung stellen wichtige moralische Gefühle dar. Für die Förderung emotionsbezogener moralischer Kompetenzen ist vor allem die verlässliche gegenseitige Wertschätzung der Akteure bzw. die Bewältigung von emotionsbezogenen moralischen Problemen bedeutsam.

Bisher wurden nur wenige Strategien zur Förderung emotionsbezogener moralischer Fähigkeiten konzipiert (vgl. Reichenbach/Maxwell 2006). Im Rahmen einiger Ansätze zur Förderung sozialer Kompetenzen wird jedoch (wie in 5.3 dargestellt) Empathie zu entwickeln versucht, insbesondere bei Trainings der Selbstsicherheit. Die Förderung von Empathie wurde noch am häufigsten praktiziert.

Für die Förderung moralischer Gefühle ist vor allem eine *persönliche und positive Beziehung des Lehrers zu seinen Schülern* wichtig. Bedeutsam ist eine Haltung des sich Kümmerns, eine den einzelnen Schüler anerkennende Grundhaltung. Der Lehrer sollte Schülern Wertschätzung entgegenbringen, sie respektieren und ihnen damit auch helfen, ein gesundes Selbstwertgefühl aufzubauen.

Die *gegenseitige Wertschätzung der Schüler* ist ebenfalls wichtig. Eine Voraussetzung dafür ist, dass die Schüler sich gut kennen. Es ist einfacher für einen Schüler, einen Mitschüler wertzuschätzen, wenn er ihn gut kennt. Lickona (1991, S. 91 f.) nennt einige Strategien, mit denen gegenseitiges Kennenlernen erreicht werden kann:

- *Partner:* Der Lehrer bildet Paare zwischen Schülern, die sich noch nicht oder nicht so gut kennen, und gibt ihnen einen Bogen, auf dem sie verschiedene Fragen zum Partner ausfüllen. Wenn sie damit fertig sind, setzt sich die Klasse in einen Kreis und die Schüler berichten ihren Mitschülern, was sie über ihren Partner herausgefunden haben.
- *Unsere Klasse:* Die Schüler interviewen jeweils einen Partner, machen Notizen und schreiben zu Hause ein kurzes biografisches Porträt über ihn. Der Lehrer vervielfältigt diese Porträts und macht daraus ein Klassenalbum.
- *Sitzplatzlotterie:* An jedem Freitag vor Ende des Unterrichts zieht jeder Schüler die Nummer des Tischs, an dem er in der nächsten Woche sitzen wird. Neben der Tatsache, dass sich die Schüler auf diese Weise besser kennenlernen, wird dadurch die Wahrscheinlichkeit der Bildung sozialer Cliquen, die dazu neigen, Außenseiter zu erzeugen, verringert.

Die Lehrkraft sollte vor allem strukturierte Aktivitäten anbieten, die es ermöglichen, etwas Positives über einen Mitschüler zu sagen, d.h. Wertschätzung zum Ausdruck zu bringen. Dafür zwei Beispiele (Lickona 1991, S. 99):
- *Würdigungs-Zeit:* Der Lehrer lädt die Schüler dazu ein, über eine Handlung eines Mitschülers zu berichten, die sie gut fanden.
- *Die positive Macht der Wörter:* Die Schüler bekommen einen Satz Karten, für jedes Klassenmitglied eine. Jedes Klassenmitglied steht für eine Minute im Mit-

telpunkt der Aufmerksamkeit. Die Schüler sollen in dieser Zeit den Vornamen der Person auf die Karte schreiben, und darauf festhalten, was sie an ihr mögen, wertschätzen oder bewundern. Danach bekommt der betreffende Schüler die Karten.

Bedeutsam ist zudem die *gleichmäßige Achtung aller*. Schüler werden als Personen mit gleichen Rechten anerkannt.

7.4 Förderung handlungsstrukturierender moralischer Kompetenzen

Fähigkeiten zum normkonformen, gerechten, fürsorglichen und hilfreichen Handeln stellen wichtige handlungsstrukturierende moralische Kompetenzen dar. Für die Entwicklung dieser Fähigkeiten können insbesondere Strategien zur Bildung einer gerechten und fürsorglichen Klassengemeinschaft angewendet werden. Kinder lernen Moral vor allem, indem sie Moral selbst leben. Sie müssen Verantwortung tragen, gemeinsam Probleme lösen und sich als Gruppe entwickeln. Es geht also um die Einübung moralischer Handlungsroutinen. Das schulleistungsbezogene Lernen der Schüler wird durch eine von moralischen Werten geprägte Klassengemeinschaft ebenfalls gefördert, denn eine solche Gemeinschaft unterstützt durch Übernahme von Verantwortung für andere die Lernaktivität in der Klasse.

Um normkonformes Handeln zu fördern, können Lehrkräfte ihren Schülern moralische Instruktion und Führung durch Erklärungen und – falls notwendig – korrektive Rückmeldung bieten (Lickona 1991, S. 131). Strategien der *Disziplinierung* tragen zum normkonformen Handeln bei (vgl. auch die Strategie »Wertevermittlung«).

Lehrer sind für die Schüler Vorbilder, deswegen sollten sie sich ihnen gegenüber – sowohl innerhalb als auch außerhalb des Klassenzimmers – möglichst als *Vorbild für normkonformes, gerechtes, fürsorgliches und hilfreiches Handeln* verhalten. Ein Lehrer kann sich daraufhin prüfen, ob er seine Schüler freundlich grüßt, pünktlich und gut vorbereitet in die Klasse kommt, Arbeiten zügig korrigiert, Schüler nicht demütigt, sie fair behandelt, Selbstkontrolle und Geduld zeigt und hilfsbereit und fürsorglich handelt (vgl. Lickona 2004, S. 118f.).

Den Schülern sollte *Gelegenheiten zum normkonformen, gerechten, fürsorglichen und hilfreichen Handeln* gegeben werden. Wichtig ist dabei die Einübung von moralischen Routinen. Der Lehrer sollte darauf achten, dass die Schüler ihren Mitschülern respektvoll begegnen, sie nicht demütigen oder diskriminieren und auf Benachteiligungen verzichten. Wichtig ist zudem fürsorgliches und hilfreiches Handeln der Schüler in der Klasse. Ihnen wird dadurch deutlich, dass sie über Fähigkeiten verfügen, die für andere wichtig sind. Durch fürsorgliches und hilfreiches Handeln können die Schüler zudem zu Vorbildern für ihre Klassenkameraden werden. Zum Beispiel können sie sich gegenseitig bei den Hausaufgaben helfen (vgl. Developmental Studies Center 1997a).

Insgesamt zeigt die Lehr-Lern-Forschung, dass ein durch Gerechtigkeit, Fürsorge und Hilfe geprägtes Unterrichts- bzw. Klassenklima auch die fachlichen Leistungen der Schüler fördert (vgl. Meyer 2004, S. 47ff.).

7.5 Schulleben, Elternhaus, Gemeinwesen, schulische Organisationsstruktur und Lehrkräfte als Ansatzpunkt für die Förderung einzelner moralischer Kompetenzen

Viele Autoren betonen heute die Notwendigkeit, Schule, Elternhaus, Gemeinwesen, schulische Organisationsstruktur und Lehrkräfte in die Moralerziehung einzubeziehen (vgl. z.B. Schirp 2003). Dort sind die gleichen Gesichtspunkte wie bei Unterricht und Schulleben wichtig. Schul- und Jahrgangsversammlungen, Buddies-Ansätze sowie an Schulklima, Elternhaus, Gemeinwesen, schulischer Organisationsstruktur und Lehrkräfte ansetzende Strategien sind bedeutsam.

- *Schulversammlungen* (Vollversammlungen) sind eine anspruchsvolle Strategie zur Förderung moralischer Dialogfähigkeiten. Im Unterschied zu Schulkonferenzen, an denen nur wenige Schüler und Lehrkräfte teilnehmen, binden Schulversammlungen alle Mitglieder der Schule ein. Sie können von der SV oder der Schulleitung einberufen werden. Es gibt verschiedene Möglichkeiten, Schülern ein Mitspracherecht in der Schule zu geben. Just-Community-Schools führen Diskussionen mit allen Mitgliedern der Schule durch. Hat die Schule dafür zu wenige Räumlichkeiten, kann entweder nur eine Hälfte der Klasse daran teilnehmen oder die Jahrgangsstufen treffen sich. Eine weitere Alternative ist, dass jede Klasse durch gewählte Abgeordnete repräsentiert wird. Die Repräsentanten haben die Aufgabe, so abzustimmen, wie sie vorher von ihrer Klasse in einer Klassenversammlung instruiert worden sind. Einige Schulen treffen sich zu Schulversammlungen einmal wöchentlich, andere in größeren Abständen.
- *Jahrgangsversammlungen* sind weniger anspruchsvoll als Schulversammlungen. Stärker als bei Schulversammlungen kann bei Jahrgangsversammlungen den altersspezifischen Interessen, Wahrnehmungs- und Denkmustern der Schüler Rechnung getragen werden. Allerdings kennen sich hier (wie bei Schulversammlungen) viele Schüler nicht.

Wichtig ist die Bildung von Partnerschaften zwischen jeweils einem älteren und einem jüngeren Schüler, d.h. die Bildung von Partnerschaften über Schulklassen hinweg. Solche *Buddy-Ansätze* (auch »Mentorensysteme« genannt) fördern vor allem moralische Handlungsfähigkeiten.

Das Child Development Project betont Buddy-Ansätze (vgl. das vom Developmental Studies Center 1996 veröffentlichte Buch: »That's my buddy. Friendship and Learning across the Grades«). Ungefähr einmal pro Woche, unter Umständen auch nur einmal im Monat, treffen sich die beiden Schulklassen zu gemeinsamen Aktivitäten der Partner. Diese Aktivitäten können den Umfang einer Schulstunde haben oder auch länger dauern (z.B. gemeinsame Exkursionen). Die Partner können einander beispielsweise von ihrem derzeitigen Lernstoff berichten, Fähigkeiten wie das Vortragen eines Referats gemeinsam erproben oder der ältere Schüler kann dem jüngeren bei den Hausaufgaben helfen. Das oben genannte Buch des Developmental Studies Center gibt eine Vielzahl von Tipps für geeignete Aktivitäten.

Buddy-Ansätze haben sowohl für die älteren als auch für die jüngeren Buddies positive Effekte. Ältere Schüler bekommen die Möglichkeit, sich als verantwortungsbewusst und fürsorglich gegenüber ihrem jüngeren Buddy zu erleben. Sie sehen sich selber als wertvollen Helfer, der einen Beitrag zum Wohlergehen eines jüngeren Schülers leistet und seine eigenen Erfahrungen nutzen kann, um jemand anderes anzuleiten. Sie knüpfen soziale Beziehungen und »gehören dazu«, wie sie es in einer Gleichaltrigengruppe vielleicht nicht tun. Die jüngeren Schüler erhalten Aufmerksamkeit von älteren Schülern, wodurch Ängste ihnen gegenüber abgebaut werden können. Auch können sie moralisches Handeln erproben.

Die Moral der Schüler hängt stark vom Ausmaß einer moralischen Schulkultur ab. Das Ziel des Lehrerkollegiums und des Schulleiters sollte es sein, *eine von Normkonformität, Gerechtigkeit, Fürsorge und Hilfe geprägte Atmosphäre in der gesamten Schule* zu schaffen (vgl. Lickona 1991; 2004). Wichtig ist die Förderung moralkognitiver Aktivitäten, die Durchführung moralischer Dialoge, eine Kultur der Anerkennung und die Übernahme von Verantwortung durch die Schüler.

Die *Einbeziehung der Eltern in die Moralerziehung* ist ebenfalls bedeutsam, denn nur, wenn die in der Schule vermittelten moralischen Werte und Handlungsweisen auch im Elternhaus unterstützt werden, kann sich das Kind diese Werte auch langfristig zu eigen machen und sein Handeln daran orientieren (vgl. Lickona 2004). So sollten die Werte, die Kindern in einem Programm zur Moralerziehung vermittelt sowie die Strategien, die für die Erziehung eingesetzt werden, mit den Eltern so weit wie möglich abgestimmt werden; die Eltern sollten an der Entwicklung des moralerzieherischen Ansatzes beteiligt sein. Eine weitere wichtige Aufgabe ist die Förderung der Kommunikation zwischen den Eltern. Einige Schulen bilden »Eltern-Peer-Gruppen«, die sich regelmäßig (z.B. einmal im Monat) treffen und miteinander austauschen. Im Child Development Project gibt es beispielsweise für jede teilnehmende Schule eine Elterngruppe, die plant, wie die Familie die Verwirklichung der Ziele der Erziehung, an denen die Lehrer orientiert sind, auch zu Hause unterstützen kann.

Der vom Developmental Studies Center verfasste Leitfaden »At Home in our Schools. A Guide to schoolwide Activities that build Community« (Developmental Studies Center 1994) stellt verschiedene Aktivitäten vor, bei denen Kinder und Eltern sowie auch das gesamte Personal der Schule einbezogen werden. Konkurrenzfördernde Aktivitäten wie etwa Sportfeste werden dabei bewusst außen vor gelassen. Bei der »Familien-Wissenschafts-Messe« zum Beispiel stellen Familien bei einem Tag der offenen Tür Projekte vor, an denen Eltern und Kinder zu Hause gemeinsam gearbeitet haben. Die Lehrer geben den Kindern alle zwei bis drei Wochen »Hausaufgaben« für die Familie. Die entsprechende Literatur besteht beispielsweise aus Kurzgeschichten und Gedichten, welche die Mitglieder der Familie zusammen lesen und über die sie anschließend sprechen. Das Buch »Homeside Activities« des Developmental Studies Center (1998) beinhaltet eine Serie einfacher Unterhaltungen und Aktivitäten, die Elternhaus und Schule näher zusammenführen. Als Beispiel kann ein Programm für Fünftklässler, nämlich »Familiy Folklore«, angeführt werden. Hier werden Familiengeschichten durch die Kinder zu Hause erfragt und dann in der Schulklasse berichtet. Dieses Vorgehen bringt nicht nur Wertschätzung gegenüber der Familientradition zum Ausdruck, sondern fördert auch Interaktionen zwischen Eltern und Kindern, informiert die Eltern gleichzeitig über die schulischen Aktivitäten, vermittelt dem Lehrer einen Einblick in die Familiensituation und ermöglicht den Eltern, zum schulischen Lernfortschritt ihrer Kinder beizutragen.

Neben der gesamten Schule und den Eltern sollte das *Gemeinwesen* in die Moralerziehung mit einbezogen werden. Kinder können moralisches Handeln in der Gemeinde praktizieren. Organisationen der Gemeinde stellen Erfahrungsfelder zur Verfügung oder leisten finanzielle Unterstützung. So erhält die Schule Unterstützung für ihre moralpädagogischen Maßnahmen, und sie kann sich wichtige Expertise in der Gemeinde zu Nutze machen. Hier ein Beispiel für die erfolgreiche Kooperation zwischen Schule, Elternhaus und Gemeinwesen beim Kampf gegen Alkohol- und Drogenmissbrauch (Lickona 1991, S. 416f.):

1. Die Schüler wurden vom Lehrer über die negativen Wirkungen von Drogen informiert und erwarben Strategien, die sie widerstandsfähig gegen den Konsum von Drogen machen sollten.
2. Sie bekamen Hausaufgaben auf, zu denen unter anderem ein Rollenspiel mit Familienmitgliedern gehörte. Außerdem sollten sie die Familienmitglieder über ihre Einstellungen und Praktiken bezüglich des Gebrauchs von Drogen befragen.
3. Die örtliche Zeitung veröffentlichte eine Reihe von Artikeln zu Strategien gegen Drogenkonsum. Radiosender sponserten Talk-Shows, in denen Mitglieder der Schule das neue Programm diskutierten.

Im Vergleich mit einer Kontrollgruppe wiesen die am Programm teilnehmenden ca. 10.000 Fünft- und Sechstklässler ein Jahr, nachdem die Studie begann, einen signifikant niedrigeren Gebrauch von Zigaretten, Alkohol und illegalen Drogen auf.

Relevant ist auch der Austausch mit anderen Schulen. Eine Schule kann durch die Erfahrungen anderer Schulen profitieren.

Aspekte der *schulischen Organisationsstruktur* sind ebenfalls bedeutsam. Entsprechende Formen des Schulmanagements und Schulprogramme sind wichtig. Schulprogramme mit dem Schwerpunkt »Förderung moralischer Kompetenzen« verschaffen den schulischen Entwicklungsprozessen Nachhaltigkeit.

Durch Lehrertrainings bzw. Trainings von Schulleitern können *Lehrkräfte* moralische Kompetenzen erwerben.

8. Programme zur schulischen Moralerziehung

Im Unterschied zu Programmen der Sozialerziehung stehen Programme der Moralerziehung stärker im Kontext der Pädagogik.

In neueren deutschen Überblicksarbeiten zur Moralerziehung wird die Notwendigkeit der Anwendung integrativer Ansätze betont. So konstatiert Uhl: »Die sicherste Empfehlung beim heutigen Stand der Forschung ist es, beim Erziehen Mittelkombinationen zu verwenden. Einfach gesagt: möglichst alle Mittel einzusetzen, die man zur Verfügung hat. Dafür gibt es zwei Gründe: Erstens ist es in sachlicher Hinsicht naheliegend, alle Komponenten der moralisch guten Persönlichkeit zu fördern: die rationalitätsbestimmten Teile und ebenso die emotionalen und motivationalen Komponenten bzw. – in traditioneller Ausdrucksweise – das Wissen, die guten Wertüberzeugungen, Ideale und Haltungen ebenso wie das Gemüt und den Willen. Die meisten Erziehungsmittel wirken zwar nicht nur, aber doch vorwiegend auf bestimmte Bereiche und müssen deswegen mit anderen Mitteln kombiniert werden, um alle Komponenten der Persönlichkeit erreichen zu können. (....) Der zweite Grund ist eher pragmatisch. In der Praxis weiß man in vielen Fällen nicht genau, welche moralisch relevanten Persönlichkeitskomponenten im Edukanden schon ausreichend vorhanden sind. Wenn man als Lehrer oder Erzieher ganze Gruppen von Edukanten zu erziehen hat, wird die Aufgabe durch die individuellen Unterschiede noch schwieriger. Es stimmt natürlich, dass dann auch überflüssige Mittel vorkommen können. Als Ausgleich bieten aber Mittelkombinationen die Gewähr, dass kein relevanter Bereich unberücksichtigt bleibt« (Uhl 1996, S. 268f.).

Alle Strategien und Programme zur Förderung moralischer Kompetenzen dürften sich auch zur Prävention von Gewalt eignen. Gewaltprävention kann umgekehrt als Teil der Moralerziehung verstanden werden.

8.1 Deutsche Programme

Kohlberg hat mit dem Modell einer *Gerechten Schulgemeinschaft* (Just-Community-School) einen der ersten integrativen Ansätze zur Moralerziehung formuliert. Weil dieses Programm auch in Deutschland angewendet und dabei weiterentwickelt wurde, wird es bereits hier dargestellt.

Das Zentrum des Ansatzes einer Gerechten Schulgemeinschaft bilden Schulversammlungen – auch Vollversammlungen und Gemeinschaftsversammlungen genannt. Sie finden in manchen Schulen regelmäßig (etwa alle zwei Wochen) statt, in anderen nur in bestimmten Phasen des Schullebens. Sie sind integrativer Bestandteil des Lehrplans. Soweit dies möglich ist, nehmen alle Schüler und Lehrer an ihnen teil. Eine »Vorbereitungsgruppe« aus Repräsentanten aller Klassen sammelt die

Themen für die Gemeinschaftsversammlungen und kümmert sich um die Gestaltung ihres Ablaufs und ihre Leitung. Der »Vermittlungsausschuss« stellt die ausführende und beratende Instanz der Gerechten Schulgemeinschaft dar. Er achtet darauf, dass die Beschlüsse der Gemeinschaftsversammlungen auch ausgeführt werden, berät Schüler, die sich an diese Beschlüsse nicht halten und vermittelt bei Konflikten. Auch der Schulleiter ist im Vermittlungsausschuss präsent. Als wichtig betrachtet werden zudem Diskussionen in den Klassen über moralische Dilemmata (entsprechend dem Ansatz von Kohlberg), die ca. einmal pro Woche stattfinden (vgl. Lind 2003; Oser/Althof 2001).

Grundlegende Ziele und Prinzipien des Modells der Gerechten Schulgemeinschaft sind laut Oser und Althof (2001, S. 238–246):

a) *»Entwicklung als Ziel der Erziehung«*
Die Entwicklung moralischer Urteilsfähigkeit der Schüler soll vor allem durch die Diskussion von Problemen des Klassen- und Schullebens gefördert werden.

b) *»Das Verhältnis von Urteil und Handeln verbessern«*
Moralisches Urteilen und moralisches Handeln klaffen normalerweise auseinander. In Gerechten Schulgemeinschaften fallen sie dagegen eher zusammen, denn die Beschlüsse der Schulgemeinschaft werden institutionell in Handeln umgesetzt – ihre Einhaltung wird durch den Vermittlungsausschuss kontrolliert. Die Verbindung zwischen Urteil und Handeln wird so bei den Schülern habituell verankert.

c) *»Geteilte Normen entwickeln«*
In der Gerechten Schulgemeinschaft entstehen die handlungsleitenden Normen durch gemeinsame Diskussion. Aus diesem Grund werden sie von den Schülern in stärkerer Weise verinnerlicht (»internalisiert«) als Normen, die ihnen vom Lehrer aufgezwungen werden.

d) *»Abfälle des Lebens als Eigenerfahrungen«*
Problematisches Verhalten von Schülern wird zum Thema von Versammlungen der Gerechten Schulgemeinschaft – allerdings ohne dass sie dabei zur »Anklageversammlung« eines Schülergerichts entarten. Für die »Übeltäter« besteht somit die Chance, das eigene Verhalten und dessen Folgen aus Sicht der Gemeinschaft zu betrachten. Auch dadurch werden Prozesse der Norminternalisierung gefördert.

e) *»Demokratisierung als soziales Prinzip und als Lernangebot«*
Die Gerechte Schulgemeinschaft zielt auf die Demokratisierung des schulischen Alltags: Die Schüler diskutieren zusammen mit den Lehrern in Gemeinschaftsversammlungen die schulischen Angelegenheiten und treffen Entscheidungen. Jeder Beschluss der Gerechten Schulgemeinschaft muss allerdings daraufhin überprüft werden, ob er mit dem geltenden Recht übereinstimmt.

f) *»Rollenübernahme praktizieren«*
Dadurch dass persönliche Bedürfnisse und Sichtweisen in den Gemeinschaftsversammlungen offengelegt werden, entwickelt sich bei den Schülern die Fähig-

keit zur Perspektivenübernahme, und sie lernen auch, sich mit ihren Mitschülern zu identifizieren.

g) *»Eine Welt möglicher sozialer Selbstwirksamkeit schaffen«*
Der Ansatz der Gerechten Schulgemeinschaft fördert auch die Entwicklung von Selbstwirksamkeitsüberzeugungen der Schüler, denn mit jeder der von ihnen an ihrem schulischen Umfeld erfolgreich vorgenommenen Veränderung wächst ihre Zuversicht, dass eigene sowie gemeinsame Anstrengungen zum Erfolg führen können.

h) *»Zu-Mutung praktizieren«*
In der Gerechten Schulgemeinschaft trauen die Lehrer den Schülern zu, dass sie das Leben in der Schule mitgestalten können. Zwar sind bei den Schülern die dafür notwendigen Fähigkeiten (wie z.B. aufmerksam und vorurteilsfrei zuzuhören) längst noch nicht vollständig entwickelt, aber dadurch, dass ihnen diese Fähigkeiten zugetraut werden, bekommen sie die Gelegenheit, sie auch an den Tag zu legen und in diese im Sinne einer sich selbst erfüllenden Prophezeiung »hineinzuwachsen«.

Gerechte Schulgemeinschaften wurden in den USA in mehreren Highschools, zum Teil in sehr problembeladenen Einzugsgebieten wie der South Bronx implementiert. Dieser moralpädagogische Ansatz wurde hingegen nur in wenigen deutschen Schulen praktisch umgesetzt. Der Schwerpunkt lag dabei in Nordrhein-Westfalen: 1983 kamen Kohlberg und Higgins nach Nordrhein-Westfalen, um ihr Just-Community-Programm vorzustellen. Lind, Oser, Schirp und andere führten mehrere Workshops zu dem Programm durch, aufgrund derer sich drei Schulen aus Nordrhein-Westfalen – eine Hauptschule in Hamm, eine Realschule in Langenfeld und ein Gymnasium in Düren – dazu entschieden, den Ansatz bei sich einzuführen. So entstand das von der Landesregierung geförderte Programm »Demokratie und Erziehung in der Schule« (DES), das zwischen 1987 und 1990 durchgeführt wurde. 395 Schüler beteiligten sich am DES-Projekt. Während in den USA hauptsächlich 15- bis 18-Jährige am Just-Community-Programm teilnahmen, waren es hier 10- bis 14-Jährige. Alle Schüler einer Jahrgangsstufe wurden einbezogen, in den USA waren es hingegen nur ausgewählte Schüler (vgl. Bins 2003; Landesinstitut für Schule und Weiterbildung 1991; Lind 2003; Oser/Althof 1992; 2001).

Die Evaluation des DES-Projekts ergab an den drei teilnehmenden Schulen vor allem einen verbesserten Umgang der Schüler untereinander und ein größeres Ausmaß von Normakzeptanz und prosozialem Verhalten. Weiterhin waren Entwicklungsfortschritte in der moralischen Urteilsfähigkeit – gemessen mit dem »Sociomoral Reflection Measure« von Gibbs – festzustellen, wenn auch an den drei Schulen in unterschiedlichem Ausmaß (vgl. Lind 2003; Oser/Althof, 2001, S. 252f.).

In Bezug auf das Lehrerkollegium ist von großer Wichtigkeit, dass die Lehrer das Modell der Gerechten Schulgemeinschaft kennen, verstehen und mittragen. Auch in die theoretischen Grundlagen des Modells (z.B. in Kohlbergs moralpsychologisches Modell) sollten sie einen Einblick haben. Im DES-Projekt beispielsweise fanden alle zwei bis drei Wochen Lehrerfortbildungen statt, deren zentraler Schwerpunkt es war, die Probleme, die in den Gemeinschaftsversammlungen und bei der Arbeit mit den Klassen entstanden waren, aufzuarbeiten und Vorschläge für ihre Lösung zu entwickeln (Landesinstitut für Schule und Weiterbildung 1991; Lind 2003; Oser/Althof 1992; 2001).

Der Ansatz der Gerechten Schulgemeinschaft wurde bisher in Deutschland, wie erwähnt, kaum umgesetzt; dieser Ansatz wird jedoch auch von Autoren gewürdigt, die Kohlbergs Position eher fernstehen. Beispielsweise geht Uhl davon aus, »dass die Moralerziehung in der ›Gerechten-Gemeinschafts-Schule‹ erfolgreich ist und auf alle Fälle mehr beiträgt für das Werden der moralisch guten Persönlichkeit als die sonst üblichen Programme. Es gibt natürlich auch Skepsis und die ›Warnung vor neuen Enttäuschungen‹ (Leschinsky 1987). Aber solche Stimmen sind selten. Die meisten Fachleute sind zuversichtlich und erwarten von der ›Gerechten-Gemeinschafts-Schule‹ einen guten Erziehungserfolg. Ob die Erwartung berechtigt ist, lässt sich beim gegenwärtigen Stand der Forschung nur unter Vorbehalt beurteilen. Obwohl die ersten Versuche schon vor über zwanzig Jahren durchgeführt wurden, steht die empirische Forschung noch am Anfang. Das liegt teilweise an der großen Komplexität des Gegenstands und teilweise an der kleinen Zahl von Versuchsschulen, die für die Forschung zur Verfügung stehen« (Uhl 1996, S. 105). Das Programm einer Gerechten Schulgemeinschaft ist allerdings recht anspruchsvoll angelegt – erforderlich sind gravierende Veränderungen der Institution Schule, was zu Widerständen vor allem bei der Schulbürokratie führt. Insbesondere deshalb wurden Gerechte Schulgemeinschaften bisher eher selten umgesetzt.

Lind verknüpft den Ansatz einer Gerechten Schulgemeinschaft mit der Methode der Dilemmadiskussion, wobei er (wie in Abschnitt 7.1 erwähnt) die Konstanzer Methode der Dilemmadiskussion entwickelt (vgl. Lind 2003).

Das *Buddy-Projekt* ist eine Initiative der Vodafone Stiftung Deutschland. Es entstand 1999 aus einer Kooperation von Vodafone und einem Straßenkinder-Hilfeverein. Das Buddy-Projekt leitet Schüler an, Mitschülern bei verschiedenen Problemen (z.B. bei Problemen mit Lehrern, Eltern, Mitschülern) zu helfen. Es besteht aus einem Handbuch für Lehrer, einem Trainingsheft für Lehrer, Themenheften (zu Straßenkinder, Schulverweigerung, Streit sowie Gewalt), einem Magazin für Jugendliche und einem Video. Bisher wurde das Buddy-Projekt in mehr als 200 Schulen durchgeführt. Das Programm stützt sich auf Ansätze der Peer Group-Education und integriert diese. Drei Handlungsmodelle – Ältere helfen Jüngeren, Schüler helfen Gleichaltrigen, gegenseitige Hilfe der Schüler – werden jeweils auf fünf Bereiche – spezielle Probleme der Hilfe, Hilfe beim Lernen, Coaching von Buddys, Beratung bei persönlichen Problemen, Mediation – angewendet. Daraus ergeben sich 15 Lernzugänge (vgl. Tab. 8.1). Ziel des Buddy-Projekts ist es, bis 2010 in den Bundesländern mindestens an 10 Prozent der weiterführenden Schulen etabliert zu sein.

Kompetenz-vermittlung	Schüler helfen Schülern (Peer-Helping)	Schüler lernen miteinander (Peer-Learning)	Buddys leiten Buddys an (Peer-Coaching)	Buddys beraten Schüler (Peer-Counseling)	Buddys vermitteln bei Konflikten (Peer-Mediation)
Alters-übergreifend (Cross Age)	**1** Schüler als Paten	**4** Schüler als Tutoren	**7** Erfahrene bilden jüngere Buddys aus	**10** Buddys beraten jüngere Schüler	**13** Buddys unterstützen Streitschlichter
Von Gleich zu Gleich (In Peer-groups	**2** Schüler als Helfer	**5** Schüler helfen beim Lernen	**8** Buddys unterstützen Buddys	**11** Buddys beraten Peers	**14** Buddys schlichten Konflikte
Im gegenseitigen Austausch (Reverse Role)	**3** Schüler helfen sich gegenseitig	**6** Schüler lernen voneinander	**9** Austausch zwischen Buddy-Gruppen	**12** Buddys beraten sich gegenseitig	**15** Buddys geben Feedback zur Schlichtung

Tab. 8.1:   Formen der Peer-Education (Faller/Kneip 2006, S. 26)

Bei Programmen zur Gewaltprävention geht es um die Verhinderung von Formen der Missachtung und Verletzung anderer Personen. In Deutschland wurden verschiedene Ansätze zur schulischen Gewaltprävention entwickelt (vgl. 2.2).

- Das Programm *fairplayer* ist ein breit angelegtes Programm des im Jahre 2003 gegründete Bremer Verein »fairplayer e.V.« und richtet sich an 11- bis 21-Jährige. Es verfolgt das Ziel, soziale Fähigkeiten zu fördern und Gewalt zu verhindern. Dafür werden etwa Kreativwettbewerbe an Schulen zum Thema »fairplay« durchgeführt und fairplayer-Botschafter des Monats gewählt (vgl. www.fairplayer.de). Das von dem Verein entwickelte fairplayer-Manual (vgl. Scheithauer/Bull 2006) zielt insbesondere auf die Verhinderung von Gewalt und Bullying. »Bullying« (»Mobbing«) meint wiederholtes aggressives Verhalten, wobei zwischen Täter und Opfer ein Machtgefälle besteht. Das fairplayer-Manual richtet sich nicht vornehmlich an die Täter und Opfer von Gewalttaten, sondern an die potenziellen Helfer und »Wegseher«. Bei Jugendlichen und jungen Erwachsenen soll die Bereitschaft und die Fähigkeit gestärkt werden, Schwächeren zu helfen und Gewalt zu ächten. Das Programm beinhaltet folgende Schritte: Was ist fairplayer? Was ist Gewalt? Was ist Zivilcourage? Rollen beim Bullying; Gefühle und Körpersprache; Situationen erkennen und eingreifen; moralische Dilemmadiskussionen; Diskussion von Geschlechtsunterschieden im Verhalten. Dem Ansatz liegen Modelllernen, Rollenspiele, soziale Verstärkungen und Übungen zum Transfer in den Alltag zugrunde. Für die Umsetzung des Programms sind 12 bis 15 Unterrichtsdoppelstunden und zwei Eltern-abende erforderlich.

- Das *Medienpaket Gewaltprävention* (Programm Polizeiliche Gewaltprävention 2004) enthält Strategien des Umgangs mit Gewalt von Schülern (Film für Schü-ler, Heft für Lehrer, Broschüre für Eltern). Ziel der Materialien ist vor allem die Ausbildung von gegenseitigem Respekt und von Konfliktfähigkeit. Das Me-dienpaket bezieht sich insbesondere auf Schüler der Sekundarstufe I.
- Einen differenzierten Ansatz zur Gewaltprävention in der Grundschule entwi-ckelte *Gugel* (2007). Der Ansatz beinhaltet zum Beispiel die Förderung der so-zialen Wahrnehmung, der Kommunikation, der emotionalen Intelligenz, Streit-schlichtung, die Formulierung von Regeln und Formen eines demokratischen Miteinanders.
- Das *Konstanzer Trainingsmodell (KTM)*, ein Programm für Lehrer, enthält Trai-ningselemente, die sich auf die Situationserfassung, Handlungsauffassung, Handlungsausführung und Handlungsergebnisauffassung beziehen. Dem Ansatz liegt also eine Handlungstheorie des Lehrerverhaltens zugrunde. Verschiedene Fehler, die in jeder Handlungsphase auftreten können, werden analysiert.
- Von der Gruppe um Hinsch wurde das Lehrerbildungsprogramm *Gewalt in der Schule* entwickelt: Eine Materialsammlung dient der Vertiefung des Wissens über Gewalt. Ein Trainingsprogramm zielt auf die Vermittlung sozialer Fähig-keiten. Kern ist die Zusammenarbeit zweier Lehrer.

Das »Forum für Kriminalprävention« und das »Deutsche Jugendinstitut« arbeiten zurzeit an der Evaluierung vorliegender Gewaltpräventionsprogramme.

Als Gewaltpräventionsprogramme werden von den Kultusministerien der Län-der vor allem PIT, Lions Quest, Faustlos und das Buddy-Projekt eingesetzt (vgl. auch www.gewaltinderschule.de; www.km.bayern.de/gewaltpraevention).

8.2 Internationale Programme

Die Grundzüge des von Kohlberg entwickelten Modells einer Gerechten Schulge-meinschaft wurden bereits in 8.1 dargestellt. Vor allem Power, Higgins und Kohl-berg (1989) informieren über die Implementierung dieses Ansatzes in den USA. In den Untersuchungen an verschiedenen Reformschulen in den USA (z.B. Cambridge Cluster School, Scarlsdale Alternative School, Brookline High School) wurden vor allem Fortschritte in der moralischen Urteilsentwicklung, ein positiveres Klassen-klima und ein stärkeres Gefühl persönlicher Verantwortung für die Einhaltung mo-ralischer Normen ermittelt (Power/Higgins/Kohlberg 1989).

In der Schweiz wurde das Just-Community-Konzept im Hinblick auf die Grund-schule angewendet, indem zugleich Elemente des Child Development Project inte-griert wurden (vgl. Oser/Althof 2001, S. 254ff.).

Die Ansätze von Oser, Lickona, Rest, Gibbs, Damon und Turiel erscheinen Erfolg versprechend, wurden allerdings noch nicht evaluiert.

Oser, der an der Universität Fribourg in der Schweiz tätig ist, hat sich als einer der wenigen Autoren im deutschsprachigen Raum um ein eigenständiges moralpädagogisches Programm bemüht. Er steht in der strukturgenetisch-konstruktivistischen Tradition Piagets. Der Autor plädiert indes für einen breiten moralpädagogischen Ansatz und geht dabei auch über Kohlbergs Ansatz einer Gerechten Schulgemeinschaft hinaus (vgl. Oser 1998). Oser unterscheidet zwischen moralischem Urteil, moralischen Wertüberzeugungen und moralischem Handeln als den zu fördernden Moralkomponenten und formuliert ein Modell einer »dreifachen Didaktik«, einer triforischen Moralerziehung. Zugleich kritisiert er Verengungen in den herkömmlichen, häufig verwendeten Förderungsstrategien, nämlich Dilemmadiskussion, Werteklärung und Charaktererziehung:

> »1. Moralische Erziehung ist mehr als nur Nachdenken über antagonistische Situationen. Dieses Räsonieren stimuliert zwar das moralische Urteil, aber nicht mehr. Das moralische Urteil stellt zum Beispiel nur eine Vorbedingung für moralisches Handeln dar. – 2. Umgekehrt kann man auch sagen, dass Charakter- und Werteerziehung nur eine Art Überzeugungsversuch an Schülern und Schülerinnen darstellt und als solcher oft blind und unreflektiert bleibt. [...] – 3. Wenn wir aber nur Handeln stimulieren, dann müssen wir uns ja stets auf spezifische Situationen einlassen und unsere Intuition gebrauchen. Intuitionen aber sind oft ungerecht und unfürsorglich und stumpf. Jeder dieser einzelnen Ansätze greift zu kurz, entweder wird man unempathisch oder fällt einem falschen Glauben anheim oder meint, durch Handeln (durch die Praxis) seien alle Probleme aus der Welt zu schaffen« (Oser 1998, S. 179f).

Der Autor spricht sich für die Integration dieser drei Strategien aus. Sein Ansatz einer triforischen Moralerziehung wurde bislang noch nicht in Schulen angewendet. Die Grundzüge von Osers Modell sind allerdings bisher noch relativ unklar. Auch ist es sehr anspruchsvoll angelegt.

Neben Kohlbergs Ansatz der Gerechten Schulgemeinschaft und Osers Position ist vor allem die ebenfalls der strukturgenetisch-konstruktivistischen Tradition Piagets zurechenbare angelsächsische Position von *Lickona* bedeutsam. Lickona erweiterte (ähnlich wie Kohlberg) seinen Begriff moralischer Kompetenz und formulierte einen integrativen moralpädagogischen Ansatz, der auch im Rahmen der Regelschule umgesetzt werden kann. Lickonas Modell ist ein Beispiel für eine amerikanische Weiterentwicklung des strukturgenetisch-konstruktivistischen Ansatzes, die in Deutschland kaum bekannt ist und deshalb hier auch noch nicht angewendet wurde.

Lickona führt neben der moralischen Urteilsfähigkeit weitere Aspekte einer moralischen Persönlichkeit, eines »guten Charakters« auf, wobei er ähnlich wie Oser die Aspekte in drei Gruppen einordnet, nämlich in moralisches Wissen, moralische Gefühle und moralisches Handeln (Lickona 1991, S. 53):

Moralisches Wissen	Moralische Gefühle	Moralisches Handeln
Moralische Bewusstsein	Gewissen	Kompetenz
Wissen um moralische Werte	Selbstachtung	Wille
Perspektivenübernahme	Empathie	Gewohnheit
Moralisches Urteilen	Liebe zum Guten	
Entscheidungen treffen	Selbstbeherrschung	
Selbstwissen	Bescheidenheit	

Lickona ordnet den moralischen Kompetenzen unterschiedliche Förderungsstrategien zu – neben Dilemmadiskussionen und Elementen der Just-Community-School eine große Zahl weiterer moralpädagogischer Strategien. In seinem Buch »Educating for character. How our schools can teach respect and responsibility« (1991) führt er verschiedene Aufgaben auf, die der Lehrer bzw. die Schule erfüllen sollten (Lickona 1991, S. 68ff.):

Der Lehrer soll

1. seine Schüler fürsorglich behandeln, ihr Modell und Mentor sein:
   Er soll seine Schüler wertschätzen und sie mit Respekt behandeln, ein gutes Beispiel geben, prosoziales Verhalten unterstützen und verletzendes Verhalten korrigieren.
2. eine fürsorgliche Gemeinschaft im Klassenraum schaffen:
   Er soll den Schülern dabei helfen, einander kennenzulernen, sich gegenseitig zu respektieren, füreinander da zu sein und sich als wertvolle Mitglieder der Gruppe zu fühlen.
3. moralische Disziplin praktizieren:
   Er soll das Aufstellen und Durchsetzen von Regeln dazu nutzen, bei den Schülern moralisches Urteilen, Respekt für andere und Selbstkontrolle zu fördern.
4. eine demokratische Klassenumgebung schaffen:
   Er soll die Schüler in sie betreffende Entscheidungsprozesse einbeziehen und mit ihnen die Verantwortung teilen, den Klassenraum zu einem Ort zu machen, in dem man sich gerne aufhält und gerne lernt.
5. Werte durch das Curriculum vermitteln:
   Er soll den Fachunterricht nutzen, um moralrelevante Themen zu besprechen.
6. kooperatives Lernen praktizieren:
   Mithilfe kooperativen Lernens soll er den Kindern die Fähigkeiten und Fertigkeiten vermitteln, zusammenzuarbeiten und sich gegenseitig Hilfestellung zu geben.
7. Arbeitstugenden bei den Schülern fördern:
   Er soll die Eigenverantwortung seiner Schüler für ihre Lernaktivitäten fördern und sie dazu anregen, den Wert von Lernen und Arbeiten zu verinnerlichen.
8. moralische Reflexion ermutigen:
   Dies soll durch Diskutieren und Erörtern von moralischen Themen sowie durch Übungen zur Entscheidungsfindung bei moralischen Problemen geschehen.
9. Strategien zur Lösung sozialer Konflikte vermitteln:
   Er soll den Schülern die Fähigkeit vermitteln, Konflikte gewaltfrei und fair zu lösen.

Die Schule soll

10. Fürsorglichkeit über den Klassenraum hinaus fördern:
    Zur Förderung von Fürsorglichkeit über den Klassenraum hinaus kann die Schule zum Beispiel Schul- und Gemeindedienstleistungen (etwa Service-Learning) nutzen. So hilft die Schule den Schülern, Fürsorge für andere zu erlernen, indem sie selber Fürsorge praktizieren müssen.

11. eine positive moralische Kultur in der Schule schaffen:
    Die Schule soll eine Schulumgebung herstellen, welche die in den Klassenzimmern vermittelten Werte unterstützt.

12. die Eltern und die Gemeinde als Partner für die Werteerziehung gewinnen:
    Die Schule soll die Eltern dazu ermutigen, die Schule in ihren Anstrengungen um die Entwicklung moralischer Fähigkeiten zu unterstützen. Darüber hinaus soll sie die Hilfe der Gemeinde (z.B. der Kirche, der Wirtschaft und der Medien) für die Werteerziehung suchen.

Lickonas Ansatz ist vielversprechend. Der Ansatz wurde in den USA meines Wissens allerdings noch nicht als Ganzer angewendet, vor allem wohl deshalb, weil er sehr breit angelegt ist.

Die moralpädagogischen Ansätze von Rest und Gibbs kann man ebenfalls der strukturgenetisch-konstruktivistischen Tradition Piagets zurechnen. Sie stellen neokohlbergianische Positionen dar:

- *Rest* zielt auf der Grundlage seines Komponentenmodells der Moral auf einen integrativen moralpädagogischen Ansatz. Für moralisches Handeln ist danach Sensibilität, Urteilen, Motivation und Charakter gleichermaßen erforderlich, womit alle vier Moralkomponenten zu fördern sind (vgl. Bebeau/Rest/Narvaez 1999). Narvaez hat den Ansatz von Rest weiterentwickelt, indem sie Aspekte von Theorien der Informationsverarbeitung integriert (vgl. Narvaez 2005).

- Das von *Gibbs* entwickelte Programm »EQUIP« (vgl. Gibbs 2003) hat die Verminderung aggressiven Verhaltens bei Risikogruppen zum zentralen Ziel. Der Ansatz verknüpft Elemente von Selbsthilfegruppen mit einem auf mehrere Moralkomponenten zielenden Training. Zum einen geht es um die Schaffung einer positiven Gruppenatmosphäre und um die Förderung prosozialen Verhaltens. Dafür werden zum Beispiel nicht-aggressive Kinder und Jugendliche in die Gruppe eingeführt, Techniken der Umdeutung von Verhalten vermittelt und die Lebensgeschichten der Teilnehmer thematisiert. Zum anderen üben die Teilnehmer im Rahmen von Trainings verschiedene grundlegende Fähigkeiten ein, nämlich Fähigkeiten moralischen Urteilens, Ärgerkontrolle bzw. Korrektur gedanklicher Verzerrungen sowie soziale Fähigkeiten. Meines Erachtens kann der Ansatz von Gibbs bei allen Schülern zur Prävention aggressiven Verhaltens verwendet werden.

Im Unterschied zu Oser, Lickona, Rest und Gibbs vertreten Damon und Turiel bereichstheoretische moralpsychologische und moralpädagogische Ansätze:

- Damon betont die Grenzen ausschließlich schulischer Moralerziehung und bemüht sich vor allem um die Koordinierung der Moralerziehung in der Schule mit der Gemeinde. Bei dem von ihm entwickelten Ansatz *Youth Charter* formulieren alle Mitglieder der Gemeinde die Erwartungen an die Jugendlichen. Die Gemeinde entwickelt auch das moralpädagogische Programm. Die Jugendlichen sind an diesen Entscheidungen beteiligt (vgl. Damon/Gregory 1997, S. 129f.). Damons Modell einer moralischen Persönlichkeit umfasst Fairness, Empathie, Selbstbewusstsein und Selbstkontrolle.
- Der Ansatz der *Turiel-Schule* zielt auf Fähigkeiten zur Koordinierung zwischen Moral, Konvention und persönlichen Präferenzen. Neben Diskussionen im Klassenzimmer werden Strategien zur Förderung eines moralischen Selbst angewendet (vgl. Nucci 2001). Latzko (2006) hat den pädagogischen Ansatz Turiels im deutschsprachigen Raum fruchtbar gemacht.

Nicht nur Programme der Kohlberg-Tradition und bereichstheoretische Programme, sondern auch eher lerntheoretisch ausgerichtete Programme wurden in angelsächsischen Ländern entwickelt. Ein wichtiges Beispiel für ein eher lerntheoretisches Programm ist das *Child Development Project* (CDP), das vom »Developmental Studies Center« aus Oakland, Kalifornien konzipiert wurde; CDP stützt sich allerdings auch auf die Theorien von Dewey, Piaget und Ainsworth. Auf einige Elemente des CDP wurde bereits in den Kapiteln 5 und 7 hingewiesen. Im Unterschied zu den bisher diskutierten integrativen Ansätzen zur Moralerziehung bezieht sich das Child Development Project ausschließlich auf die Grundschule (1. bis 6. Klasse). CDP wurde Anfang der 80er-Jahre entwickelt und in mehreren Bundesstaaten der USA mit großem Erfolg praktisch umgesetzt. Es wurde in verschiedenen Studien evaluiert und gilt als erfolgversprechendstes bzw. wirksamstes Programm weltweit (vgl. Narvaez 2005, S. 714). In allen vier angeführten Überblicksarbeiten zu schulischen Förderungsansätzen gilt es als vorbildlich. CDP umfasste ursprünglich eine kleine Gruppe von Schulen an der amerikanischen Westküste. Die Begleitung des Projekts wurde schließlich von einer Stiftung übernommen, welche die für jede Schule obligatorische Fortbildung organisierte. Die Anzahl der am Programm teilnehmenden Schulen hat sich mittlerweile auf ca. 200 erhöht. Allerdings ist dieser Erfolg auch auf Merkmale des amerikanischen Schulsystems zurückzuführen (z.B. starke Autonomie der Schulen). Es stellt sich deshalb die Frage, wie weit das Programm auf deutsche Schulen übertragen werden kann.

CDP will die Entwicklungsprozesse der Schüler durch systematische Veränderungen im Klassenzimmer, der gesamten Schule und im Elternhaus fördern. Dafür nutzt es unter anderem folgende Strategien:

- Formen kooperativen Lernens, die auf die Zusammenarbeit der Schüler und nicht auf den Wettstreit zwischen Lerngruppen angelegt sind;
- Klassenrat, der das Gemeinschaftsleben stärken und die Klassenatmosphäre verbessern soll;

- Buddies-Aktivitäten, in deren Rahmen sich Kinder verschiedener Altersstufen regelmäßig treffen und sich in Bezug auf bestimmte schulische Aktivitäten gegenseitig unterstützen;
- das gesamte schulische Leben betreffende Aktivitäten, die Schüler, Lehrer, Eltern und Gemeinde in ein auf Fürsorge ausgerichtetes Schulumfeld einbinden.

Seit einigen Jahren bietet das Developmental Studies Center das Child Development Project in einer revidierten bzw. erweiterten Form an. Es besteht nun aus drei Komponenten, die einzeln oder gemeinsam implementiert werden können: Zusätzlich zu der Entwicklung einer fürsorglichen Klassen- und Schulgemeinschaft (»Caring School Community«) wird in den beiden neuen Teilen des Programms die Entwicklung der Lesefähigkeit und des Textverständnisses bei den Schülern gefördert (»Systematic Instruction in Phoneme Awareness, Phonics, and Sight Words« bzw. »Meaning Making«).

Im Rahmen des CDP werden Workshops und Seminare mit den Lehrern der betreffenden Grundschulen durchgeführt. Insgesamt sind es jährlich 22 Tage, die für Schulungen des Schulpersonals, Demonstrationen, Coaching und Beratung veranschlagt werden. Hierfür wird diverses Material (Textbücher, Videos) zur Verfügung gestellt. Wichtig ist den Leitern des CDP, dass neben den Lehrern das gesamte Schulpersonal, der Schulleiter und auch die Eltern gut über das Projekt informiert sind und es für bedeutsam halten.

Es wurden bereits mehrere Studien zur Evaluation von CDP durchgeführt. In den Studien zeigte sich, dass in Schulen, in denen das Projekt implementiert wurde, eine deutliche Zunahme in Bezug auf Indikatoren wie Lernmotivation und schulbezogene Einstellungen (z.B. Schulfreude) sowie auch in Bezug auf soziale, moralische und demokratische Einstellungen, Werteorientierungen und Verhaltensmuster (z.B. faire Konfliktlösung, Altruismus, demokratische Werthaltung) zu verzeichnen waren (Battistich 1998). Battistich, der Leiter der Evaluationsabteilung des CDP, betont, dass bei der Evaluation eines Interventionsprogramms wie dem CDP die Güte der Implementierung des Programms in den jeweiligen Schulen zu berücksichtigen sei.

Battistich und Watson (1998) berichten über die Ergebnisse einer Evaluationsstudie, die im Rahmen des CDP an zwölf Schulen über einen Zeitraum von vier Jahren in den USA durchgeführt wurde. Die Intervention umfasste:

a) ein Lese- und Sprachprogramm, das sich auf interpersonales Verstehen und Empathie bezog,
b) kooperatives Lernen in der Klassengemeinschaft,
c) einen Ansatz, welcher sich auf das Klassenmanagement und Formen der Disziplin erstreckte, die die Schüler selbstbestimmt herstellen sollen,
d) den Einbezug der Eltern,
e) auf das Gemeinwesen bezogene Aktivitäten.

zu a) Das Lese- und Sprachprogramm wurde entwickelt, um Kinder zu ermutigen, über das Gelesene nachzudenken und gleichzeitig ein Verständnis von anderen Personen, Gruppen und Kulturen zu entwickeln. Es beinhaltet vor allem Geschichten über Menschen aus fremden Kulturen. Ferner werden jeweils im partnerschaftlichen Zusammensein Geschichten laut vorgetragen. Durch nachfolgende Diskussionen sollen kognitive Konflikte provoziert werden.

zu b) Kooperatives Lernen unter Schülern ist an Voraussetzungen gebunden, wie etwa herausfordernde und bedeutsame Lehr- bzw. Lerneinheiten und Training der für kooperatives Lernen erforderlichen Fähigkeiten. Hierzu gab es im Gegensatz zum Lese- und Sprachprogramm kein ausgearbeitetes Curriculum, sondern lediglich Trainingseinheiten für Lehrer, die die allgemeinen Prinzipien und Schritte einer kooperativen Zusammenarbeit vermitteln sollen. Beim kooperativen Lernen hat der Lehrer nur eine unterstützende Funktion; durch ihn können Diskussionen und die Klärung von Streitpunkten angeregt werden.

zu c) Disziplin sollte von den Schülern selbst hergestellt werden. Der Lehrer nimmt bloß vermittelnde Funktion wahr, indem er die Werte der Gruppe nicht durch Kontrollmaßnahmen sichert, sondern durch Vorschläge zur Problemlösung und Diskussionen über alternative Konfliktlösungsstrategien. Ziel ist vor allem, dass sich die Schüler als Teil der Gruppe verstehen und ihre Verantwortung für den Gruppenzusammenhalt sowie für eine unterstützende Atmosphäre im Klassenverband wahrnehmen.

zu d) Sowohl durch den Einbezug der Familie in das Programm als auch durch »Koordinationsteams«, in denen sowohl Eltern als auch Lehrer mit der Planung von Schulaktivitäten betraut sind, wird die Unterstützung durch die Eltern sicherzustellen versucht.

zu e) Unter Anleitung der Verantwortlichen des CDP werden schulübergreifende Aktivitäten durch Koordinationsteams gefördert, wobei die Partizipation aller Beteiligten angestrebt wird. Zum Beispiel wurde älteren Gemeindemitgliedern die Gelegenheit gegeben, ihre Lebenserfahrungen den Schülern mitzuteilen.

Die zentrale Hypothese der Autoren der Evaluationsstudie, dass das Gemeinschaftsgefühl zu positiven Effekte bei prosozialem Verhalten führt, wurde bestätigt. Zur Erhebung der Daten dienten strukturierte Beobachtungen im Klassenraum, die viermal im Jahr über 90 Minuten hinweg durchgeführt wurden. Lehrer wurden jährlich mithilfe von Fragebogen unter anderem zum Schülerverhalten im Klassenraum, ihrem Vertrauen in die Schüler, zu eigenen Einstellungen und zum Schulklima befragt, Schüler zu ihrer Wahrnehmung der Schule als fürsorglicher Gemeinschaft und zu schulbezogenen, persönlichen und sozialen Einstellungen, Motiven und Verhaltensweisen. Die Evaluation ergab insgesamt einen erheblichen Zuwachs an prosozialem Verhalten.

Die Förderungsstrategien des CDP können wahrscheinlich – eventuell mit Modifikationen – auch bei Schülern der Sekundarstufe eingesetzt werden.

Vergleicht man die integrativen Ansätze zur Sozialerziehung mit den integrativen Ansätzen zur Moralerziehung, so zeigt sich, dass einige Ansätze mittlerweile nur schwer nach den beiden Erziehungsbereichen zu trennen sind.

Im internationalen Bereich gibt es eine Vielzahl von Ansätzen zur Gewaltprävention in der Schule (vgl. Wilson/Lipsey/Derzon 2003). Auf internationaler Ebene ist vor allem der integrative Ansatz von *Olweus* (das »Bullying Prevention Program«, vgl. Olweus 1999) einflussreich. Im Mittelpunkt steht Bullying unter Schülern. Die zentralen Elemente des Anfang der 80er-Jahre in Norwegen entwickelten Ansatzes umfassen Maßnahmen auf individueller Ebene, auf Klassenebene und auf Schulebene. Maßnahmen auf der individuellen Ebene beinhalten vor allem Gespräche mit den Tätern und ihren Eltern, Gespräche mit den Opfern sowie Diskussionsgruppen für betroffene Eltern. Maßnahmen auf der Klassenebene sind kooperatives Lernen, Erstellung von Klassenregeln, Klassenrat sowie Loben und Bestrafen. Auf der Schulebene gibt es Schulkonferenzen, Kontakttelefone, Lehrergruppen zur Entwicklung des Schulklimas, Arbeitsgruppen der Eltern (Elternbeiräte) und Pädagogische Tage. Insgesamt wird ein Klima in der Schule angestrebt, das durch Wertschätzung der Schüler, aber auch durch klare Grenzziehung gegenüber inakzeptablem Verhalten, konsequente Sanktionierung der Regelverletzung und Betonung von Autoritäten gekennzeichnet ist.

9. Strategien zur schulischen Förderung einzelner demokratischer Kompetenzen

Die deutsche Politikdidaktik entwickelte sich lange Zeit weitgehend unabhängig von der internationalen Diskussion um Demokratieerziehung. Sie konzentrierte sich auf die Vermittlung politischen Wissens, politischer Wertüberzeugungen, politischer Urteilsfähigkeit und von Methodenkompetenz. Die vor allem im angelsächsischen Raum entwickelten partizipationsorientierten Ansätze, mit denen besonders nicht-kognitive politische Kompetenzen gefördert werden sollten, wurden von ihr vernachlässigt. In den letzten Jahren gab es in der deutschen Politikdidaktik jedoch Weiterentwicklungen:

- Die Aufgabenfelder der politischen Bildung sind mittlerweile vielfältig. In der dritten Auflage des »Handbuch Politische Bildung« (Sander 2005) werden folgende Aufgabenfelder genannt: Institutionenkundliches Lernen, Rechtserziehung, Ökonomisches Lernen, Historisches Lernen, geschlechtsspezifische Aspekte politischen Lernens, Interkulturelles Lernen, Europabezogenes Lernen, Globales Lernen, Friedenserziehung, Medienerziehung, Umweltbildung, Prävention von Fremdenfeindlichkeit, Rechtsextremismus und Antisemitismus sowie moralisches Lernen.
- Die Bestimmungen politischer Kompetenzen sind recht breit angelegt (vgl. 3.3).
- Die Inhalte der Politischen Bildung sind vielgestaltig. Einige wichtige Inhalte des Politikunterrichts sind in Tabelle 9.1 aufgeführt.
- Hinsichtlich der didaktischen Prinzipien erlangten ab den 70er-Jahren die drei Grundsätze des »Beutelsbacher Konsens« Bedeutung, nämlich Kontroversitätsgebot, Überwältigungsverbot und Orientierung an den Interessen der Schüler. Mittlerweile gibt es weitgehenden Konsens hinsichtlich anderer didaktischer Prinzipien. Im »Handbuch Politische Bildung« (Sander 2005) beispielsweise werden folgende didaktischen Prinzipien unterschieden: Wissenschaftsorientierung, Problemorientierung, exemplarisches Lernen, Adressatenorientierung und Handlungsorientierung (vgl. auch Sander 2007a, S. 190ff.). Die Politikdidaktiker betonen heute vor allem die Handlungsorientierung (vgl. Richter 2007).
- Im »Handbuch Politische Bildung« (Sander 2005) werden die Methoden der politischen Bildung nach folgenden Gesichtspunkten geordnet: mit Texten lernen (Textquelle, Textanalyse), mit Bildern lernen (Foto, Karikatur, Grafik, Gemälde), mit digitalen Medien lernen, in Gesprächen lernen (etwa Pro- und Kontra-Debatte), reisend lernen (Studienreisen, Exkursionen), spielend lernen (Spielformen, z.B. Planspiele), forschend lernen (Recherche, Interview, Expertenbefragung) und komplexe Lernvorhaben (Sozialstudie, Projekt, Zukunftswerkstatt). In »Methodentraining für den Politikunterricht« (Frech/Kiefer 2004), in »Methodentrainung 2 für den Politikunterricht« (Massing/Frech 2006) und in »Politikmethodik« (Reinhardt/Richter 2007) werden ähnliche methodische Zugänge aufgeführt.

	Innenpolitik	Außenpolitik
der Handlungsrahmen, in dem »Politik« abläuft, (politisch-administratives System und Partizipations-kanäle)	Staat, politisches System, Verfassung, Grundrechte, Verfassungsprinzipen, Rechtsordnung, Gesetze, Repräsentation und Partizi-pation, Parlament, Regierung und andere Institiutionen, Institu-tionengefüge, politische Organisationen (Parteien, Verbände, Bür-gerinitiativen), Verwaltung und Vollzug, Rechtspre-chung, staatliche Daseins-vorsorge	Völkerrecht, internationale Abkommen und Regelungen, internatio-nale Organisationen, Zu-sammenschlüsse von Staaten, Militärbündnisse, NGOs, Grundkonflikt Nord-Süd bzw. Industriestaa-ten/Entwicklungsländer, Kluft zwischen West und Ost, entstehende Weltfrie-densordnung, »Weltinnen-politik«
der wirtschaftliche Hand-lungsrahmen	Wirtschafts- und Struktur-ordnung, Ordnungskonzepte, Wett-bewerb, Arbeit, Umwelt, So-zialordnung, soziale Siche-rungssysteme	Weltwirtschaftsordnung Globalisierung, Ordnungskonzepte, Wettbewerb, Arbeit
der gesellschaftliche Hand-lungsrahmen	Individuum – Gruppe, Rolle, Selbstregulierung der freien und selbstständigen Bürger Öffentlichkeit, politische Kul-tur, Sozialstruktur, Gesell-schaftsmodelle, Werte	entstehende Weltgesell-schaft

Tab. 9.1: Institutionen und Organisationen aus dem politischen Handlungsrahmen (Breit/Weißeno, 2004, S. 22)

Selbst die Lehrmethoden der Politikdidaktik unterscheiden sich also kaum mehr von denjenigen der Vertreter eines demokratiepädagogischen Ansatzes. Durch die Entwicklungen hinsichtlich Kompetenzbestimmungen, Inhalten, didaktischer Prin-zipien und Lehrmethoden ist die Politikdidaktik der Demokratiepädagogik doch recht nahe gekommen.

In dem einflussreich gewordenen Buch »Planung des Politikunterrichts« von Breit und Weißeno (2004) werden Bedingungsanalyse (z.B. Analyse des Entwick-lungsstands der Schüler), politikdidaktische Perspektiven (Aufgabenfelder), Ziele (einschließlich didaktischer Prinzipien), Analyse des Gegenstandsbereichs (Inhalte) sowie Methoden und Medien als für die Planung des Politikunterrichts relevante Module bestimmt.

Die Ansätze zur Sozial- und Moralerziehung haben Bedeutung für die Demokratieerziehung. Die in Kapitel 5 und 6 aufgeführten Strategien bzw. Programme zur Förderung sozialer Kompetenzen tragen wahrscheinlich auch zur moralischen Entwicklung bei – so stützen Strategien zur Ausbildung emotionaler Kompetenzen moralische Motivationen. Umgekehrt haben die in Kapitel 7 und 8 dargestellten Strategien bzw. Programme zur Förderung moralischer Kompetenzen wahrscheinlich auch einen positiven Einfluss auf die Entwicklung sozialer Kompetenzen – beispielsweise dürften Diskussionen moralischer Dilemmata zur Entwicklung der Perspektivenübernahme beitragen. Da soziale und moralische Kompetenzen wichtige Voraussetzungen der Demokratiekompetenz sind, wären die sozial- bzw. moralerzieherischen Förderungsstrategien auch für demokratieerzieherische Ansätze fruchtbar zu machen. Beispielsweise tragen an Selman orientierte Programme der Förderung sozialer Kompetenzen zur Ausbildung einer Systemperspektive bei. Diskussionen über moralische Dilemmata beschleunigen die Entwicklung von Fähigkeiten zur differenzierten moralischen Beurteilung politischer Probleme, des politischen Werturteils – mit postkonventionellem Urteilen als höchster Stufe (vgl. Reinhardt 1999; 2005).

Demokratieerziehung bedarf vor allem jedoch genuin demokratieerzieherischer Strategien, die auf die Handlungslogik des Politischen zielen. Im BLK-Programm »Demokratie lernen & leben« werden insbesondere neuere demokratieerzieherische Strategien eingesetzt, nämlich Strategien der Civic Education (umfasst z.B. Service-Learning), Maßnahmen zur Förderung interkultureller Kompetenz und Maßnahmen zur Förderung der Zivilcourage. Sliwka (2001) hat im Rahmen des BLK-Programms wichtige genuin demokratieerzieherische Strategien, nämlich Strategien der Civic Education aus den angelsächsischen Ländern rezipiert und differenzierte dabei zwischen Ansätzen, die auf Lernen durch Sprechen und Ansätzen, die auf Lernen durch Handeln zielen. Eikel (2007) knüpft an Sliwkas Differenzierung an, wenn sie drei Formen der Partizipation unterscheidet, nämlich formale Mitbestimmung, Mitsprache und Mitgestaltung. Während Sliwka und Eikel zwischen Ansätzen, die auf Lernen durch Sprechen und Ansätzen, die auf Lernen durch Handeln zielen, unterscheiden, wird in der vorliegenden Arbeit zwischen Lernen durch Nachdenken, durch Sprechen, durch Provozierung von Gefühlen und durch Handeln differenziert.

Guter Politikunterricht fördert politische Urteilsfähigkeit sowie die Wertaspekte politischer Urteilsfähigkeit (vgl. Breit/Schiele 2000). Grundlegend sind dabei die verschiedenen fachdidaktischen Prinzipien, wie etwa Konfliktorientierung und Problemorientierung (vgl. Detjen 2007; Reinhardt 2005; Sander 2007a). Herkömmliche Methoden der Politikdidaktik sind Analyse von Texten, Fotos, Karikaturen, Grafiken, Gemälden und von digitalen Medien (vgl. Sander 2005). Wichtig dafür sind vor allem folgende Lernsituationen: Recherchieren, Veranschaulichen, Darstellen, aktives Zuhören, Üben, Anwenden und Selbstreflexion (vgl. Sander 2007a).

Lange Zeit dominierten diese Unterrichtsmethoden. Diskussionen politischer Dilemmata fanden hingegen kaum Beachtung.

9.1 Förderung von Kompetenzen politischer Kognition

Die Förderung von Kompetenzen politischer Kognition verlangt die Konfrontation mit politischen Problemen. Vor allem vier neuere Strategien eignen sich zur Förderung dieser Kompetenzen:

- Diskussionen politischer Dilemmata,
- Zukunftswerkstatt,
- Szenariotechnik,
- Planspiele.

Durch *Diskussionen politischer Dilemmata* kann die Entwicklung politischer Urteilsfähigkeit stimuliert werden. Solche Dilemmadiskussionen sollten freilich die gesellschaftlichen Voraussetzungen der vorgelegten Dilemmata reflektieren (vgl. Detjen 2000; Gagel 2000; Grammes 1998; Reinhardt 1999; 2005). Wichtig ist die Formulierung eines mehrdimensionalen Ansatzes der Kognition (Thematisierung der Situationserfassung, Zielsetzung, Motivation, Planung, Handeln, Bewertung des Handelns). Wichtig ist auch die Auseinandersetzung mit dem eigenen Urteilen. Dies erlaubt die Reflexion auf die Grenzen der eigenen Urteilsfähigkeit. Es gibt aber Grenzen von Diskussionen politischer Dilemmata bei der Förderung nicht-kognitiver politischer Fähigkeiten.

Bei der Methode der *Zukunftswerkstatt* entwickeln die Schüler Vorstellungen von einer lebenswerten Zukunft und überlegen, wie man sich diesen Vorstellungen annähern kann. Diese Methode wurde durch den Zukunftsforscher Jungk entwickelt. Zunächst wird ein Thema formuliert und über die Methode der Zukunftswerkstatt informiert. Dann äußern die Schüler jeweils Kritik an relevanten Aspekten des Themas (an konkreten Missständen) und strukturieren diese Kritik (Kritikphase). Anschließend formulieren sie wünschenswerte Zustände, setzen also der Realität Utopien gegenüber (Fantasiephase). In einem weiteren Schritt werden die utopischen Zukunftsentwürfe auf ihre Realisierbarkeit hin überprüft und Pläne zu ihrer Umsetzung entwickelt (Realisierungsphase). Die in der Zukunftswerkstatt gemachten Erfahrungen werden schließlich reflektiert und die Ergebnisse der Öffentlichkeit präsentiert. »Demokratie in der Schule« zum Beispiel kann Thema einer Zukunftswerkstatt sein.

Ähnlich wie die Methode der Zukunftswerkstatt ist die Methode der *Szenariotechnik* angelegt. Die Schüler formulieren mögliche zukünftige Entwicklungen (»Szenarien«), also nicht nur Vorstellungen einer wünschenswerten Zukunft, sondern auch Katastrophen-Szenarien und Weiter-Wie-Bisher-Szenarien.

Im *Planspiel* simuliert die gesamte Klasse eine gesellschaftlich relevante Konfliktsituation. Die Schüler agieren jeweils als Mitglieder einer Interessengruppe. Die Auseinandersetzung mit Mitgliedern anderer Interessengruppen führt oft zur Veränderung der Situationsdefinitionen, Ziele und Handlungspläne. Bei dieser komplexen Form eines Rollenspiels muss der gesellschaftliche Konflikt beschrieben werden, dann erfolgen Rollenanweisungen.

Detjen empfiehlt für die Förderung kognitiver politischer Kompetenzen neben Planspielen Fallanalysen, Analyse von Karikaturen, Auseinandersetzung mit professionellen Urteilen, Pro-Kontra-Debatten und Metakommunikation über politische Kommunikationsprozesse (vgl. Detjen 2007, S. 235f.).

9.2 Förderung von Kompetenzen demokratischen Sprechens

Für die Förderung von Fähigkeiten des politikbezogenen miteinander Sprechens (des »demokratischen Sprechens«) sind verschiedene Methoden wichtig, die das Üben von Formen politischer Argumentation bzw. die Bewältigung von Problemen politischer Argumentation beinhalten. Sliwka (2001) unterscheidet sechs Strategien zur Förderung demokratischen Sprechens; bei Lernen durch Sprechen differenziert sie (neben kooperativem Lernen und Mediation) zwischen »Deliberation«, »Debating«, »Diskutieren«, »Deliberationsforum«, »National Issues Forum«, »Parlamentssimulation«.

Die drei letzteren Strategien sind projektorientierte Formen demokratischen Sprechens. Die Ansätze zum demokratischen Sprechen stützen sich auf formal-liberale Demokratietheorien.

- *Deliberation* ist vernunftgeleitetes Sprechen mit dem Ziel einer Verständigung über politische Fragen, d.h. verständigungsorientierte politische Rede. Durch den Austausch von Argumenten soll die Lösung eines Problems gefunden werden.
- Beim *Debating* hingegen sollen die Schüler versuchen, die eigene Position zu stützen und eine Abstimmung zu gewinnen. Die Methode orientiert sich an Parlamentsdebatten. Es geht hier um rhetorische Brillanz und Schlagfertigkeit.
- *Diskutieren* enthält Elemente von Deliberation und Elemente von Debating (z.B. Pro- und Kontra-Debatte).
- Beim *Deliberationsforum* (Deliberative Polling) beraten die Schüler ein bis drei Tage lang über bestimmte Themen, seien es politikrelevante Themen der Schule (z.B. mehr Demokratie in der Schule) oder gesellschaftspolitische Themen (z.B. Fragen der Zuwanderung). Es werden zunächst die Positionen der Teilnehmer zu einem kontroversen Thema mithilfe eines Fragebogens erhoben. Dann werden die Teilnehmer eingeladen, sich über einen längeren Zeitraum hinweg über dieses Thema zu verständigen. Sie erhalten umfangreiches Informationsmaterial, und unterschiedliche Experten sowie Interessenvertreter stellen ihre Position im Plenum vor. In kleinen Gruppen werden Fragen an die Experten und Interessenvertreter erarbeitet. Anschließend wird jeder Teilnehmer des Deliberative Polling zu dem Thema erneut befragt. Das Deliberationsforum setzt die intensive Beschäftigung der Schüler mit dem Thema voraus (vgl. auch Sliwka/Frank 2007).
- Das *National Issues Forum* ist eine spezifische Form der strukturierten Diskussion, bei der Personen mit unterschiedlichen Weltanschauungen gemeinsame

Ziele für politisches Handeln finden. Angeleitet durch einen Moderator suchen sie nach Lösungen für ein bestimmtes Problem.

● Die *Parlamentssimulation* stellt eine Form des Debating dar. Dabei werden reale demokratische Prozesse der Gesetzgebung und Entscheidungsfindung abzubilden versucht. Beispielsweise übernehmen die Schüler über mehrere Wochen die Rolle eines Abgeordneten und sind in Gesetzgebungsinitiativen eingebunden.

Es gibt viele weitere demokratieerzieherisch relevanten Gesprächsformen, etwa Podiumsdiskussion, Zeitzeugenbefragung und Talkshow (vgl. Frech/Kiefer 2004; Massing/Frech 2006; Reinhardt/Richter 2007). Die Gesprächsformen kann man vor allem nach dem Ausmaß der Lehrerlenkung, nach der Funktion des Gesprächs (z.B. Informationsaustausch, Meinungsbildung) und nach den Gesprächspartnern (Lehrer-Schüler, Schüler-Schüler, Gespräch mit Dritten) unterscheiden.

9.3 Förderung emotionsbezogener politischer Kompetenzen

Spezifische Strategien zur gezielten Förderung emotionsbezogener politischer Kompetenzen gibt es bisher meines Wissens nicht. Wichtig für die Förderung dieser Kompetenzen dürfte insbesondere die Anerkennung von Personen als Mitglieder sozialer Gruppen, die Wertschätzung der Beiträge dieser Gruppen sein (vgl. Reichenbach 1999).

9.4 Förderung handlungsstrukturierender politischer Kompetenzen

Handlungsstrukturierende politische Kompetenzen umfassen Fähigkeiten zum loyalen, partizipativen, toleranten, zivilcouragierten und solidarischen Handeln. Zur Förderung dieser Fähigkeiten liegen verschiedene Strategien vor, die Gelegenheiten zur Bewältigung entsprechender Handlungsprobleme geben. Wichtige handlungsbezogene Lernsituationen sind gemeinsam etwas erforschen, Probehandeln und gemeinsam etwas herstellen.

Für die Förderung loyalen, gesetzestreuen Handelns dürfte der traditionelle Unterricht ausreichend sein.

Bei den Strategien zur Förderung der Partizipationsfähigkeit empfiehlt es sich, in Anlehnung an Stange (2007) zu differenzieren zwischen stellvertretender Wahrnehmung der Interessen von Kindern und Jugendlichen durch Erwachsene (z.B. Elternbeiräte in Schulen), Beteiligung an Institutionen der Erwachsenenwelt (z.B. Teilnahme an Gremien der Erwachsenen mit Rederecht), punktueller Beteiligung (z.B. durch Unterschriftensammlung), repräsentativen Formen (z.B. Schülervertretung einer Schule, Landesschülerrat), offenen Versammlungsformen (z.B. Vollversammlungen), Alltagspartizipation, d.h. Teilnahme an alltäglichen Kontexten der

Partizipation, und projektorientierten Verfahren (vgl. auch Eikel/de Haan 2007). Partizipative Kompetenzen lassen sich vor allem fördern durch

- Schülervertretung
- Youth Leadership Training
- demokratische Wahlen
- Lernverträge
- Mitwirkung bei der Planung und Evaluation von Unterricht
- Schülerfirmen.

Die Schülervertretung (SV, SMV, etwa Klassensprecher) kann Einfluss auf die Entscheidungsbildung in der Schule nehmen. Zu bedeutsamen Themen (z.B. Rechtsextremismus, Unterrichtsgestaltung) kann die SV Arbeitskreise einrichten, an denen sich alle Schüler beteiligen können. Repräsentative Modelle sollten dabei immer auch rückgekoppelt werden an basisdemokratische Modelle.

Beim *Youth Leadership Training* geht es um die Entwicklung der Fähigkeit, eigene Projektideen zu entwickeln, diese umzusetzen und andere zur Mitarbeit zu motivieren. Ziel ist es, das vorhandene gesellschaftliche Potenzial zur demokratischen Führung zu mobilisieren und ein selbstkritisches Führungsbewusstsein auszubilden. Der Begriff »Leadership« umfasst das Zusammenwirken einer Reihe kognitiver und affektiver Faktoren. Folgende Fertigkeiten sollen eingeübt werden:

»Formulierung von eigenen Zielen und Visionen und die Entwicklung von Konzepten, Zeit- und Entscheidungsmanagement, Analyse persönlicher Stärken und Schwächen, Persönlichkeitsentwicklung, Kommunikationstraining zur interpersonellen Kommunikation, Moderationstraining, Präsentation und Visualisierung von Ideen, Problemlösung, Öffentliches, freies Sprechen, Planung und Organisation von Veranstaltungen, Mediation und Konfliktlösung: Das Erlernen der Dynamik und der Strategien zur Lösung von Konflikten, Teamentwicklung und Vertrauensbildung: Lernen, wie man Teams bildet, motiviert und stärkt« (Sliwka 2001, S. 47f.).

Bei der Durchführung *demokratischer Wahlen* lernen die Schüler zentrale Schritte eines demokratischen Wahlverfahrens kennen, etwa Festlegung einer Wahlordnung, Wahlkampf, Wahlakt, Erstellung eines Protokolls und Amtseinsetzung. Hier erwerben sie wichtige demokratische Grunderfahrungen (z.B. Akzeptanz der Mehrheitsregel). Die Wahl der Schülervertreter ist ein demokratischer Akt. Die Wahl eines Klassensprechers etwa kann zur Sache der gesamten Klassengemeinschaft werden (vgl. Landesinstitut für Schulentwicklung 2005).

Bei *Lernverträgen* treffen Schüler und Lehrer im Blick auf Lernprozesse bindende Entscheidungen. Lerngegenstände, -zeiten und -leistungen sowie die Kriterien für die Beurteilung von Lernleistungen werden verbindlich vereinbart. Die Schüler wirken hier also auch an der Formulierung ihrer Lernziele mit. Sie tragen die Hauptverantwortung für die Erfüllung des Lernvertrags.

Schüler können in die *Planung und die Evaluation des Unterrichts* einbezogen werden. Sie erfahren sich somit als wichtiger Mitgestalter der Unterrichtsprozesse.

Bei *Schülerfirmen* (Übungsfirmen) handeln Schüler im wirtschaftlichen Kontext. Sie entwickeln eine Geschäftsidee, planen und realisieren wirtschaftliches Handeln. Dabei stehen allerdings pädagogische Absichten im Vordergrund. Ein Heft des BLK-Programms »21« (BLK 21 2002) stellt Merkmale und Formen von Schülerfirmen dar, die im ökologischen Bereich tätig sind (z.B. Verkauf von Produkten aus der »Dritten Welt«). Vor allem Möglichkeiten der Förderung von Partizipationsfähigkeit werden aufgezeigt. Über Schülerfirmen wird in dem Heft im Blick auf die Sekundarstufe I und II informiert.

Verschiedene Studien zeigen, dass Schüler ihre Möglichkeiten der Mitwirkung in der Schule als eher gering wahrnehmen (vgl. Fatke/Meinhold-Henschel 2006, S. 5ff.)

Interkulturelle Kompetenz zeigt sich im angemessenen Umgang mit und in der Akzeptanz von Differenz. Ein kompetenter Umgang mit Differenz (d.h. Toleranz) setzt insbesondere ein Verständnis von Menschenrechten und somit *Menschenrechtsbildung* (Menschenrechtserziehung) voraus (vgl. KMK 2000a).

Der Europarat hat im Rahmen des »Jugendprogramms Menschenrechtsbildung« ein Handbuch zur Menschenrechtsbildung für die schulische und außerschulische Bildungsarbeit vorgelegt, das mittlerweile ins Deutsche übersetzt ist – nämlich »Kompass« (Deutsches Institut für Menschenrechte 2005). Ziel des Handbuchs ist es, das Verständnis für Menschenrechtsthemen zu schärfen (Lernen über Menschenrechte), Kompetenzen und Fertigkeiten für ein menschenrechtsbezogenes Engagement zu vermitteln (Lernen für die Menschenrechte) und Reflexion über die Menschenrechte als ethisch-normative Grundlage für das eigene Handeln zu verankern (Lernen durch Menschenrechte) (vgl. Deutsches Institut für Menschenrechte 2005, S. 18). Darin werden Menschenrechte der 1. Generation (z.B. Recht auf freie Meinungsäußerung, auf politische Mitwirkung), Menschenrechte der 2. Generation (z.B. Recht auf Arbeit) und Menschenrechte der 3. Generation (z.B. Recht auf eine gesunde Umwelt) behandelt. 16 Menschenrechtsthemen werden aufgegriffen, wie etwa Armut, Bildung, Gesundheit und Globalisierung. Das Handbuch enthält 49 praktische Aktivitäten.

Maßnahmen zur Förderung interkultureller Kompetenz beinhalten vor allem die Thematisierung der eigenen Identität. Interkulturelles Lernen hat zum Ziel, Menschen aus verschiedenen Kulturen zusammenzubringen, um dadurch Verständnis und Toleranz für andere Kulturen zu wecken und Fremdenfeindlichkeit zu verhindern bzw. zu verringern. Interkulturelle Projekte sind häufig fächerübergreifend angelegt (vgl. www.institut-fuer-menschenrechte.de).

Einen Ansatz zur Förderung von Toleranz stellt *»Achtung (+) Toleranz«* dar. Neben Perspektivenübernahme, kommunikativen Fähigkeiten und Empathie ist die Förderung von Einsicht in das Prinzip der Toleranz ein wichtiges Ziel. Wissensvermittlung wird mit handlungs- und erfahrungsorientierten Methoden verknüpft. Nach einer Klärung des Begriffs der Toleranz werden anhand von Übungen Vorurteile thematisiert, Formen partnerschaftlicher Kommunikation eingeübt und Planspiele in Bezug auf Bürgerversammlungen durchgeführt.

Zivilcourage beinhaltet die Fähigkeit, bei der Verletzung von Rechten einzelner Personen und von demokratischen Werten aktiv zu werden und unter Gefahren für die eigene Person sich für andere einzusetzen (z.B. bei rechtsextremer Gewalt, Diskriminierung von Minderheiten). Deshalb ist die Vermittlung von Sensibilität für Situationen der Verletzung von Rechten und demokratischen Werten sowie von Wissen über angemessene Handlungsstrategien erforderlich. *Trainings der Zivilcourage* vermitteln diese Fähigkeiten. Mittlerweile gibt es verschiedene Initiativen zur Förderung der Zivilcourage (z.B. die Aktion »Gesicht zeigen«), praxisorientierte Sammlungen von Materialien und wissenschaftlich fundierte Trainingsansätze. Die Bundeszentrale für politische Bildung hat verschiedene Ansätze zum Thema Zivilcourage zusammengestellt (Bundeszentrale für politische Bildung 2004). In dem Werk werden zunächst begriffliche und demokratietheoretische Grundlagen sowie Forschungsergebnisse zu diesem Thema präsentiert. Dann werden Methoden zur Förderung von Zivilcourage in der Schule, aber auch am Arbeitsplatz und in der Gemeinde, aufgeführt (z.B. Maßnahmen zur Stärkung von Selbstbewusstsein, Formen kooperativen Lernens). Das Werk bezieht sich auf alle Jahrgangsstufen. Unter www.zivilcourage.de findet man wichtige Informationen über die Förderung von Zivilcourage.

Förderung von Solidarität erfolgt vor allem im Kontext konkreter politischer Hilfsaktionen.

9.5 Schulleben, Elternhaus, Gemeinwesen, schulische Organisationsstuktur und Lehrkräfte als Ansatzpunkt für die Förderung einzelner demokratischer Kompetenzen

Auf der Ebene von Schulleben, Elternhaus, Gemeinwesen, schulischer Organisationsstruktur und Lehrkräften sind die gleichen Gesichtspunkte relevant wie auf der Ebene von Unterricht und Klasse.

Wichtig ist vor allem eine demokratische Gestaltung der Schule, eine *demokratische Schulkultur*, gekennzeichnet etwa durch Diskussion über politische Themen, demokratisches Sprechen, Anerkennung sozialer Gruppen, Mitsprache von Schülern und Verantwortungsübernahme in demokratierelevanten Kontexten.

Bedeutsam ist auch die Kooperation mit den *Eltern*. Zur Entwicklung demokratischer Kompetenzen trägt es bei, dass Kinder demokratierelevante Erfahrungen (etwa von Deliberation, Anerkennung sozialer Gruppen, Partizipation, Toleranz, Zivilcourage und Solidarität) auch in Elternhaus machen. Die Schule sollte mit den Eltern kooperieren, die ihre demokratiepädagogischen Anliegen unterstützen können. Eine dem Ziel der Demokratieerziehung verpflichtete Schule könnte hier entsprechende Anregungen geben.

Wichtig ist zudem die Kooperation mit dem *Gemeinwesen*. Die Schule sollte mit anderen Schulen, Trägern der Jugendarbeit und weiteren gesellschaftlichen Akteuren zusammenarbeiten (z.B. Kooperationsprojekte mit der Polizei zur Bekämpfung von Rechtsextremismus).

Community Education (Community Service) beinhaltet Projekte im Gemeinwesen, allerdings ohne Bezug zum Unterricht.

Sliwka koordiniert derzeit einen durch die Freudenberg-Stiftung im Herbst 2001 initiierten Pilotversuch zum *Service-Learning* an deutschen Schulen. Service-Learning bedeutet die aktive Teilnahme von Schülern an Projekten in und für ihre Gemeinde, d.h. Dienst (»Service«) für die Gemeinde, der zugleich für schulisches Lernen genutzt wird (»Learning«). Service-Learning fördert vor allem partizipatorisches und solidarisches Handeln. Die intensive Reflexion auf die gemachten Erfahrungen im Unterricht unterscheidet Service-Learning von Ansätzen der »Community Education«. Diese Förderungsstrategie wurde in den 80er-Jahren in den USA entwickelt, vor allem als Reaktion auf die wachsende Politikverdrossenheit und gestützt auf reformpädagogische Konzepte von Dewey und Kilpatrick. Die Projekte des Service-Learning haben vor allem folgende Merkmale:

- Sie reagieren auf vorhandene Probleme in der Gemeinde.
- Sie setzen praktisches Handeln voraus.
- Als Projekte sind sie durch die Mitbestimmung der Schüler gekennzeichnet.
- Sie werden in enger Zusammenarbeit zwischen Schule und Partnern in der Gemeinde durchgeführt.
- Sie sind an zentraler Stelle in das Schulcurriculum integriert, d.h. Erfahrungen beim Dienst in der Gemeinde werden im Unterricht reflektiert.
- Sie bieten die Möglichkeit, in der Schule erlernte Fähigkeiten in realen Problemsituationen anzuwenden.

Projekte des Service-Learning sollten indes eine politische Dimension aufweisen, sonst sind sie nicht mehr als Formen sozialen Lernens.

Ein Projekt des Service-Learning beginnt für gewöhnlich mit einer Phase der Recherche. Schüler erforschen ihr Umfeld und identifizieren dabei wichtige Probleme der Gemeinde (z.B. Obdachlosigkeit, einsame ältere Bürger, Mangel an kulturellen Angeboten, Probleme der Müllentsorgung). In der zweiten Phase wählen sie ein Problem aus und entwickeln in Teams Ideen zur Lösung des Problems, wobei sie eng mit Partnern in der Gemeinde, staatlichen und zivilgesellschaftlichen Organisationen kooperieren. Im Unterricht erlernen die Schüler dann die für die Umsetzung des Projekts erforderlichen Fähigkeiten und reflektieren ihre Lernprozesse. Dabei erhalten sie im Prozess der Umsetzung Rückmeldungen von externen Partnern in der Gemeinde und von Lehrern. Eine in regelmäßigen Abständen durchgeführte Evaluation am Ende des Projekts bietet zusätzliche Möglichkeiten für Lernen und Reflexion.

Während das Service-Learning in Deutschlands Regelschulen neu ist, wird es in den USA in mehr als 60 Prozent aller Schulen und bereits in etwa 80 Prozent aller weiterführenden Schulen angeboten. Mehr als die Hälfte der Schüler nutzen dieses Angebot (vgl. Sliwka/Frank 2004).

Das Buch von Koopmann (2001) ist eine überarbeitete Fassung eines bewährten Buchs des »Center for Civic Education« zum Service-Learning. Dieser Service-Learning-Ansatz soll vor allem zur Entwicklung von Partizipationsfähigkeit beitragen und sich für 12- bis 19-Jährige eignen.

Service-Learning-Projekte geben den Schülern die Gelegenheit zur Übernahme persönlicher Verantwortung für soziale Belange. Solche Erfahrungen haben einen positiven Einfluss auf die Entwicklung ihrer politischen Handlungskompetenzen. Es liegen zwar noch keine Längsschnittstudien zum Service-Learning vor, aber eine Reihe von Querschnittstudien zeigen, dass etwa die Lernmotivation, Planungsfähigkeit und Verantwortungsübernahme durch die Teilnahme an solchen Projekten gefördert werden (vgl. Sliwka/Frank 2004; vgl. auch www.civic-s.de).

Auch Aspekte der *schulischen Organisationsstruktur* (Schulmanagement und Schulprogramm) sind Ansatzpunkte. Bedeutsam ist die partizipative Entwicklung eines demokratischen Schulprogramms und die Nutzung von Audit-Verfahren zur Bewertung des Schulentwicklungsprozesses. Eine Steuergruppe sollte vorhanden sein (vgl. de Haan/Edelstein/Eikel 2007).

Relevant ist die demokratiepädagogische Fortbildung der *Lehrkräfte*, die Entwicklung von Teamstrukturen und kollegiales Feedback. Die Lehrer sollten über demokratische Kompetenzen verfügen; entsprechende Qualifizierungsmaßnahmen sind erforderlich.

10. Programme zur schulischen Demokratieerziehung

Wie die Programme der Moralerziehung entstanden die Programme der Demokratieerziehung vor allem im Kontext der Pädagogik. Einige Ansätze zur Sozial- und Moralerziehung richten sich auch auf Demokratieerziehung. Der Ansatz der Just-Community-School und das Programm von Lickona beispielsweise zielen auch auf den Aufbau demokratischer Tugenden. Aus demokratieerzieherischer Perspektive haben diese Ansätze aber enge Grenzen. Im BLK-Programm »Demokratie lernen & leben« hingegen kommen umgekehrt neben genuin demokratieerzieherischen Methoden sozial- und moralerzieherische Methoden zum Einsatz, zum Beispiel Förderung sozialer Kognitionen, Mediation, kooperatives Lernen, Projektdidaktik und Diskussion moralischer Dilemmata.

10.1 Deutsche Programme

In den letzten Jahren entstanden in Deutschland verschiedene demokratieerzieherische Initiativen und Projekte. Einige werden hier aufgeführt.

Manche Programme verfolgen einen ehrgeizigen Anspruch. Diesen geht es darum, nicht nur internationale demokratieerzieherische Ansätze zu rezipieren, sondern auch sozial- und moralerzieherische Ansätze in die Konzepte zu integrieren. Das BLK-Programm »Demokratie lernen & leben«, das Programm »Gestaltung und Öffnung von Schule« (GÖS), die Ansätze von Schirp, Reinhardt, Himmelmann und Landesinstitut für Schulentwicklung sowie das BLK-Programm »21« sind in diesem Zusammenhang zu nennen, wobei die Reformkonzepte von Schirp, Reinhardt und Himmelmann mit dem BLK-Programm »Demokratie lernen und leben« verbunden sind. Entsprechende integrative Ansätze wurden hierzulande aber nur selten entwickelt bzw. in den Schulen umgesetzt.

Im BLK-Programm *»Demokratie lernen & leben«* wurden neben politischen Kompetenzen soziale und moralische Kompetenzen gefördert, die als wichtige Komponenten demokratischer Handlungskompetenz verstanden werden. Das andere zentrale Ziel des Programms war die Entwicklung einer demokratischen Schulkultur. Das breit angelegte Konzept der Demokratiebefähigung erforderte ein differenziertes System von Strategien zur Förderung entsprechender Fähigkeiten; eine große Zahl von Ansätzen kam zum Einsatz (vgl. Tab. 10.1).

Schulform	Haupt-schule	MBG	Real-schule	Gesamt-schule	Gymna-sium	berufsb. Schule	Grund-schule	Förder-schule	Σ
Anzahl der Schulen	11	29	8	23	31	16	24	10	152
Schüler als Streitschlichter	8	10	3	6	8	0	10	4	49
Kooperationen mit außer-schulischen Partnern	3	6	3	7	10	5	8	3	45
SV-Arbeit	5	9	3	12	10	2	2	2	45
Konfliktbearbeitung	1	3	0	5	6	9	8	5	37
Klassenrat	5	4	3	3	7	0	10	1	33
Elternpartizipation	2	4	2	4	4	0	11	2	29
Kooperatives bzw. Soziales Lernen	2	5	0	7	2	1	6	5	28
Projektlernen	1	7	3	4	8	4	1	0	28
Demokratische Erarbeitung des Schulprogramms	2	4	0	3	6	4	5	2	26
Schülerbeteiligung	2	3	2	5	5	2	2	2	23
Kontrakte schließen bzw. Vereinbarungskultur	2	3	0	4	4	1	4	2	20
Service Learning bzw. Ver-antwortung übernehmen	4	2	4	3	4	1	2	0	20
Training soz. Kompetenzen	0	2	1	3	3	3	2	4	18
Geschichtsprojekte	0	2	2	2	6	1	1	1	15
Schulversammlung	0	3	0	0	2	1	7	1	14
Selbstwirksamkeit	1	6	0	3	3	0	1	0	14
»Demokratie« als Teil des Schulprogramms	0	2	0	0	3	3	4	1	13
Feedbackkultur	1	2	0	1	3	2	1	2	12
Lehrer als Mediatoren	0	1	0	3	1	6	1	0	12
Zivilcouragetraining	1	4	0	0	1	4	0	1	11
Schülerfir-men/Schülerparlament	2	1	1	1	2	0	0	3	10
interkulturelles Lernen	0	2	0	1	4	2	0	0	9
Partizipation in d. Gemeinde	0	1	1	0	3	1	2	0	8
Zukunftswerkstatt	0	2	0	1	1	1	2	0	7
Bilanzierungskonferenz	0	5	0	0	0	1	0	0	6
Menschenrechte und/oder Kinderrechte	0	0	0	1	3	0	1	0	5
verständnisintensives Lernen	1	1	0	0	1	1	1	0	5
Lernwerkstatt	0	2	1	0	0	0	1	0	4
Werte- und Moralentwicklung	0	3	0	0	1	0	0	0	4
Deliberation	0	1	0	1	1	0	0	0	3
Community Education	1	0	0	0	0	0	0	0	1
Friedenspädagogik	0	0	0	1	0	0	0	0	1

Tab. 10.1: Aufschlüsselung von Maßnahmen im BLK-Programm Demokratie lernen und leben nach Schularten (Abs/Roczen/Klieme 2007, S. 20)

Im BLK-Programm »Demokratie lernen & leben« wurden ein kompetenztheoretischer Rahmen entwickelt, die Bedeutung von innovativen Lernmethoden (Modul 1 und Modul 2), von Schulleben (Modul 3) und Schulöffnung (Modul 4) betont sowie die Schulautonomie bzw. Qualitätssicherung und die Professionalität der Lehrer und Schulleiter ins Blickfeld gerückt. Bereits zu Beginn des Programms wurden ein relativ differenziertes Konzept demokratischer Kompetenz formuliert, neben spezifisch demokratieerzieherischen Ansätzen einige Ansätze zur Förderung sozialer und moralischer Kompetenzen berücksichtigt, verschiedene internationale und strukturgenetisch-konstruktivistische Förderungsansätze der Piaget-Tradition rezipiert und ein breit angelegtes Programm für die Lehrerfortbildung zum Bereich der Demokratieerziehung erstellt.

Die am Modellversuch teilnehmenden Schulen konnten eines der vier Module wählen, sie konnten aber auch modulübergreifend arbeiten. Sie waren über ein »Netzwerk« innerhalb eines Bundeslandes miteinander verknüpft, wobei jedes Netzwerk 6 bis 8 Schulen umfasste. Dabei gab es in einem Bundesland für gewöhnlich mehrere Netzwerke.

Von dem in einem Netzwerk zusammengefassten Schulen wurden bestimmte Kooperationsformen erwartet, d.h. jede Schule konnte zwar ihre Präferenzen formulieren, eine gewisse Konvergenz sollte freilich in einem Netzwerk begünstigt werden. Fortbildung erschien auch für einen Transfer der Ergebnisse über das Programm hinaus erforderlich. Fortbildung wurde im BLK-Programm deshalb auf drei Ebenen angeboten: Zum ersten schulinterne Fortbildung auf Netzwerkebene (regionale Fortbildung), welche die Fort- und Weiterbildungsbedürfnisse in den beteiligten Schulen befriedigt; zum zweiten Fortbildung über mehrere Netzwerke bzw. Länder hinweg; zum dritten Ausbildung von Multiplikatoren (»Berater für Demokratiepädagogik«), die die im BLK-Programm relevanten pädagogischen Ansätze weitergeben und so einen Transfer über das Programm hinaus gewährleisten sollten.

Die dem BLK-Programm zugrunde liegende didaktische Position bezeichnen dessen Akteure als »Demokratiepädagogik«. Vor allem die Orientierung am Konzept der Zivilgesellschaft, die Differenzierung zwischen Demokratie als Regierungs-, Gesellschafts- und Lebensform und die Unterscheidung von unterschiedlichen Ebenen des Demokratie-Lernens charakterisieren diese Position:

- Demokratieerziehung erscheint gerade angesichts des rapiden gesellschaftlichen Wandels erforderlich. Eine Antwort auf die risikovollen Veränderungen der gesellschaftlichen Strukturen ist die Zivilgesellschaft (Bürgergesellschaft) – die durch Kommunikations- und Kooperationsprozesse bestimmte Gemeinschaft aktiver Bürger (vgl. Beutel/Fauser 2007).
- Gerade im Rahmen einer Zivilgesellschaft bedarf es der Verankerung der Demokratie sowohl als Regierungsform als auch als Gesellschafts- und Lebensform (vgl. Himmelmann 2005a). Demokratie als Regierungsform bezieht sich auf staatliche Institutionen und die Verfassung. Demokratie als Gesellschaftsform bedeutet die demokratische Gestaltung des Lebens in Verbänden, Gemeinden und Initiativen. Demokratie als Lebensform meint gelebte Demokratie im

Alltag (z.B. in Familie und Schule). Demokratieerziehung muss sich, so die Vertreter der Demokratiepädagogik, auf alle drei Ebenen von Demokratie erstrecken.

- Leitend ist zudem die im europäischen Diskurs über Demokratie-Lernen eingeführte Unterscheidung zwischen Wissen über die Demokratie, Kompetenzen für die Demokratie und Lernen durch Demokratie (Bierca et al. 2004). Das BLK-Programm zielt vorrangig auf Kompetenzen für die Demokratie, und zwar mittels Lernen durch Demokratie; eine zentrale Annahme ist, dass Kenntnisse über die Demokratie und Kompetenzen für die Demokratie durch Prozesse des Lernens durch Demokratie erworben werden. Demokratiepädagogik stelle ein Repertoire von Lerngelegenheiten dar, die den Erwerb von demokratischer Handlungsfähigkeit und demokratische Schulqualität ermöglichen.

Das von der Evaluationsabteilung entwickelte Konzept demokratischer Kompetenzen wurde in der Arbeitsgruppe »Qualität« überarbeitet. Auch das Konzept demokratischer Schulqualität erfuhr in dieser Arbeitsgruppe eine Neubestimmung, wobei die skizzierten Entwicklungen in der pädagogischen Diskussion Berücksichtigung fanden – insbesondere die von den Bundesländern entwickelten Standards für Schulqualität. Zudem wurde in der Arbeitsgruppe ein Rahmen für die Entwicklung demokratischer Schulqualität formuliert – mit Schulprogramm und Audit-Verfahren zur Selbstbewertung als wichtigen Elementen (vgl. de Haan/Edelstein/Eikel 2007).

Das Fortbildungsangebot des Modellversuchs ist allmählich erweitert worden. Es gab im Modellversuch programminterne länderübergreifende Fortbildung, programminterne regionale Fortbildung und Multiplikatorenausbildung (»Berater für Demokratiepädagogik«). Die programminterne länderübergreifende Fortbildung umfasste auch die Förderung einiger Aspekte sozialer Kompetenz (Förderung von Selbstwirksamkeit, Mediation und kooperatives Lernen) sowie einiger Aspekte moralischer Kompetenz (Umgang mit schwerer Gewalt). Daneben gab es insbesondere folgende demokratiepädagogischen Inhalte: verständnisintensives Lernen, Civic Education, Partizipation/Mädchen und Jungen beteiligen, Zivilcourage, Service-Learning, Kooperation zwischen Schule und Jugendhilfe sowie Selbstevaluation. Die programminterne regionale Fortbildung enthielt ähnliche Angebote. Die Ausbildung der »Berater für Demokratiepädagogik« erfolgte in acht Förderungsbereichen: Förderung von Selbstwirksamkeit, Mediation, Projektdidaktik, Werte- und Moralerziehung, verständnisintensives Lernen, Civic Education (Demokratisches Sprechen, Partizipation, Service-Learning), Training interkultureller Kompetenz sowie Training von Zivilcourage. Zugleich gab es drei Prozessmodule, die die Beraterkompetenz verbessern sollten. Die ca. 200 Stunden dauernde Multiplikatorenausbildung bezog sich also auch auf einige Aspekte sozialer und moralischer Kompetenz. Die Berater für Demokratiepädagogik sollten zusätzlich vor allem folgende Fähigkeiten erwerben:

- differenziertes Wissen um die demokratiepädagogisch relevanten Entwicklungs-
  prozesse von Kindern und Jugendlichen und um die entsprechenden Sozialisa-
  tionsprozesse,
- Einordnung der eigenen Tätigkeit in internationale Entwicklungen,
- Fähigkeiten im Umgang mit administrativen Strukturen,
- Fähigkeit zur Selbstreflexion als Berater für Demokratiepädagogik.

Es wurden etwa 130 Berater für Demokratiepädagogik ausgebildet. Für die Ausbildung war das »Landesinstitut für Schule und Medien« in Brandenburg zuständig.

Das BLK-Programm machte also demokratiepädagogisch relevante Ansätze zugänglich, suchte durch die Anwendung dieser Ansätze dazu beizutragen, dass sich
einzelne Schulen entwickeln, leistete Fortbildung, Beratung und Unterstützung und
untersuchte die Wirkung einzelner pädagogischen Ansätze.

Das BLK-Programm stieß zum Teil auf großen Widerstand in der Politikdidaktik. Die bisher differenzierteste Kritik am Programm legte Sander (2007b) vor. Dieser betrachtet die meisten Förderungsansätze des Programms als Ansätze sozialen
Lernens und nicht als Ansätze demokratischen Lernens. Die propagierten Zugänge
sozialen Lernens seien allerdings durchaus wünschenswert; das Programm mache
»das Richtige unter den falschen Begriffen« (Sander 2007b, S. 81). Vor allem folgende Einwände wurden gegen das BLK-Gutachten von Edelstein und Fauser bzw.
gegen das Programm vorgetragen:

- Die Arbeiten der Politikdidaktik werden im Rahmen des Modellversuchs insgesamt kaum rezipiert bzw. erwähnt.
- Von der heutigen Politikdidaktik wird ein falsches Bild gezeichnet. Ihr wird zu
  Unrecht ein einseitiges Konzept, nämlich das Konzept eines gedächtnisbezoge-
  nen Unterrichts, zugeschrieben. Verständnisintensives politisches Lernen sowie
  partizipationsorientierte Strategien sind durchaus Bestandteil der politikdidaktischen Diskussion. Die zentralen Ideen des Programms sind somit keineswegs
  neu (vgl. partizipationsorientierte Strategien der Reeducation nach dem zweiten
  Weltkrieg sowie einige Ansätze zum Demokratie-Lernen in den 60er-Jahren).
- Das Programm betont einseitig soziales und moralisches Lernen und vernachlässigt den politischen Fachunterricht bzw. kognitive politische Kompetenzen (zu
  starke pädagogische Orientierung, Abkopplung von der Politologie). Soziales
  und moralisches Lernen stellt noch kein politisches Lernen dar. Das Programm
  sei deshalb nicht so sehr als ein Ansatz zum Demokratie-Lernen, sondern eher
  als ein Ansatz zur Schulentwicklung zu verstehen.
- Die demokratietheoretischen Grundlagen des Programms sind unklar. So bleibt
  das Verhältnis von Politik und Demokratie ungeklärt.
- Das Programm ist unter demokratietheoretischen Gesichtspunkten mit Illusionen
  belastet. Der dort als Ziel von Bildung vorausgesetzte Aktivbürger ist ein über-
  zogenes Bürgerideal. Dieses überzogene Konzept ist bereits in den 60er- und
  70er-Jahren gescheitert.

Die Kritik am BLK-Programm ähnelt der Kritik an Formen eines handlungsorientierten Politikunterrichts.

Häufig wird vonseiten des BLK-Programms die Auffassung vertreten, dass sich die Politikdidaktik im Wesentlichen noch am klassischen Modell von Instruktion (z.B. gedächtnisbezogener Frontalunterricht) orientiert. Mittlerweile sind aber auch viele Politikdidaktiker – wie im BLK-Programm – um eine Kompetenzorientierung und um innovative Unterrichtsmethoden bemüht. Verschiedene Politikdidaktiker in Deutschland (z.B. Henkenborg, Grammes, Reinhardt, Sander) nehmen demokratiepädagogische Bemühungen ernst. Sie distanzieren sich von einem Instruktionsmodell politischer Bildung, das sich als nicht sehr effektiv erwiesen hat.

Eine zentrale Aufgabe bei der Umsetzung des BLK-Modellversuchs bestand darin, die Einführung von Reformprogrammen zu optimieren. Auch wenn Lehrern in ihrer Aus- oder Fortbildung bewährte Instrumente vorgestellt werden, wenden sie diese in der schulischen Praxis nur selten an. Reformeffekte zeigen sich meist nur in solchen Schulen, die »sich schon auf dem Weg« befinden, in denen sich also schon engagierte Lehrer finden, die sich gern an Reformprogrammen beteiligen. In »guten Schulen« besteht generelle Reformbereitschaft.

Die Wirksamkeit der im BLK-Programm eingesetzten demokratieerzieherischen Maßnahmen wurde im Rahmen einer Evaluation überprüft, die das »Deutsche Institut für Internationale Pädagogische Forschung« vornahm (Abs/Roczen/Klieme 2007). Es zeigte sich, dass die demokratieerzieherischen Maßnahmen kaum Wirkungen bei den Schülern hatten.

Im Rahmen dieses BLK-Programms wurde die »Deutsche Gesellschaft für Demokratiepädagogik« (DeGeDe) gegründet. Die DeGeDe soll zivilgesellschaftliche Handlungsaktivitäten und Akteure im Feld der Demokratieerziehung (der »Demokratie-Erziehung«) vernetzen und mobilisieren sowie den Transfer der Ergebnisse des BLK-Programms ermöglichen (www.degede.de).

Der Ansatz der Gerechten Schulgemeinschaft wurde in Deutschland wie erwähnt hauptsächlich in NRW angewendet. In diesem Bundesland wurde 1988 in Zusammenarbeit von Kultusministerium und »Landesinstitut für Schule und Medien« auch das Rahmenkonzept *Gestaltung und Öffnung von Schule* (GÖS) entwickelt, in dem verschiedene pädagogische Methoden zum Einsatz kamen. Im Unterschied zu Just-Community-Schools wurde die Notwendigkeit der Öffnung von Schule betont. Der Reformansatz war aber nicht so radikal angelegt wie derjenige der Gerechten Schulgemeinschaft; traditionelle Strukturen mussten nicht verändert werden. Vier Handlungsfelder wurden unterschieden: »Unterricht«, »Schulleben«, »Schule und Umfeld« sowie »Schule als Begegnungsstätte«. Tab. 10.2 beschreibt für GÖS die Beziehungen zwischen schulischen Handlungsfeldern, Gestaltungsintentionen und bestehenden unterrichtspraktischen Ansätzen. Diese Tabelle ist einer Skizze aus dem Entwurf des Rahmenkonzepts von GÖS entnommen, die das Kultusministerium des Landes NRW 1988 vorlegte.

Handlungsfelder			
individuelle Förderung, soziale Koedukation, fächerübergreifendes Arbeiten, gemeinwesenorientiertes Lehren und Lernen			
Unterricht	Schulleben	Schule und Umfeld	Schule als Begegnungsstätte
Ziele und Intentionen • Stärkere Berücksichtigung der Lebenssituationen und Lernbedingungen der Schüler • Verknüpfung von Fächerprogrammen und außerschulischen Angeboten • Fächerübergreifendes Arbeiten als Hilfe zum Verständnis von komplexer Wirklichkeit • Kooperatives, soziales Lernen • Verbesserung kooperativer Lehrformen	• Stärkung der sozialen Beziehungen der Schüler/innen, Lehrer/innen und Eltern • Schule als Ort politisch-sozialer Grunderfahrungen • Förderung der Urteils- und Entscheidungsfähigkeit • Konkretisierung des Erziehungsauftrags der Schule	• Verstärkung von Motivationen und Interessen • Förderung der Wahrnehmung des lebensweltlichen Umfeldes • Erschließung neuer Anregungen, Lerngegenstände, Angebote • Aktivitäts- und Kreativitätsförderung • Vermittlung authentischer Erfahrungen	• Kulturelles gesellschaftliches Leben in der Schule • Begegnungen mit (inter-)kulturellen, künstlerischen, politischen ... Traditionen und Entwicklungen • Anregungen zur Selbstständigkeit, zu Eigenproduktionen • Verknüpfung außerschulischer Angebote und Aktivitäten mit schulischem Lernen
Bestehende Ansätze dazu • Schulinterne Lehrpläne • Umfeldorientierte Curricula • Koordinierte Lernfelder • Projektarbeit • Vorhaben zur Erschließung der Lebenswelt • Kooperation der Lehrer • Schulprogramme • Sportprogramme	• Beteiligung der Eltern und Schüler/innen an schulischen Entscheidungen und Entwicklungsplanungen • Partizipation der Schüler/innen an innerschulischen Regelungen und Entscheidungen • Ausbau des außerunterrichtlichen Schulsports • Ausbau des Schullebens, Feste und Feiern • Dokumentation und Ausstellungen	• Landesprogramme Talentsuche, Talentförderung, Gesundheitserziehung • Kontakte mit Betrieben, Institutionen, sozialen Gruppen ... • Projekte zur Erforschung der eigenen lebensweltlichen Bedingungen (soziale, historische, ökologische ...) • Wahrnehmung der (inter-)kulturellen, politischen, sozialen Möglichkeiten zur »Auseinandersetzung«	• Kontakt zwischen Schulen (z.B. schulsportliche Begegnungen) • Schule als Nachbarschaftsschule • Soziale, kulturelle, musische, freizeitorientierte Begegnungsstätte für alle • Schule als Forum für Diskussion über soziale, politische, kulturelle ... Entwicklungen in der Gemeinde • Schule als Partner von Vereinen, Gruppen, Initiativen • Schule als Partner von Sportvereinen

Tab. 10.2: Beziehungen zwischen schulischen Handlungsfeldern, Gestaltungsintentionen und bestehenden unterrichtspraktischen Ansätzen (zit. nach Schirp 1996, S. 22)

Hinsichtlich handlungsbezogener Strategien kann man auf eine Fülle von Materialien des Programms »Gestaltung und Öffnung von Schule« zurückgreifen. Es gibt ca. 150 Projekte im Rahmen des GÖS-Programms. Einige Schulen haben über Jahre hinweg spezifische Traditionen der Verantwortungsübernahme entwickelt.

Vor allem das Unterrichtsfach »Praktische Philosophie« in NRW, der die Gestaltung des Schullebens akzentuierende Ansatz der Gerechten Schulgemeinschaft (DES) und das Programm »Gestaltung und Öffnung der Schule (GÖS)« bildeten in den 80er- und 90er-Jahren den Hintergrund der Position von *Schirp*. »Reflexion« (Unterrichtsfach »Praktische Philosophie«), »Gestaltung des Schullebens« (DES, GÖS), »Öffnung von Schule« (GÖS) sind deshalb die Grundbegriffe seiner pädagogischen Perspektive (vgl. Schirp 1997). Diese Perspektive hat er auch für Fragen der Gewaltprävention nutzbar gemacht (vgl. Schirp 1999). Zudem hat er das konstruktivistische Lernkonzept um neurobiologische Gesichtspunkte erweitert.

Ab Anfang 2000 war auch das BLK-Programm »Demokratie lernen & leben« für Schirp bedeutsam – Fragen der Demokratieerziehung gewannen nun einen zentralen Stellenwert. Schirp unterscheidet zwischen sozial-interaktiven, moralisch-reflexiven und politisch-partizipativen Kompetenzen. Die Notwendigkeit sozial-interaktiver Kompetenzen begründet er mit der zunehmenden sozialen Exklusion, die Notwendigkeit moralisch-reflexiver Kompetenzen mit der wachsenden Vielfalt von Werteorientierungen und die Notwendigkeit demokratischer Kompetenzen mit der zunehmenden Undurchsichtigkeit politischer Planungsprozesse (vgl. Schirp 2007). In den Grundzügen bestimmt Schirp entsprechende Niveaus der Kompetenzentwicklung (vgl. Schirp 2005).

Schirp betont wie Kohlberg die Bedeutung der Reflexion moralischer Normen und Werte, der Partizipation und der Verantwortungsübernahme durch Handeln, weist aber im Unterschied zu Kohlberg auch auf die Notwendigkeit der Öffnung der Schule gegenüber der Gemeinde hin: Im Hinblick auf die Diskussion moralischer Dilemmata und Normen (»Wertereflektierende Lerngemeinschaft«), Aspekten der Partizipation (»Soziale Strukturen und Modelle«) sowie Aspekten der Verantwortungsübernahme durch Handeln (»Handlungsräume und Kooperationen«) hält er jeweils neben Unterricht und Schulleben die Kooperation mit dem Gemeinwesen als zentrale Ebenen wertebezogener Erziehung fest (vgl. Schirp 2003).

In Deutschland bemühte sich auch *Reinhardt* im Rahmen einer strukturgenetisch-konstruktivistischen Perspektive um einen breiten Ansatz zur Demokratieerziehung. Reinhardt betonte als einer von wenigen Autorinnen und Autoren zunächst die Bedeutung der moralischen Urteilsstufen und von Dilemmadiskussionen für die Entwicklung der Demokratiekompetenz (vgl. auch Detjen 2000). Sie schlägt heute vor dem Hintergrund eines breiten Konzepts von Demokratiekompetenz (vgl. 3.3) eine Vielzahl von Förderungsstrategien vor, die auch soziale und moralische Aspekte beinhalten (etwa Anerkennung des Schülers durch den Lehrer, demokratische Mitbestimmung) (vgl. Krüger/Reinhardt et al. 2002; Reinhardt 1999; 2005).

Himmelmann hat das Konzept des Demokratie-Lernens differenziert ausformuliert (vgl. Himmelmann 2005). Er betont, dass im Rahmen der politischen Bildung eine Schwerpunktverlagerung hin zum sozialen und moralischen Lernen anzustreben ist. Das in der Nachkriegszeit von den Amerikanern angewendete Programm der Reeducation, das sich insbesondere auf die Erziehungsphilosophie von Dewey (Dewey 1984) stützt, verfolgte bereits ähnliche Ziele. Für Himmelmann bedarf Politik-Lernen der Ergänzung durch den Erwerb von auf das eigene Selbst bezogenen Fähigkeiten sowie von sozialen und moralischen Fähigkeiten. Politik-Lernen habe seinen Platz vorwiegend in der Sekundarstufe II, wohingegen in der Grundschule und in der Sekundarstufe I insbesondere die auf das eigene Selbst gerichteten Fähigkeiten sowie die sozialen und moralischen Fähigkeiten als Voraussetzungen demokratischer Handlungskompetenz zu vermitteln wären. Mittlerweile nimmt er eine Vierteilung des Demokratie-Lernens vor: Demokratie als Lebensform, als Gesellschaftsform, als Herrschaftsform und als globales Projekt. In der Beziehung zwischen Lehrkräften und Schülern sowie in der Beziehung zwischen Schülern in der Klasse seien Formen des demokratischen Umgangs wichtig, und in der Schule sollte ein demokratisches Schulklima herrschen. Projekte demokratischen Handelns seien die beste Lernform.

1999 vereinbarten 19 Hauptschulen im Bereich des Staatlichen Schulamtes Reutlingen die Einführung des Projekts *Demokratische Erziehung in Unterricht und Schulleben*. Dieses Projekt enthält mittlerweile folgende Elemente: Rollenspiele, Förderung sozialer Kompetenzen, Streitschlichtung/Mediation, Diskussion moralischer Dilemmata, Klassenrat, Jahrgangs- und Schulversammlungen, SMV, Schülerrat, Kohlbergs Just-Community-Ansatz, Service-Learning, Vernetzung mit der Gemeinde, Schulprogramme. Ausgangspunkt des Projekts waren die Probleme der Schülermitverwaltung (Landesinstitut für Schulentwicklung 2005; Oberschulamt Tübingen 2002).

Im BLK-Programm 21, das »Bildung für eine nachhaltige Entwicklung« zum Ziel hat, wurde das Konzept der Demokratiekompetenz im Hinblick auf einen bestimmten Bereich politischer Bildung konkretisiert. »Nachhaltige Entwicklung« meint, die gesellschaftlichen Entwicklungsprozesse so zu gestalten, dass sie die Lebensbedürfnisse der Menschen in anderen Regionen der Welt und der zukünftigen Generationen nicht beeinträchtigen (vgl. de Haan 2004; de Haan/Harenberg 1999). Globale Gerechtigkeit und Schutz der natürlichen Umwelt waren die zentralen Ziele dieses pädagogischen Ansatzes. BLK 21 zielte auf die Verankerung der Bildung für eine nachhaltige Entwicklung in der schulischen Praxis sowie auf die Vermittlung von Gestaltungskompetenz. Das Konzept der »Gestaltungskompetenz« wurde eingeführt, um die Fähigkeiten zu kennzeichnen, die für einen Beitrag zur nachhaltigen Entwicklung erforderlich sind. Dieses Konzept lässt sich (bezüglich demokratischer Fähigkeiten) nach kognitiven, kommunikativen, emotionalen sowie handlungsstrukturierenden Fähigkeiten differenzieren. Kognitive Fähigkeiten umfassen »vorausschauendes Denken« (das es erlaubt, mögliche Entwicklungen für die Zukunft zu entwerfen), »weltoffenes Denken« (mit dem sich weltweite Wirkungszusammenhänge erfassen lassen), »interdisziplinäres Herangehen« sowie die »Fähigkeit zur distanzierten Reflexion über individuelle und kulturelle Leitbilder«. »Verständigungskompetenz und Fähigkeit zur Kooperation« stellt eine kommunikative Fähigkeit dar. Emotionale Fähigkeiten sind die »Fähigkeit zur Empathie und Solidarität« sowie die »Fähigkeit, sich und andere zu motivieren«. »Planungs- und Umsetzungskompetenz« sowie Aspekte der »Partizipationskompetenz« stellen handlungsstrukturierende Fähigkeiten dar. Das Konzept beinhaltet auch soziale Kompetenzen (speziell Aspekte von »Verständigungskompetenz und Fähigkeit zur Kooperation«) sowie moralische Kompetenzen (speziell Aspekte von »Fähigkeit zur Empathie und Solidarität«). Ähnliche Förderungsansätze wie im BLK-Programm »Demokratie lernen & leben« wurden angewendet. Die Ziele des BLK-Programms »21« wurden weitgehend erreicht. Im Moment wird ein Transferkonzept umgesetzt (»Transfer 21«).

Manche Programme sind nicht so anspruchsvoll angelegt wie das BLK-Programm »Demokratie lernen & leben«, das GÖS-Programm, die Programme von Schirp, Reinhardt, Himmelmann, Landesinstitut für Schulentwicklung und das BLK-Programm »21«, – etwa »Jugend übernimmt Verantwortung«, »Demokratisch Handeln«, »Projekt P – misch dich ein«, »Youth Bank – More than Money« und »Berliner FreiwilligenPass«.

- In dem Programm *Jugend übernimmt Verantwortung* der »Stiftung Brandenburger Tor« lernten Schüler, Verantwortung zu übernehmen, politische Handlungsfähigkeiten und Tugenden zu entwickeln. In diesem Programm wurden vorbildliche Schülerprojekte mit sozialen, wirtschaftlichen und künstlerischen Zielen prämiert. Seit 1999 wurden mehr als 1200 eingereicht. Das Programm wurde im Jahre 2005 nach sieben Jahren Laufzeit abgeschlossen (vgl. Stiftung Brandenburger Tor der Bankgesellschaft Berlin 2004).

- Das Programm *Demokratisch Handeln* (vgl. Beutel/Fauser 2001) ist ein Wettbewerb mit jährlicher Ausschreibung für schulische, aber auch außerschulische Projekte, die beispielhaft sind für demokratisches Handeln. Der Wettbewerb wird seit 1989 ausgeschrieben. Partner sind die Theodor-Heuss-Stiftung und die Akademie für Bildungsreform. Auf Basis der Ausschreibung versucht das Programm, Projekte aufzugreifen, zu dokumentieren, zu stabilisieren, zu verstärken und seine demokratiepädagogischen Erträge zu multiplizieren. Es geht um ein Lernen durch Erfahrung und Handeln, das sich auf Themen und Formen einer zivilgesellschaftlichen Demokratie bezieht. Die vier wesentlichen Aspekte der Qualitätssicherung des Programms kann man wie folgt skizzieren:
  - Ein interdisziplinärer Fachbeirat (bzw. Jury) aus 40 bis 50 Personen nimmt die pädagogische Auswertung und qualitätsbezogene Einschätzung der Projekte vor.
  - Projektentwicklung und Projektrealisierung werden beraten und begleitet.
  - Es finden Regionalberatungen durch Personen aus Schule und Fortbildung statt.
  - Das Förderprogramm wird wissenschaftlich begleitet und evaluiert.
  Bisher wurden fast 3.000 Projekte eingereicht. Weitere Informationen sind unter www.demokratisch-handeln.de zu finden.

- *Projekt P – misch dich ein* wird von mehreren Institutionen getragen, unter anderem von der Bundeszentrale für Politische Bildung. »Projekt P« unterstützt das politische Engagement von Kindern und Jugendlichen. Es ist ein Wettbewerb zu politischen Partizipationsprojekten, die die Jugendlichen selbst zu bewerten haben; dieser Bewertungsprozess wird durch die Jugendliche gesteuert und inhaltlich ausgefüllt. Die Initiative umfasst mehr als zweihundert Einzelprojekte (z.B. Peer-Jury-Wettbewerbs »bite 05«, Festival für junge Politik »Berlin 05«, Einführung einer antirassistischen Agenda durch Jugendliche in städtischen Strukturen) (vgl. www.projekt-p.de).
- *Youth Bank – More than Money* ist eine Gemeinschaftsinitiative von der Deutschen Kinder- und Jugendstiftung (DKJS), Deutscher Bank Stiftung und Servicestelle Jugendbeteiligung. Die an diesem Programm teilnehmenden Gruppen von drei bis zehn Jugendlichen helfen Altersgenossen in ihrem Umfeld bei der Umsetzung von Ideen mit Know-how, Infrastruktur, Motivation und Geld. Die Fördersummen für die Jugendprojekte liegen zwischen 50 und 400 Euro. Die Jugendlichen agieren eigenständig wie eine kleine Stiftung. Zivilgesellschaftliche (demokratische) Kompetenzen werden hier durch zivilgesellschaftliches Engagement erworben (vgl. www.youth.bank.de).
- Beim Projekt *Berliner FreiwilligenPass* handelt es sich um eine Anerkennung für bürgerschaftliches und ehrenamtliches Engagement im Land Berlin. Das Erwerbsalter für den Berliner FreiwilligenPass wurde mit 12 Jahren bewusst niedrig angesetzt, damit auch Schüler den Pass erwerben können. Der Berliner FreiwilligenPass besteht aus einem Nachweis für bürgerschaftliches und ehrenamtliches Engagement sowie einem Zertifikat über einschlägige Fort- und Weiterbildungsveranstaltungen. Der Pass kann als Nachweis bei Bewerbungen im Beruf oder Studium verwendet werden. Als geforderte Mindesteinsatzdauer sind 220 Stunden in einem Projekt angesetzt oder 80 Stunden regelmäßiger ehrenamtlicher Arbeit innerhalb eines Jahres (vgl. www.berlin.de/buergeraktiv).

10.2 Internationale Programme

Im internationalen Bereich hat sich vor allem *Berkowitz* (vgl. Berkowitz 1998) um eine Erweiterung der strukturgenetisch-konstruktivistische Perspektive auf die politische Bildung bemüht und eine Verknüpfung der drei Erziehungsbereiche versucht. Berkowitz wirft (wie in Kap. 5 bereits erwähnt) die Frage nach dem Zusammenhang von moralischer, sozialer und politischer Erziehung auf, ohne bisher allerdings den eigenen Ansatz zu konkretisieren.

Zentral für die Diskussion um Demokratieerziehung in Europa ist das 1997 vom Europarat ins Leben gerufene Projekt *Education for Democratic Citizenship* (EDC) sowie das 2005 vom Europarat für alle seine 46 Mitgliedsstaaten ausgerufene »European Year of Citizenship through Education«. Leitbild des EDC-Projektes sind Bürgerinnen und Bürger, die aktiv und verantwortungsvoll am demokratischen Leben teilnehmen. Schule gilt in diesem Projekt als ein wichtiger, aber nicht als der einzige Ort, an dem Demokratie gelernt werden muss. Die Individuen sollen auch in Familie, Beruf und Freizeit ermutigt werden, ihren Standpunkt öffentlich zu vertreten, sich für andere einzusetzen oder Zivilcourage zu zeigen. Demokratische Bildung wird also als ein Prozess lebenslangen Lernens verstanden. Im »European Year of Citizenship through Education« sollten Theorie und Praxis verbunden und bisher erreichte Ergebnisse verbreitert werden. Weitere Teile der Gesellschaft sollten für das Thema »Demokratieerziehung« sensibilisiert und gewonnen werden. Derzeit läuft eine »dritte Phase«, wobei Lehrerbildung eine wichtige Rolle spielt.

Die Forschungsgruppe *Jugend und Europa* am Centrum für angewandte Politikforschung der Ludwig-Maximilians-Universität München ist ein bundes- und europaweit tätiges wissenschaftliches Beratungszentrum für die politische Bildungs- und Jugendarbeit. Sie ist an der Schnittstelle von Theorie und Praxis tätig: Wissenschaftliche Grundlagenforschung zur Demokratieentwicklung und Partizipationsförderung in Europa wird verbunden mit konkreter Politikberatung und ihrer Umsetzung in die politische Praxis und Bildungsarbeit (vgl. www.fgje.de).

Demokratiepädagogische Aktivitäten in Europa findet man auch beim *Consortium of Institutions for Development and Research in Education in Europe* (CIDREE) (vgl. www.cidree.org). CIDREE gehören 17 Organisationen aus verschiedenen europäischen Ländern an. Arbeitsschwerpunkte im Bereich Citizenship Education sind unter anderem:

- Verbesserung der Effektivität von Citizenship Education (Curriculumentwicklung, Forschung, Inspektion)
- Fallstudien zu fächerübergreifenden Themen in der Sekundarstufe
- vergleichende Untersuchungen der Bewertung von Schülerleistungen
- Darstellung der unterschiedlichen Ansätze und Erfahrungen in den europäischen Ländern im Jahrbuch 2005 (Yearbook 2005 Education for Democratic Citizenship).

Das Programm *Betztavta* wurde 1988 vor dem Hintergrund des Konflikts zwischen Arabern und Israelis vom »Adam-Institute for Democracy and Peace« (Jerusalem) entwickelt. Es handelt sich um ein Konzept zur Menschenrechts- und Toleranzerziehung und wurde von Centrum für angewandte Politikforschung der Universität München für deutsche Verhältnisse adaptiert. Betztavta zielt vor allem auf Perspektivenwechsel und auf die Vermittlung der Einsicht in die gleichen Rechte aller. Zentrale Methoden stellen Rollenspiele dar. Wichtige Themen sind: Demokratische Prinzipien, Minderheit und Mehrheit, Grundrechte, Gleichheit vor dem Gesetz sowie demokratische Entscheidungsfindung. Betztavta eignet sich für Schüler und für Lehrer.

Das Projekt *Youth Empowerment Partnership Programme* (YEPP) wurde von einem Konsortium europäischer und US-amerikanischer Stiftungen in Zusammenarbeit mit Partnern aus dem öffentlichen Sektor mit dem Ziel ins Leben gerufen, Jugendliche in benachteiligten Quartieren durch eine konzertierte Aktion lokaler und transnationaler Organisationen zu unterstützen. YEPP arbeitet in sieben Projektstandorten in sechs europäischen Ländern. Das Institut für Community Education hat die Aufgabe der Durchführung des Projekts und der Koordination auf transnationaler Ebene übernommen. »Empowerment« der Jugendlichen und des Gemeinwesens werden als zwei eng aufeinander bezogene und sich gegenseitig verstärkende Prozesse begriffen. Im Sinne eines ganzheitlichen Konzepts von Empowerment erlernen und erfahren Jugendliche zivilgesellschaftliche Kompetenzen durch ihre aktive Beteiligung am Gemeinwesen. Facetten von Empowerment sind unter anderem: Klärung der eigenen Wünsche und Vorlieben, Förderung des Selbstbewusstseins, Ermutigung zum aktiven Handeln im Gemeinwesen sowie Förderung sozialer Kompetenzen durch gemeinschaftliches Handeln (vgl. www.yepp-community.org).).

Hart (vgl. Hart 1997) hat einen differenzierten demokratiepädagogischen Ansatz formuliert. Hart zeigt Möglichkeiten zur Bildung partizipativer Strukturen im Unterricht auf. Er befürwortet das Modell der selbstbestimmten Entscheidungsfindung. Die Betonung soll auf vom Kind initiierten Aktivitäten liegen, die von den Erwachsenen lediglich unterstützt (und nicht kontrolliert) werden.

Zur Entwicklung einer gemeinschaftlichen Struktur der Entscheidungsfindung (wie sie etwa in einer Schülervertretung zum Ausdruck kommt) macht Hart den Vorschlag, dass die verschiedenen Modelle der Entscheidungsfindung (z.B. Autoritarismus, Verantwortungsdelegation nach dem Zufallsprinzip, direkte Demokratie, repräsentative Demokratie) den Kindern anhand von Rollenspielen, grafischen Veranschaulichungen und Diskussionen vermittelt werden, sodass sie in der Lage sind, selbst demokratische Strukturen und Regeln zu entwickeln.

Um den demokratischen Ablauf einer jeden Projektarbeit sicherzustellen, sind nach Hart vor allem folgende Prinzipien erforderlich:

- Die Kinder sollten die Intentionen des Projekts verstehen und sich für die Teilnahme entscheiden können, nachdem ihnen das Projekt erklärt wurde.
- Jedes Kind muss die Möglichkeit haben, an jedem Abschnitt des Projekts teilnehmen zu können.
- Die organisatorischen Strukturen und die Machtverhältnisse sollen offen liegen. Die Regeln sollten am Anfang durch Absprache festgeschrieben werden und im Dialog verändert werden können.

Gruppentreffen dienen in Harts Ansatz hauptsächlich der Koordination und der Absprache. Der Großteil des Problemlösens erfolgt hingegen innerhalb der Partnerarbeit. Es sollte hierbei deutlich werden, dass kontinuierliches Arbeiten wie auch die Fähigkeit, mit anderen zusammenzuarbeiten, die nicht unbedingt Freunde sind, wichtige Ziele darstellen. Während der Gruppentreffen ist ein »facilitator« zu bestimmen, der das Gesagte anhand von »Zeitungsseiten« oder in grafischer Form dokumentiert. Weiterhin sollten die Gruppenmitglieder aufgefordert werden, selbst Beiträge zu verfassen. Wenn die Zusammenarbeit in der Gruppe funktioniert, ist es sinnvoll, neben dem facilitator, zwei »recorder« zu bestimmen. Diese haben die Erträge der Arbeit zusammenzufassen. Ein Prozess des »Monitoring«, bei dem nach positiven und negativen Eindrücken in Bezug auf die Sitzung gefragt wird, kann angeregt werden. Damit wird die Evaluation als notwendiger Bestandteil einer jeden Arbeitsleistung verankert.

Als zentrale Aspekte einer Schulkultur, die demokratische Partizipationsfähigkeit fördert, führt Hart vor allem folgende Aspekte auf:

- die Form der Beziehung des Lehrers zu den Schülern, eingeschlossen die Art und Weise, wie Regeln erstellt und durchgesetzt werden,
- die Einbindung der Kinder in die schulische Organisation,
- das Ausmaß, in dem das Curriculum der Entscheidungsfindung und der Zusammenarbeit der Kinder Freiräume zugesteht,
- die Bezugnahmen des Curriculums auf das Alltagsleben der Kinder und der Gemeinschaft.

Gemeindebezogene Organisationen sollten dahin gebracht werden, die Fähigkeiten und Beiträge der Kinder wertzuschätzen. Die Produkte der Kinder sollen in der Gemeinschaft Resonanz finden und anerkannt werden. Dabei stößt man jedoch auf das Problem, dass die meisten Gemeinden keine Tradition in Bezug auf eine solche Form der Zusammenarbeit haben, dass somit Strukturen, die eine Kommunikation zwischen Schule und Gemeinde gewährleisten können, erst in einem langwierigen Prozess aufgebaut werden müssen. Als Methoden, die den authentischen Ausdruck der Kinder fördern, werden vor allem Zeichnungen, Comics und Collagen angeführt. Als wichtig wird dabei der Ausdruck von Ideen angesehen, die für das Kind bedeutsam sind. So sollen Kinder etwa anhand eines Stadtplans die für sie bedeutsamen Orte einzeichnen. Um verschiedene Perspektiven zu erkunden und zu repräsentieren, werden Interviews geführt oder Fragebögen erstellt und vorgelegt. Vorgeschlagen werden auch Spaziergänge mit Erwachsenen, bei denen die Kinder ihnen für sie bedeutsame Orte der Stadt zeigen. Diese Orte können ebenfalls nach bestimmten Vorgaben erforscht werden, zum Beispiel Gebäude in Bezug auf ihre Architektur, den Eindruck, den sie hinterlassen oder die Bewohner, die dazu wiederum interviewt werden. Verschiedene Themenbereiche können hierbei Verwendung finden (etwa Städteplanung, Geschichte der Stadt und ihrer Bewohner).

Die Ergebnisse können durch Zeitungen, Radio- oder Fernsehanstalten veröffentlicht werden. Hier liegt wiederum die Betonung darauf, dass für die Kinder die Bezüge zum öffentlichen, gemeinschaftlichen Raum hergestellt werden, und somit sowohl ein Gefühl des konkreten Verbundenseins als auch ein Gefühl der Wertschätzung vermittelt wird: Wichtig ist, dass inhaltlich immer an die Lebensbezüge der Kinder angeknüpft wird und vielfältige, konkrete Erfahrungen zum Ausgangspunkt für die Erforschung des jeweiligen Lebensbereichs werden.

Im Hinblick auf die Demokratieerziehung stellt sich zukünftig die Frage, wie sich die Strategien zur Förderung sozialer und moralischer Fähigkeiten mit den erwähnten demokratiepädagogischen Strategien (bzw. Programmen) kombinieren lassen.

11. Bilanzierung der Erfolg versprechenden Förderungsstrategien und -programme

In den Kapiteln 5 bis 10 wurden verschiedene schulische Förderungsansätze dargestellt, die sich als wirksam erwiesen haben bzw. die Erfolg versprechend erscheinen. Im Hinblick auf die Anwendbarkeit der vorgestellten Ansätze stellen sich vor allem vier Fragen:

- Können die internationalen Ansätze auch in den allgemeinbildenden Schulen in Deutschland angewandt werden?
- Sind die deutschen und internationalen Ansätze für Ganztagschulen geeignet?
- Inwieweit eignen sich die Ansätze für Sonderschulen, berufsbildende Schulen, Jugend- und Erwachsenenbildung?
- Wie können die Ansätze in den Schulen erfolgreich umgesetzt, implementiert werden?

Alle dargestellten internationalen Strategien und Programme sind meines Erachtens auch in Deutschland anwendbar. Einige wurden hier bereits erfolgreich zum Einsatz gebracht (z.B. I Can Problem Solve, Lions Quest, Second Step).

Die Förderungsangebote scheinen besonders für Ganztagschulen geeignet, die einen relativ großen Raum für Erprobungen bieten. Die Ganztagsschule erlaubt die breite Umsetzung der Förderungsstrategien und -programme.

Viele Ansätze (z.B. Dilemmadiskussion, Streitschlichtung) dürften sich auch für Sonderschulen, berufsbildende Schulen sowie Jugend- und Erwachsenenbildung eignen. In Berufsschulen ist der Raum für solche Maßnahmen allerdings eher beschränkt. Sonderschulen bedürfen zusätzlicher Maßnahmen, nämlich selektiver Präventions- und Therapieansätze.

Aus den Förderungsprogrammen sollten dabei möglichst nicht einzelne Lerneinheiten herausgelöst werden, da die Programme gewöhnlich ganzheitlich orientiert sind. Nur wenn die Schulen sich auf diese Programme »als Ganzes« einlassen, können sie auch nachhaltige Auswirkungen auf den Schulalltag haben.

Manche der Förderungsstrategien und -programme wurden in den Schulen des BLK-Programms »Demokratie lernen & leben« erfolgreich implementiert. Bei ihrer Darstellung habe ich mich nicht zuletzt auf Konzepte und Erfahrungen aus dem BLK-Programm gestützt. Informationen über Erfahrungen mit der Umsetzung der Förderungsansätze findet man unter www.blk-demokratie.de.

Verschiedene Rahmenbedingungen sind wichtige Voraussetzungen für die nachhaltige Umsetzung von Förderungsansätzen in den Schulen – vor allem die Qualitätssicherung und -entwicklung in den Schulen, also eine soziale, moralische und demokratische Schulentwicklung.

Folgende Phasen bei der stärkeren Einbindung sozialen, moralischen und demokratischen Lernens in die Schulen kann man unterscheiden:

- Bestandsaufnahme
- Formulierung von Zielen
- Festlegung von Aktivitäten zur Zielereichung
- Durchführung der Aktivitäten
- Evaluation der Aktivitäten.

Insbesondere ist es wichtig, Sozial-, Moral- und Demokratieerziehung als Förderungsziele im Schulprogramm zu verankern. Entscheidendes Gewicht für das Gelingen von Qualitätsentwicklung (Qualitätssicherung) in den Schulen kommt dem Selbstverständnis der Akteure der Schule zu. Qualitätsentwicklung ist nicht in hinreichendem Maße Teil des Selbstverständnisses der Akteure. In der Schule fehlt es ihnen vor allem an Zeit für gemeinsame Planungs- und Reflexionsprozesse. Wichtig ist deshalb eine Diskussion über den Beruf des Lehrers, die Rolle der Schüler und des Schulmanagements. Eine Möglichkeit, die Entwicklung von Schulen voranzutreiben, ist die Ausbildung von Lehrern als Qualitätsentwickler und Evaluationsberater. Ein weiterer Weg setzt bei den Schulleitern an, die neben Kompetenzen in der Evaluation und der Qualitätsentwicklung auch die Bereitschaft und Fähigkeit besitzen sollten, ihre Schule nach außen für externe Partner zu öffnen.

Im Rahmen von Schulinspektionen kann erfasst werden,
1. ob die Schule eine Vision für die Förderung sozialer, moralischer und demokratischer Kompetenzen formuliert hat, die auch Bezug auf die konkreten Herausforderungen vor Ort nimmt,
2. ob sie Kompetenzen des zwischenmenschlichen Zusammenlebens tatsächlich fördert,
3. in welcher Weise sie diese Kompetenzen fördert und
4. ob sie sich gegenüber dem schulischen Umfeld öffnet.

Bei der Ermittlung von Kompetenzen der Schüler ist vor allem darauf zu achten, was die Schüler bereits können, und nicht allein darauf, was sie noch nicht können. Vor allem Portfolios eignen sich zur Bestimmung des Entwicklungsstands von Schulen und Schülern. Portfolios enthalten eine Auswahl von Dokumenten, die Lernergebnisse und Lernprozesse deutlich machen sollen; sie beinhalten auch Reflexionen der eigenen Lernprozese. Filme, Texte, Aufzeichnungen und Ausstellungen etwa ermöglichen einen differenzierten Einblick in die Entwicklungsprozesse bei Schulen und Schülern. Portfolios sind oft besser geeignet als objektivierende Evaluationen (z.B. durch Tests oder standardisierte Befragungsmethoden).

Der schulischen Förderung von Kindern und Jugendlichen, d.h. den Erziehungsbemühungen sind allerdings recht enge Grenzen gesetzt: Ihre Entwicklung wird durch außerschulische Erziehungs- und Sozialisationspraktiken (z.B. machtorientierter Erziehungsstil der Eltern, Bejahung von Gewalt in der Gruppe der Gleichaltrigen) maßgeblich beeinflusst; diese wirken oft in eine andere Richtung als die schulischen Förderungsbemühungen. Auch sind innerhalb der Schule Sozialisationseinflüsse wirksam (vgl. »Heimlicher Lehrplan«). Dabei dürfte die Vermittlung mathematisch-naturwissenschaftlicher, sprachlicher und ästhetisch-expressiver Kompetenzen stärker in den Händen der Schule liegen als die Vermittlung sozialer, moralischer und demokratischer Kompetenzen.

12. Konsequenzen für die Aus- und Fortbildung der Lehrkräfte: ein integratives Programm ihrer Professionalisierung

Ein wichtiger Aspekt der Qualitätsentwicklung ist die Aus- und Fortbildung von Lehrern und Schulleitern. Die Lehrkräfte einer Schule müssen fähig und motiviert sein, Förderungsansätze anzuwenden, was vor allem ihre angemessene Aus- und Fortbildung voraussetzt.

Insbesondere die Ergebnisse von TIMSS und PISA 2000 führten in Deutschland zu einer verstärkten Kritik an der Lehreraus- und Lehrerfortbildung. Kritisiert wird die zu starke fachwissenschaftliche Orientierung der Lehrerausbildung an der Universität, was mit einem unzureichenden Anteil an Fachdidaktik, an schulpraktischen Studien sowie einem geringen Anteil pädagogischer, psychologischer, soziologischer und philosophischer Ausbildungsinhalte verbunden ist. Die Lehrerausbildung müsste entsprechend reformiert werden. Terhart (2002) formuliert, getrennt nach den beiden Ausbildungsphasen, in differenzierter Form verschiedene Standards für die auszubildenden Lehrer. Für die erste Phase benennt Terhart neben 10 Standards für die Unterrichtsfächer (z.B. allgemeine Struktur der Disziplin, zentrale Konzepte und Inhalte der Disziplin, ausgewählte Spezialisierungen/Vertiefungen, Verbindungen zu anderen Disziplinen) auch 10 Standards für die Fachdidaktik (z.B. Verhältnis zwischen wissenschaftlicher Disziplin und Unterrichtsfach, Legitimation und Bedeutung des Schulfachs, Aufbau und Inhalt des fachspezifischen Lehrplans, fachdidaktische Konzeptionen und fachdidaktische Lehr-Lern-Forschung) sowie fünf Standards für schulpraktische Studien (z.B. Erfahrungen der eigenen Person im schulischen/unterrichtlichen Kontext, Reflexion auf die eigene Berufswahlentscheidung). Hinzu kommen die folgenden zehn Standards für das erziehungswissenschaftliche Studium (Terhart 2002, S. 34f.):

1. Menschenbilder/Bildungstheorien/Erziehungsprozesse
2. Lernen, Entwicklung und Sozialisation im Kindes- und Jugendalter
3. Schule und Schulsystem
4. Unterricht als Vermittlungs- und Interaktionsprozess
5. Lernstrategien und Lernmethoden für Schüler
6. Lerndiagnostik und Lernförderung
7. Lernschwierigkeiten, Heterogenität, Leistungsbeurteilung
8. Kooperation mit Kollegen, Eltern, außerschulischen Institutionen
9. Schul- und Unterrichtsentwicklung
10. Lehrerberuf und Professionalität.

Die Standards enthalten also neben spezifisch pädagogischen Inhalten auch soziologische und psychologische Inhalte. Für die Absolventen der zweiten Phase der Lehrerausbildung formuliert Terhart ebenfalls zehn Standards (z.B. Unterrichts- und Klassenführung, Unterrichtsplanung, Beurteilung, Diagnose und Förderung, Einsatz eines breiten Methodenrepertoires, Selbstevaluation, berufliche Belastungen und ihre Bewältigung, Kooperation mit Kollegen, Schulentwicklung).

Terhart vernachlässigt allerdings, wenn ich recht sehe, als Ausbildungsinhalte Möglichkeiten zur Förderung der sozialen, moralischen und demokratischen Kompetenzen der Schüler. Die KMK hingegen hat, wie in der Einleitung erwähnt, im Jahre 2004 im Blick auf allgemeinbildende Schulen Standards für die Lehrerausbildung beschlossen, die auch Aspekte wertebezogener Erziehung umfassen (vgl. KMK 2000b; Sekretariat der Ständigen Konferenz der Kultusminister der Länder in der Bundesrepublik Deutschland 2004).

Auf solche erzieherischen Ausbildungsinhalte macht im Blick auf berufsbildende Schulen vor allem Lempert aufmerksam (vgl. Lempert 2004). Hinsichtlich der in der Pädagogik geführten Professionalisierungsdiskussion unterscheidet er drei Grundaufgaben der Schule: Vermittlung von Wissen und Können (Qualifizierung), soziale Auslese (Selektion) und Vermittlung von Normen (Erziehung, Disziplinierung). Lempert betont bezüglich der Berufspädagogik insbesondere die Bedeutung dieser letzteren Aufgabe für die Lehrerausbildung.

Im Rahmen der 1. Phase der Lehrerausbildung an der Universität und auch im Rahmen der 2. Phase in Studienseminaren und an den allgemeinbildenden Schulen dürften allerdings – vor allem angesichts der großen Anforderungen an die Lehrerstudenten – breit angelegte Angebote zur schulischen Förderung sozialer, moralischer und demokratischer Kompetenzen schwer zu installieren sein. Allenfalls eine exemplarische Vermittlung von Strategien und Programmen erscheint hier möglich. Sinnvoller scheint der Kontext der Lehrerfortbildung, der eine umfangreichere Ausbildung erlaubt.

Hinsichtlich der sozialen und moralischen Erziehung gibt es in Deutschland insgesamt noch wenige Bemühungen um eine Fortbildung der Lehrer, da in der Praxis bisher kaum Anstrengungen zur gezielten Förderung sozialer und moralischer Kompetenzen unternommen wurden. Lediglich die Ausbildung im Unterrichtsfach Ethik ist insgesamt differenziert angelegt (vgl. z.B. die Ausbildung für LER in Brandenburg, Edelstein et al. 2001). Viele angelsächsischen Strategien und Programme zu den beiden Förderungsbereichen wurden bis heute nicht ins Deutsche übersetzt bzw. im deutschsprachigen Raum adaptiert.

Bei der Fortbildung der Lehrer im Bereich der Demokratieerziehung vollzog das BLK-Programm »Demokratie lernen & leben« wichtige Schritte. Die Multiplikatoren sollten sich bei der Ausbildung auf drei Förderungsbereiche (Module) konzentrieren. Somit kann ein Schwerpunkt im Bereich der Sozial- und Moralerziehung liegen.

In der Multiplikatorenausbildung und in der programminternen Fortbildung des BLK-Programms fehlten allerdings Weiterbildungsangebote für wichtige soziale und moralische Fähigkeiten (z.B. Faustlos, Buddy-Projekt, Child Development Project). Auch war die Ausbildung der Multiplikatoren zeitlich nicht sehr intensiv. Zudem wurde ein Transferprojekt nicht bewilligt. Folglich stellt sich die Frage nach einem differenzierten Programm für die Lehrerfortbildung sowie die Frage, wie die Lehrerfortbildung institutionell verankert werden kann.

Mit Blick auf die soziale, moralische und demokratische Erziehung scheint eine Form der Lehrerfortbildung sinnvoll zu sein, bei der Experten für die drei Erziehungsbereiche in Kursen, die mehrere Semester umfassen, ausgebildet werden. Die Experten sollten dann den Lehrern in den Schulen die Strategien vermitteln, die sie für die Bewältigung schulischer Probleme benötigen.

Die Multiplikatoren hätten dabei verschiedene Formen von Wissen zu erwerben. Ihre Ausbildung könnte vor allem die Vermittlung folgender Inhalte umfassen:

a) *pädagogische Grundlagen* der Sozial-, Moral- und Demokratieerziehung: relevante Theorien der Erziehung bzw. relevante didaktische Ansätze (z.B. Deweys Position)

b) *philosophische Grundlagen:* normative Fragen, anthropologische Fragen

c) soziologische Grundlagen: gesellschaftliche Voraussetzungen der Erziehungsprozesse,

d) *psychologische Grundlagen:* Schülervoraussetzungen, Lernprozesse, Theorieansätze zur Entwicklung der Sozial-, Moral- und Demokratiekompetenz, Erhebungs- und Auswertungsmethoden, Forschungsbefunde

e) *spezielle Strategien und Programme* zur schulischen Förderung sozialer, moralischer und demokratischer Kompetenzen

Die ersten vier Ausbildungsbereiche (die Punkte a, b, c und d) sollten dabei nur in grober Form (beschränkt auf zentrale Inhalte) vermittelt werden. Die Multiplikatorenausbildung hinsichtlich der schulischen Förderungsansätze (Punkt e) sollte traditionelle und neuere Ansätze umfassen. Dabei wären vor allem auch strukturgenetisch-konstruktivistische Ansätze zu vermitteln. Die Fortbildung sollte sich insbesondere auf Zugänge beziehen, die die verschiedenen Ebenen schulischer Erziehung ansprechen, nämlich Unterricht, Klasse, Schulleben, Kooperation mit externen Partnern und schulische Organisationsstruktur.

Für die Multiplikatorenausbildung im Bereich der *Sozialerziehung* erscheinen folgende Förderungsansätze als Ausbildungsinhalte wichtig:

- *bezüglich der Förderung einzelner sozialer Kompetenzen:*
  Diskussion sozialer Dilemmata, Förderung kommunikativer sozialer Fähigkeiten, Förderung emotionsbezogener Fähigkeiten, Förderung von Selbstsicherheit, Mediation und Streitschlichtung, Kooperatives Lernen und Projektunterricht, auf Schulleben, Elternhaus, Gemeinwesen und schulische Organisationsstruktur gerichtete Strategien
- *bezüglich integrativer Ansätze zur Sozialerziehung:*
  Selmans Risk and Prevention, die Ansätze von Klippert, PIT, Petermanns Pro-

gramme, Lions Quest, Mind Matters, Programme zur Prävention internalisierender Störungen

Hinsichtlich der *Moralerziehung* könnten folgende Ausbildungsinhalte bedeutsam sein:

- *bezüglich der Förderung einzelner moralischer Kompetenzen:*
  Diskussion moralischer Dilemmata, Wertklärung, dialogorientierte Methoden (wie etwa Klassenrat), Förderung emotionsbezogener moralischer Fähigkeiten, Förderung handlungsstrukturierender moralischer Fähigkeiten, auf Schulleben, Elternhaus, Gemeinwesen und schulische Organisationsstruktur gerichtete Strategien
- *bezüglich integrativer moralpädagogischer Ansätze:*
  Gerechte Schulgemeinschaften, Buddy-Projekt, Osers Ansatz, Lickonas Konzept, Child Development Project, Programme zur Gewaltprävention

Hinsichtlich der *Demokratieerziehung* kann vor allem auf die Angebote des BLK-Programms »Demokratie lernen & leben« und des Europarats (»Education for Democratic Citizenship«) zurückgegriffen werden.

Möglichst sollte bei der Fortbildung der Lehrer jeweils vor allem deutschsprachige Literatur herangezogen werden. Vielversprechende und effektive internationale Ansätze könnten übersetzt werden.

Die Planung eines solchen Ausbildungsgangs verlangt neben der Sichtung zu vermittelnder pädagogischer Strategien, Programme und Unterrichtsmaterialien die Analyse von Ansätzen der Lehrerfortbildung. Mir sind nur einige wenige deutschsprachige Ansätze zur Lehrerfortbildung im Bereich der sozialen und moralischen Erziehung bekannt. Für die Vermittlung von Fähigkeiten zur Führung moralischer Dilemmadiskussionen eignet sich zum Beispiel ein Programm, das Berliner Seminarleiter unter Mitarbeit von Schuster konzipierten (vgl. Arbeitsgruppe der Leiterinnen und Leiter Berliner Schulpraktischer Seminare, 1998). Jeffreys-Duden (1999; 2002) hat Konzepte für die Ausbildung von Mediatoren formuliert.

Für diese Multiplikatorenausbildung sind insbesondere eine Reihe kurzer, lehrergerechter Veröffentlichungen sinnvoll. Weiterbildungstransfer funktioniert vor allem dann, wenn sich Lehrer nicht nur mittels Texten über Förderungsstrategien und -programme informieren, sondern sie auch – durch weitere Medien – selbst erfahren. So könnte man beispielsweise auf einer Videokassette über Just-Community-Schools einige solcher Reformschulen darstellen und von Experten kommentieren lassen. Die meisten Lehrer wünschen sich konkrete Darstellungen von Fördermaterialien und Beispielen, die sie im Unterricht einsetzen können. Um auf die Rezeptionsgewohnheiten der Lehrer einzugehen, können entsprechende Texte für den Ausbildungsgang beispielsweise in der Weise konzipiert werden, dass sie neben wichtigen Materialien Hinweise auf vertiefende Literatur für diejenigen Lehrer enthalten, die zum Weiterlesen bereit sind. Auch Links zu Unterrichtsmaterialien oder zu vorhandenen Netzwerken im Internet, Videokassetten sowie konkrete Projektvorschläge sind hilfreich. Regelmäßig herausgegebene Hefte können einzelne Themen aufgreifen und vertiefen. All dies soll dazu führen, dass die diagnostische Kompetenz sowie die Interventionskompetenz der Lehrer und damit auch die Qualität ihrer praktischen Arbeit gefördert wird. Vorbildlich sind hierbei die Materialien des Child Development Project: Zu bestimmten inhaltlichen Themen gibt es jeweils Hefte mit relativ geringem Seitenumfang (ca. 80 Seiten), mit dem Ziel, diese Themen verständlich vorzustellen und theoretisch einzubetten, sowie auch Arbeitshefte für Lehrer sowie Schülermaterial, darüber hinaus gibt es themenbezogene Videos.

Fähigkeiten zur Anwendung vorliegender Ansätze zur Förderung sozialer, moralischer und demokratischer Kompetenzen reichen allerdings nicht aus. Lehrkräfte sollten nicht nur pädagogische Förderungsmethoden korrekt anwenden können, wichtig ist auch, dass sie selbst über zwischenmenschliche Fähigkeiten verfügen. Entsprechende Lehrertrainings sind erforderlich (vgl. z.B. Konstanzer Lehrertraining).

Auch die Schulleitung sollte Kenntnisse über wichtige Förderungsansätze haben. Zugleich sollte die Schulleitung Bemühungen um die Förderung sozialer, moralischer und demokratischer Kompetenzen anstoßen und unterstützen. Sie könnte eine Steuergruppe einrichten, die aus Schulleitung, Lehrern, Schülern und Eltern besteht und Prozesse der Schulentwicklung verantwortet.

Durch das im Rahmen des BLK-Programms »Demokratie lernen & leben« angesiedelte Projekt »Leiten in einer Schule der Demokratie« sollten Schulleiter dafür qualifiziert werden, die Bestandteile des BLK-Programms auf Dauer zu institutionalisieren. Die Anforderungen, die an sie gestellt wurden, ergaben sich aus dem Anspruch, nachhaltige Entwicklungsprozesse im Sinne der Ziele des BLK-Programms an ihrer Schule mit größtmöglicher Beteiligung der Schulgemeinde zu unterstützen. Schulleiter sollen also befähigt werden, kluge Managementstrategien für eine demokratische Schulkultur zu entwickeln.

Die Anwendung von schulischen Förderungsansätzen, Prozesse der Qualitätsentwicklung hinsichtlich der drei Erziehungsbereiche und die Fortbildung von Lehrern und Schulleitern setzen die Einrichtung einer Institution voraus, die die erzieherischen Anstrengungen strukturiert, begleitet und koordiniert, indem sie

- Lehrerbildung plant,
- Lehrerbildung durchführt,
- die Umsetzung der vermittelten Förderungsansätze in den Schulen unterstützt, d.h. Akteure der Schule berät,
- neue Förderungsprogramme entwickelt und vorhandene Förderungsprogramme evaluiert,
- entwicklungspsychologische Forschung anstößt.

In den USA gibt es bereits einige vorbildhafte Institutionen zur Koordinierung sozial-, moral- bzw. demokratieerzieherischer Anstrengungen in der Schule – wie Collaborative for Academic, Social and Emotional Learning (CASEL), Character Education Partnership (CEP) und Center for Civic Education (CCE).

13. Zusammenfassung, Schlussfolgerungen, offene Fragen

In den deutschen Schulen wurde die Förderung sozialer, moralischer und demokratischer Kompetenzen bisher nicht hinreichend vorangetrieben. Hierzulande liegen relativ wenige Förderungsansätze vor, die in Schulen angewandt werden können. Auch finden sich eher wenige Bemühungen, die vorliegenden Ansätze bekannt zu machen, den Lehrern zu vermitteln und in den Schulen anzuwenden.

Eine zentrale Aufgabe dieses Übersichtswerks war es zunächst einmal, die sozialen, moralischen und demokratischen Kompetenzen präzise zu fassen. Dann wurden vorhandene Strategien und Programme vorgestellt, welche in der Schule zur Förderung der Kompetenzen Erfolg versprechend eingesetzt werden können. Anschließend wurden Fragen der Lehrerbildung diskutiert.

Durch die verstärkte Rezeption internationaler Ansätze sowie durch die Entwicklung von Strategien und Programmen zur Förderung bislang vernachlässigter Kompetenzen wäre hierzulande die Palette der Ansätze zur schulischen Sozial-, Moral- und Demokratieerziehung zu erweitern. Zugleich ist eine Intensivierung der Lehrerfortbildung in den drei Erziehungsbereichen erforderlich. Im Einzelnen sind in Zukunft vor allem folgende Aufgaben zu bewältigen:

a) differenzierte Sichtung und Bewertung neuerer Förderungsansätze aus dem internationalen Bereich
b) Berücksichtigung strukturgenetisch-konstruktivistischer Förderungsansätze der Piaget-Tradition
c) Formulierung eines integrativ angelegten Programms für die Lehrerfortbildung

a) differenzierte Sichtung und Bewertung neuerer Förderungsansätze aus dem internationalen Bereich
Ein Ziel sollte es sein, neuere, vielversprechende Methoden, Programme und Materialien zur schulischen Sozial-, Moral- und Demokratieerziehung aus dem internationalen Bereich differenziert aufzuarbeiten.

Erforderlich wäre somit die Fortsetzung der hier durchgeführten Sichtung und Bewertung von schulischen Förderungsansätzen (z.B. Zusammenstellung effektiver Strategien und Programme, aus der die Schulen auswählen können). Neben Förderungskonzepten, die erfolgreich waren, können aber auch solche Konzepte analysiert werden, die weniger erfolgreich umgesetzt wurden, um nicht die gleichen Fehler noch einmal zu machen. Man muss sich die Frage stellen, woran es im Einzelnen lag, dass einige Ansätze mehr und andere weniger effektiv waren.

b) Berücksichtigung strukturgenetisch-konstruktivistischer Förderungsansätze der Piaget-Tradition

Vor allem sind strukturgenetisch-konstruktivistische didaktische Positionen der Piaget-Tradition stärker zur Geltung zu bringen (z.B. Kohlbergs Ansatz zur Diskussion moralischer Dilemmata, sein Konzept einer »Just-Community-School«, Selmans Programm »Risk and Prevention«). Dabei sollte auch der Frage nachgegangen werden, wie sich die strukturgenetisch-konstruktivistische Perspektive weiterentwickeln lässt.

c) Formulierung eines integrativ angelegten Programms für die Lehrerfortbildung

Ein wichtiges Ziel besteht darin, die genaue Struktur eines Programms für die Lehrerfortbildung zu entwickeln. Den einzelnen Multiplikatoren wären jeweils Kenntnisse über eine möglichst breite Palette von Erziehungsstrategien zu vermitteln, die sie wiederum an die Lehrer weiterreichen können. Neben der Ausbildung eines Multiplikators für Demokratieerziehung (die im BLK-Programm »Demokratie lernen & leben« erfolgte) erscheint die Ausbildung eines Multiplikators für Sozial-, Moral- und Demokratieerziehung sinnvoll.

Eine zentrale Aufgabe stellt in diesem Zusammenhang die Herstellung lehrergerechter Handreichungen (Hefte) zu schulischen Förderungsstrategien dar. Diese Hefte dürften eine wichtige Grundlage der Multiplikatorenausbildung sein. Da nicht alle Lehrer an Kursen der Lehrerfortbildung teilnehmen können und wollen, sind lehrergerechte Hefte auch über den Kontext der Multiplikatorenausbildung hinaus sinnvoll. Darüber hinaus könnten Hefte zu philosophischen, psychologischen und pädagogischen Grundlagen der Förderungsansätze erstellt werden, etwa zur Entwicklung des kindlichen moralischen Urteilens.

Des Weiteren wird vorgeschlagen, bereits vorhandene Materialien (zum Beispiel die Materialien des Landesinstituts NRW zu Dilemmadiskussionen und zu Just-Community-Schools) zu überarbeiten und für die Lehrerbildung zu nutzen. Die Landesinstitute und Kultusministerien könnten ihre Materialien für eine Arbeitsgruppe zur Verfügung stellen, die sie sichten und verbessern will. Die Überarbeitung der Materialien sollte jedoch in Zusammenarbeit mit deren Autoren und unter Nutzung ihres Wissens und Sachverstandes erfolgen. Als ersten praktischen Schritt in die aufgezeigte Richtung könnten relevante Materialien zu einzelnen Förderungsstrategien und -programmen im Internet gesichtet, klassifiziert, gewichtet und bewertet werden; viele Veröffentlichungen befinden sich auf den Bildungsservern der Bundesländer. Dies hätte zwar noch keine direkten Auswirkungen auf den Unterricht, würde aber den Schulen Anregungen liefern.

Abschließend möchte ich auf einige offene Fragen der Arbeit hinweisen. Vor allem folgende Fragen konnten in der Arbeit nicht hinreichend geklärt werden:

- Es wurde ein kompetenztheoretischer didaktischer Ansatz vertreten. Was sind im Einzelnen die zentralen Probleme von Kompetenztheorien insgesamt? Inwieweit lassen sich diese Probleme tatsächlich lösen?

- Womöglich liegt dem eigenen integrativ angelegten Ansatz noch ein zu enges Konzept sozialer, moralischer und demokratischer Kompetenzen zugrunde. Welche Aspekte sind jeweils hinzuzufügen?
- Wie ist der für die Integration der Kompetenzen eines Bereichs formulierte einheitsstiftende handlungstheoretische Rahmen genauer zu bestimmen?
- Welche Abhängigkeiten bestehen im Einzelnen innerhalb eines Kompetenzbereichs zwischen den Kompetenzen (z.B. im moralischen Bereich zwischen moralischer Situationserfassung und moralischem Urteil)? Welche Abhängigkeiten bestehen im Einzelnen zwischen den Kompetenzbereichen?
- Wie lässt sich mit Blick auf die Kompetenzen der drei Bereiche das Verhältnis zwischen »Kompetenz« und »Performanz« bestimmen?
- Wie verläuft die Entwicklung sozialer, moralischer und demokratischer Kompetenzen genau? Inwieweit verläuft sie bereichs- und kulturspezifisch, und in Abhängigkeit von den sozialen Gruppen einer Kultur?
- Wie sehen im Einzelnen die jeweils förderlichen bzw. hemmenden sozialen und nicht-sozialen Entwicklungsbedingungen aus? Welche Konsequenzen ergeben sich daraus für die Bestimmung der Standards für die Qualität von Schulen?
- Bei den dargestellten Förderungsansätzen handelt es sich um eine Auswahl aus einer Vielzahl vorhandener Ansätze. Welche weiteren Methoden und Programme wären gegebenenfalls noch zu berücksichtigen?
- In welcher Weise müssen die dargestellten internationalen Ansätze zur Förderung sozialer, moralischer und demokratischer Kompetenzen an die Verhältnisse in Deutschland angepasst werden (wo z.B. die Gesamtschule bzw. die Ganztagsschule die Ausnahme und nicht die Regel ist)?
- Viele der aufgeführten Programme werden vor allem in Grundschulen eingesetzt. Sie wären jedoch auch für die Sekundarstufe I und II fruchtbar zu machen. Inwiefern müssen die Programme modifiziert werden, um auch in höheren Altersstufen anwendbar zu sein?
- In welcher Weise wirken sich die vorgestellten Ansätze auf die Entwicklung der einzelnen Aspekte sozialer, moralischer und demokratischer Kompetenz aus? Welche psychologischen Prozesse sind anzunehmen?
- Inwieweit werden der Wirksamkeit der pädagogischen Strategien und Programme Grenzen durch schulische und außerschulische Sozialisationsprozesse gesetzt?
- Welche möglichen negativen Konsequenzen könnte eine konsequente Umsetzung von Strategien und Programmen zur Moralerziehung haben (z.B. überzogene Moralisierung des Schulalltags)?
- Was sind im Einzelnen wichtige Bedingungen für die Implementierung der einzelnen pädagogischen Ansätze in den Schulen?
- Wie muss die Ausbildung von Lehramtsstudenten, Lehrern und Multiplikatoren konkret gestaltet werden?

Diese Fragenliste sollte nicht in dem Sinne missverstanden werden, als sei alles Relevante noch so wenig geklärt, dass mit praktischen Modellversuchen oder gar flächendeckenden Implementationen der Förderungsansätze erst in ferner Zukunft begonnen werden könnte, nachdem all diese Fragen mithilfe wissenschaftlicher Überlegungen und Untersuchungen beantwortet worden sind. Ein Großteil der bestehenden Mängel kann bereits auf der mit der vorliegenden Synopse geschaffenen Informationsbasis zumindest gemildert werden. Die weitere Beantwortung noch offener und strittiger Fragen dürfte ohnehin nur auf dem Wege einer gründlichen wissenschaftlichen Beobachtung und Evaluation einschlägiger praktischer Veränderungsversuche gelingen.

Literaturverzeichnis

Abs, H.J./Roczen, N./Klieme, E. (2007): Abschlussbericht zur Evaluation des BLK-Programms »Demokratie lernen und leben«. Deutsches Institut für Internationale Pädagogische Forschung. Frankfurt am Main.

Achtziger, A./Gollwitzer, P. (2006): Motivation und Volition im Handlungsverlauf. In: Heckhausen, J./Heckhausen, H. (Hrsg.): Motivation und Handeln. Dritte, überarbeitete und aktualisierte Auflage. Heidelberg: Springer Medizin Verlag, S. 277–302.

Adalbjarnardottir, S. (1993): Promoting children's social growth in the schools: An intervention study. In: Journal of Applied Developmental Psychology, 14, pp. 461–484.

Adalbjarnadottir, S. (2001): Zur Entwicklung von Lehrern und Schülern: Ein soziomoralischer Ansatz in der Schule. In: Edelstein, W./Oser, F./Schuster, P (Hrsg.): Moralische Erziehung in der Schule. Weinheim: Beltz Verlag, S. 213–232.

Adam, G./Schweitzer, F. (Hrsg.) (1996): Ethisch erziehen in der Schule. Göttingen: Vandenhoeck und Ruprecht.

Akin, T. u.a. (2000): Selbstvertrauen und soziale Kompetenz. Übungen, Aktivitäten und Spiele für Kids ab 10. Mühlheim an der Ruhr: Verlag an der Ruhr.

Althof, W./Berkowitz, M. (2006): Moral education and character education: their relationship and roles in citizenship education. In: Journal of Moral Education, 35, pp. 495–518.

Avenarius, H./Ditton, H./Döbert, H./Klemm, K./Klieme, E./Rürup, M./Tenorth, H.E./Weißhaupt, H./Weiß, M. (2003): Bildungsbericht für Deutschland. Opladen: Leske+Budrich.

Artelt, C./Riecke-Baulecke, T. (2004): Bildungsstandards. Schulmanagement-Handbuch. Band 111.

Aufenanger, S./Garz, D./Zutavern, M. (1981): Erziehung zur Gerechtigkeit. Unterrichtspraxis nach Lawrence Kohlberg. München: Kösel-Verlag.

Arbeitsgruppe der Leiterrinnen und Leiter Berliner Schulpraktischer Seminare (1998): Moralentwicklung und Moralerziehung nach Lawrence Kohlberg als Thema der Lehrerausbildung. www.bebis.de/zielgruppen/lehramtsanwaerterinnen/seminar/kohlberg.pdf (Abruf 26.1.2008)

Aßhauer, M./Hanewinkel, R. (2000): Lebenskompetenztraining für Erst- und Zweitklässler: Ergebnisse einer Interventionsstudie. In: Kindheit und Entwicklung, 9, S. 251–263.

Bader, R./Müller, M. (2002): Leitziel der Berufsbildung: Handlungskompetenz. In: Die berufsbildende Schule, 54, S. 176–182.

Baltes, P. (1990): Entwicklungspsychologie der Lebensspanne. Theoretische Leitsätze. In: Psychologische Rundschau, 41, S. 1–24.

Bandura, A. (1979): Sozial-kognitive Lerntheorie. Stuttgart: Klett-Cotta.

Bandura, A./Barbaranelli, C./Caprara, G. V./Pastorelli, L. (1996): Mechanisms of moral disengagement in the exercise of moral agency. In: Journal of Personality and Social Psychology, 71, pp. 364–374.

Bar-On, R./Parker, J. D. A. (Eds.) (2000): The handbook of emotional intelligence. San Francisco: Jossey-Bass.

Battistich, V. (1998): The effects of classroom and school practices on students' character development. Presented at the Character Education Assessment Forum, California State University, Fresno, CA, May 1998. www.devstu.org/articles/articles.html CHARED98.pdf (Abruf 26.1.2008)

Battistich, V./Watson, M. (1998): Sense of community as a mediating factor in promoting children's social and emotional development. http://tigger.uic.edu/~lnucci/MoralEd/articles/battistich.html (Abruf 26.1.2008)

Bauer, U. (2005): Das Präventionsdilemma. Potenziale schulischer Kompetenzförderung im Spiegel sozialer Polarisierungen. Wiesbaden: VS Verlag für Sozialwissenschaften.

Baumert, J. (2002): Deutschland im internationalen Bildungsvergleich. In: Killing, N./Kluge, J./Reisch, L. (Hrsg.): Die Zukunft der Bildung. Frankfurt am Main: Suhrkamp, S. 100–150.

Bebeau, M.J./Rest, J.R./Narvaez, D. (1999): Beyond the promise: a perspective on research in moral education. In: Educational Researcher, 28, pp. 18–26.

Beck, K. (1999): Wirtschaftserziehung und Moralerziehung – ein Widerspruch in sich? In: Pädagogische Rundschau, 53, S. 9–28.

Beck, K. (2000): Die Moral von Kaufleuten. Über Urteilsleistungen und deren Beeinflussung durch Berufsausbildung. In: Zeitschrift für Pädagogik, 46, S. 349–372.

Beck, U. (1986): Risikogesellschaft. Auf dem Weg in eine andere Moderne. Frankfurt am Main.: Suhrkamp.

Beck, U. (2007): Schöne neue Arbeitswelt. Frankfurt am Main: Suhrkamp.

Becker, G. (2002): Kohlberg und seine Kritiker in der Moralpsychologie. Berlin: Unveröffentlichte Dissertation.

Becker, G./Seide, I. (2004): Förderung sozialer, moralischer und demokratischer Kompetenzen in der Schule. Berlin.

Beelmann, A (2006): Wirksamkeit von Präventionsmaßnahmen bei Kindern und Jugendlichen: Ergebnisse und Implikationen der integrativen Erfolgsforschung. In: Zeitschrift für Klinische Psychologie und Psychotherapie, 35, S. 151–162.

Beelmann, A./Raab, T. (2007): Dissoziales Verhalten von Kindern und Jugendlichen. Göttingen et al.: Hogrefe.

Behn, S./Kügler, N./Lembeck, H.J./Pleiger, D./Schaffranke, D./Schroer, M./Wink, S. (2005): Evaluation von Mediationsprogrammen an Schulen. Hamburg/Berlin/Mainz.

Behrmann, G./Grammes, T./Reinhardt, S. (2003): Fachgruppe Sozialwissenschaft: Kern-Curriculum in der gymnasialen Oberstufe. Unveröffentlichtes Manuskript.

Benson, P.L./Scales, P.C./Hamilton, S.F./Sesma Jr., A. (2006): Positive youth development: Theory, research, and applications. In: Damon, W. (Ed.): Handbook of Child Psychology, Vol. 4. New York: Wiley, pp. 894–991.

Berkowitz, M (1997): The complete moral person: Anatomy and formation. In: Du Bois, J.M. (Ed.): Moral issues in psychology: Personalist contributions to selected problems. Landam, Md: University Press of America, pp. 11–42.

Berkowitz, M. W. (1998): Education for character and democracy: A practical introduction. Marquette University: Unpublished manuscript.

Berkowitz, M./Bier, M. (2006): What works in character education? A research-driven guide for educators. Character Education Partnership. www.character.org/atf/cf/%7B77B36AC3-5057-4795-8A8F-9B2FCB86F3EB%7D/practitioners_518.pdf (Abruf 26.1.2008)

Beutel, W./Fauser, P. (Hrsg.) (2001): Erfahrene Demokratie. Wie Politik praktisch gelernt werden kann. Opladen: Leske+Budrich.

Beutel, W./Fauser, P. (Hrsg.) (2007): Demokratiepädagogik. Lernen für die Zivilgesellschaft. Schwalbach/Ts.: Wochenschau Verlag.

Bienengräber, T. (2002): Vom Egozentrismus zum Universalismus. Entwicklungsbedingungen moralischer Urteilskompetenz. Wiesbaden: Deutscher Universitätsverlag.

Bierca, C./Kerr, D./Mikkelsen, R./Froumin, I./Losito, B./Pol, M./Sardoc, M. (2004): All-european study on education for democratic citizenship policies. Council of Europe. www.coe.int/t/dg4/education/edc/Source/Pdf/Documents/2004_12_Complete_All-EuropeanStudyEDCPolicies_En.PDF (Abruf 26.1.2008)

Bildungsteam Berlin-Brandenburg (2001): Alltagskonflikte durchspielen. Mühlheim an der Ruhr: Verlag an der Ruhr.

Bins, L. (2003): Erfolgsstrategie Moral. Das neue Erziehungs- und Bildungskonzept. Berlin: Logos Verlag.

Blasi, A. (1980): Bridging moral cognition and moral action. A critical review of the literature. In: Psychological Bulletin, 88, pp. 1–45.

Blasi, A. (1995): Moral understanding and the moral personality: The process of moral integration. In: Kurtines, W. M./Gewirtz, J. L. (Eds.): Moral development: An introduction. Boston: Allyn & Bacon, pp. 229–254.

BLK 21 (2002): Schülerfirmen und nachhaltige Ökonomie. Berlin.

Bönsch, M. (2006): Allgemeine Didaktik. Ein Handbuch zur Wissenschaft vom Unterricht. Stuttgart: Verlag W. Kohlhammer.

Bowlby (1984, Orig. 1969): Bindung. Frankfurt am Main: Fischer

Breit, G./Schiele, S. (Hrsg.) (2000): Werte in der politischen Bildung. Schwalbach/Ts.: Wochenschau Verlag.

Breit, G./Schiele, S. (Hrsg.) (2002): Demokratie-Lernen als Aufgabe der politischen Bildung. Schwalbach/Ts.: Wochenschau Verlag.

Breit, G./Weißeno, G. (2004): Planung des Politikunterrichts. Eine Einführung. 2. Auflage. Schwalbach/Ts.: Wochenschau Verlag.

Brenner, G./Brenner, K. (2005): Fundgrube. Methoden 1. Für alle Fächer. Berlin: Cornelsen Verlag Scriptor.

Bromba, M./Edelstein, W. (2001): Das antidemokratische und rechtsextreme Potential unter Jugendlichen und jungen Erwachsenen. Expertise für das Bundesministerium für Bildung und Forschung, Bonn.

Brüning, B. (2006): »Muss ich meine Bonbons teilen?« In: Grundschule, S. 20–22.

Bundesministerium des Innern (Hrsg.) (2006): Verfassungsschutzbericht 2006. Berlin.

Bundeszentrale für gesundheitliche Aufklärung BZgA (2005): Gesundheitsförderung durch Lebenskompetenzprogramme. Grundlage und kommentierte Übersicht. Köln: BZgA.

Bundeszentrale für politische Bildung (2004): Zivilcourage lernen. Bonn.

Burkhard, C./Eikenbusch, G. (2002): Schulentwicklung international – eine Bilanz. In: Pädagogik, 11, S. 44–48.

Catalano, R./Berglund, M.L./Ryan, J.A.M./Lonczak, H.S./Hawkins, J.D. (2002): Positive youth development in the United States: Research findings on evaluations of positive youth development programs. In: Prevention & Treatment, 5, pp. 1–111.

Character Education Partnership, CEP (2000): Character Education Resource Guide.

Coie, J./Watt, N. F./West, S. G./Hawkins, J. D./Asarnow, J. R./Markman, H. J./Ramey, S. L./Shure, M. B./Long, B. (1993): The science of prevention: A conceptual framework and some directions for a national research program. In: American Psychologist, 48, pp. 1013–1022.

Collaborative for Academic, Social and Emotional Learning, CASEL (2003): Safe and Sound. Chicago: Author. www.casel.org/downloads/Safe%20and%20Sound/1A_Safe_&_Sound.pdf (Abruf 26.1.2008)

Crick, N. R./Doge, K. A. (1994): A review and reformulating of social-information-processing mechanisms in children's social adjustment. In: Psychological Bulletin, 115, pp. 74–101.

Damon W. (1988): The moral child: Nurturing children's natural moral growth. New York: The Free Press, Macmillan, Inc.

Damon, W./Gregory, A. (1997): The youth carter: towards the formation of adolescent moral identity. In: Journal of Moral Education, 26, pp. 117–130.

Delphi-Befragung 1996/1998 (1998): München/Basel.

Denham, S. (1998): Emotional development in children. New York/London: The Guilford Press.

Detjen, J. (2000): Werteerziehung im Politikunterricht mit Lawrence Kohlberg. Skeptische Anmerkungen zum Einsatz eines Klassikers der Moralpsychologie in der Politischen Bildung. In: Breit, G./Schiele, S. (Hrsg.): Werte in der politischen Bildung. Schwalbach/Ts.: Wochenschau Verlag, S. 303–335.

Detjen, J. (2007): Politische Bildung. Geschichte und Gegenwart in Deutschland. München/Wien: R. Oldenbourg Verlag.

Deutsche Shell (Hrsg.) (2006): 15. Shell-Jugendstudie. Jugend 2006. Frankfurt am Main: Fischer.

Deutsches Institut für Menschenrechte (2005): Kompass. Handbuch zur Menschenrechtsbildung für die schulische und außerschulische Bildungsarbeit.

Developmental Studies Center (1994): At home in our schools. A guide to schoolwide activities that build community. Oakland, CA: Developmental Studies Center.

Developmental Studies Center (1996a): That's my buddy. Friendship and learning across the grades. Oakland, CA: Developmental Studies Center.

Developmental Studies Center (1996b): Ways we want our class to be: Class meetings that build commitment to kindness and learning. Oakland, CA: Developmental Studies Center.

Developmental Studies Center (1997a): Among friends: Classrooms where caring and learning prevail. Oakland, CA: Developmental Studies Center.

Developmental Studies Center (1997b): Blueprints for a collaborative classroom: 25 Designs for partner and group work, 250 activity suggestions. Oakland, CA: Developmental Studies Center.

Developmental Studies Center (1998): Homeside activities. Oakland, CA:Developmental Studies Center.

Dewey J. (1984): Demokratie und Erziehung: Eine Einleitung in die philosophische Pädagogik. Braunschweig: Georg Westermann Verlag.

Ditton, Hartmut (2002): Evaluation und Bildungsforschung. In: Tippelt, R. (Hg.): Handbuch Bildungsforschung. Opladen. Leske+Budrich, S. 775–790.

Dobbelstein-Osthoff, P. (1987): Das Kohlberg-Konzept der moralischen Kompetenzentwicklung. Theorie und Ansatzpunkte einer schulpraktischen Umsetzung. In: Dobbelstein-Osthoff, W./Schirp, H. (Hrsg.): Werteerziehung in der Schule – aber wie?. Soest: Landesinstitut für Schule und Weiterbildung, S. 55–109.

Dodge, K. A. (1993): Social-cognitive mechanism in the development of conduct disorder and depression. In: Annual Review of Psychology, 44, pp. 559–584.

Eckensberger, L. H. (1998): Die Entwicklung moralischen Urteilens. In: Keller, H. (Hrsg.): Lehrbuch Entwicklungspsychologie. Bern/Göttingen/Toronto/Seattle: Huber, S. 475–516.

Eckensberger, L. H./Zimba, R. F. (1996): The development of moral judgment. In: Dasen, P./Saraswathi, T. S. (Eds.): Handbook of Cross-Cultural Psychology, Vol. 3: Developmental psychology. Boston: Allyn & Bacon, pp. 299–338.

Edelstein, W. (1986): Moralische Intervention in der Schule. Skeptische Überlegungen. In: Oser, F./Fatke, R./Höffe, O. (Hrsg.): Transformation und Entwicklung. Grundlagen der Moralerziehung. Frankfurt am Main: Suhrkamp, S. 327–349.

Edelstein, W. (1987): Förderung der moralischen Erziehung in der Schule. Möglichkeiten und Grenzen. In: Zeitschrift für Pädagogik, 33, S. 185–205.

Edelstein, W. (Hrsg.) (1995): Entwicklungskrise kompetent meistern. Der Beitrag der Selbstwirksamkeitstheorie von Albert Bandura zum pädagogischen Handeln. Heidelberg: Asanger.

Edelstein, W. (2001): In der Welt bestehen. Vortrag auf der Konferenz »Kompetenzen für die Zivilgesellschaft«, Berlin, 22.–24.11.2001.

Edelstein, W./Fauser, P. (2001): Demokratie Lernen und Leben. Gutachten zum Programm der Bund-Länder-Kommission für Bildungsplanung und Forschungsförderung. Heft 96/2001.

Edelstein, W./Grötzinger, K.K./Grühn, S./Hillerich, I./Kirsch, B./Leschinsky, A./Lott, J./Oser, F. (2001): Lebensgestaltung-Ethik-Religionskunde. Zur Grundlegung eines neuen Schulfachs. Analysen und Empfehlungen. Weinheim/Basel: Beltz Verlag.

Edelstein, W./de Haan, G./Kahl, R./Kurth, U./Poltermann, A./Sliwka, A./Schwanitz, S./Stern, C./Strauch, V./Volkholz, S. (2003): Von Schlüsselkompetenzen zum Curriculum. 5. Empfehlung der Bildungskommission der Heinrich-Böll-Stiftung.

Edelstein, W./Noam, G. (1982): Regulatory structures of the self and »postformal« stages in adulthood. In: Human Development, 25, pp. 407–422.

Edelstein, W./Nunner-Winkler, G. (Hrsg.) (1986): Zur Bestimmung der Moral. Philosophische und sozialwissenschaftliche Beiträge zur Moralforschung. Frankfurt am Main: Suhrkamp.

Edelstein, W./Nunner-Winkler, G./Noam, G. (Hrsg.) (1993): Moral und Person. Frankfurt am Main: Suhrkamp.

Edelstein, W./Nunner-Winkler, G. (Hrsg.) (2000): Moral im sozialen Kontext. Frankfurt am Main: Suhrkamp.

Edelstein, W./Oser, F./Schuster, P. (Hrsg.) (2001): Moralische Erziehung in der Schule. Entwicklungspsychologie und pädagogische Praxis. Weinheim/Basel: Beltz Verlag.

Eikel, A. (2007): Demokratische Partizipation in der Schule. In: Eikel, A./de Haan, G. (Hrsg.): Demokratische Partizipation in der Schule ermöglichen fördern und umsetzen. Schwalbach/Ts.: Wochenschau Verlag, S. 7–39.

Eikel, A./de Haan, G. (2007): Demokratische Partizipation in der Schule ermöglichen fördern und umsetzen. Schwalbach/Ts.: Wochenschau Verlag.

Eisenberg, N./Fabes, R. A. (1998): Prosocial development. In: Damon, W. (Ed.): Handbook of Child Psychology, Vol. 3: Social, emotional and personality development. New York: Wiley, pp. 701–778.

Eisner, M./Jünger, R./Greenberg, M. (2006): Gewaltprävention durch die Förderung emotionaler und sozialer Kompetenzen: Das PATHS/PFAD Curriculum. Unveröffentlichtes Manuskript.

Essau, C. A. (2003): Angst bei Kindern und Jugendlichen. München/Basel: Ernst Reinhardt Verlag.

European Commission (2004): Key competencies for lifelong learning. http://ec.europa.eu/education/policies/2010/doc/basicframe.pdf (Abruf 26.1.2008)

Eurydice (2005): Citizenship at school in Europe: www.eurydice.org/ressources/Eurydice/pdf/0_integral/055EN.pdf (Abruf 26.1.2008)

Faller/Kneipp (2006): Das Buddy-Prinzip. Soziales Lernen mit System.

Falke, R./Meinhold-Hentschel, S. (2006): Jugendbeteiligung – Chance für die Bürgergesellschaft. In: Das Parlament, Beilage Aus Politik und Zeitgeschichte Nr. 12/20.03. www.bundestag.de/dasparlament/2006/12/Beilage.

Fend, H. (2006): Neue Theorie der Schule. Einführung in das Verstehen von Bildungssystemen. Wiesbaden: VS Verlag für Sozialwissenschaften.

Flavell, J. H./Miller, D. H. (1998): Social cognition. In: W. Damon (Ed.): Handbook of Child Psychology, Vol. 2: Cognition, perception, language. New York: Wiley, pp. 851–898.

Forum Bildung (2002): Empfehlungen des Forum Bildung. Berlin: Bundesministerium für Bildung und Forschung.

Frech, S./Kiefer, F. (Hrsg.) (2004): Methodentraining für den Politikunterricht. Schwalbach/Ts.: Wochenschau Verlag.

Gagel, W. (1994): Geschichte der politischen Bildung in der Bundesrepublik Deutschland 1945–1989. Opladen: Leske+Budrich.

Gagel, W. (2000): Einführung in die Didaktik des politischen Unterrichts. Ein Studienbuch. 2., völlig überarbeitete Auflage. Opladen: Leske+Budrich.

Gardner, H. (2002): Intelligenzen. Die Vielfalt des menschlichen Geistes. Stuttgart: Klett-Cotta.

Garz, D. (1996): Lawrence Kohlberg zur Einführung. Hamburg: Junius.

Gesellschaft für Politikdidaktik und politische Jugend- und Erwachsenenbildung (GPJE) (2003): Nationale Bildungsstandards für den Fachunterricht in der politischen Bildung an den Schulen der Bundesrepublik Deutschland. Ein Entwurf.

Geulen, D. (1977): Das vergesellschaftete Subjekt. Zur Grundlegung der Sozialisationstheorie. Frankfurt am Main: Suhrkamp.

Gibbs, J. C. (1991): Toward an integration of Kohlberg's and Hoffman's theories of morality. In: Kurtines, W. M./Gewirtz, J. L. (Eds.): Handbook of moral behavior and development, Vol. 1: Theory. Hillsdale, NJ: Erlbaum, pp. 183–222.

Gibbs, J.C. (2003): Moral development and reality. Beyond the theories of Kohlberg and Hoffman. Thousand Oaks: Sage Publications.

Gigerenzer, G. (2007): Bauchentscheidungen. Die Intelligenz des Unbewussten und die Macht der Intuition. München: C. Bertelsmann Verlag.

Gilligan, C. (1984): Die andere Stimme. Lebenskonflikte und Moral der Frau. München: Piper.

Goleman, D. (1997): Emotionale Intelligenz. München: Deutscher Taschenbuch Verlag.

Goleman, D. (2006): Soziale Intelligenz. Wer auf andere zugehen kann, hat mehr vom Leben. Droemer Verlag.

Goleman, D./Boyatzis, R./Mc Kee, A. (2003): Emotionale Führung. Ullstein Verlag.

Gordon, T. (1995): Lehrer-Schüler-Konferenz. Wie man Konflikte in der Schule löst. 9. Auflage. München: Heyne.

Grammes, T. (1998): Kommunikative Fachdidaktik. Politik-Geschichte-Recht-Wirtschaft. Opladen: Leske+Budrich.

Green, N./Green, K. (2006): Kooperatives Lernen im Klassenraum und Kollegium. Das Trainingsbuch. 2. Auflage. Selze/Velber: Kallmeyersche Verlagsbuchhandlung GmbH.

Greenberg, M.T./Domitrovich, C./Bumbarger, B. (2001): The prevention of mental disorders in school-aged children: Current state of the field. Prevention & Treatment, Volume 4, Article 1, posted March 30, 2001.

Gudjons, H. (2007): Frontalunterricht – neu entdeckt. 2., durchgesehene Auflage. Bad Heilbrunn: Verlag Julius Klinkhardt.

Gugel (2007): Online- Handbuch Gewaltprävention in der Grundschule. Grundlagen-Lernfelder-Handlungsmöglichkeiten. Bausteine für die praktische Arbeit. Institut für Friedenspädagogik Tübingen e.V./WSD Pro Child e.V. www.schulische-gewaltpraevention.de (Abruf 26.1.2008).

Haan, G. de (2004): Politische Bildung für Nachhaltigkeit. In: Politik und Zeitgeschichte, B 7–8, S. 39–46.

Haan, G. de/Edelstein, W. (2003): Professionalität und Ethos. 4. Empfehlung der Bildungskommission der Heinrich-Böll-Stiftung.

Haan, G. de/Edelstein, W./Eikel, A. (2007): Qualitätsrahmen Demokratiepädagogik. Demokratische Handlungskompetenz fördern, demokratische Schulqualität entwickeln. Weinheim/Basel: Beltz Verlag.

Haan, G. de/Harenberg, D. (1999): Bildung für eine nachhaltige Entwicklung. Bund-Länder-Kommission für Bildungsplanung und Forschungsförderung. Materialien für Bildungsplanung und Forschungsförderung. Heft 72. Bonn.

Haan, N./Aerts, E./Cooper, B. (1985): On moral grounds: The search for practical morality. New York: New York University Press.

Habermas, J. (1976): Moralentwicklung und Ich-Identität. In: J. Habermas, Zur Rekonstruktion des Historischen Materialismus (S. 63–91). Frankfurt am Main: Suhrkamp.

Habermas, J. (1981): Theorie des kommunikativen Handelns. 2 Bd. Frankfurt am Main: Suhrkamp.

Habermas, J. (1983): Moralbewusstsein und kommunikatives Handeln. Frankfurt am Main: Suhrkamp.

Halberstadt, am Main/Denham, S. A./Dunsmore, J. C. (2001): Affective social competence. In: Social Development, 10, S. 79–119.

Hänsel, D. (1997) (Hrsg.): Handbuch Projektunterricht. Weinheim: Beltz Verlag.

Haidt, J. (2002): The emotional dog and its rational tail. A social intuitionist approach to moral judgment. In: Psychological Review, 108, S. 814–834.

Hanke, O. (2004): Gewaltprävention in der Schule. In. Die Deutsche Schule, 96, S. 68–84.

Hart, R. A. (1997): Children's participation: The theory and practice of involving young citizens in community development and environmental care. London: Earthscan Publications.

Hasselhorn, M./Gold, A. (2006): Pädagogische Psychologie. Erfolgreiches Lernen und Lehren. Stuttgart: Verlag W. Kohlhammer.

Heinrichs, K. (2006): Urteilen und Handeln. Ein Prozessmodell und seine moralpsychologische Spezifizierung. Frankfurt am Main: Peter Lang GmbH – Europäischer Verlag der Wissenschaften.

Heinrichs, N./Soßmann, H./Hahlweg, K/Perrez, M. (2002): Prävention kindlicher Verhaltensstörungen. In: Psychologische Rundschau, 53, S. 170–183.

Heitmeyer, W. (Hrsg.) (2006): Deutsche Zustände. Folge 4. Frankfurt am Main: Suhrkamp.

Heitmeyer, W./Collmann, B./Conrads, J./Matuschek, I./Kraul, D./Kühnel, W./Möller, R./Ulbrich-Hermann, M. (1996): Gewalt. Schattenseiten der Individualisierung bei Jugendlichen aus unterschiedlichen Milieus. 2. Auflage. Weinheim/München: Juventa.

Helmke, A. (2003): Unterrichtsqualität erfassen, bewerten, verbessern. Kallmeyersche Verlagsbuchhandlung GmbH.

Henkenborg, P. (2005): Demokratie-Lernen – eine Chance für die politische Bildung. In: G. Himmelmann, D. Lange (Hrsg.): Demokratiekompetenz. Wiesbaden: VS Verlag für Sozialwissenschaften, S. 299–316.

Hentig, von H. (2001): Ach, die Werte! Ein öffentliches Bewusstsein von zwiespältigen Aufgaben. Über eine Erziehung für das 21. Jahrhundert. Weinheim/Basel: Beltz Taschenbuch.

Hersh, R.H./Paolitto, D.P./Reimer, J. (1979): Promoting moral growth. From Piaget to Kohlberg. New York: Longman.

Himmelmann, G. (2005): Demokratie Lernen als Lebens-, Gesellschafts- und Herrschaftsform. Ein Lehr- und Studienbuch. Schwalbach/Ts.: Wochenschau Verlag.

Himmelmann, G. (2006): Leitbild Demokratieerziehung. Vorläufer, Begleitstudien und internationale Ansätze zum Demokratie-Lernen. Schwalbach/Ts.: Wochenschau Verlag.

Hinsch, R./Pfingsten, U. (2002): Gruppentraining sozialer Kompetenzen (GSK). 4. Auflage. Weinheim: Beltz Verlag PVU

Hinsch, R./Wittmann, S. (2003): Soziale Kompetenzen kann man lernen. Weinheim/Basel/Berlin: Beltz Verlag PVU.

Höffe, O. (1999): Demokratie im Zeitalter der Globalisierung. München: Verlag C.H. Beck.

Hoffman, M. L. (2000): Empathy and moral development. Implications for caring and justice. Cambridge: Cambridge University Press.

Holzkamp,K.(1993): Lernen. Subjektwissenschaftliche Grundlegung. Frankfurt am Main/New York: Campus Verlag.

Hormel, U./Scherr, A. (2005): Bildung für die Einwanderungsgesellschaft. Perspektiven der Auseinandersetzung mit struktureller, institutioneller und interaktioneller Diskriminierung. Bonn: Bundeszentrale für politische Bildung.

Hoskins, B. (2006): Working towards indicators for active citizenship. September 20–21, 2006. www.crell.jrc.ec.europa.eu/ActiveCitizenship/Conference/00_Summary_paper.pdf

Howard, G. (2006): Multiple intelligences. New horizons. New York: Basic Books.

Hurrelmann, K./Bründel, H. (2007): Gewalt an Schulen. Pädagogische Antworten auf eine soziale Krise. Weinheim/Basel: Beltz Taschenbuch.

Ihle, W./Esser, G. (2002): Epidemiologie psychischer Störungen im Kindes- und Jugendalter: Prävalenz, Verlauf, Komorbidität und Geschlechtsunterschiede. In: Psychologische Rundschau, 53, S. 159–169.

Izard, C.I. (2002): Translating emotion theory and research into preventive intervention. In: Psychological Bulletin, 128, pp. 796–824.

Jank, W./Meyer, H. (2002): Didaktische Modelle. 5., stark überarbeitete und aktualisierte Auflage. Berlin: Cornelsen Verlag Scriptor.

Jefferys-Duden, K. (1999): Das Streitschlichterprogramm. Weinheim: Beltz Verlag.

Jefferys-Duden, K. (2002): Konfliktlösung und Streitschlichtung. Weinheim: Beltz Verlag.

Jerusalem, M./Klein- Heßling, J. (2002): Soziale Kompetenz: Entwicklungstrends und Förderung in der Schule. In: Zeitschrift für Psychologie, 113, S. 164–174.

Jones, E. N./Ryan, K./Bohlin, K. E. (1999): Teachers as educators of character: Are the nation's schools of education coming up short? Character Education Partnership.

Jugert, G./Rehder, A./Notz, P./Petermann, F. (2002a): Soziale Kompetenzen für Jugendliche. Grundlagen, Training und Fortbildung. Weinheim: Juventa Verlag.

Jugert, G./Rehder, A./Notz, P./Petermann, F. (2002b): Fit for Life. Module und Arbeitsblätter zum Training sozialer Kompetenzen für Jugendliche. Weinheim/München: Juventa Verlag.

Junge, J./Neumer, S./Manz, R./Margraf, J. (2002): Gesundheit und Optimismus GO. Trainingsprogramm für Jugendliche. Weinheim/Basel/Berlin: Beltz Verlag PVU.

Kagan, S. (1994): Cooperative learning. San Clemente: Kagan.

Kaletsch, C. (2003): Konstruktive Konfliktkultur. Weinheim: Beltz Verlag.

Kanning, U. P. (2002): Soziale Kompetenz – Definition, Struktur, Prozesse. In: Zeitschrift für Psychologie, 113, S. 154–163.

Kanning, U.P. (2003): Diagnostik sozialer Kompetenzen. Göttingen/Bern/Toronto/Seattle: Hogrefe.

Kanning, U.P. (2005): Soziale Kompetenzen. Entstehung, Diagnose und Förderung. Göttingen/Bern/Wien/Toronto/Seattle/Oxford/Prag: Hogrefe.

Keller, G./Hafner, K. (1999): Soziales Lernen will gelernt sein. Lehrer fördern Sozialverhalten. Donauwörth: Auer Verlag.

Keller, M. (1984): Resolving conflicts in friendship. The development of moral understanding in everyday life. In: Kurtinez, W. M./Gewirtz, J. L (Eds.): Morality, moral behavior, and moral development. New York: Wiley, pp. 140–158.

Keller, M. (1990): Zur Entwicklung moralischer Reflexion: Eine Kritik und Rekonzeptualisierung der Stufen des präkonventionellen Urteils in der Theorie von L. Kohlberg. In: Knopf, M./ Schneider, W. (Hrsg.): Entwicklung. Allgemeine Verläufe – Individuelle Unterschiede – Pädagogische Konsequenzen. Festschrift für Franz Emanuel Weinert. Göttingen: Hogrefe, S. 19–44.

Keller, M. (1996): Moralische Sensibilität: Entwicklung in Freundschaft und Familie. Weinheim: Psychologie Verlags Union.

Keller, M. (2001): Moral in Beziehungen. Die Entwicklung des frühen moralischen Denkens in Kindheit und Jugend. In: Edelstein, W./Oser, F./Schuster, P. (Hrsg.): Moralische Erziehung in der Schule. Entwicklungspsychologie und pädagogische Praxis. Weinheim/Basel: Beltz Verlag, S. 111–140.

Keller, M./Edelstein, W. (1991): The development of socio-moral meaning making: Domains, categories, and perspective-taking. In: Kurtines, W. M./Gewirtz, J. L. (Eds.): Handbook of Moral Behavior and Development, Vol. 1: Theory. Hillsdale, NJ: Erlbaum, pp. 89–114.

Keller, M./Lourenco, O./Malti, T./Saalbach, H. (2003): The multifaceted phenomen of »happy victimizers«: a cross-cultural comparison of moral emotions. In: British Journal of Developmental Psychology, 21, pp. 1–18.

Keller, M./Reuss, S. (1984): An action-theoretical reconstruction of the development of social-cognitive competence. In: Human Development, 27, pp. 211–220.

Keller, M./Reuss, S. (1986): Der Prozess der moralischen Entscheidungsfindung. In: Oser, F./Fatke, R./Höffe, O. (Hrsg.): Transformation und Entwicklung. Frankfurt am Main: Suhrkamp, S. 124–148.

Kerr, D./Losito, B. (2004): Education for democratic citizenship 2001–2004. Tool on key issues for EDC policies. www.coe.int/t/dg4/education/edc/Source/Pdf/Documents/2004_53_Tool KeyIssuesEDC_Policies_En.pdf (Abruf 26.1.2008)

Killen, M./Smetana, J. (Eds.) (2005): Handbook of moral development. Mahwah: Lawrence Earlbaum Associates.

Kiper, H. (1997): Selbst- und Mitbestimmung in der Schule. Das Beispiel Klassenrat. Baltmannsweiler: Schneider-Verlag Hohengehren.

Klauer, K.J./Leutner, D. (2007): Lehren und Lernen. Einführung in die Instruktionspsychologie. Weinheim/Basel: Beltz PVU.

Klieme, E./Artelt, C./Stanat, P. (2001): Fächerübergreifende Kompetenzen: Konzepte und Indikatoren. In: Weinert, F. (Hg.): Leistungsmessung in der Schule. Weinheim/Basel: Beltz Verlag, S. 203–218.

Klieme, E./Avenarius, H./Blum, W./Döbrich, P./Gruber, H./Prenzel, M./Reiss, K./Riquats, K./Rost, J./Tenorth, H. E./Vollmer, H. J. (2003): Zur Entwicklung nationaler Bildungsstandards. Eine Expertise. Berlin.

Klippert, H. (2000): Pädagogische Schulentwicklung. Planungs- und Arbeitshilfen zur Förderung einer neuen Lernkultur. Weinheim/Basel: Beltz Verlag.

Klippert, H. (2002a): Kommunikationstraining. Übungsbausteine für den Unterricht. Weinheim/Basel: Beltz Verlag.

Klippert, H. (2002b): Teamentwicklung im Klassenraum. Übungsbausteine für den Unterricht. Weinheim/Basel: Beltz Verlag.

Klippert, H. (2004): Lehrerbildung. Unterrichtsentwicklung und der Aufbau neuer Routinen. Weinheim/Basel: Beltz Verlag.

Kohlberg, L. (1975): The cognitive-development approach to moral education. In: Phi Delta Kappan, 61, pp. 670–677.

Kohlberg, L. (1984): Essays on moral development, Vol. 2: The psychology of moral development. San Francisco, CA: Harper and Row.

Kohlberg, L. (1995): Die Psychologie der Moralentwicklung. Frankfurt am Main: Suhrkamp.

Kohlberg, L. (2000): Die Psychologie der Lebensspanne. Hrsg. von W. Althof und D. Garz. Frankfurt am Main: Suhrkamp.

Kohlberg, L./Boyd, D. R./Levine, C. (1986): Die Wiederkehr der sechsten Stufe: Gerechtigkeit, Wohlwollen und der Standpunkt der Moral. In: Edelstein, W./Nunner-Winkler, G. (Hrsg.): Zur Bestimmung der Moral. Frankfurt am Main: Suhrkamp, S. 205–240.

Kohlberg, L./Turiel, E. (1971): Moral development and moral education. In: Lesser, G. (Ed.): Psychology and educational practice. Chicago: Scott Foresman, pp. 410–465.

Kommission der Europäischen Gemeinschaften (2005): Auf dem Weg zu einem europäischen Qualifikationsrahmen für lebenslanges Lernen. Arbeitsunterlage der Kommissionsdienststelle http://ec.europa.eu/education/policies/2010/doc/consultation_eqf_de.pdf (Abruf 26.1.2008)

Koopmann, F. (2001): Projekt: aktiver Bürger. Sich demokratisch durchsetzen lernen. Eine Arbeitsmappe. Mühlheim an der Ruhr: Verlag an der Ruhr.

Kowalczyk, W./Ottich, K. (2004): Erziehung: Handlungsrezepte für den Schulalltag in der Sekundarstufe. Grundlagenband. Berlin: Cornelsen Verlag Scriptor.

Krappmann, L. (1971): Soziologische Dimensionen der Identität. Strukturelle Bedingungen für die Teilnahme an Interaktionsprozessen. Stuttgart: Ernst Klett Verlag.

Krebs, D. L./Denton, K. L. (1999): Die Beziehung zwischen der Struktur des moralischen Urteilens und dem moralischen Handeln. In: Garz, D./Oser, F./Althof, W. (Hrsg.): Moralisches Urteil und Handeln. Frankfurt am Main: Suhrkamp, S. 220–263.

Krettenauer, T. (1998): Gerechtigkeit als Solidarität. Entwicklungsbedingungen sozialen Engagements im Jugendalter. Weinheim: Deutscher Studien Verlag.

Krettenauer, T. (2001): Aktuelle Jugendprobleme im Lichte von Kohlbergs Theorie. Kann Entwicklung noch das Ziel moralischer Erziehung sein? In: Edelstein, W./Oser, F./Schuster, P. (Hrsg.): Moralische Erziehung in der Schule. Weinheim/Basel: Beltz Verlag, S. 93–110.

Krettenauer, T. (2004): Perspektiven Post-Kohlbergscher Moralforschung. Berlin: Unveröffentlichtes Manuskript.

Krüger, H. H./Reinhardt, S./Kötters-König, C./Pfaff, N./Schmid, R./Krappidel, A./Tillmann, F. (2002): Jugend und Demokratie – politische Bildung auf dem Prüfstand. Eine quantitative und qualitative Studie aus Sachsen-Anhalt. Opladen: Leske+Budrich.

Kultusministerkonferenz (1996): Empfehlung »Interkulturelle Bildung und Erziehung in der Schule«. http://www.kmk.org/doc/beschl/671-1_Interkulturelle%20Bildung.pdf (Abruf 26.1.2008)

Kultusministerkonferenz (2000a): Empfehlungen der Kultusministerkonferenz zur Förderung der Menschenrechtserziehung in der Schule. http://www.kmk.org/doc/beschl/menschr.pdf (Abruf 26.1.2008)

Kultusministerkonferenz (2000b): Gemeinsame Erklärung des Präsidenten der Kultusminister-konferenz und der Vorsitzenden der Bildungs- und Lehrergewerkschaften sowie ihrer Spit-zenorganisationen Deutscher Gewerkschaftsbund DGB und DBB-Beamtenbund und Tarif-union.

Kultusministerkonferenz (2002): Gewaltprävention an Schulen.

Kultusministerkonferenz (2005): Bildungsstandards der Kultusministerkonferenz. Erläuterungen zu Konzeption und Entwicklung. www.kmk.org/schul/Bildungsstandards/Argumentations papier308KMK.pdf (Abruf 26.1.2008)

Kultusministerkonferenz (2006): Gesamtstrategie der Kultusministerkonferenz zum Bildungsmo-nitoring.

Kurtines, W. M./Gewirtz, J. L. (Eds.) (1991): Handbook of moral behavior and development, Vol. 1–4. Hillsdale, NJ: Erlbaum.

Kurtines, W. M./Gewirtz, J. L. (Eds.) (1995): Moral development: An introduction. Boston: Allyn & Bacon.

Landesinstitut für Schule und Weiterbildung (1991): Schule und Werteerziehung. Ein Werkstatt-bericht. Soest.

Landesinstitut für Schulentwicklung (2005): Erziehung durch Demokratie.

Lapsley, D. K. (1996): Moral psychology. Boulder, CO: Westview.

Latzko, B. (2006): Werteerziehung in der Schule. Regeln und Autorität im Schulalltag. Opladen: Verlag Barbara Budrich.

Lemerise, E.A./Arsenio, W.F. (2000): An integrated model of emotion processes and cognition in social information processing. In: Child Development, 71, S. 107–118.

Lempert, W. (1993): Moralische Sozialisation im Beruf. In: Zeitschrift für Sozialisationsfor-schung und Erziehungssoziologie, 13, S. 2–35.

Lempert, W. (2002): Prinzipien der Auswahl, Entwicklung und Verwendung moralischer Dilem-mata als Materialien für die berufliche und berufspädagogische Aus- und Weiterbildung. In: Zeitschrift für Berufs- und Wirtschaftspädagogik, 98, S. 330–353.

Lempert, W. (2004): Berufserziehung als moralischer Diskurs? Perspektiven ihrer kommunikati-ven Rationalisierung durch professionelle Berufspädagogen. Baltmannsweiler: Schneider Ver-lag Hohengehren.

Lempert, W. (2006): Schulische Moralerziehung und betriebliche Sozialisation – systematische Förderung oder strukturelle Behinderung sozialen Lernens im dualen System? Ergebnisse und Aufgaben empirischer Untersuchungen, praktischer Modellversuche und »rollender« Refor-men. In: Oser, F./Kern, M. (Hrsg.): Qualität der beruflichen Bildung – eine Forschungsbau-stelle. Bern: h-e-p, S. 348–388.

Lickona, T. (1991): Educating for character. New York/Toronto/London/Sydney/Auckland: Ban-tam.

Lickona, T. (2004): Character matters. How to help our children develop good judgment, integ-rity, and other essential values. New York: Touchstone.

Lind, G. (2000): Ist Moral lehrbar? Ergebnisse der modernen moralpsychologischen Forschung. Berlin: Logos.

Lind, G. (2003): Moral ist lehrbar. Handbuch zur Theorie und Praxis moralischer und demokrati-scher Bildung. München: Oldenbourg Schulbuchverlag.

Maag Merki, K. (2005): Überfachliche Kompetenzen in der Berufsbildung. In: Rauner, F. (Hrsg.): Handbuch der Berufsbildungsforschung. Bielefeld: Bertelsmann Verlag, S. 361–368.

Malti, T. (2002): Das Gefühlsverständnis aggressiver Kinder. Berlin: Unveröffentlichte Dissertation.

Massing, P./Frech, S. (Hrsg.) (2006): Methodentraining 2 für den Politikunterricht. Schwalbach/Ts.: Wochenschau Verlag.

Matthews, G./Zeidner, M./Roberts, R. D. (2002): Emotional intelligence. Science and myth. Cambridge/London: Bradford Book.

May, M. (2007): Demokratiefähigkeit und Bürgerkompetenzen. Kompetenztheoretische und normative Grundlagen der politischen Bildung. Wiesbaden: VS Verlag für Sozialwissenschaften.

Mayer, J. D./Salovey, P. (1997): What is emotional intelligence? In: Salovey, P./Sluyter, D. (Eds.): Emotional development and emotional intelligence. Implications for educators. New York: Basic Books, pp. 3–31.

Melzer, W./Schubarth, W./Ehninger, F. (2004): Gewaltprävention und Schulentwicklung. Bad Heilbrunn: Klinkhardt.

Meyer, H. (1978): Trainingsprogramm zur Lernzielanalyse. 7., erweiterte Auflage. Athenäum Taschenbücher.

Meyer, H. (1987): Unterrichtsmethoden. Bd. 2: Praxisband. Berlin: Cornelsen Verlag Scriptor.

Meyer, H. (1997): Schulpädagogik. Bd. 2: Für Fortgeschrittene. Berlin: Cornelsen Scriptor.

Meyer, H. (2004): Was ist guter Unterricht? Berlin: Cornelsen Verlag Scriptor.

Meyer, H. (2007): Leitfaden Unterrichtsvorbereitung. Berlin: Cornelsen Verlag Scriptor.

Mischo, C. (2004): Fördert Gruppendiskussion die Perspektivenkoordination? In. Zeitschrift für Entwicklungspsychologie und Pädagogische Psychologie, 36, S. 30–37.

Miller, M. (1986): Kollektive Lernprozesse. Studien zur Ontogenese kommunikativen Handelns. Frankfurt am Main: Suhrkamp.

Ministerium für Schule und Weiterbildung des Landes NRW (1997): Kerncurriculum »Praktische Philosophie«. Erprobungsfassung. Curriculares Rahmenkonzept. http://www.uni-paderborn. de/fileadmin/kw/Institute/Philosophie/Praktische_Philosophie/curriculum_gesamt.pdf (Abruf 26.1.2008)

Modgil, S./Modgil, C. (Eds.) (1986): Lawrence Kohlberg: Consensus and controversy. Philadelphia: Falmer Press.

Montada, L. (2002): Moralische Entwicklung und moralische Sozialisation. In: Oerter, R./ Montada, L. (Hrsg.): Entwicklungspsychologie. Ein Lehrbuch. Weinheim: Beltz, S. 862–894.

Montada, L./Kals, E. (2007): Mediation. Weinheim: Psychologie Verlags Union.

Narvaez, D. (2005): Integrative ethical education. In: Killen, M./Smetana, J. (Eds.): Handbook of moral development. Mahwah: Lawrence Earlbaum Associates, pp. 703–732.

Neubauer (2003): Mut zum eigenen Ich. Donauwörth: Auer Verlag.

Noam, G./Hermann, C.A. (2002): Where education and mental health meet. Developmental prevention and early interventions in schools. In: Development and Psychopathology, 14, pp. 861–875.

Nucci, L. P. (2001): Education in the moral domain. Cambridge: Cambridge University Press.

Nunner-Winkler, G. (1999a): Moralische Motivation und moralische Identität. In: Garz, D./Oser, F./Althof, W. (Hrsg.): Moralisches Urteil und Handeln. Frankfurt am Main: Suhrkamp, S. 314–339.

Nunner-Winkler, G. (1999b): Sozialisationsbedingungen moralischer Motivation. In: Leu, H. R./Krappmann, L. (Hrsg.): Zwischen Autonomie und Verbundenheit. Frankfurt am Main: Suhrkamp, S. 299–329.

Oberschulamt Tübingen (Hg.) (2002): Demokratische Erziehung in Unterricht und Schulleben. Tübingen.

OECD (2002): Definition and selection of competencies (DESECO). Theoretical and conceptual foundations. Strategy paper. http://www.portal-stat.admin.ch/deseco/deseco_strategy_paper_ final.pdf (Abruf 26.1.2008)

OECD (2005): The definition and selection of key competencies. Executive summary. www.oecd. org/dataoecd/47/61/35070367.pdf (Abruf 26.1.2008)

Oerter, R./Montada, L. (2002) (Hrsg.): Entwicklungspsychologie. Weinheim/Berlin: Beltz Verlag.

Oesterreich, D. (2002): Politische Bildung von 14-Jährigen in Deutschland. Opladen: Leske+Budrich.

Oesterreich, D. (2003): Offenes Diskussionsklima im Unterricht und in der politischen Bildung von Jugendlichen. In. Zeitschrift für Pädagogik, 49, S. 817–836.

Oevermann, U. (1976): Programmatische Überlegungen zu einer Theorie der Bildungsprozesse und zur Strategie der Sozialisationsforschung. In: Hurrelmann, K. (Hrsg.): Sozialisation und Lebenslauf. Reinbek: rowohlt, S. 34–52.

Olweus, D. (1999): Gewalt in der Schule. Bern: Huber.

Oser, F. (1987): Möglichkeiten und Grenzen der Anwendung des Kohlberg'schen Konzepts der moralischen Erziehung in unseren Schulen. In: Lind, G./Raschert, J. (Hrsg.): Moralische Urteilsfähigkeit. Weinheim: Beltz Verlag, S. 44–53.

Oser, F. (1998): Triforische Moralerziehung: Das eklektische moralische Subjekt und die Situativität moraldidaktischen Handelns. Unveröffentlichtes Manuskript.

Oser, F./Althof, W. (1992): Moralische Selbstbestimmung. Modelle der Entwicklung und Erziehung im Wertebereich. Ein Lehrbuch. Stuttgart: Klett-Cotta.

Oser, F./Althof, W. (2001): Die Gerechte Schulgemeinschaft. Lernen durch die Gestaltung des Schullebens. In: Edelstein, W./Oser, F./Schuster, P (Hrsg.): Moralische Erziehung in der Schule. Weinheim/Basel: Beltz Verlag, S. 233–268.

Palentien, C./Hurrelmann, K. (Hrsg.) (2003): Schülerdemokratie. Mitbestimmung in der Schule. München/Neuwied: Luchterhand.

Payton, J. W./Wardlaw, D. M./Gracyk, P. A./Bloodworth, M. R./Tompsett, C.J./Weissberg, R.P. (2000): Social and emotional learning: A framework for promoting mental health and reducing risk behaviors in children and youth. In: Journal of School Health, 70, pp. 179–185.

Petermann, F./Jugert, G./Rehder, A./Tänzer, U./Verbeek, D. (1999): Sozialtraining in der Schule. Weinheim: Psychologie Verlags Union, 2. überarbeitete Auflage.

Petermann, F./Koglin, U./Natzke, H./von Marees, N. (2007): Verhaltenstraining in der Grundschule. Göttingen et al.: Hogrefe.

Petermann, F./Niebank, K./Scheithauer, H. (2004): Entwicklungswissenschaft. Berlin/Heidelberg: Springer Verlag.

Petermann, F./Petermann, U. (2000): Training mit Jugendlichen. Förderung von Arbeits- und Sozialverhalten. Göttingen/Bern/Toronto/Seattle: Hogrefe, 6., überarbeitete Auflage.

Petermann, F./Wiedebusch, S. (2003): Emotionale Kompetenz bei Kindern. Göttingen/Bern/ Toronto/Seattle: Hogrefe.

Peterßen, W. H. (1999): Kleines Methoden-Lexikon. München: Oldenbourg Schulbuchverlag GmbH.

Petrik, A. (2007): Von den Schwierigkeiten, einer politischer Mensch zu werden. Konzept und Praxis einer genetischen Politikdidaktik. Studien zur Bildungsgangforschung. Bd. 13. Opladen/Farmington Hills: Barbara Budrich.

Pittman, K.J./Irby, M./Tolman, J./Yohalen, N./Ferber, T. (2003): Preventing problems, promoting development, encourageging engagement. www.forumfyi.org/Files/PPE.pdf (Abruf 26.1.2008)

Pössel, P./Hautzinger, M. (2003): Prävention von Depressionen bei Kindern und Jugendlichen. In: Kindheit und Entwicklung, 12, S. 154–163.

Power, C./Higgins, A./Kohlberg, L. (1989): Lawrence Kohlberg's approach to moral education. New York: Columbia University Express.

Programm Polizeiliche Gewaltprävention (2000): Medienpaket Gewaltprävention.

Radke-Yarrow, M./Zahn-Waxler, C./Chapman, M. (1983): Children's prosocial dispositons and behavior. In: Mussen, P. H. (Ed.): Handbook of Child Psychology, Vol. 4: Socialisation, personality, and social development. New York: Wiley, pp. 469–545.

Ravens-Sieberer, U./Wille, N./Bettge, S./Erhart, M. (2007): Psychische Gesundheit von Kindern und Jugendlichen in Deutschland. In: Bundesgesundheitsblatt, 50, S. 871–878.

Reese, A./Silbereisen, R.K. (2001): Allgemeine versus spezifische Primärprävention von jugendlichem Risikoverhalten. In: Freund, T./Lindner, W. (Hrsg.): Prävention. Opladen: Leske+Budrich, S. 139–162.

Reichenbach, R. (1999): Demokratisches Selbst und dilettantisches Subjekt. Demokratische Bildung und Erziehung in der Spätmoderne. Habilitationsschrift, eingereicht an der Philosophischen Fakultät der Universität Freiburg, Schweiz.

Reichenbach, R. (1999): Soft skills: destruktive Potentiale des Kompetenzdenkens. Online Publikationen der Kommission Bildungs- und Erziehungsphilosophie.

Reichenbach, R./Maxwell, B. (2007): Moralerziehung als Erziehung der Gefühle. Vierteljahrsschrift für wissenschaftliche Pädagogik, S. 11–25.

Reinhardt, S. (1999): Werte-Bildung und politische Bildung. Zur Reflexivität von Lernprozessen. Opladen: Leske+Budrich.

Reinhardt, S. (2005): Politik-Didaktik. Praxishandbuch für die Sekundarstufe I und II. Berlin: Cornelsen Verlag Scriptor.

Reinhardt, S./Richter, D. (Hrsg.) (2007): Politik-Methodik. Handbuch für die Sekundarstufe I und II. Berlin: Cornelsen Verlag Scriptor.

Rest, J. (1983): Morality. In: Mussen, P. H. (Ed.): Handbook of Child Psychology, Vol. 3: Cognitive development. New York: Wiley, pp. 920–990.

Rest, J./Narváez, D. (Eds.) (1994): Moral development in the professions: Psychology and applied ethics. Hillsdale, NJ: Lawrence Erlbaum.

Rest, J./Narváez, D./Bebeau, M./Thoma, S. (1999): Postconventional moral thinking: Mahwah, NJ: Lawrence Erlbaum Associates.

Retzmann, T. (2006): Didaktik der berufsmoralischen Bildung in Wirtschaft und Verwaltung. Eine fachdidaktische Studie zur Innovation der kaufmännischen Berufsbildung. Norderstedt.

Reuss, S./Becker, G. (1996): Evaluation des Ansatzes von Lawrence Kohlberg zur Entwicklung und Messung moralischen Urteilens. Berlin: Max-Planck-Institut für Bildungsforschung (Materialien aus der Bildungsforschung, Nr. 55).

Richter, D. (Hrsg.) (2007): Politische Bildung von Anfang an. Demokratie-Lernen in der Grundschule. Bonn: Bundeszentrale für politische Bildung.

Rolff, H.G. (2007): Studien zu einer Theorie der Schulentwicklung. Weinheim/Basel: Beltz Verlag.

Rose-Krasnor, L. (1997): The nature of social competence: A theoretical review. In: Social Development, 6, pp. 111–135.

Roth, G. (2007): Persönlichkeit, Entscheidung und Verhalten. Warum es so schwierig ist, sich und andere zu verändern. Stuttgart: Klett-Cotta

Roth, H. (1971): Pädagogische Anthropologie. Bd. 2. Stuttgart: Klett.

Roth, W. (2006): Sozialkompetenz fördern. In: Grund- und Sekundarschule auf humanistisch-psychologischer Basis. Bad Heilbrunn: Verlag Julius Klinkhardt.

Rubin, K.H./Bukowski, W./Parker, J (2006): Peer interactions, relationships, and groups. In: Eisenberg, N. (Ed.): Handbook of child psychology: Social, emotional, and personality development. 6.th. Ed. New York: Wiley, pp. 571–645.

Saarni, C. (1999): The development of emotional competence. New York/London: The Guilford Press.

Sander, W. (2003): Politik in der Schule. Kleine Geschichte der politischen Bildung in Deutschland. Marburg: Schüren Verlag.

Sander, W. (Hrsg.) (2005): Handbuch politische Bildung. Schwalbach/Ts.: Wochenschau Verlag.

Sander, W. (2007a): Politik entdecken – Freiheit leben. Didaktische Grundlagen politischer Bildung. Schwalbach/Ts.: Wochenschau Verlag.

Sander, W. (2007b): Demokratie-Lernen und politische Bildung. Fachliche, überfachliche und schulpädagogische Aspekte. In: Beutel, W./Fauser, P. (Hrsg.): Demokratiepädagogik. Lernen für die Zivilgesellschaft. Schwalbach/Ts.: Wochenschau Verlag, S. 71–85.

Scheithauer, H. (2003): Aggressives Verhalten von Jungen und Mädchen. Göttingen: Hogrefe.

Scheithauer, H./Bull, H. D. (2006): Fairplayer.manual. Förderung von sozialen Kompetenzen und Zivilcourage – Prävention von Bullying und Schulgewalt. 3., veränderte & erweiterte Auflage. Bremen: Niebank-Rusch Fachverlag.

Schick, A./Cierpka, M. (2003): Faustlos: Evaluation eines Curriculums zur Förderung sozial-emotionaler Kompetenzen und zur Gewaltprävention. In: Kindheit und Entwicklung, 12, S. 100–110.

Schick, A./Ott, I. (2002): Gewaltprävention an Schulen: Ansätze und Ergebnisse. In: Praxis der Kinderpsychologie und Kinderpsychiatrie, 51, S. 766–791.

Schirp, H. (1996): Gestaltung und Öffnung von Schule. Landesinstitut für Schule und Weiterbildung NRW.

Schirp, H. (1997): Ansätze und Modelle zur Wertorientierung. Referat in der Evangelischen Akademie, Bad Boll.

Schirp, H. (1999): Schule und Gewalt. In: Hurrelmann, K./Rixius, N./Schirp, H. (Hrsg.): Gewalt in der Schule. Ursachen, Vorbeugung, Intervention.. 2. Auflage. Weinheim/Basel: Beltz Verlag, S. 27–58.

Schirp, H. (2000): »Praktische Philosophie« in Nordrhein Westfalen. Curriculare Strukturen und didaktische Regulative des Fachs. In: Schilmöller, R./Regenbrecht, A./Pöppel, K.G. (Hrsg.): Ethik als Unterrichtsfach. Münster: Aschendorff, S. 111–133.

Schirp, H. (2003): Schülerdemokratie und Schulentwicklung: Konzeptuelle und organisatorische Ansätze zur Entwicklung einer demokratischen und sozialen Lernkultur. In: Palentien, C./ Hurrelmann, K. (Hrsg.): Schülerdemokratie. Mitbestimmung in er Schule. München: Luchterhand, S. 47–67.

Schirp, H. (2005): Zur Entwicklung demokratischer Kompetenzen. In: »Beiträge zur Demokratiepädagogik«. Publikationsreihe des BLK-Programms »Demokratie lernen & leben«.

Schirp, H. (2007): Werteerziehung. Zur Entwicklung sozialer Orientierungsmuster und demokratischer Kompetenzen in der Zivilgesellschaft. In: Bucher, A. (Hrsg.): Moral, Religion, Politik: Psychologisch-pädagogische Zugänge. Festschrift für Fritz Oser. Wien/Berlin: LIT Verlag, S. 85–98.

Schubarth, W. (2000): Gewaltprävention in Schule und Jugendhilfe. Theoretische Grundlagen, Empirische Ergebnisse, Praxismodelle. Neuwied, Kriftel: Luchterhand.

Schubarth, W./Ackermann, Ch. (2000): Aggression und Gewalt. 45 Fragen und Projekte zur Gewaltprävention. Sächsische Landeszentrale für politische Bildung.

Schubarth, W./Stöss, R. (2000): Rechtsextremismus in der Bundesrepublik Deutschland. Bonn: Bundeszentrale für politische Bildung.

Schultz von Thun, F. (2003): Miteinander Reden. 3 Bd. Reinbek bei Hamburg: rororo.

Schuster, P. (2001): Von der Theorie zur Praxis. Wege zur unterrichtspraktischen Umsetzung des Ansatzes von Kohlberg. In: Edelstein, W./Oser, F./Schuster, F. (Hrsg.): Moralische Erziehung in der Schule. Weinheim/Basel: Beltz Verlag, S. 177–212.

Sekretariat der Ständigen Konferenz der Kultusminister der Länder in der Bundesrepublik Deutschland (2004): Standards für die Lehrerbildung: Bildungswissenschaften. http://www. kmk.org/doc/beschl/standards_lehrerbildung.pdf (Abruf 26.1.2008)

Seligman, M. P. E. (2003): Der Glücksfaktor. Warum Optimisten länger leben. Bastei Lübbe.

Selman, R. L. (1984): Die Entwicklung interpersonalen Verstehens. Frankfurt am Main: Suhrkamp.

Selman, R. L. (2002): Risk and prevention: Building bridges between theory and practice. In: New Directions for Child and Adolescent Development, 98, pp. 43–53.

Selman, R. L. (2003): The promotion of social awareness. New York: Russel Sage Foundation.

Senatsverwaltung für Bildung, Jugend und Sport (2005): Handlungsrahmen Schulqualität für Berlin.

Shweder, R. A./Mahapatra, M./Miller, J. G. (1987): Culture and moral development. In: Kagan, J./Lamb, S. (Eds.): The emergence of morality in young children. Chicago: University of Chicago Press, pp. 1–83.

Slavin R. E. (1995): Cooperative learning: Theory, research and practice. Boston: Allyn and Bacon.

Sliwka, A. (2001): Civic Education – Bildung für die Zivilgesellschaft: Ansätze und Methoden aus dem anglo-amerikanischen Raum. Demokratie lernen und leben. Eine Initiative gegen Rechtsextremismus, Rassismus, Antisemitismus, Fremdenfeindlichkeit und Gewalt. Band 2. Das anglo-amerikanische Beispiel. Weinheim: Freudenberg-Stiftung.

Sliwka, A./Frank, S. (2004): Service-Learning. Verantwortung lernen in Schule und Gemeinde. Weinheim/Basel: Beltz Verlag.

Sliwka, A./Frank, S. (2007): Das Deliberationsforum als neue Form des Lernens über kontroverse Fragen. In: Eikel, A./de Haan, G. (Hrsg.): Demokratische Partizipation in der Schule ermöglichen fördern und umsetzen. Schwalbach/Ts.: Wochenschau Verlag, S. 60–74.

Smetana, J. G. (1995): Morality in context: Abstractions, ambiguities, and applications. In: Vasta, R. (Ed.): Annals of child development, Vol. 10. London: Jessica Kingley, pp. 83–130.

Snarey, J. R./Keljo, K. (1991): In a Gemeinschaft voice: The cross-cultural expansion of moral developmental theory. In: Kurtines, W.M./Gewirtz, J.L. (Eds.): Handbook of Moral Behavior and Development, Vol. 1: Theory. Hillsdale, NJ: Erlbaum, pp. 395–424.

Staatsinstitut für Schulqualität und Bildungsforschung (2003): Oberste Bildungsziele in Bayern. 5. Auflage.

Stanat, P./Kunter, M. (2001): Kooperation und Kommunikation. In: Baumert, J./Klieme, E./ Neubrand, M./Prenzel, M./Schiefele, U./Schneider, W./Stanat, P./Tillmann, K. J./Weiß, M. (Hrsg.): PISA 2000. Basiskompetenzen von Schülerinnen und Schülern im internationalen Vergleich. Opladen: Leske + Budrich, (S. 300–322).

Standop, J. (2005): Werte-Erziehung. Einführung in die wichtigsten Konzepte der Werteerziehung. Weinheim/Basel: Beltz Verlag.

Stange: W: (2007): Kinderbeteiligung: Beteiligungsbausteine http://www.kinderbeteiligung.de/ beteiligungsbausteine/uebersicht.php (Abruf 26.1.2008)

Stern, C./Mahlmann, J./Vacaro, E. (Hrsg.) (2003): Vergleich als Chance. Schulentwicklung durch internationale Qualitätsvergleiche. Gütersloh: Verlag Bertelsmann Stiftung.

Stiftung Brandenburger Tor der Bankgesellschaft Berlin (2004): Jugend übernimmt Verantwortung. Wettbewerb 2002–2004. Berlin

Terhart, E. (2001): Lehrerberuf und Lehrerbildung. Weinheim/Basel: Beltz Verlag.

Terhart, E. (2002): Standards für die Lehrerbildung. ZKL-Texte Nr. 24. Münster.

Terhart, E. (2005): Lehr-Lern-Methoden. Eine Einführung in Probleme der methodischen Organisation von Lehren und Lernen. 4., ergänzte Auflage. Weinheim/München: Juventa Verlag

Topping, K./Holmes, E./Bremner, W. (2000): Social competence: the social Construction of the concept. In: Bar-On, R./Parker, J. D. A. (Eds.): The handbook of emotional intelligence. San Francisco: Jossey-Bass, pp. 28–39.

Torney-Purta, J. (2002): The school's role in developing civic engagement: A study of adolescents in twenty-eight countries. In: Applied Developmental Science, 6, pp. 202–211.

Turiel, E. (1998): The development of morality. In: W. Damon (Ed.): Handbook of Child Psychology, Vol. 3: Social, emotional and personality development. New York: Wiley, pp. 863–932.

Turiel, E. (2002): The culture of morality. Cambridge: Cambridge University Press.

Turiel, E./Killen, M./Helwig, C. C. (1987): Morality: Its structure, functions and vagaries. In: Kagan, J./Lamb, S. (Eds.): The emergence of moral concepts in young children. Chicago: University of Chicago Press, pp. 155–244.

Uhl, S. (1996): Die Mittel der Moralerziehung und ihre Wirksamkeit. Bad Heilbrunn: Klinkhardt.

Walker, J. (1995): Gewaltfreier Umgang mit Konflikten in der Sekundarstufe I. Weinheim/Basel:Beltz.

Walker, L.J. (1988): The development of moral reasoning. In: Vasta, R. (Ed.): Annals of Child Development, Vol. 5. Greenwich: JAI Press Inc, pp. 33–78.

Walker, L.J./Hennig, K.H. (2004): Differing conception of moral exemplarity: Just, brave, and caring. In: Journal of Personality and Social Psychology, 86, 629–647.

Webster-Stratton (2000): How to promote children´s social and emotional competence. London: Chapman.

Weidner, M. (2003): Kooperatives lernen im Unterricht. Das Arbeitsbuch. Selze/Velber: Kallmeyersche Verlagsbuchhandlung.

Weinert, F. (1997): Ansprüche an das Lernen in der heutigen Zeit. In: Ministerium für Schule und Weiterbildung des Landes Nordrhein-Westfalen (Hrsg.): Fächerübergreifendes Arbeiten. Bilanz und Perspektiven. Frechen: vgr Verlagsgesellschaft Ritterbach, (S. 12- 17).

Weinert, F. (2001): Concept of competence: a conceptual clarification. In: Rychen, D. S./Salganik, L.H. (Eds.): Defining and selecting key competencies. Bern: Hogrefe/Huber, (pp. 45–65).

Weissberg, R.P./Greenberg, M.T. (1998): School and community competence – enhancement and prevention programms. In: Sigel, I. E./Renniger, A. (Eds.): Handbook of child psycholgy (5. ed.). Vol. 4: Child psychology in practice. New York: Wiley, (pp. 878–954).

Wiedebusch, S. (2007): Förderung sozial-emotionaler Kompetenzen. In: Petermann, F./Schneider, W. (Hrsg.): Enzyklopädie der Psychologie. Serie Entwicklungspsychologie. Bd. 7: Angewandte Entwicklungspsychologie. Göttingen/Bern/Toronto/Seattle: Hogrefe, S. 135–161.

Wilms, H./Wilms, E. (2002): Erwachsen Werden. Wiesbaden: Lions Clubs International.

Wilson, S.J./Lipsey, M.W./Derzon, J.M. (2003): The effects of school-based intervention programs on aggressive behaviour: a meta-analysis. In: Journal of Consulting and Clinical Psychology. 71, pp. 136–149.

World Health Organization (1997): Life skills education in schools. Programme on mental health. Geneva, World Health Organization.

Yeates, K.O./Selman R.L. (1989): Social competence in the schools: Toward an integrative developmental model for intervention. In: Developmental Review, 9, pp. 64–100.